개념 쏙쏙 **중학**

국어 문법

저자: 국어교육연구소

(주)교학사

이 책의 **구성과 특징**

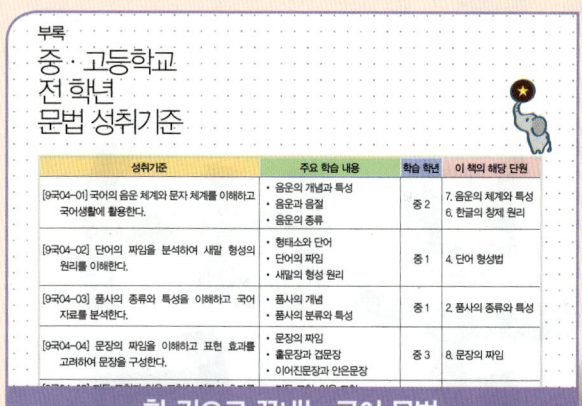

한 권으로 끝내는 국어 문법

2022 개정 교육과정의 중학교 문법 성취기준 8개와 고등학교 5개를 철저히 분석한 국어 문법 핵심 개념 기본서입니다. 충분한 문제 풀이를 통해 까다로운 문법 완성! 중학교 전 학년은 물론, 고등학교 과정까지 이 책 한 권이면 충분해요.

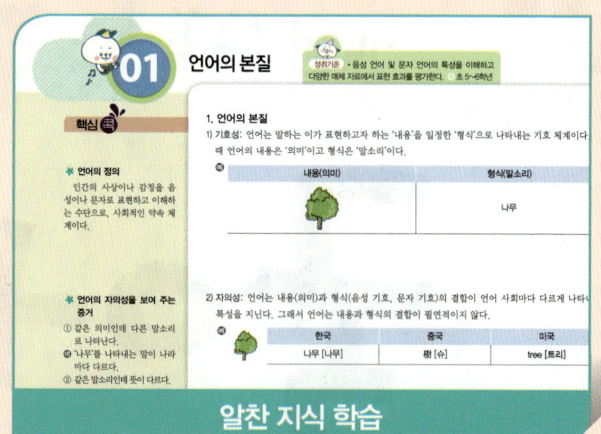

알찬 지식 학습

2022 개정 교육과정에서 제시한 문법 이론을 알기 쉽게 체계적으로 설명했어요. 학습자가 문법에 흥미를 가질 수 있도록 삽화를 곁들였으며, 보조단의 '핵심 콕!'은 꼭 알아두어야 할 주요 개념 정리와 이해를 돕는 보충 설명으로 구성했어요.

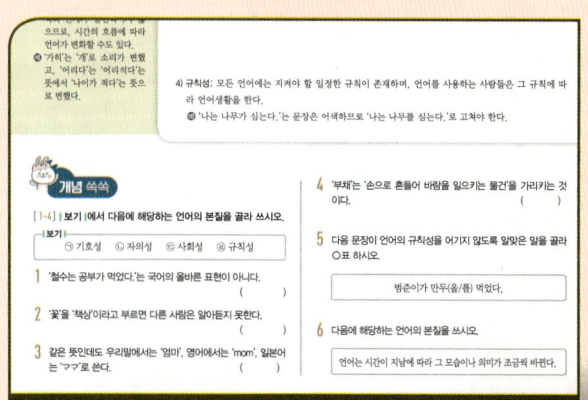

개념 쏙쏙 문제

개념별로 문제를 출제하여 단원에서 공부한 내용을 확인하고 개념을 정리하는 문제들로 구성했어요. 학습자가 핵심 내용을 직접 써 봄으로써 오래 기억할 수 있고, 서술형 문항에도 효과적으로 대비할 수 있어요.

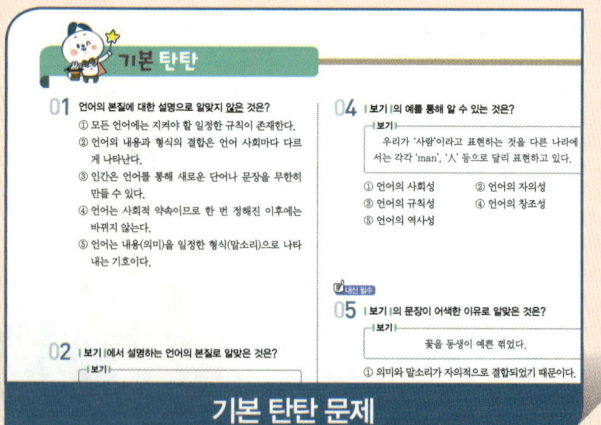

기본 탄탄 문제

기본 점검 문제와 학교 시험에 자주 출제되는 유형의 문제들로 구성했어요. 단원에서 배운 원리 학습 문제를 풀어 봄으로써 학습자가 성취기준에 도달했는지 확인할 수 있으며, 내신에 효과적으로 대비할 수 있도록 했어요.

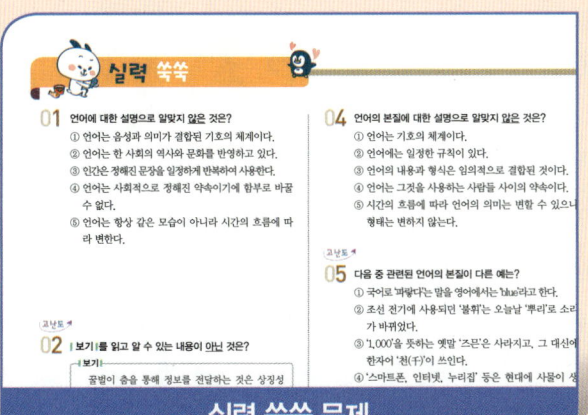

실력 쑥쑥 문제

대단원별 예상 문제를 **난이도를 표시**하여 수록하였습니다. 또한 끝 부분에 **1등급 서술형 문제를 별도**로 구성하여 수시 단원 평가를 완벽하게 대비할 수 있습니다. 아울러 '창의·융합 도전! 수행 평가' 코너를 두어 수행 평가 활동까지 연습할 수 있도록 하였습니다.

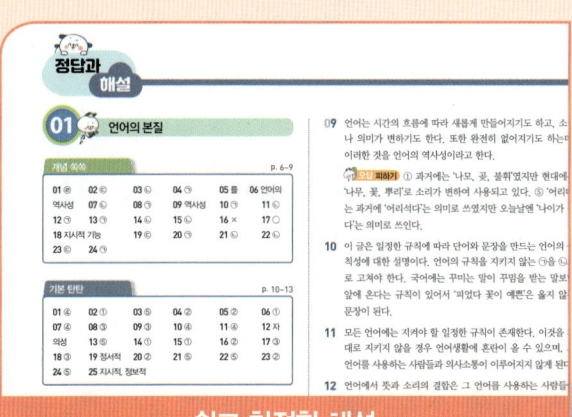

쉽고 친절한 해설

기본 개념 문제와 심화 문제 유형별로 쉽고 자세한 풀이는 물론, 문항별로 친절한 해설을 제시했어요. 틀린 문제가 있다고요? 오답 피하기를 통해 오답 정리도 완벽하게 지원하니까 안심할 수 있어요.

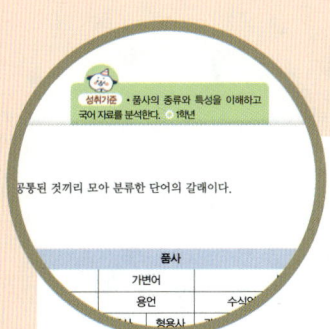

성취기준

각 단원에서 공부할 성취기준과 학습 학년을 제시했어요.

이해를 돕는 삽화

딱딱한 문법 공부? 재미있는 삽화가 들어가 있어 학습자의 이해를 돕기 때문에 지루하지 않게 공부할 수 있어요.

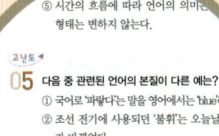

유형별 문제 구성

중요, 고난도, 주관식, 서술형 등 다양한 유형의 문제를 제시하여 실제 시험에서 어떤 유형의 문제가 나와도 당황하지 않고 대처할 수 있어요.

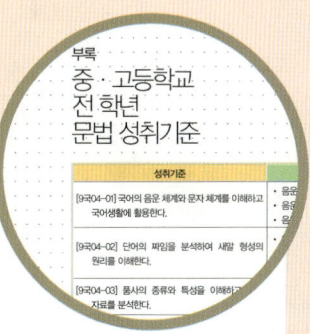

중·고등학교 전 과정 성취기준

2022 개정 교육과정에서 제시한 중·고등학교 전 과정 성취기준과 학습 학년을 한눈에 파악할 수 있어요.

이 책의
차례

성취기준 •음성 언어 및 문자 언어의 특성을 이해하고 다양한 매체 자료에서 표현 효과를 평가한다. ➡ 초 5~6학년

핵심 콕

✿ 언어의 정의

인간의 사상이나 감정을 음성이나 문자로 표현하고 이해하는 수단으로, 사회적인 약속 체계이다.

✿ 언어의 자의성을 보여 주는 증거

① 같은 의미인데 다른 말소리로 나타난다.
예 '나무'를 나타내는 말이 나라마다 다르다.
② 같은 말소리인데 뜻이 다르다.
예 '다리'는 '신체의 부분'과 '두 사물 사이를 이어 주는 역할을 하는 것'의 다른 의미로 쓰인다.
③ 언어의 역사적 변화도 자의성의 증거가 된다. 내용과 형식의 관계가 필연적이지 않으므로, 시간의 흐름에 따라 언어가 변화할 수도 있다.
예 '가히'는 '개'로 소리가 변했고, '어리다'는 '어리석다'는 뜻에서 '나이가 적다'는 뜻으로 변했다.

1. 언어의 본질

1) 기호성: 언어는 말하는 이가 표현하고자 하는 '내용'을 일정한 '형식'으로 나타내는 기호 체계이다. 이때 언어의 내용은 '의미'이고 형식은 '말소리'이다.

예

내용(의미)	형식(말소리)
🌳	나무

2) 자의성: 언어는 내용(의미)과 형식(음성 기호, 문자 기호)의 결합이 언어 사회마다 다르게 나타나는 특성을 지닌다. 그래서 언어는 내용과 형식의 결합이 필연적이지 않다.

예 🌳

한국	중국	미국
나무 [나무]	樹 [슈]	tree [트리]

3) 사회성: 언어는 그 언어를 사용하는 사회 구성원들 사이의 약속이므로 사회적으로 받아들여지면 개인이 마음대로 바꾸어 쓸 수 없다.
예 한국어를 사용하는 사회에서 '나무'를 '무나'라고 말한다면 다른 사람은 알아들을 수 없다.

4) 규칙성: 모든 언어에는 지켜야 할 일정한 규칙이 존재하며, 언어를 사용하는 사람들은 그 규칙에 따라 언어생활을 한다.
예 '나는 나무가 심는다.'는 문장은 어색하므로 '나는 나무를 심는다.'로 고쳐야 한다.

 개념 쏙쏙

[1~4] 보기 에서 다음에 해당하는 언어의 본질을 골라 쓰시오.

보기

| ㉠ 기호성 | ㉡ 자의성 | ㉢ 사회성 | ㉣ 규칙성 |

1 '철수는 공부가 먹었다.'는 국어의 올바른 표현이 아니다.
( )

2 '꽃'을 '책상'이라고 부르면 다른 사람은 알아듣지 못한다.
( )

3 같은 뜻인데도 우리말에서는 '엄마', 영어에서는 'mom', 일본어는 'ママ'로 쓴다.
( )

4 '부채'는 '손으로 흔들어 바람을 일으키는 물건'을 가리키는 것이다.
( )

5 다음 문장이 언어의 규칙성을 어기지 않도록 알맞은 말을 골라 ○표 하시오.

범준이가 만두(을/를) 먹었다.

6 다음에 해당하는 언어의 본질을 쓰시오.

언어는 시간이 지남에 따라 그 모습이나 의미가 조금씩 바뀐다.

5) 역사성: 언어는 시간의 흐름에 따라 새롭게 만들어지기도 하고 그 소리나 의미가 변하기도 하며, 완전히 없어지기도 한다.

(1) 새로운 사물이나 개념이 생겨나면서 만들어진 단어

예 아파트, 인공위성, 스마트폰, 자율 주행차

(2) 소리나 의미가 변한 단어

① 소리가 변하는 경우

예 나모 → 나무, 곳 → 꽃, 불휘 → 뿌리, 가히 → 개, 거붑 → 거북, 블 → 불, 져비 → 제비, 일훔 → 이름, 거우루 → 거울, 그리메 → 그림자, 녀름 → 여름, 님금 → 임금, 소곰 → 소금, 술위 → 수레, 티다 → 치다

② 의미가 변하는 경우

예 • 의미 확대: '다리(脚)'는 '사람이나 짐승의 다리'만을 의미하다가 '무생물(책상 등)의 다리'도 함께 일컫게 되었다. '지갑(紙匣)'은 원래 '종이로 만든 갑'을 이르던 말이었으나 현재는 '가죽이나 천으로 만든 제품'도 모두 의미하게 되었다.
• 의미 축소: '미인(美人)'은 '재주나 용모가 뛰어나 매력적인 남녀'를 이르는 말이었지만 요즘은 '외모가 아름다운 여자'를 의미한다.
• 의미 이동: '어리다'는 '어리석다'를 의미했던 말이지만 요즘은 '나이가 적다'는 의미를 가지게 되었다.

(3) 둘 이상의 단어가 서로 경쟁하다가 어느 한쪽이 소멸한 단어

예 온 → 백(百), 뫼 → 산(山), 가람 → 강(江), 즈믄 → 천(千), 바독범 → 표범, 오래 → 대문, 오란비 → 장마

6) 창조성: 인간은 상황에 따라 새로운 단어나 문장을 무한히 만들어 쓸 수 있다. 정교한 의사소통 수단을 지닌 동물들도 있지만 새로운 표현을 창조해 낼 수 있는 것은 오직 인간의 언어뿐이다.

예 '나뭇잎이 떨어진다.'와 '꽃이 핀다.'라는 말을 배운 아이가 한 번도 들어 보지 않은 '꽃이 떨어진다.'라는 말을 하였다.

핵심 콕

✽ 이 밖의 본질

① 분절성: 연속적으로 이루어진 사물이나 현상을 불연속적인 것으로 판단하게 한다.
예 • '얼굴, 목, 가슴'은 모두 각 부위가 다르다고 하지만 실제는 붙어 있어 그 경계를 나누기 어렵다.
• '어제, 오늘, 내일'과 같은 시간 표현을 사용하지만 실제 시간의 흐름은 언제나 연속하고 있다.

② 추상성: 개별적이고 구체적인 대상들 사이의 공통된 속성을 추출하여 형성되는 특성이다.
예 • 소나무, 밤나무, 낙엽송 → 나무
• 두부구이, 멸치조림, 김 → 반찬

개념 쏙쏙

[7~8] 다음 언어의 본질과 그 개념을 바르게 연결하시오.

7 역사성 •

• ㉠ 새로운 말을 언어의 규칙에 따라 무한히 만들어 낼 수 있다.

8 창조성 •

• ㉡ 언어는 시간의 흐름에 따라 바뀌기도 한다.

9 다음에서 설명하는 언어의 본질이 무엇인지 쓰시오.

• 우리가 쓰는 언어는 항상 같은 모습이 아니다.
• 언어는 시간이 흐르면서 계속 변한다.

[10~12] 보기에서 다음에 해당하는 언어의 본질을 골라 쓰시오.

보기

㉠ 역사성   ㉡ 창조성

10 '백(百), 천(千)'은 예전에 '온, 즈믄'이라고 하였다. (   )

11 '꽃이 아름답다.'에서 '꽃'의 자리에 '얼굴', '마음' 등이 들어간 문장을 만들 수 있다. (   )

12 '어여쁘다'는 '불쌍하다'는 뜻으로 사용되던 말이지만 지금은 '예쁘다'라는 뜻으로 쓰인다. (   )

 핵심 쏙

2. 언어의 기능
언어는 의사소통의 기본 수단으로서 어떤 상황에서 어떤 의도로 사용되는가에 따라 다양한 기능을 수행한다.

✿ 지시적 기능과 정보적 기능

언어는 지시적 기능과 정보적 기능을 함께 지니는 경우가 많다. '노랗다'는 말에는 개념을 가리키는 지시적 기능과 색깔에 대한 정보를 나타내는 정보적 기능이 함께 있다.

경우에 따라서 두 가지 기능 중 더 뚜렷하게 나타나는 기능이 있기도 하다.

지시적 기능이 두드러진 경우	정보적 기능이 두드러진 경우
사람 이름, 가게의 상호, 제품의 명칭	제품 사용 설명서, 뉴스, 실험 보고서

1) 지시적 기능

언어의 지시적 기능	언어는 우리 주변의 사물이나 개념을 가리킨다. 모든 말은 특정한 대상이나 개념을 가리키는 기능을 하는데, 특히 '이, 그, 저'와 같은 지시어에는 이러한 기능이 두드러진다.
예	• 여기 계신 분은 저희 부모님이십니다. • 이런 현상을 엔트로피라고 합니다. • 그것은 우리들의 꿈이고 희망이야.

2) 정보적 기능

언어의 정보적 기능	언어는 여러 가지 정보나 지식을 전달한다. 그러므로 인간은 다른 사람과의 의사소통 과정에서 언어를 통하여 유익한 정보를 주고받을 수 있다.
예	• 내일은 비가 많이 내리는 곳이 있겠습니다. • 세종특별자치시는 우리나라 행정 중심 도시입니다. • 이 상품은 천연 재료를 사용하여 만들었습니다.

 개념 쏙쏙

[13~15] 보기에서 다음 문장에 두드러지게 나타난 언어의 기능을 골라 쓰시오.

┌ 보기 ┐
ㄱ 지시적 기능   ㄴ 정보적 기능
└────────┘

13 이것은 '카메라'라고 한다. (   )

14 아버지가 지금 밖으로 나가신다. (   )

15 상록수는 사철 내내 잎이 푸른 나무를 이르는 말이다. (   )

[16~17] 다음 설명이 맞으면 ○표, 틀리면 ✕표를 하시오.

16 우리 주변의 사물이나 개념을 가리키는 것을 언어의 정보적 기능이라고 한다. (   )

17 '이, 그, 저'와 같은 지시어에는 언어의 지시적 기능이 두드러지게 나타난다. (   )

18 보기에서 공통적으로 두드러지는 언어의 기능을 쓰시오.
┌ 보기 ┐
• 저기 있는 것이 책상이야.
• 여기는 내가 다니는 ○○ 중학교야.
└────────┘

3) 친교적 기능

언어의 친교적 기능	언어를 통해 사람들은 친밀한 관계를 형성한다. 어떤 정보를 요구하거나 전달하기보다는 상대방과의 친교를 다지기 위한 것으로, 사람들이 서로 만났을 때 하는 인사말에서 잘 나타난다.
예	• 안녕하세요. 날씨가 참 좋지요? • 안녕히 주무셨어요? • 오랜만이에요. 별일 없으시죠?

4) 정서적 기능

언어의 정서적 기능	언어는 지식이나 정보 이외에 말하는 이의 감정이나 태도 등을 드러내기도 한다.
예	• 어머나! 큰일났네! • 어이쿠, 깜짝이야. • 이 사진 정말 멋지구나!

5) 명령적 기능

언어의 명령적 기능	언어를 통해 듣는 이의 생각이나 감정을 움직여 어떤 행위를 하도록 요구할 수 있다. 이러한 기능은 요청, 권유, 설득 등의 표현에서 잘 드러난다.
예	• 창문 좀 열어 주세요.(명령) • 영화 보러 함께 가지 않을래?(권유) • 우리는 부모님께 효도하며 살아야 한다.(설득)

개념 쏙쏙

[19~21] 다음 문장들이 가지고 있는 언어의 기능은 무엇인지 바르게 연결하시오.

19 "밖에 비가 오니 우산을 꼭 가져가렴." •   • ㉠ 친교적 기능

20 "아주머니, 안녕하세요?"<br>"그래, 그동안 잘 지냈니?" •   • ㉡ 정서적 기능

21 "우리 반이 일등이야! 정말 기뻐." •   • ㉢ 명령적 기능

[22~24] 다음에서 설명하는 언어의 기능이 무엇인지 **보기**에서 골라 쓰시오.

> **보기**
> ㉠ 친교적 기능   ㉡ 정서적 기능   ㉢ 명령적 기능

22 언어를 통해 말하는 이의 감정이나 태도를 드러낼 수 있다.
(   )

23 언어를 통해 듣는 이의 생각이나 감정을 움직여 어떤 행위를 하도록 한다.
(   )

24 언어는 상대방과 친밀감을 형성하여 관계를 맺게 하는 기능을 한다.
(   )

01 언어의 본질에 대한 설명으로 알맞지 <u>않은</u> 것은?

① 모든 언어에는 지켜야 할 일정한 규칙이 존재한다.
② 언어의 내용과 형식의 결합은 언어 사회마다 다르게 나타난다.
③ 인간은 언어를 통해 새로운 단어나 문장을 무한히 만들 수 있다.
④ 언어는 사회적 약속이므로 한 번 정해진 이후에는 바뀌지 않는다.
⑤ 언어는 내용(의미)을 일정한 형식(말소리)으로 나타내는 기호이다.

02 ▏보기▏에서 설명하는 언어의 본질로 알맞은 것은?

┌─ 보기 ─────────────────────────────
'밥'이란 단어를 '밥'이나 '붑'으로 표현하면 사람들이 알아듣지 못한다. 따라서 언어는 개인의 힘으로 바꾸어 쓸 수 없는 특성이 있다.
└────────────────────────────────────

① 사회성　　② 자의성　　③ 규칙성
④ 창조성　　⑤ 역사성

03 ▏보기▏를 읽고 알 수 있는 언어의 본질에 대한 설명으로 알맞은 것은?

┌─ 보기 ─────────────────────────────
국어에서 수를 나타내는 단어에는 '온', '즈믄' 등이 있었다. 이는 각각 '백', '천'을 나타내는 말이었으나 오늘날에는 거의 다 사라지고, '온종일', '온갖', '온통' 등에서 '온'만 그 흔적을 찾을 수 있다.
└────────────────────────────────────

① 언어 사회마다 내용과 형식의 결합이 다르다.
② 상황에 따라 새로운 표현을 무한히 창조할 수 있다.
③ 말하는 이가 표현하고자 하는 내용을 일정한 형식으로 나타낸다.
④ 언어를 사용하는 사람들은 일정한 규칙에 따라 언어생활을 한다.
⑤ 언어는 항상 같은 모습이 아니라 시간의 흐름에 따라 조금씩 바뀐다.

04 ▏보기▏의 예를 통해 알 수 있는 것은?

┌─ 보기 ─────────────────────────────
우리가 '사람'이라고 표현하는 것을 다른 나라에서는 각각 'man', '人' 등으로 달리 표현하고 있다.
└────────────────────────────────────

① 언어의 사회성　　　② 언어의 자의성
③ 언어의 규칙성　　　④ 언어의 창조성
⑤ 언어의 역사성

👉 내신 필수

05 ▏보기▏의 문장이 어색한 이유로 알맞은 것은?

┌─ 보기 ─────────────────────────────
꽃을 동생이 예쁜 꺾었다.
└────────────────────────────────────

① 의미와 말소리가 자의적으로 결합되었기 때문이다.
② 언어에는 지켜야 할 일정한 규칙이 있기 때문이다.
③ 사회적으로 합의된 언어는 절대로 변하지 않기 때문이다.
④ 시간의 흐름에 따라 완전히 사라진 단어가 사용되었기 때문이다.
⑤ 단어와 문장의 수가 한정되어 새로운 말을 창조할 수 없기 때문이다.

06 다음 글에서 전제하고 있는 언어의 본질은?

┌────────────────────────────────────
인간이 홀로 삶을 영위해 갈 수 없는 사회적 동물인 것처럼, 속담은 사회 구성원의 공감대 위에서만 존립이 가능한 사회적 산물이다. 그렇기 때문에 속담이 형성되는 과정에서 사회 구성원의 합의는 필수적인 조건이다. 맨 처음 특정 개인이 어떤 사물이나 인물을 묘사했을 때, 혹은 상상력을 발휘하여 촌철살인의 기발한 비유적 표현을 사용했을 때, 그 말이 사회 구성원의 공감을 얻게 되고 그래서 다른 상황에서도 반복적으로 적용되면서 비로소 속담으로 정립되는 것이다.
└────────────────────────────────────

① 사회성　　　② 기호성　　　③ 자의성
④ 규칙성　　　⑤ 창조성

07 |보기|의 내용을 통해 설명할 수 있는 언어의 본질로 알맞은 것은?

┃보기┃

'어리다'는 지금과는 달리 오래 전에는 '어리석다'의 의미로 쓰였다. 『훈민정음언해』에는 '어린 백성'이라는 표현이 나오는데, 이것을 '나이가 적은'의 의미로 해석하면 안 된다.

① 언어의 기호성　　　② 언어의 창조성
③ 언어의 자의성　　　④ 언어의 역사성
⑤ 언어의 규칙성

08 |보기|의 단어들을 통해 알 수 있는 언어의 본질에 대한 설명으로 알맞은 것은?

┃보기┃

누리꾼　아파트　택시　컴퓨터　스마트폰

① 기호가 바뀐 경우이다.
② 사물의 의미가 바뀐 경우이다.
③ 새로운 문화가 생기면서 새말이 함께 생긴 경우이다.
④ 가리키는 대상이 사라져 이에 해당하는 말이 없어진 경우이다.
⑤ 같은 대상을 나타내던 말들 중 어느 한쪽이 언어를 사용하는 사람들의 선택에 따라 없어진 경우이다.

내신 필수

09 다음 중 언어의 역사성에 대한 설명으로 옳은 것은?

① '나무, 꽃, 뿌리'는 현대에는 쓰이지 않는 단어이다.
② 언어는 사회적으로 고정된 것이므로 변하지 않는다.
③ 언어는 새로운 사물이나 개념이 생겨나면서 새로 만들어지기도 한다.
④ 시간의 흐름에 따라 의미가 변하는 경우는 있지만 소리는 변하지 않는다.
⑤ '어리다'는 과거에는 '나이가 적다'의 의미였지만 오늘날에는 '어리석다'의 의미로 쓰인다.

[10~11] 다음 글을 읽고 물음에 답하시오.

한국 사람이면 누구나 '㉠바다이 보인다.'라고 하지 않고 '㉡바다가 보인다.'라고 한다. 이는 한국어에 '밥, 떡, 하늘'과 같이 받침이 있는 명사에는 반드시 주격 조사 '이'를 붙이고(밥이, 떡이, 하늘이), '바다, 나무, 사과'와 같이 받침이 없는 명사에는 반드시 주격 조사 '가'를 붙인다는(해가, 나무가, 사과가) 규칙이 있기 때문이다. 이처럼 우리는 말을 할 때에 아무렇게나 말을 하는 것이 아니라 언어의 여러 가지 규칙에 따라 말을 한다. 언어의 이러한 규칙들을 넓은 의미로 '문법'이라 한다.

10 이 글의 ㉠, ㉡과 같이 언어의 규칙을 지키지 않은 예와 잘 지킨 예로 알맞지 <u>않은</u> 것은?

	㉠	㉡
①	빵에 먹는다.	빵을 먹는다.
②	꽃을 피었다.	꽃이 피었다.
③	바다이 맑다.	바다가 맑다.
④	예쁜 꽃이 피었다.	피었다 꽃이 예쁜.
⑤	학교가 준수에 갔다.	준수가 학교에 갔다.

11 이 글에서 설명한 언어의 본질을 지키지 않을 경우 나타날 문제점으로 옳은 것은?

① 개인이 언어를 마음대로 바꾸어 사용하게 된다.
② 단어가 한정되어 새로운 문장을 창조하지 못한다.
③ 똑같은 의미를 나타내는 말소리가 나라마다 달라진다.
④ 언어생활에 혼란이 와서 의사소통을 제대로 할 수 없다.
⑤ 말소리와 의미가 변하여 과거의 언어를 사용하는 이들과 현대인의 의사소통이 단절된다.

주관식

12 다음 예를 통해 알 수 있는 언어의 본질이 무엇인지 쓰시오.

• 한국어: 밥
• 프랑스어: riz
• 영어: rice

13 다음 중 언어의 기능으로 볼 수 <u>없는</u> 것은?

① 말하는 이의 감정이나 태도를 드러낸다.
② 우리 주변의 사물이나 개념을 가리킨다.
③ 다른 사람과 유익한 정보를 주고받는다.
④ 사람들 사이에 친밀한 관계를 형성한다.
⑤ 몸짓, 표정, 눈짓을 통해 의미를 나타낸다.

▣ 내신 필수

14 다음 중 언어의 지시적 기능이 잘 드러나는 예가 <u>아닌</u> 것은?

① 일기 예보   ② 사물의 명칭
③ 제품의 명칭   ④ 가게의 상호
⑤ 사람의 이름

15 ┃보기┃에서 설명하는 언어의 기능으로 알맞은 것은?

┃보기┃
　우리가 상대방과 대화를 나눌 때 일일이 사물을 들어 보여 주지 않더라도 말로써 사물의 의미를 주고받을 수 있다.

① 지시적 기능   ② 정보적 기능
③ 친교적 기능   ④ 정서적 기능
⑤ 명령적 기능

16 ┃보기┃의 예들에서 공통적으로 두드러지는 언어의 기능으로 알맞은 것은?

┃보기┃
제품 사용 설명서   뉴스   실험 보고서

① 지시적 기능   ② 정보적 기능
③ 친교적 기능   ④ 정서적 기능
⑤ 명령적 기능

17 ┃보기┃에서 설명하는 언어의 기능을 보여 주는 예로 알맞은 것은?

┃보기┃
　이웃 사람들끼리, 또는 우연히 알게 된 사람과 날씨가 좋다, 경치가 좋다, 식사했느냐는 말을 주고받는다. 말을 듣는 사람이나 하는 사람이나 말이 전달하는 의미는 그렇게 중요하지 않다. 이러한 언어적 기능은 말을 주고받는 사람끼리 환경, 즉 의사소통의 경로를 열어 놓고 있는 셈이다.

① "지우개 좀 빌려 줘."
② "모르는 것은 질문해."
③ "그동안 별일 없으셨죠?"
④ "이 만화책 정말 재미있어!"
⑤ "저기 있는 아이는 내 동생이야."

18 ┃보기┃에서 설명하는 언어의 기능으로 알맞은 것은?

┃보기┃
　말하는 사람에 초점이 맞추어진 기능으로, 어떤 표현을 쓰느냐에 따라 말하는 사람의 태도를 나타내 준다. 말은 말하는 사람의 감정을 발음의 높낮이와 길고 짧음으로 나타낼 수 있다.

① 요청, 권유, 설득 등의 표현에만 나타난다.
② 상대방과의 친교를 다지는 데에 그 목적이 있다.
③ '어이쿠, 얼씨구, 아차' 등 감탄사에 주로 나타난다.
④ 언어를 통해 듣는 이에게 어떤 행위를 하도록 하는 기능이다.
⑤ 언어가 우리 주변의 사물이나 개념을 가리키는 것을 의미한다.

▣ 주관식

19 다음 빈칸에 공통으로 들어갈 단어를 3음절로 쓰시오.

　우리는 언어로써 자신의 감정을 드러내기도 합니다. 미처 몰랐던 사실을 알고 "아하!"라고 말하는 것은 자신의 느낌을 표현하는 것입니다. 이러한 언어의 기능을 (　　) 기능이라고 합니다. 자신이 좋아하는 가수를 보고 "멋져!"라고 소리쳤다면 이 역시 (　　) 기능을 잘 보여 주는 예이죠.

20 ▮보기▮에서 설명하는 언어의 기능이 나타난 예가 <u>아닌</u> 것은?

▮보기▮
우리는 언어를 이용하여 상대방에게 어떤 행위를 하도록 할 수 있다. 예를 들어 "창문 좀 닫아라."라고 말하여 상대방이 창문을 닫는 행위를 하도록 한다.

① "인간답게 살아야지."
② "광복절은 8월 15일이야."
③ "은아야, 떡볶이 먹으러 가자."
④ 교통 표지판에 적혀 있는 '천천히'
⑤ "발 없는 말이 천 리 간다고 했으니 말을 삼가야 해."

21 ▮보기▮에서 설명하는 언어의 기능으로 알맞은 것은?

▮보기▮
언어 행위는 어느 경우에나 말하는 이의 욕구를 수반하는 자극 반응 현상이어서 독백조차도 듣는 이의 반응을 기대하는 것이 보통이다. 창가에 서서 창밖을 내다보며 "날씨가 좋구나."라고 말하는 것은, 곁에 있는 사람이 이 말을 듣고 어떤 반응과 행동을 보여 주기를 바라는 의도를 담고 있는 것이다.

① 지시적 기능   ② 정보적 기능
③ 친교적 기능   ④ 정서적 기능
⑤ 명령적 기능

22 다음 글을 읽고 ㉠에서 두드러지는 언어의 기능에 대한 설명으로 알맞은 것은?

㉠속담이란 민중의 일상생활 공간에서 체득된 삶의 지혜나 예지가 비유적으로 서술된, 비교적 짧막한 길이의 이야기이다. 대개 교훈적 의미를 전달하거나 풍자의 효과를 나타내기 위한 관용적 표현들을 말한다.

① 여러 가지 정보나 지식을 전달한다.
② 우리 주변의 사물이나 개념을 가리킨다.
③ 말하는 이의 감정이나 태도 등을 드러낸다.
④ 사람들 사이에 친밀한 관계를 형성하게 한다.
⑤ 듣는 이의 생각이나 감정을 움직여 어떤 행위를 하도록 요구한다.

23 다음 중 언어의 지시적 기능에 대한 설명으로만 묶인 것은?

㉠ 특정한 대상이나 개념을 가리키는 기능이다.
㉡ 사람들 사이에 친밀한 관계를 형성할 수 있게 한다.
㉢ 말하는 이가 듣는 이의 생각이나 행동이 변하도록 요구하는 것이다.
㉣ 문맥적 의미와 관계없이 사람들이 서로 친밀한 관계를 유지하려고 한다.
㉤ 지시어를 사용하여 어떤 특정한 대상을 가리키고, 현재 눈앞에 보이지 않는 것도 나타낼 수 있다.

① ㉠, ㉡   ② ㉠, ㉤   ③ ㉡, ㉣
④ ㉢, ㉤   ⑤ ㉣, ㉤

중요
24 다음 중 언어의 기능과 그 예가 바르게 연결되지 <u>않은</u> 것은?

	언어의 기능	예
①	지시적 기능	이것은 의자이다.
②	정보적 기능	'춘부장'은 남의 아버지를 가리킨다.
③	친교적 기능	오늘 날씨가 참 좋지요?
④	정서적 기능	이 과자 정말 맛있는데!
⑤	명령적 기능	즐거운 주말 보내세요.

주관식
25 다음에 들어갈 알맞은 단어를 순서대로 쓰시오.

언어의 ☐☐☐ 기능은 사물이나 개념을 가리키는 기능을 의미하고, ☐☐☐ 기능은 여러 가지 정보나 지식을 전달하는 기능을 말한다.

01 언어에 대한 설명으로 알맞지 <u>않은</u> 것은?

① 언어는 음성과 의미가 결합된 기호의 체계이다.
② 언어는 한 사회의 역사와 문화를 반영하고 있다.
③ 인간은 정해진 문장을 일정하게 반복하여 사용한다.
④ 언어는 사회적으로 정해진 약속이기에 함부로 바꿀 수 없다.
⑤ 언어는 항상 같은 모습이 아니라 시간의 흐름에 따라 변한다.

고난도

02 |보기|를 읽고 알 수 있는 내용이 <u>아닌</u> 것은?

┤보기├

　꿀벌이 춤을 통해 정보를 전달하는 것은 상징성의 측면에서 인간의 언어와 비슷하다. 그러나 인간의 언어와 꿀벌의 춤은 근본적인 면에서 많은 차이점을 가지고 있다. 첫째, 꿀벌들은 정보를 일방적으로 제공할 수는 있지만 자유롭게 교환하지는 못한다. 둘째, 꿀벌들은 습득한 정보를 표현하기 위해 규칙으로 정해진 춤만 춘다.
　이처럼 꿀벌의 세계에서도 정보를 전달하는 섬세한 몸짓이 있지만 이것은 본능적 반응일 뿐, 인간의 언어와는 다르다.

① 인간의 언어는 자유로운 정보 교환이 가능하다.
② 꿀벌의 의사소통 수단에도 일정한 법칙이 있다.
③ 꿀벌은 그때그때 필요한 표현을 만들어 낼 수 있다.
④ 인간의 언어는 동물의 언어와는 달리 창조성이 있다.
⑤ 꿀벌의 세계에도 정보를 전달하는 상징적인 수단이 있다.

03 다음 중 언어가 변화된 과정이 비슷한 것끼리 짝지어진 것은?

① 물, 뫼 　　　② 뫼, 즈믄
③ 불, 즈믄 　　④ 진사, 어리다
⑤ 어리다, 누리집

04 언어의 본질에 대한 설명으로 알맞지 <u>않은</u> 것은?

① 언어는 기호의 체계이다.
② 언어에는 일정한 규칙이 있다.
③ 언어의 내용과 형식은 임의적으로 결합된 것이다.
④ 언어는 그것을 사용하는 사람들 사이의 약속이다.
⑤ 시간의 흐름에 따라 언어의 의미는 변할 수 있으나 형태는 변하지 않는다.

고난도

05 다음 중 관련된 언어의 본질이 다른 예는?

① 국어로 '파랗다'는 말을 영어에서는 'blue'라고 한다.
② 조선 전기에 사용되던 '불휘'는 오늘날 '뿌리'로 소리가 바뀌었다.
③ '1,000'을 뜻하는 옛말 '즈믄'은 사라지고, 그 대신에 한자어 '천(千)'이 쓰인다.
④ '스마트폰, 인터넷, 누리집' 등은 현대에 사물이 생기면서 생긴 신조어이다.
⑤ '어리다'의 의미는 '어리석다'에서 오늘날 '나이가 적다'라는 뜻으로 변하였다.

06 과거에는 '어리다'라는 말이 '어리석다'는 뜻으로 쓰였다. 다음 중 '어리다'와 같이 세월이 흐르면서 그 의미가 변한 것은?

① 온 　　　　② 벗 　　　　③ 지갑
④ 즈믄 　　　⑤ 자동차

서술형

07 |보기|의 대화를 읽고 담당 공무원의 답변과 관련된 언어의 본질과 그 개념을 서술하시오.

┤보기├

시민: 현재 우리가 쓰고 있는 대부분의 지명(地名)은 한자어입니다. 일제 강점기에 조선 총독부가 자기 편한 대로 개명했기 때문입니다. 이제부터라도 순수한 우리말 지명으로 바꾸어야 합니다.
담당 공무원: 오랜 시간동안 많은 사람들이 사용해 온 지명이기 때문에 이제 와서 함부로 바꾸기는 어렵습니다. 구성원들의 합의가 우선적으로 이루어져야 한다고 봅니다.

(1) 관련된 언어의 본질:
(2) 개념:

서술형

08 언어의 역사성의 개념을 예를 들어 서술하시오.

중요

09 ▮보기▮의 '은희'와 같이 말할 때 생길 수 있는 문제점으로 볼 수 <u>없는</u> 것은?

▮보기▮

은희는 밥을 지어 본다고 한참 주방을 뒤지고 있다.
"누룽지 어디 갔지?"
은희가 동생에게 다그쳐 물었다. 그러자 동생은
"누룽지라니, 난 몰라! 왜 찾는데?"
라고 말하며 되물었다.
"밥을 하려면 누룽지를 씻어야 하잖아."
은희는 이렇게 외쳤다.
"쌀은 안 찾고 왜 누룽지를 찾아?"
동생이 퉁명스럽게 대답한다.

① 대화의 내용을 잘못 이해하여 혼란이 생길 것이다.
② 동생 입장에서는 처음부터 혼란이 생길 수밖에 없다.
③ 이런 대화가 지속되면 상대방을 불쾌하게 만들 수 있다.
④ 상대에게 말의 뜻을 전달하는 데 많은 시간이 걸릴 것이다.
⑤ 시간의 흐름에 따라 언어의 소리와 의미가 점차 변하게 된다.

서술형

10 다음 글을 읽고 앞으로 건하에게 어떠한 문제점이 생길지 한 문장으로 서술하시오.

건하는 '사람'을 미국에서는 'man[맨]', 중국에서는 '人[런]'이라고 하는 것을 보고 의문을 갖게 되었다.
"'사람'을 부르는 말이 나라마다 다르다면 언어의 의미와 말소리의 결합은 우연히 정해진 것이 분명해. 그렇다면 나는 이제부터 '사람'을 '가위'라고 부를 거야."
건하는 자신이 알고 있는 사물을 모두 자신의 말로 바꾸어 부르기로 했다.

11 다음 대화 중 선생님의 답변에서 드러나는 언어의 본질은?

학생: '개'라는 말의 뜻을 '꼬리를 흔들며 왈왈 짖는 동물'이라고 누가 어떻게 정했나요?
선생님: 그것은 우리들이 함께 정한 것이란다. 국어를 사용하는 사람들이 네발이 달리고 냄새를 잘 맡는 그 동물을 '개'라고 부르기로 약속한 것이지. 우리가 '개'라고 부르는 동물을 프랑스에서는 '시엥', 독일에서는 '하운드'라고 부르는 것도 마찬가지란다.

① 역사성과 창의성　　② 창의성과 자의성
③ 규칙성과 기호성　　④ 사회성과 자의성
⑤ 역사성과 사회성

[12~13] 다음 글을 읽고 물음에 답하시오.

(가) 사람들은 새로운 사물이나 현상, 상황이 생기면 새로운 단어와 문장을 만들어 쓴다. '새내기, 전자 우편, 줄기세포, 전기 자동차, 한류(韓流)' 등은 오늘날에 새로 만들어진 단어들이며, "전자 우편으로 편지를 썼다.", "휴대 전화로 문자 메시지를 보냈다."와 같은 문장은 과거에는 들어 볼 수 없었던 새로운 문장이다. 이처럼 새로운 단어나 문장이 만들어지는 것을 언어의 (㉠)이라 한다.

(나) 사람들은 말을 할 때 단어나 문장을 아무렇게나 만들어 쓰지 않는다. 규칙에 따라 단어를 만들고 문장을 만드는 것이다. 이러한 것을 언어의 (㉡)이라고 한다.

12 ㉠과 ㉡에 들어갈 말을 순서대로 나열한 것은?

	㉠	㉡
①	기호성	규칙성
②	기호성	창조성
③	자의성	기호성
④	창조성	규칙성
⑤	창조성	자의성

서술형

13 (나)에서 설명하는 언어의 본질이 지켜지지 않았을 때 생길 수 있는 문제점을 한 문장으로 서술하시오.

14 다음에서 설명하고 있는 단어에 속하지 <u>않는</u> 것은?

> 현대의 정보화 사회에 등장한 새로운 사물이나 개념의 탄생으로 인해 생겨난 말

① 댓글   ② 블로그   ③ 누리집
④ 햇과일   ⑤ 인공 지능

고난도

15 ┃보기┃의 대화를 통해 알 수 있는 언어의 특성으로 가장 알맞은 것은?

> ┃보기┃
> 현진: 조개보다는 훨씬 작은데 껍데기 표면은 황록색으로 흑갈색 띠가 있어서 칼국수 같은 데에 넣어 먹기도 하는 거 있잖아. 그걸 뭐라고 하더라?
> 윤희: 아, '올갱이' 얘기하는 거구나?
> 문택: 현진이가 말하는 것은 '다슬기' 같은데?
> 윤희: 우리 지방에서는 그걸 '올갱이'라고 불러.

① 다양한 언어 표현은 사고력을 높인다.
② 언어는 시간이 지나면 의미에 변화가 생긴다.
③ 언어는 사물의 일반적 특징을 추상적으로 표현한다.
④ 하나의 대상은 하나의 언어로만 지칭하는 것이 좋다.
⑤ 언어는 사용하는 사람들의 약속에 따라 같은 대상도 다르게 표현할 수 있다.

중요

16 ┃보기┃에는 언어가 변하는 이유가 제시되어 있다. 각 항목에 따른 예가 잘못 짝지어진 것은?

> ┃보기┃
> ㉠ 새로운 대상이나 개념이 생기면 그것을 나타낼 말이 필요하다.
> ㉡ 어떤 대상이나 개념이 없어지면 그것을 표현하던 말도 사라지거나 의미가 변한다.
> ㉢ 같은 대상을 표현하던 말들이 서로 경쟁하다가 한쪽이 이기면 다른 한쪽의 말은 자연히 사라진다.

① ㉠: 우주선, 휴대 전화
② ㉡: 회수권, 삐삐
③ ㉡: 다리, 지갑, 미인
④ ㉢: 즈믄 – 천, 온 – 백
⑤ ㉢: 옥수수 – 강냉이, 위생실 – 화장실

17 ┃보기┃와 관련된 언어의 본질에 대한 설명으로 가장 알맞은 것은?

> ┃보기┃
> '철수가 밥을 많게 먹는다.'라는 문장은 잘못된 문장이다. '먹는다'는 말을 꾸미기 위해 '많다'라는 말을 쓸 때에는 '많게'가 아니라 '많이'의 형태로 바꾸어야 한다.

① 모든 언어는 지켜야 할 일정한 규칙이 있다.
② 언어의 내용과 형식의 결합은 필연적이지 않다.
③ 언어는 시간의 흐름에 따라 생성·성장·소멸한다.
④ 인간은 상황에 따라 수많은 새말을 만들어 쓸 수 있다.
⑤ 언어는 뜻과 형식의 결합으로 이루어진 기호 체계이다.

18 다음 설명과 가장 관련 있는 언어의 특성은?

> '사람이 냄새 맡는 기관'을 '코'라고 했으면 누구나 다 '코'라고 해야 한다. 만약 이러한 약속을 어기고서 사람마다 각기 다른 소리로 나타낸다면 사람들 사이에 의사소통이 이루어질 수 없다.

① 기호성   ② 규칙성   ③ 창조성
④ 역사성   ⑤ 사회성

서술형

19 (가)와 (나)에 두드러지게 나타난 언어의 기능을 두 개씩 찾아 한 문장으로 쓰시오.

> (가) 동준아.
>   전할 소식이 있어. 수학 경시대회가 ○월 ○○일에 열린대. 지난번에 네가 꼭 참석하고 싶다고 말했잖아. 다음 주까지 신청서를 받는다니까 잊지 말고 꼭 신청해.
> (나) 지수야.
>   왠지 울적한 기분이구나. 나 드디어 사춘기인가? 오늘따라 날씨마저 마음에 안 들어. 너라도 옆에 있으면 기분이 좀 나아질 텐데. 주말 잘 보내고 다음 주에 보자.

20 다음 중 언어의 기능과 그 예를 설명한 것으로 옳은 것은?

	언어의 기능	예
①	친교적 기능	"이거 뭐야?"
②	정서적 기능	"다녀오셨어요?"
③	명령적 기능	"엄마, 밥 주세요."
④	지시적 기능	"지금 새벽 6시야."
⑤	정보적 기능	"어머나, 감동이야."

내신 필수

21 보기의 ㉠~㉤ 중 언어의 친교적 기능이 두드러지는 것은?

┌─ 보기 ─
"㉠오늘은 꼭 돈을 받고 말겠어."
주인은 혼잣말로 중얼거리며 가게로 들어섰다. 여자가 보이지 않았다.
"㉡안에 누구 없어요?"
주인은 가게를 둘러보며 큰 소리로 여자를 찾았다.
"아, 오셨군요. ㉢식사는 하셨어요?"
방 안에 있던 여자가 문틈으로 얼굴을 내밀며 말을 건넸다.
"㉣사글세가 여러 달 밀려 있다는 건 알고 계시죠?"
"네, 알고 있어요. 하지만 ㉤이번에도 형편이 안 되네요. 우선 밀린 거 한 달치만 받아 가시면 안 될까요?"
└─────

① ㉠   ② ㉡   ③ ㉢   ④ ㉣   ⑤ ㉤

22 보기에서 동생의 말에 나타난 언어의 기능은?

┌─ 보기 ─
동생: 창문이 열려 있네. 아이, 추워.
형: 응. 내가 열었어.
동생: 형, 나 춥단 말이야.
형: 그래, 창문 닫아 줄게.
└─────

① 지시적 기능   ② 정보적 기능
③ 친교적 기능   ④ 정서적 기능
⑤ 명령적 기능

23 ㉠에 대한 설명으로 가장 알맞은 것은?

┌─────
철수가 시험을 준비하느라고 공부하고 있었다. 철수 어머니는 다과를 들고 아들의 방문을 살며시 열고,
"㉠아직까지 공부하니?"
라고 물었다.
└─────

① 철수의 기분을 상하게 하는 말이다.
② 철수 어머니는 상황을 파악하지 못하고 있다.
③ 철수 어머니는 감독하려는 의도를 보이고 있다.
④ 철수 어머니가 철수에게 친밀감을 보이는 표현이다.
⑤ 철수는 어머니가 자신을 알아주지 않는다고 생각한다.

고난도

24 다음 대화에서 딸의 말에 대한 설명으로 옳은 것은?

┌─────
딸: 우리 반 친구는 어제 새 옷 샀대요.
엄마: 그래. 좋겠구나.
딸: 엄마, 저는 입을 만한 옷이 없어요.
└─────

① 엄마와 유익한 정보를 주고받고자 한다.
② 엄마에게 자신의 상태를 사실적으로 전달한다.
③ 지시적 기능과 정보적 기능이 동시에 나타난다.
④ 엄마와의 친밀한 관계를 형성하는 데에 목적이 있다.
⑤ 엄마에게 옷을 사 달라는 간접적인 명령의 표현이다.

중요

25 보기에서 두드러지게 나타나는 언어의 기능으로 알맞은 것은?

┌─ 보기 ─
인공위성은 지구와 같은 행성의 둘레를 돌 수 있도록 로켓을 이용해 쏘아 올린 인공 장치이다. 인공위성은 만든 목적에 따라 통신 위성, 기상 위성, 천문 위성, 정찰 위성 등 여러 종류가 있다. 인공위성은 보통 대기와의 마찰을 피하기 위해 수천 킬로미터에서 수만 킬로미터 상공에 떠 있다.
└─────

① 지시적 기능   ② 정보적 기능
③ 친교적 기능   ④ 정서적 기능
⑤ 명령적 기능

26 ▎보기▎의 문장에서 드러나는 언어의 기능 두 가지로 알맞은 것은?

▎보기▎

주문하신 식사 나왔습니다.

① 정보적 기능, 명령적 기능
② 지시적 기능, 정서적 기능
③ 친교적 기능, 명령적 기능
④ 정보적 기능, 친교적 기능
⑤ 명령적 기능, 정서적 기능

27 ▎보기▎의 예문에 공통적으로 해당하는 언어의 기능으로 알맞은 것은?

▎보기▎

• 잔디도 밟으면 아파요.
• 빈 수레가 요란하다.
• 콩 심은 데 콩 나고 팥 심은 데 팥 난다.

① 특정한 대상을 가리키는 기능을 한다.
② 사람들 사이에 친밀한 관계를 형성하게 한다.
③ 듣는 이에게 어떤 정보를 전달하려는 목적이 있다.
④ 언어를 통해 듣는 이에게 어떤 행위를 하도록 요구한다.
⑤ 이와 같은 언어의 기능은 '제품 사용 설명서'에 두드러지게 나타난다.

내신 필수

28 ▎보기▎의 ㉠과 ㉡에 해당하는 언어의 기능으로 알맞은 것은?

▎보기▎

㉠ 길을 가다가 우연히 만난 친구에게 인사말로 "어디 가?" 하고 물었다.
㉡ 길을 가는 친구가 어디로 가는지 알고 싶어서 "어디 가?" 하고 물었다.

	㉠	㉡
①	정보적 기능	친교적 기능
②	정서적 기능	정보적 기능
③	정서적 기능	친교적 기능
④	친교적 기능	정보적 기능
⑤	친교적 기능	지시적 기능

29 ▎보기▎에 대한 설명으로 알맞은 것은?

▎보기▎

'커다란 바위'를 '커어다란 바위'라고 말한다고 해서 '바위'가 더 커지는 것이 아니고, '두 사람'을 '두우우 사람'이라고 발음한다고 해서 사람의 수가 늘어나지는 않는다. 그럼에도 불구하고 사람들이 그러한 표현을 사용하는 것은 자기의 발화 속에서 이 부분에 각별한 관심을 가지고 있음을 나타내기 위해서이다.

① 언어의 정서적 기능에 대한 설명이다.
② 듣는 사람에게 초점이 더 맞추어져 있음을 설명한다.
③ 듣는 이가 아름다움을 느낄 수 있게 표현하는 예이다.
④ 단어나 구절, 문장을 만들 때 적용되는 규칙에 관한 설명이다.
⑤ 상대방과의 친밀한 관계를 유지하기 위한 목적을 가진 경우에 해당한다.

중요
30 ▎보기▎와 같은 예에서 두드러지게 나타나는 언어의 기능으로 알맞은 것은?

▎보기▎

• 발 없는 말이 천 리 간다.
• 보기 좋은 떡이 먹기도 좋다.

① 심미적 기능　　② 지시적 기능
③ 정보적 기능　　④ 정서적 기능
⑤ 명령적 기능

서술형
31 다음 대화를 보고 민정이에게 해 줄 수 있는 조언을 한 문장으로 쓰시오.

민정: '노랗다'는 말은 색깔에 대한 정보를 나타내고 있어. 이러한 언어의 기능을 '정보적 기능'이라고 하지.
성환: 하지만 '노랗다'라는 개념을 '지시'한다고 볼 수는 없는 거야?
민정: 아니. 정보를 나타내는 기능만 한다니까.

[32~33] 다음 글을 읽고 물음에 답하시오.

> "안녕."
> 여우가 말했다.
> "안녕."
> 어린 왕자는 공손히 대답하고 몸을 돌렸으나 아무것도 보이지 않았다.
> "㉠난 여기 사과나무 밑에 있어."
> 좀 전의 그 목소리가 말했다.
> "너는 누구지? ㉡넌 참 예쁘구나."
> 어린 왕자가 말했다.
> "난 여우야."
> 여우가 말했다.

32 ㉠에서 두드러지는 언어의 기능이 뚜렷하게 나타나는 예로 알맞지 <u>않은</u> 것은?

① 뉴스   ② 아침 인사   ③ 일기 예보
④ 실험 보고서   ⑤ 제품 사용 설명서

33 ㉡에서 나타나는 언어의 기능 두 가지로 알맞은 것은?

① 지시적 기능, 친교적 기능
② 지시적 기능, 정보적 기능
③ 정보적 기능, 명령적 기능
④ 친교적 기능, 정서적 기능
⑤ 친교적 기능, 명령적 기능

34 | 보기 |의 예로 가장 알맞은 것은?

> **보기**
>
> 사람들은 언어를 통하여 서로 친교를 맺기도 한다. 길을 가다가 아는 사람을 만나 "오늘 날씨가 참 좋지요?" 하고 말하는 것은 꼭 오늘의 날씨에 대한 정보를 전달하기보다는 인사말이라 할 수 있다. 이런 말은 상대방과의 친교를 다지는 데 목적이 있다.

① "이 영화 진짜 재미있다!"
② "지수야, 색연필 좀 빌려 줄래?"
③ "선생님께서 지금 교실로 오신다."
④ "모르는 것이 있으면 나에게 질문해."
⑤ "오랜만이에요. 그동안 별일 없으셨죠?"

35 | 보기 |와 같은 예에서 두드러지게 나타나는 언어의 기능으로 알맞은 것은?

> **보기**
>
> (가) 언어는 우리 주변의 사물이나 개념을 가리킨다. 예를 들어 '사과'라는 말은 사과라는 사물을 (㉠) 한다. 언어의 이러한 기능 덕분에 우리는 일일이 사과를 들어 보이지 않고서도 말로써 사과의 의미를 주고받을 수 있다.
>
> (나) 사람들은 언어를 통하여 서로 (㉡)을/를 맺는다. 길을 가다가 친구를 만나 "어디 가?"라고 말하는 것은 목적지를 묻는다기보다는 인사말로, 상대방과의 친밀한 관계를 맺는 데에 목적이 있다.
>
> (다) 우리는 언어를 이용하여 상대방에게 어떤 행위를 하도록 (㉢)할 수 있다. 예를 들어 "가위 좀 줄래?"라고 말하여 상대방이 가위를 주는 행위를 하도록 한다.

	㉠	㉡	㉢
①	지시	정보	이해
②	지시	친교	명령
③	이해	정보	명령
④	이해	관계	사과
⑤	반대	친교	사과

고난도

36 다음 대화를 읽고 각 부분에 대한 설명으로 옳지 <u>않은</u> 것은?

> 은아: ⓐ국어 쪽지 시험이라니, 아, 정말 싫어.
> 충만: ⓑ쪽지 시험 취소됐잖아, 여태 모르고 있었니?
> 은아: 정말이야? ⓒ와, 신난다!
> 충만: ⓓ시험을 안 보더라도 학생은 공부를 해야지.
> 은아: ⓔ이야! 멋진데! 그래. 시험과 상관없이 열심히 공부할게.

① ⓐ: 은아의 감정과 태도가 드러난다.
② ⓑ: 충만이는 은아에게 쪽지 시험에 관한 정보를 주었다.
③ ⓒ: 정서적 기능이 두드러지게 나타나는 부분이다.
④ ⓓ: 특정한 정보를 전달하는 목적의 말하기이다.
⑤ ⓔ: 감탄사를 통해 은아의 정서가 드러난다.

02 품사의 종류와 특성

성취기준 • 품사의 종류와 특성을 이해하고 국어 자료를 분석한다. ●1학년

핵심 콕

✿ 단어
사람의 생각을 나타내는 말의 최소 단위로, 문장 가운데 자립할 수 있는 말 또는 그 말 뒤에 붙어서 문법적 기능을 나타내는 말이다.

✿ 분류

뜻	대상을 일정한 기준에 따라 나눔.
장점	대상을 이해하고 기억하기 쉬움.

✿ 불변어와 가변어
① 불변어: 단어가 문장에서 쓰일 때, 그 형태가 변하지 않는 단어
② 가변어: 단어가 문장에서 쓰일 때, 문법적 의미에 따라 그 형태가 변하는 단어

✿ 체언의 특징
• 형태가 변하지 않는다.
• 조사와 결합하여 문장 성분으로 쓰이거나 홀로 사용된다.

---

1. 품사의 개념
1) 품사: 단어들을 성질이 공통된 것끼리 모아 분류한 단어의 갈래이다.

2) 품사의 분류 기준

분류 기준	품사							
형태	불변어			가변어		불변어		
기능	체언			용언		수식언		관계언	독립언
의미	명사	대명사	수사	동사	형용사	관형사	부사	조사	감탄사

(※ 조사 중 서술격 조사 '이다'는 가변어임.)

2. 품사의 분류와 특성
1) 체언: '누구' 또는 '무엇'을 나타내는 말로 문장의 주체 자리에 나타나는 단어이다. ⇨ 명사, 대명사, 수사

  (1) 명사: 사람이나 사물 등의 이름을 나타내는 단어이다.

    ① 특징
    • 단어의 형태가 바뀌지 않는다.
    • 관형어나 부사의 꾸밈(수식)을 받는다. 예 그 꿈, 바로 앞 등
    • 조사와 결합하여 여러 가지 문장 성분으로 쓰인다. 예 철수가(주어), 철수를(목적어) 등
    • 복수를 표시하는 접미사(-들, -네)와 결합하여 복수 표시가 가능하다. 예 장난감들, 부인네 등
    ② 종류

기준	종류	의미	예
자립성의 유무	자립 명사	문장 가운데 홀로 쓰일 수 있는 명사	하늘, 땅, 사람, 꿈, 젊음 등
	의존 명사	반드시 그 앞에 꾸며 주는 말이 있어야만 의미를 나타낼 수 있는 명사	개, 것, 명, 분, 손, 장 등
고유성의 유무	고유 명사	특정한 사람이나 사물에 붙인 이름	고구려, 영희, 독도, 한라산 등
	보통 명사	같은 종류의 사물에 두루 쓰이는 이름	물, 섬, 강아지, 포도, 별 등

개념 쏙쏙

1 다음 빈칸에 들어갈 알맞은 말을 순서대로 쓰시오.

> 단어들을 성질이 공통된 것끼리 모아 (　　　　)한 단어의 갈래를 (　　　　)(이)라 한다.

2 다음 문장에서 명사를 찾아 쓰시오.

> 점심 맛있게 드셨어요?

[3~6] 보기에서 다음 설명에 해당하는 것을 모두 고르시오.

보기

고양이	것	을지문덕
켤레	칼(刀)	백두산

3 문장 가운데 홀로 쓰일 수 있는 명사:

4 꾸며 주는 말이 있어야만 의미를 나타낼 수 있는 명사:

5 특정한 사람이나 사물에 붙인 이름인 명사:

6 같은 종류의 사물에 두루 쓰이는 이름인 명사:

(2) 대명사: 사람이나 사물을 나타내는 명사를 대신하여 가리키는 단어이다.

① 특징
- 명사의 특징을 그대로 가지고 있지만, 관형사의 꾸밈은 받을 수 없다.
  예 새 <u>이것</u>은(×), 헌 <u>그</u>가(×), 다른 <u>저것</u>은 몰라도(×)
- 조사가 붙어서 다양한 문장 성분으로 쓰일 수 있다.
  예 <u>그</u>가 말했다.(주어) / 우리는 <u>이것</u>을 사랑이라 한다.(목적어) / 은희가 <u>그곳</u>에 갔다.(부사어) 등

② 종류
- 지시 대명사: 사물이나 사건, 장소 등을 대신해서 가리킨다.

사물 대명사	이, 그, 저, 이것, 저것, 그것, 무엇(미지칭) 등
처소(장소) 대명사	여기, 거기, 저기, 어디(미지칭) 등

- 인칭 대명사: 사람을 대신해서 가리킨다.

1인칭	말하는 이가 자신을 가리킴.	예 나, 본인, 우리, 저, 저희, 소인, 짐, 과인 등
2인칭	듣는 이를 가리킴.	예 너, 너희, 당신, 그대, 자네, 댁, 여러분 등
3인칭	말하는 이와 듣는 이를 제외한 다른 사람을 가리킴.	예 그, 저, 이이, 저이, 그이, 이분, 저분, 그분, 누구(미지칭), 아무(부정칭), 당신(극존칭) 등

(3) 수사: 사물의 수량이나 순서를 나타내는 단어이다.

① 특징
- '-들'과 같은 복수 표시의 접미사와 결합할 수 없지만 반복에 의한 복수 표현은 가능하다.
  예 하나들(×), 하나하나(○)
- 관형사의 꾸밈을 받을 수 없다. 예 새 <u>하나</u>(×), 헌 <u>첫째</u>(×)

② 종류

양수사	사물의 수량을 나타낸다.	예 하나, 둘, 셋, 넷 등 / 일, 이, 삼, 사 등
서수사	순서(차례)를 나타낸다.	예 첫째, 둘째, 셋째, 넷째 등 / 제일, 제이, 제삼, 제사 등

✱ 미지칭
  모르는 사물이나 사람을 가리키는 대명사. '누구', '아무', '아무개', '무엇' 따위가 있다.

✱ 부정칭
  정해지지 아니한 사람, 물건, 방향, 장소 따위를 가리키는 대명사. '아무', '아무개' 따위가 있다.

✱ '두 개'는 수사일까?
  수사는 한 단어를 의미하는데 '두 개'는 두 단어이므로 수사라고 할 수 없다. 이 중 '두'는 수량을 나타내는 관형사이고, '개'는 의존 명사이다.

개념 쏙쏙

[7~8] 다음 설명을 보고 해당하는 품사와 알맞게 연결하시오.

7 사물의 수량이나 순서를 나 타낸다. •   • ㉠ 대명사

8 사람이나 사물을 나타내는 명사를 대신하여 가리킨다. •   • ㉡ 수사

9 2인칭 대명사를 두 가지 쓰시오.

[10~13] 다음 설명이 맞으면 ○표, 틀리면 ×표를 하시오.

10 '대명사'는 구체적인 사물이나 현상을 나타내는 명사이다.
(   )

11 '대명사'에 조사가 결합하면 다양한 문장 성분으로 쓰일 수 있다.
(   )

12 사물의 수량이나 순서를 나타내는 단어를 '수사'라고 한다.
(   )

13 '하나, 둘, 셋'은 순서를 나타내는 '서수사'에 해당하는 예이다.
(   )

핵심 국

✦ **용언의 특징**
① 문장에서 그 쓰임에 따라 형태가 변하는 가변어이다.
② 주로 서술어로 쓰이나, 어미의 활용에 따라 다른 문장 성분으로도 쓰인다.

✦ **동사와 형용사의 구별**
① 동사는 명령하거나 권유하는 표현이 가능하지만, 형용사는 가능하지 않다.
예 동사: 준호야, 일어나라.(○)
　　　　 준호야, 일어나자.(○)
　　형용사: 준호야, 아파라.(×)
　　　　 준호야, 아프자.(×)
② 현재를 나타낼 때 동사에는 어미 '-ㄴ/는-'이 붙지만, 형용사에는 '-다'만 붙는다.
예 동사: 피가 솟는다.(○)
　　　 그는 나를 생각한다.(○)
　　형용사: 레몬은 신다.(×)
　　　　 소녀는 명랑한다.(×)

2) 용언: 문장 안에서 '어찌하다' 또는 '어떠하다'를 나타내는 말로 주어의 동작, 상태, 성질 등을 서술하는 단어이다. ⇨ 동사, 형용사
(1) 동사: 사람 또는 사물의 움직임이나 작용을 나타내는 단어이다.
① 특징
• 어간과 어미로 나뉜다. 어간은 실질적인 의미를, 어미는 활용하여 다양한 문법적 의미를 나타낸다.
• 진행형을 나타낼 수 있고, 명령하거나 권유하는 표현을 쓸 수 있다. 예 돌아서다 → 돌아선다, 학교에 가라, 학교에 가자.
• 부사어의 꾸밈을 받을 수 있다. 예 지선이가 밥을 빨리 먹었다.
② 종류

종류	특성	예
자동사	움직임이나 작용이 주어에만 관련되므로 목적어가 필요하지 않다.	웃다, 가다, 뛰다, 놀다, 피다, 흐르다, 솟다, 오다 등
타동사	움직임이 다른 대상에 미쳐서 목적어가 반드시 필요하다.	심다, 읽다, 잡다, 먹다, 태우다, 누르다, 부르다, 만들다 등

(2) 형용사: 사람 또는 사물의 성질이나 상태를 나타내는 단어이다.
① 특징
• 실질적인 의미를 가지는 어간과 활용하여 다양한 문법적 의미를 나타내는 어미로 나뉜다.
• 진행형을 나타낼 수 없고, 원칙적으로 명령하거나 권유하는 표현 등이 쓰이지 않는다.
　예 젊다(○)/젊는다(×), 명랑하다(○)/명랑해라(×), 좋다(○)/좋자(×).
• 부사어의 꾸밈을 받을 수 있다. 예 꽃이 매우 아름답다.
② 종류

종류	기능	예
성상 형용사	대상의 성질이나 상태를 나타낸다.	가볍다, 기쁘다, 달다, 높다, 아프다, 예쁘다, 작다, 착하다 등
지시 형용사	사물의 성질, 시간, 수량 등이 어떠하다는 것을 형식적으로 나타낸다.	이러하다(그러하다, 저러하다), 이렇다(그렇다, 저렇다), 아무러하다, 어떠하다 등

개념 쏙쏙

[14~15] 보기의 단어를 다음 설명에 맞게 나누시오.

┃보기┃
달리다　높다　가냘프다　예쁘다　읽다　합격하다

14 사람 또는 사물의 움직임이나 작용을 나타내는 단어:

15 사람 또는 사물의 성질이나 상태를 나타내는 단어:

16 다음 문장에서 동사를 찾으시오.

내 동생이 바지를 입었다.

17 다음 문장에서 형용사를 찾으시오.

지은이가 우리 반에서 가장 예쁘다.

18 다음 용언 중 종류가 다른 것은?
① 피다　　　② 솟다　　　③ 흐르다
④ 기쁘다　　⑤ 만들다

(3) 용언의 활용

① 용언의 형태: 어간+어미

| 어간 | 활용할 때 형태가 변하지 않는 부분으로, 기본형에서 '−다'를 뺀 부분 |
| 어미 | 활용할 때 형태가 변하는 부분으로, 어간을 제외한 부분 |

• 어미는 나타나는 위치에 따라 단어의 끝에 놓이는 어말 어미와 어말 어미의 앞에 놓이는 선어말 어미로 나뉜다.

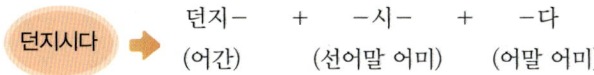

던지시다 ➡ 던지− + −시− + −다
(어간)　　　(선어말 어미)　　(어말 어미)

• 어말 어미의 분류

어말 어미	역할	종류
종결 어미	문장을 끝맺음.	평서형 어미(−다, −네 등), 의문형 어미(−니, −ㅂ니까 등), 명령형 어미(−어라/−아라 등), 청유형 어미(−자, −ㅂ시다 등), 감탄형 어미(−구나, −구려 등)
연결 어미	문장과 문장을 이어 줌.	대등적 연결 어미(−고, −며, −으나 등), 종속적 연결 어미(−으면, −아서/어서, −려고 등), 보조적 연결 어미(−아/어, −게, −지, −고)
전성 어미	용언의 역할을 바꾸어 줌.	명사형 어미(−음, −기), 관형사형 어미(−(으)ㄴ, −는, −(으)ㄹ, −던 등), 부사형 어미(−게, −도록, −아서/어서 등)

② 용언의 활용: 한 어간에 여러 다른 어미가 붙어서 말의 형태가 바뀌고, 문법적 의미가 달라지는 것이다.

예
• 먹다 → 먹고, 먹지, 먹어, 먹으니, 먹어라 등
• 높다 → 높고, 높지, 높아, 높으니, 높구나 등

개념 쏙쏙

[19~21] 다음 설명이 맞으면 ○표, 틀리면 ×표를 하시오.

19 '종결 어미'는 문장을 끝맺는 역할을 한다.　　　(　　)

20 용언이 활용할 때 형태가 변하는 부분을 '어간'이라 한다.
　　　　　　　　　　　　　　　　　　　　　　　(　　)

21 한 어간에 여러 다른 어미가 붙어서 말의 형태가 바뀌는 것을 용언의 활용이라 한다.　　　(　　)

[22~23] 다음 문장에 나타난 용언을 활용하여 제시한 문장의 형태로 바꾸시오.

밥을 먹는다.

22 명령형:

23 청유형:

24 다음 문장에서 동사를 찾아 기본형을 쓰시오.

현우는 열심히 달려서 기분이 좋았다.

02 품사의 종류와 특성

핵심 쿡

✿ 수식언의 특징
① 문장에서 다른 단어를 꾸며 준다.
② 꾸밈을 받는 말 앞에 놓인다.
③ 형태가 바뀌지 않는다.

✿ 관형사와 대명사의 구별
① 뒤에 체언이 오면 관형사
예 이 나무, 그 사람
② 뒤에 조사가 오면 대명사
예 이것은, 그는

✿ 수 관형사와 수사의 구별
① 뒤에 명사가 오면 수 관형사
예 사과 한 개 주세요.
② 뒤에 조사가 오면 수사
예 사과 하나를 주세요.

---

3) 수식언: 문장에서 다른 말을 꾸며 주는 단어이다. ⇨ 관형사, 부사
(1) 관형사: 체언을 자세하게 꾸며 주는 단어이다.
  ① 특징
  • 체언의 앞에 놓인다. 예 새 자동차(○), 자동차 새(×)
  • 체언 중 수사는 꾸밀 수 없다. 예 새 하나(×), 헌 둘(×)
  • 독립된 품사이므로 다른 말과는 띄어 써야 한다.
  • 활용하지 않는다. 예 첫 느낌(○), 첫는 느낌(×)
  • 조사가 붙지 않는다. 예 헌 책(○), 헌의 책(×)
  • 관형어로만 쓰인다.
  ② 종류

성상 관형사	명사의 성질이나 상태를 꾸며 줌.	새, 헌, 첫, 순, 옛, 온갖 등 예 새 옷, 헌 신발, 옛 추억
지시 관형사	어떤 대상을 가리킴.	이, 그, 저, 요, 다른, 아무, 이런, 무슨, 어느 등 예 저 소녀, 어느 곳, 다른 물건
수 관형사	수량을 나타냄.	한, 세(석), 네(넉), 일, 이, 총(總), 전(全), 온갖 등 예 열 그루, 세 사람, 전 국민

(2) 부사: 주로 용언을 꾸며서 그 뜻을 더 분명하게 해 주는 단어이다.
  ① 특징
  • 활용하지 않는다.
  • 독립된 품사이므로 다른 말과는 띄어 써야 한다.
  • 격조사와 결합할 수 없다. 예 꽃이 매우가 많다.(×)
  • 보조사와는 결합할 수 있다. 예 이번 겨울은 너무도 춥다. 저 선수는 빨리는 뛴다.
  • 문장 내에서 그 위치가 비교적 자유롭다. 예 나는 약속을 확실히 했다. / 나는 확실히 약속을 했다.

개념 쏙쏙

[25~28] 다음 설명이 맞으면 ○표, 틀리면 ×표를 하시오.

25 관형사는 항상 체언의 앞에 놓인다. (   )

26 관형사는 조사와 결합할 수 있다. (   )

27 명사의 성질이나 상태를 꾸며 주는 것을 성상 관형사라 한다. (   )

28 수 관형사는 반드시 조사와 결합하여 사용된다. (   )

29 다음 밑줄 친 단어 중 품사가 다른 것을 고르시오.

> • 이것은 <u>헌</u> 옷이다.
> • 여름이 되어 날씨가 <u>무척</u> 덥다.
> • 산에서는 <u>온갖</u> 소리가 들려온다.
> • 지금 너는 <u>어떤</u> 일을 하고 있니?

30 다음 빈칸에 들어갈 알맞은 말을 쓰시오.

> 관형사와 부사는 문장에서 다른 말을 꾸며 주는 단어로, ☐☐☐(이)라고 한다.

• 주로 용언을 꾸미지만 체언, 관형사, 다른 부사, 문장 전체를 꾸미기도 한다.
　예 그는 밥을 빨리 먹는다.(동사 꾸밈.)

　　연필은 필통 바로 뒤에 있다.(명사 꾸밈.)

　　너는 오직 하나뿐인 존재야.(수사 꾸밈.)

　　그것은 바로 너다.(대명사 꾸밈.)

　　그녀는 매우 빨리 떠났다.(부사 꾸밈.)

　　그러나 그녀는 그곳을 떠났다.(문장 전체 꾸밈.)

② 종류
　• 성분 부사: 문장의 어느 한 성분만 꾸며 주는 부사이다.
　• 문장 부사: 뒤에 오는 문장 전체를 꾸며 주는 부사이다.

종류			예
성분 부사	성상 부사 (상태나 정도 표시)		너무, 매우, 멀리, 무척, 빨리, 슬피, 아주, 정말로, 제각각, 특히 등
	지시 부사	공간	이리, 그리, 저리, 이리저리 등
		시간	문득, 바야흐로, 아까, 앞서, 언제, 일찍이, 장차 등
	부정 부사		안(아니), 못
	의성 부사		쾅쾅, 철썩철썩, 퐁당퐁당 등
	의태 부사		깡충깡충, 데굴데굴, 사뿐사뿐, 울긋불긋 등
문장 부사	양태 부사		게다가, 과연, 도리어, 분명히, 의외로, 확실히 등
	접속 부사	문장	그래서, 그러나, 그러므로, 그리고, 따라서, 더욱이 등
		단어	곧, 또는, 및, 혹시 등

핵심 콕

✿ 의성어와 의태어
　사람이나 사물의 소리를 흉내 낸 말인 '의성어'와 모양이나 움직임을 흉내 낸 말인 '의태어'는 성상 부사이다.
　예 • 개구리는 개굴개굴 운다.
　　　('운다'를 꾸밈.)
　　• 낙엽이 데굴데굴 구른다.
　　　('구른다'를 꾸밈.)

✿ 성분 부사와 문장 부사의 구별
　문장 안에서 자리를 이동했을 때 어색하면 성분 부사, 자연스러우면 문장 부사로 볼 수 있다.
　예 • 나는 그를 잘 안다. / 나는 잘 그를 안다.(× → 성분 부사)
　　• 의외로 그가 이겼다. / 그가 의외로 이겼다.(○ → 문장 부사)

✿ 양태 부사
　말하는 이의 다양한 심리적 태도를 나타내는 부사

개념 쏙쏙

[31~34] 다음 문장에 사용된 부사의 종류를 바르게 연결하시오.

31 꽃이 활짝 피었다. •

32 확실히 밥을 먹었니? •

33 길을 몰라서 이리저리 헤맸다. •

34 그는 과연 뛰어난 예술가였다. •

　　　• ㉠ 성분 부사

　　　• ㉡ 문장 부사

[35~38] 다음 빈칸에 들어갈 알맞은 부사를 ┃보기┃에서 찾아 쓰시오.

┃보기┃
이리저리　　몰래　　분명히　　울긋불긋

35 도둑이 (　　　　) 들어왔다.

36 동생을 찾아 (　　　　) 다녔다.

37 나는 네 돈을 (　　　　) 갚았다.

38 단풍이 (　　　　) 물들어 있었다.

 핵심 콕

✿ **단어로서의 조사**

조사는 자립하여 쓸 수 없지만 다른 말과 쉽게 분리되기 때문에 단어로 인정한다.

✿ **조사의 위치**

① 체언 뒤
예 나무<u>가</u> 푸르다.
② 용언 뒤
예 • 한번 입어<u>만</u> 봐.
　• 달지<u>도</u> 쓰지<u>도</u> 않다.
③ 부사 뒤
예 그는 너무<u>도</u> 슬펐다.
④ 조사 뒤
예 그건 나<u>조차도</u> 몰랐다.

4) 관계언: 주로 체언 뒤에 결합해서 다른 말과의 문법적 관계를 나타내거나 특별한 뜻을 더해 주는 단어이다. ⇨ 조사

(1) 조사: 주로 체언(명사, 대명사, 수사) 뒤에 붙어 다른 말과의 문법적 관계를 나타내거나 특별한 뜻을 더해 주는 단어이다.

① 특징
• 형태가 변하지 않는다.(단, 서술격 조사 '이다'는 제외한다.)
• 다른 조사와의 결합도 가능하다. 예 여기<u>까지는</u>(까지＋는) 읽었다.
• 홀로 쓰일 수 없고 다른 말에 붙어서 사용된다.

② 종류
• 격조사: 앞에 오는 체언이 문장에서 일정한 자격을 가지도록 하는 조사이다.

주격	이/가, 께서, 에서, 서 예 찬우<u>가</u> 손을 내밀었다. 할머니<u>께서</u>
서술격	이다 예 이것이 인생<u>이다</u>. 배는 과일<u>이고</u>, 무는 채소<u>이다</u>.
목적격	을/를 예 책<u>을</u> 보고 있다. 예 내 자리<u>를</u> 만들었다.
보격	이/가 (서술어 '되다, 아니다' 앞에 오는 경우에만 해당) 예 물은 고체<u>가</u> 아니다. 혜영이가 어른<u>이</u> 되었다.
관형격	의 예 이것이 바로 우리<u>의</u> 자랑이다.
부사격	에, 에서, 에게, (으)로, 하고, 로써, 로서, 보다, 만큼, 와/과 등 예 나는 너<u>보다</u> 작다.
호격	아/야, (이)여, 이시여 예 명수<u>야</u>, 어서 와. / 하늘<u>이시여</u>!

※ 서술격 조사 '이다'의 특징
㉠ 다른 조사와 마찬가지로 자립하여 쓰일 수 없고, 다른 말과의 문법적인 관계를 나타내는 역할을 한다.
　예 나는 학생<u>이다</u>. ('학생'과 결합하여 그 단어가 서술어가 되게 함.)
㉡ 다른 조사들은 형태가 바뀌지 않지만, '이다'는 활용하여 형태가 바뀔 수 있다.
　예 이다 → 이고, 이면, 이니, 이지, 이며 등
㉢ 용언은 단독으로 서술어가 될 수 있지만 서술격 조사는 체언에 의존해야만 서술어가 된다.

 개념 쏙쏙

[39~42] 다음 문장을 보고 밑줄 친 조사의 갈래를 알맞게 연결하시오.

39 색연필<u>이</u> 부러졌다. •

40 지수는 학원<u>에</u> 갔다. •

41 승선이는 과일<u>을</u> 샀다. •

42 대영이는 중학생<u>이</u> 되었다. •

• ㉠ 주격 조사

• ㉡ 목적격 조사

• ㉢ 보격 조사

• ㉣ 부사격 조사

[43~46] 다음 설명이 맞으면 ○표, 틀리면 ×표를 하시오.

43 모든 조사는 형태가 변하지 않는다. (　　)

44 서술어 '되다' 앞에 오는 조사 '이/가'를 보격 조사라 한다. (　　)

45 앞에 오는 말에 특별한 뜻을 더해 주는 조사는 보조사이다. (　　)

46 접속 조사는 앞에 오는 체언이 문장에서 일정한 자격을 가지도록 한다. (　　)

- 접속 조사: 두 단어를 같은 자격으로 이어 주는 조사이다. '과/와'는 문어(글말)에서, '(이)랑, 하고'는 구어(입말)에서 주로 쓰인다.
  - 예 나는 사과와(랑/하고) 포도를 먹었다.
- 보조사: 앞에 오는 말에 특별한 뜻을 더해 주는 조사이다.

보조사	은/는	만, 뿐	마다	요	부터	(이)나	도	마저	까지	조차
의미	대조	한정, 단독	보편, 균등	두루 높임	먼저, 시작	선택	동일, 역시	한계, 강조	또한, 마침	첨가

5) 독립언: 문장 안에서 다른 성분과 직접적인 관련 없이 독립적으로 쓰이는 단어이다. ⇨ 감탄사
(1) 감탄사: 말하는 이의 부름이나 대답, 놀람이나 느낌을 나타내는 단어이다.
　① 특징
　　• 활용하지 않으며 조사와 결합할 수 없다.
　　• 문장에서 다른 성분들과 관련 없이 독립하여 쓰인다. 예 어머나, 이를 어쩌나?
　　• 독립어로만 쓰인다.
　　• 문장에서 위치가 비교적 자유롭다. 예 이야, 신난다. / 신난다, 이야.
　② 종류

감정 감탄사	상대방을 의식하지 않고 감정을 표출함.	예 아, 아하, 후유, 아이고, 아뿔싸, 에구머니 등
의지 감탄사	상대방을 의식하며 자기의 생각을 드러냄.	• 상대방에게 어떻게 행동할 것을 요구하거 상대방을 부름. 예 아서라, 자, 여보, 여보세요, 이봐 등 • 상대방의 이야기에 대해 긍정이나 부정, 혹은 의혹을 표시함. 예 응, 네, 예, 그래, 아니요, 천만에 등
무의미 감탄사	입버릇이나 더듬거리는 의미 없는 소리	예 뭐, 어디, 어, 아, 에, 에헴 등

✾ **감탄사가 아닌 경우**
① 이름 뒤에 호격 조사가 결합한 경우
예 미영아, 밥 먹어.(감탄사 ×)
② 문장 첫 머리에 놓이는 제시어나 표제어인 경우
예 청춘, 듣기만 하여도 설레는 말이다.(감탄사 ×, 명사 ○)

개념 쏙쏙

47 다음 빈칸에 들어갈 알맞은 말을 쓰시오.

> 문장 안에서 다른 성분과 직접적인 관련 없이 □□□(으)로 쓰이는 단어를 '독립언'이라 한다.

[48~49] 다음 빈칸에 알맞은 감탄사를 쓰시오.

48 (　　　　　), 잘 알겠습니다.

49 (　　　　　)! 큰일 날 뻔했다.

50 다음 밑줄 친 부분 중 감탄사가 아닌 것을 고르시오.

> • 아, 슬프도다!
> • 오호, 아주 멋진 걸!
> • 경아야, 청소 좀 하렴.
> • 저런, 민규가 넘어지다니!

51 다음 문장에서 감탄사를 찾으시오.

> 아니요, 그렇지 않습니다.

01 품사에 대한 설명으로 알맞지 <u>않은</u> 것은?

① 모든 품사는 형태가 바뀌지 않는다.
② 단어의 의미에 따라 9개의 품사로 나눌 수 있다.
③ 단어들을 성질이 공통된 것끼리 모아 분류한 것을 품사라고 한다.
④ 문장에서 자립할 수 없지만 단어로 인정하는 품사에는 조사가 있다.
⑤ 문장에서의 기능에 따라 체언, 수식언, 독립언, 관계언, 용언으로 나눌 수 있다.

02 단어를 품사로 분류했을 때의 장점으로 알맞은 것은?

① 단어의 의미를 아는 데 도움이 된다.
② 문장의 뜻을 더 쉽게 이해할 수 있다.
③ 통일성 있는 글을 쓸 수 있게 해 준다.
④ 단어의 형태 변화를 파악하는 데 도움이 된다.
⑤ 단어의 특성을 이해하고 기억하는 데 도움이 된다.

중요
03 단어의 갈래에 대한 설명으로 옳지 <u>않은</u> 것은?

① 용언: 문장에 쓰일 때 활용하여 형태가 변한다.
② 수식언: 다른 말을 꾸미거나 의미를 보충하는 말이다.
③ 독립언: 조사가 붙지 않고, 문장에서의 위치가 비교적 자유롭다.
④ 체언: 문장에서 주체 역할을 하는 단어로 명사, 대명사, 수사를 가리킨다.
⑤ 관계언: 문장에 쓰인 단어들의 관계를 나타내는 말이며 모든 관계언은 형태가 변하지 않는다.

내신 필수
04 다음 중 품사의 분류 기준이 나머지와 <u>다른</u> 것은?

① 체언　　② 독립언　　③ 형용사
④ 관계언　　⑤ 수식언

05 다음 문장에 쓰인 단어들을 ㉠, ㉡으로 분류했다면, 그 기준으로 알맞은 것은?

> 눈이 내리는 날에 눈물이 난다.
>
> ㉠ 눈, 이, 날, 에, 눈물, 이
> ㉡ 내리는, 난다

① 의미에 따른 분류　　② 기능에 따른 분류
③ 형태에 따른 분류　　④ 소리에 따른 분류
⑤ 형태소에 따른 분류

내신 필수
06 체언에 대한 설명으로 알맞지 <u>않은</u> 것은?

① 홀로 쓰일 수 있다.
② 형태가 변하지 않는다.
③ 조사와 결합할 수 있다.
④ 관형사의 수식을 받을 수 없다.
⑤ 문장 내에서 주체가 되는 역할을 한다.

07 용언에 대한 설명으로 알맞지 <u>않은</u> 것은?

① 어간과 어미로 나뉜다.
② 조사와는 결합할 수 없다.
③ 부사의 꾸밈을 받을 수 있다.
④ 문장에서 주로 서술어로 쓰인다.
⑤ 문장에서의 쓰임에 따라 형태가 변한다.

주관식
08 빈칸에 들어갈 알맞은 말을 순서대로 쓰시오.

> 품사를 분류하는 기준에는 세 가지가 있다. 단어가 문장에서 쓰일 때 모양이 바뀌는지 여부에 따른 ☐☐, 단어가 문장 속에서 하는 역할에 따른 ☐☐, 끝으로 단어가 갖는 공통적인 ☐☐이다.

09 수식언에 대한 설명으로 알맞지 <u>않은</u> 것은?

① 형태가 변하지 않는다.

② 격조사와는 결합할 수 없다.

③ 문장에서 주체가 되는 역할을 한다.

④ 문장에서 수식받는 말을 자세하게 꾸며 준다.

⑤ 관형사는 체언을, 부사는 주로 용언을 수식한다.

중요
10 다음 용언 중에서 그 성질이 <u>다른</u> 것은?

① 늙다   ② 젊다

③ 착하다   ④ 건강하다

⑤ 깨끗하다

11 다음 밑줄 친 단어 중 그 쓰임에 따라 형태가 변하지 <u>않</u>는 것은?

① 정말 <u>용감한</u> 사람이구나.

② 무척 <u>조용한</u> 사람들이다.

③ 철수는 사과를 잘 <u>먹는다</u>.

④ <u>떠든</u> 사람들은 그 이야기를 듣지 못했다.

⑤ 문장이 짧으면 <u>읽는</u> 사람들이 이해하기 쉽다.

중요
12 보기의 설명에 해당하는 품사는?

┌ 보기 ─────────────────────┐
• 주로 서술어로 쓰인다.
• 부사어의 꾸밈을 받을 수 있다.
• 문장에서의 쓰임에 따라 형태가 변한다.
└──────────────────────────┘

① 체언   ② 용언   ③ 수식언

④ 관계언   ⑤ 독립언

13 다음 밑줄 친 명사 중에서 성질이 <u>다른</u> 하나는?

① 그는 <u>나무</u>에 올라갔다.

② 나는 <u>시골</u>에서 태어났다.

③ 저 건물은 <u>문화재</u>로 지정되었다.

④ 전쟁에 참가했던 <u>용사</u>가 살고 있다.

⑤ 멀리 <u>한강</u>을 바라보며 시를 읊었다.

14 다음 밑줄 친 단어 중에서 품사가 <u>다른</u> 하나는?

① 그는 <u>현실</u>에 만족하지 못한다.

② 어젯밤에 무서운 <u>꿈</u>을 꾸었다.

③ 우리는 <u>청춘</u>의 한복판에 서 있다.

④ 지선이는 <u>누구</u>의 도움도 받지 않았다.

⑤ <u>자신</u>의 앞날을 정확히 예측할 수는 없다.

👍 내신 필수
15 다음 밑줄 친 단어의 품사가 수사인 것은?

① <u>이틀</u> 동안 잠만 잤다.

② 이것은 <u>그것</u>과 다르다.

③ 여기에 <u>한</u> 명도 오지 않았다.

④ 나는 연주회를 <u>두</u> 번 가졌다.

⑤ 나무에서 사과 <u>하나</u>가 떨어졌다.

주관식
16 다음 문장에서 ㉠과 ㉡의 품사를 차례대로 쓰시오.

┌──────────────────────────┐
㉠그녀는 지금과 같은 노을을 본 ㉡적이 없다.
└──────────────────────────┘

17 다음 문장에 쓰인 단어의 품사로 알맞지 <u>않은</u> 것은?

> 이미 새 책을 받은 친구들이 매우 많았다.

① 이미: 부사   ② 책: 명사
③ 받은: 관형사   ④ 매우: 부사
⑤ 많았다: 형용사

18 다음 문장에서 사용되지 <u>않은</u> 품사는?

> 상진이에게 무슨 일이 생겼을까?

① 명사   ② 부사   ③ 동사
④ 조사   ⑤ 관형사

19 밑줄 친 단어 중 수사가 <u>아닌</u> 것은?
① 우리 가족은 모두 <u>다섯</u>이다.
② <u>첫째</u>도, 둘째도 불조심이다.
③ 필통에서 연필 <u>하나</u>를 꺼냈다.
④ 어머니께서 수박 <u>세</u> 통을 사 오셨다.
⑤ 아버지는 홀로 우리 형제 <u>둘</u>을 키우셨다.

중요
20 다음 밑줄 친 두 단어의 공통점으로 알맞은 것은?

> ㉠ 효진이는 미국에 <u>갔다</u>.
> ㉡ 저것이 자유의 여신상<u>이다</u>.

① 가변어에 속한다.
② 같은 품사에 속한다.
③ 반드시 부사와 함께 쓰인다.
④ 자립성이 강하여 홀로 쓰인다.
⑤ 앞말에 붙어서 의미를 더해 준다.

21 다음 문장 중에서 관형사와 부사가 동시에 쓰인 것은?
① 그 아이는 학교로 갔다.
② 저 가방이 꼭 마음에 든다.
③ 그래, 휴일인데도 일찍 일어났구나.
④ 우리 가게는 나날이 번창하고 있었다.
⑤ 하루 동안 사과나무 열 그루가 쓰러졌다.

내신 필수
22 ㉠에 대한 설명으로 알맞은 것은?

> 높은 곳에서 바라보니, 경치가 ㉠<u>무척</u> 좋다.

① 높임 표현이 드러난다.
② 형태가 고정되어 있지 않다.
③ 격조사와의 결합이 자연스럽다.
④ 문장 안에서 주성분의 구실을 한다.
⑤ 문장에서 다른 말을 꾸며 주는 구실을 한다.

23 밑줄 친 말의 품사가 잘못 연결된 것은?

	문장	의미
①	<u>예상</u>보다 일찍 도착했다.	명사
②	그것은 <u>그리</u> 어렵지 않다.	부사
③	<u>쳇</u>, 그 쉬운 걸 못 풀다니!	감탄사
④	나는 <u>그</u> 집이 마음에 든다.	관형사
⑤	새싹이 <u>돋아나니</u> 온통 파랗다.	형용사

주관식
24 다음 문장에 쓰인 관형사는 모두 몇 개인지 쓰시오.

> 그녀는 새 모자를 쓰고 곱게 차려 입었지만 두 눈에는 병든 기색이 짙었다.

25 조사에 대한 설명으로 알맞지 <u>않은</u> 것은?

① 조사는 체언과만 결합할 수 있다.

② 자립성은 없지만 단어로 취급한다.

③ 보조사는 앞말에 특별한 뜻을 더해 준다.

④ 접속 조사는 두 단어를 같은 자격으로 이어 준다.

⑤ 격조사는 앞에 오는 체언이 문장 안에서 일정한 자격을 갖추도록 해 준다.

중요
26 다음 ㉠와 ㉡에 쓰인 '와'에 대한 설명으로 알맞은 것은?

> ㉠ 배는 사과<u>와</u> 다른 과일이다.
> ㉡ 영수는 배<u>와</u> 사과를 먹었다.

① ㉠의 '와'와 ㉡의 '와'는 같은 기능을 한다.

② ㉠의 '와'와 ㉡의 '와'는 서로 다른 품사이다.

③ ㉠의 '와'는 비교의 역할을, ㉡의 '와'는 이어 주는 역할을 한다.

④ ㉠의 '와'는 모든 품사에 두루 쓰이지만, ㉡의 '와'는 체언에만 한정되어 쓰인다.

⑤ ㉠의 '와'는 두 문장을 하나로 연결하지만, ㉡의 '와'는 하나의 문장 안에 쓰인 것이다.

27 다음 문장에서 밑줄 친 보조사의 의미를 바르게 나타낸 것은?

	문장	의미
①	여기서<u>부터</u> 시작하자.	첨가
②	민기<u>만</u> 방에 홀로 남았다.	단독
③	너<u>도</u> 내 처지가 되어 봐라.	대조
④	너<u>조차</u> 나를 믿지 않는구나.	출발
⑤	윤석이<u>는</u> 결석을 하지 않았다.	동일

28 밑줄 친 단어 중 조사가 <u>아닌</u> 것은?

① 급하게 문<u>을</u> 열었다.

② 철수<u>도</u> 열심히 달린다.

③ 머릿결이 비단<u>처럼</u> 곱구나.

④ 집으로 돌아오<u>는</u> 길이 멀었다.

⑤ 아침 일찍 일어나, 곧바로 학교<u>로</u> 갔다.

📝 내신 필수
29 독립언에 대한 설명으로 알맞은 것은?

① 관형사의 수식을 받는다.

② 문장에서 위치가 비교적 자유롭다.

③ 조사와 결합하여 쓰이거나 홀로 쓰인다.

④ 문장에서의 쓰임에 따라 형태가 변한다.

⑤ 수식받는 말의 의미를 보충하는 구실을 한다.

📝 내신 필수
30 다음 중 감탄사가 쓰인 문장은?

① 명진아, 빨리 와서 밥 먹어!

② 선생님께서 저를 부르셨나요?

③ 민영이는 슬퍼서 엉엉 울었다.

④ 돈, 돈이면 안 되는 일이 없는가?

⑤ 아니요, 저는 그렇게 생각하지 않아요.

주관식
31 | 보기 |에서 감탄사를 모두 찾아 쓰시오.

┌ 보기 ┐
　횡단보도를 건너기 위해 신호를 기다리고 있는데, 누군가 등 뒤에서 내 어깨에 손을 올리며, "야, 너 혹시 규원이니?" 하고 말을 걸었다. 나는 너무 놀라 "아이쿠, 깜짝이야." 하며 그를 쳐다보았다. 그리고 그가 전학 간 동네 친구임을 알고, "원일아! 반갑다."라고 인사를 했다.
└─────────────────────────┘

01 다음 빈칸에 들어갈 단어를 순서대로 나열한 것은?

> ㉠ 단어들을 성질이 공통된 것끼리 모아 분류한 갈래를 (   )(이)라고 한다.
> ㉡ 문장에서 주체 자리에 나타나고 형태가 변하지 않는 특징이 있는 (   )에는 명사, 대명사, 수사가 있다.
> ㉢ 관형사와 (   )은(는) 문장에서 다른 말을 꾸며 주는 단어로, 수식언이라고 한다.

	㉠	㉡	㉢
①	조사	체언	부사
②	조사	관계언	동사
③	품사	체언	부사
④	품사	용언	부사
⑤	형태	관계언	동사

02 다음 문장에서 같은 기능을 하는 단어끼리 묶인 것은?

> 새 학기에는 공부를 열심히 해야지.

① 새, 에는　　　　　② 새, 열심히
③ 학기, 해야지　　　④ 에는, 열심히
⑤ 공부, 열심히

고난도

03 다음 문장에 나타난 품사의 특성을 설명한 것 중 옳지 않은 것은?

> 바로 이 손맛이 전국에서 손님을 끌어모으는 유일한 비법이다.

① '바로'와 '이'는 관형사이다.
② '끌어모으는'과 '유일한'은 용언이다.
③ 이 문장에는 총 6개의 품사가 나타난다.
④ '손맛', '전국', '손님', '비법'은 명사이다.
⑤ '이다'는 '비법'이 서술어의 자격을 갖도록 한다.

04 다음 문장에서 쓰이지 않은 품사는?

> 아차, 내가 소중한 가방을 두고 왔구나!

① 명사　　　② 조사　　　③ 대명사
④ 관형사　　⑤ 감탄사

05 다음 단어의 품사명을 바르게 연결한 것은?

① 푸르다: 동사
② 오르다: 형용사
③ 자랑하다: 동사
④ 피곤하다: 동사
⑤ 공부하다: 형용사

내신 필수

06 단어를 다음과 같이 분류한 기준은?

> 크다, 좋다, 달리다 / 새, 빨리, 하나, 오늘

① 단어의 의미에 따라
② 문장에서의 기능에 따라
③ 자립성이 있느냐 없느냐에 따라
④ 조사가 붙을 수 있느냐 없느냐에 따라
⑤ 문장에 쓰일 때 형태 변화 여부에 따라

중요

07 보기의 빈칸에 들어갈 말들의 공통된 품사는?

> ┤보기├
> • 너 오늘 (   ) 멋지다.
> • 일요일인데도 (   ) 일어났구나.
> • 저 가방이 내 마음에 (   ) 든다.

① 명사　　　② 동사　　　③ 부사
④ 대명사　　⑤ 관형사

08 다음 중 체언에 대한 설명으로 알맞지 <u>않은</u> 것은?

① 체언은 형태가 변하지 않는다.
② 명사는 사물의 이름을 나타내는 품사이다.
③ 명사, 대명사, 수사를 묶어서 체언이라 한다.
④ 수사는 사물의 수량이나 순서를 나타내는 말이다.
⑤ 대명사는 명사를 대신하여 가리키는 말로 자립성이 없다.

중요
09 다음 문장의 품사를 바르게 분석한 것은?

> 은호가 가방을 재빠르게 내려놓았습니다.

① 명사＋조사＋명사＋조사＋부사＋동사
② 명사＋조사＋명사＋조사＋형용사＋동사
③ 명사＋조사＋명사＋조사＋부사＋형용사
④ 대명사＋조사＋명사＋조사＋부사＋동사
⑤ 대명사＋조사＋명사＋조사＋형용사＋형용사

고난도
10 다음 글에 쓰인 단어들에 대한 설명으로 알맞지 <u>않은</u> 것은?

> ㉠범준과 혜정은 운동장으로 나갔다. ㉡둘은 ㉢운동장에서 배드민턴 시합을 할 예정이었다. 하지만 운동장은 흙탕물 투성이었다. 범준은 "체육관으로 가 보자. ㉣거기에서는 배드민턴을 할 수 있을 거야. 내가 체육관 열쇠를 가지고 갈 테니 ㉤너는 먼저 가."라고 말했다.

① ㉠: 특정한 사람의 이름을 나타내는 고유 명사이다.
② ㉡: 수량이나 순서를 나타내는 수사이다.
③ ㉢: 대명사 '그곳'으로 바꾸어 쓸 수 있다.
④ ㉣: '운동장'을 가리키는 대명사이다.
⑤ ㉤: '혜정'을 가리키는 2인칭 대명사이다.

11 보기의 설명에 해당하는 품사가 쓰인 문장은?

> **보기**
> • 단어의 형태가 바뀌지 않는다.
> • 조사가 붙어서 다양한 문장 성분으로 쓰인다.
> • 구체적인 사물이나 현상을 나타내는 말을 대신해서 쓰인다.

① 한라산은 제주도에 있다.
② 학생 둘이 함께 걸어간다.
③ 우리는 교실에서 기다릴게.
④ 기차를 타고 부산으로 가자.
⑤ 윤호야, 빨리 집으로 돌아가렴.

12 다음 밑줄 친 단어가 수사가 <u>아닌</u> 것은?

① 사과 <u>하나</u>만 주세요.
② <u>한</u> 사람도 가지 않았다.
③ 우산 <u>셋</u>이 나란히 걸어갑니다.
④ 우리 동네에는 공원이 <u>하나</u> 있습니다.
⑤ 우리의 소원은, <u>첫째</u>도 둘째도 통일이다.

내신 필수
13 다음 단어들의 공통점으로 알맞은 것은?

> 피다   높다   묻다   어렵다

① 형태가 변한다.
② 움직임을 나타낸다.
③ 관형사의 꾸밈을 받는다.
④ 사물의 성질, 상태를 나타낸다.
⑤ 문장에서 다른 말을 꾸며 준다.

서술형
14 보기에서 ㉠, ㉡의 공통점을 한 문장으로 서술하시오.

> **보기**
> ㉠ 달리다, 던지다
> ㉡ 착하다, 아름답다

15 다음 중 사람을 대신하여 가리키는 대명사는?

① 저기　　　　　② 자네
③ 그것　　　　　④ 무엇
⑤ 어디

중요
16 |보기|와 같은 형태로 활용하지 <u>않는</u> 단어는?

|보기|

기본형	현재형	명령형	청유형
읽다	읽는다	읽어라	읽자

① 웃다　　　② 떠나다　　　③ 달리다
④ 아름답다　　　⑤ 선물하다

내신 필수
17 다음 밑줄 친 말 중 품사가 <u>다른</u> 것은?

① 그 마음이 참 <u>아름답다</u>.
② 친구와 헤어지게 되어서 <u>슬펐다</u>.
③ 우리 사회는 변화의 속도가 <u>빠르다</u>.
④ 자장노래를 듣고 나서야 겨우 <u>잠들었다</u>.
⑤ 숙제를 미루면 학교 가기가 괜히 <u>두렵다</u>.

고난도
18 |보기|의 밑줄 친 단어 중 용언이 <u>아닌</u> 것은?

|보기|

　참, 먹장구름 한 장이 머리 위에 와 ⓐ<u>있다</u>. 갑자기 사면이 ⓑ<u>소란스러워진</u> 것 같다. 바람이 우수수 소리를 내며 ⓒ<u>지나간다</u>. ⓓ<u>삽시간에</u> 주위가 보랏빛으로 ⓔ<u>변했다</u>.

① ⓐ　　② ⓑ　　③ ⓒ　　④ ⓓ　　⑤ ⓔ

19 다음 중 |보기|에서 설명하고 있는 품사가 쓰인 문장은?

|보기|

• 사람이나 사물의 성질이나 상태를 나타내는 말이다.
• 주로 서술어로 쓰이며 형태가 변한다.

① 어제 먹었던 홍시가 생각난다.
② 우리 아버지께서는 언제나 바쁘시다.
③ 벌써 이곳에는 단풍이 물들었습니다.
④ 나는 친구들과 헤어지고 집으로 돌아왔다.
⑤ 철수는 놀 때는 놀고 공부할 때는 공부한다.

내신 필수
20 |보기|의 ㉠~㉢에 들어갈 말을 순서대로 나열한 것은?

|보기|

　'먹고, 먹는, 먹으면, 먹는구나'에서 변하지 않는 '먹-'을 (㉠)(이)라고 하고, 변하는 부분인 '-고, -는, -으면, -는구나'를 (㉡)(이)라고 한다. 기본형은 '(㉢)'이다.

	㉠	㉡	㉢
①	어미	어간	먹다
②	어미	어말	먹니
③	어간	어미	먹다
④	어간	어말	먹니
⑤	어말	어간	먹다

21 다음 밑줄 친 단어 중에서 품사가 <u>다른</u> 것은?

① 철수가 밥을 <u>먹는다</u>.
② 빨간 장미가 참 <u>아름답다</u>.
③ 비행기가 하늘 높이 <u>날아간다</u>.
④ 어른들은 조용한데 아이들이 <u>떠든다</u>.
⑤ 오후 늦게 밥을 먹고 나니 졸음이 <u>몰려왔다</u>.

22 다음 글에서 수식언을 모두 찾아 바르게 묶은 것은?

> 어머니께서 새 책을 사 주셨다. 그것은 동생에게 꼭 필요한 책이었다. 정말로 기분이 좋았다.

① 그것
② 새, 꼭, 정말로
③ 주셨다, 좋았다
④ 께서, 을, 은, 에게, 이
⑤ 어머니, 책, 동생, 기분

내신 필수

23 다음 빈칸에 들어갈 품사의 기능을 바르게 설명한 것은?

> 산은 (　　) 높고, 바다는 (　　) 넓다.

① '누구' 또는 '무엇'을 나타낸다.
② '어찌하다' 또는 '어떠하다'를 나타낸다.
③ '누구' 또는 '무엇'을 대신해서 가리킨다.
④ '어찌하다' 또는 '어떠하다'를 자세하게 꾸며 준다.
⑤ '누구' 또는 '무엇'이 문장에서 일정한 자격을 가지도록 한다.

24 다음 밑줄 친 부분이 관형사인 것은?

① <u>그</u> 집
② 착한 <u>그녀</u>
③ <u>작은</u> 인형
④ <u>예쁜</u> 신발
⑤ 참 <u>좋은</u> 친구

중요
25 다음 중 다른 말을 꾸며 주는 역할을 하는 단어가 쓰이지 <u>않은</u> 것은?

① 정아야, 열심히 공부해라.
② 여름은 덥고, 겨울은 춥다.
③ 동생이 슬퍼서 엉엉 울었다.
④ 제주도는 매우 유명한 관광지이다.
⑤ 그 소문을 듣고 창민이는 깜짝 놀랐다.

26 다음 중 관형사의 특징으로 알맞지 <u>않은</u> 것은?

① 체언을 수식한다.
② 활용하지 않는다.
③ 조사가 붙을 수 있다.
④ 꾸밈을 받는 말 앞에 놓인다.
⑤ 부사와 함께 수식언이라 한다.

고난도
27 |보기|의 밑줄 친 두 단어의 품사에 대한 설명으로 옳지 <u>않은</u> 것은?

> **|보기|**
> ● 성민이는 ㉠<u>새</u> 가방을 샀다.
> ● 민지가 미소를 ㉡<u>활짝</u> 지었다.

① ㉠은 체언만을 꾸밀 수 있다.
② ㉠과 ㉡은 형태가 바뀌지 않는다.
③ ㉡은 문장 전체를 꾸미는 경우도 있다.
④ ㉠과 ㉡은 문장에서 다른 말을 꾸며 준다.
⑤ ㉠과 ㉡은 문장의 다른 자리로 옮겨 갈 수 있다.

중요
28 다음 밑줄 친 단어와 품사가 같은 것은?

> 원숭이가 바나나를 <u>다</u> 먹었다.

① 가방을 <u>거기</u> 두어서는 안 되지.
② 무거운 짐은 <u>여기</u> 두었으면 좋겠다.
③ <u>저기</u> 혼자 가는 사람은 누군지 알아?
④ 그 작품의 주제 표현은 <u>아주</u> 흥미롭다.
⑤ 학교생활에서 우리는 <u>무엇</u>을 찾으려하는가?

서술형
29 다음 문장이 잘못된 이유를 한 문장으로 서술하시오.

> 세계적인 영화감독이 한국을 첫 방문한다.

30 다음 밑줄 친 단어 중 주격 조사인 것은?

① 누나의 가방<u>도</u> 찾았다.
② 우리<u>의</u> 소원은 통일이다.
③ 우리도 이제 중학생<u>이다</u>.
④ 어머니<u>께서</u> 시장에 가셨다.
⑤ 어제 철수<u>에게</u> 편지가 왔다.

 **31** 다음 글의 ㉠~㉢에 대한 설명으로 옳지 <u>않은</u> 것은?

> 양 떼를 돌보다가 심심해진 소년은 언덕 아래를 향해 소리쳤다.
> "늑대다! 늑대가 나타났다!"
> ㉠그 외침을 들은 마을 사람들은 몽둥이를 들고, 부리나케 언덕 위로 뛰어갔다. 그러나 ㉡그곳에는 여유롭게 풀을 뜯는 양들만 있을 뿐, 늑대는 보이지 않았다.
> "뭐야, 거짓말이잖아."
> 마을 사람들은 화가 나서 투덜거렸다.
> ㉢그러자 양치기 소년은 재미있다는 듯이 깔깔대고 웃었다.

① ㉠은 '외침'을 꾸며 주는 말이다.
② ㉠은 "늑대다! 늑대가 나타났다!"라는 소년의 말을 대신한다.
③ ㉡은 '언덕 위'를 대신하는 말이다.
④ ㉢은 문장에서의 쓰임에 따라 형태가 바뀌는 말이다.
⑤ ㉠, ㉡, ㉢은 모두 어떤 말을 대신하는 대명사이다.

고난도 ◀
32 다음 문장에서 밑줄 친 단어의 성격과 가장 가까운 것은?

> 그는 철수<u>에게</u> 선물을 주었다.

① 형은 대학생<u>이</u> 아니다.
② 언젠가 우리도 어른<u>이</u> 된다.
③ 저 꽃이 나<u>한테</u> 희망을 주었다.
④ 이 문제는 너<u>만</u> 해결할 수 있다.
⑤ 이제는 우리<u>도</u> 이 땅의 주인이다.

33 |보기|의 설명에 해당하는 품사의 수가 가장 적은 문장은?

┌─|보기|─────────────
• 형태가 변하지 않는다.
• 주로 체언 뒤에 붙어 다른 말과의 문법적 관계를 나타내거나 특별한 뜻을 더해 준다.
└───────────────

① 환자가 물을 마신다.
② 국화가 정말 아름답구나.
③ 은영이랑 가람이는 남매야.
④ 찬식이는 사진작가가 되었다.
⑤ 혜영이는 밥을 먹고 학교에 갔다.

고난도 ◀
34 다음 문장에서 밑줄 친 부분이 잘못된 이유를 바르게 말하지 <u>않은</u> 것은?

> ㉠ 언제 어디서든 <u>행복해라</u>.
> ㉡ 나는 <u>꽃에게서</u> 물을 주었다.
> ㉢ 그 광경을 <u>여섯의</u> 사람이 목격했다.
> ㉣ 종이를 <u>알맞는</u> 크기로 오려 붙이세요.
> ㉤ 씨름 협회, 사단법인으로 <u>새 출발한다</u>.

① ㉠: 형용사를 명령형으로 표현했다.
② ㉡: 조사와 조사가 결합되었다.
③ ㉢: 관형사에 조사가 결합되었다.
④ ㉣: 형용사 어간에 어미 '-는'이 결합되었다.
⑤ ㉤: 관형사가 동사를 수식했다.

서술형
35 ㉠과 ㉡의 차이점과 그러한 차이가 나게 된 이유를 서술하시오.

> ㉠ 도둑이 들어와 내가 숨겨 둔 물건을 훔쳐 갔다.
> ㉡ 웬 도둑이 몰래 들어와 내가 꼭꼭 숨겨 둔 물건을 몽땅 훔쳐 갔다.

[36~37] 다음 글을 읽고 물음에 답하시오.

> 나른한 오후, 교실에 앉아 수업을 듣다가 꾸벅꾸벅 졸고 있었다. 그런데 선생님께서 나를 가리키시며 "어이, 거기 너!"라고 하신 것이 아닌가. ㉠갑자기 잠이 확 달아났다. 놀란 나는 벌떡 일어나며 "저요?"라고 잠이 덜 깬 목소리로 말했고, 교실은 웃음바다가 되었다.

중요
36 이 글에서 **보기**의 특성에 해당하는 단어는?

> ┤보기├
> • 형태가 변하지 않으며, 조사와 결합할 수 없다.
> • 문장에서 다른 성분들과 관련 없이 독립하여 쓰인다.

① 나른한   ② 꾸벅꾸벅   ③ 어이
④ 벌떡   ⑤ 웃음바다

주관식
37 ㉠에 사용된 부사를 모두 쓰시오.

38 다음 밑줄 친 단어의 품사가 **다른** 것은?

> 아니요, 그렇지 않습니다.

① 왜, 무슨 일이야?
② 그래, 어서 같이 와.
③ 흥, 언제까지 그럴래?
④ 얼른, 거기서 뭐하는데?
⑤ 야, 선생님께서 부르셔.

내신 필수
39 감탄사의 특징을 **잘못** 설명한 것은?
① 활용하지 않는다.
② 조사가 붙지 않는다.
③ 문장에서 체언을 꾸며 준다.
④ 문장에서 독립언으로 쓰인다.
⑤ 문장 안의 다른 성분과 직접적인 관련이 없다.

40 다음 밑줄 친 조사의 종류가 나머지와 **다른** 것은?
① 동진은 감만 먹었다.
② 석철이도 집에 갔다.
③ 나는 침대 위에서 잠을 잤다.
④ 마침내 은희마저 멀리 떠났다.
⑤ 우경이는 친구에게 선물도 주었다.

고난도
41 다음 밑줄 친 단어의 품사에 대한 설명으로 옳지 **않은** 것은?

> 저 넓은 세상의 우리를 원한다.

① 자립성은 없지만 단어로 인정한다.
② 감탄사와 관형사에는 붙지 않는다.
③ 문장에서의 위치가 비교적 자유롭다.
④ 문장에 쓰일 때 형태가 변하는 것도 있다.
⑤ 주로 체언과 결합하지만 용언이나 부사와도 결합할 수 있다.

42 다음 밑줄 친 단어 중 감탄사가 **아닌** 것은?
① 야, 언제 갈래?
② 네, 그렇게 하겠습니다.
③ 태웅아, 이제 그만하자.
④ 흠, 어떻게 하면 좋을까.
⑤ 여보세요, 구청 상담실인가요?

서술형
43 다음 밑줄 친 조사에 따라 ㉠, ㉡의 뜻이 어떻게 다른지 서술하시오.

> ㉠ 진희가 신문만 읽었다.
> ㉡ 진희가 신문도 읽었다.

성취기준 • 세대·분야·매체에 따른 어휘의 양상과 쓰임을 분석하고 다양한 집단과 사회의 언어에 관용적 태도를 지닌다. ➡ 1학년

핵심 콕

❋ 어휘의 갈래

① 시대에 따라: 고(대)어, 중세어, 근대어, 현대어 등
② 지역에 따라: 경기 방언, 충청 방언, 전라 방언, 경상 방언, 제주 방언 등
③ 어원에 따라: 고유어, 한자어, 외래어 등
④ 사용 양상에 따라: 은어, 비속어, 새말, 유행어, 전문어, 금기어, 완곡어, 관용어, 속담 등

❋ 우리나라에서 스스로 만들어 낸 한자어

식구(食口), 편지(便紙), 감기(感氣), 고생(苦生), 사돈(査頓) 등

1. 어휘의 개념

공통된 성질에 따라 묶어 놓은 단어들의 집합을 어휘라고 한다. 특정 기준에 따라 단어들을 몇 갈래의 어휘로 나눌 수 있다.

2. 어휘의 유형

1) 어원(단어가 생겨난 근원)에 따른 분류: 고유어, 한자어, 외래어

(1) 고유어: 오래전부터 선조들이 써 오던 우리 고유의 말이다.

특징	• 우리 민족의 문화나 정서를 표현함. • 우리 민족의 정서적 감수성을 풍부하게 해 줌. • 하나의 단어가 여러 가지 의미를 담고 있는 경우가 많음.
예	어머니, 하늘, 물, 바람, 꿈, 집, 나무, 노래, 사람 등

(2) 한자어: 중국의 한자를 바탕으로 만들어진 말이다.

특징	• 우리말 어휘의 절반 이상을 차지함. • 개념적이고 추상적인 의미를 잘 드러냄. • 일반적으로 고유어에 비해 정확하고 세분화된 의미를 가짐.
예	고생, 학교, 신문, 휴가, 교사, 의복, 학생, 친구, 음악, 창조 등

개념 쏙쏙

[1~3] 다음에 해당하는 어휘를 보기 에서 골라 쓰시오.

보기
> 빵 목걸이 노트북 창조 신문 사람

1 고유어:

2 한자어:

3 외래어:

[4~7] 다음 문장의 밑줄 친 단어를 어원에 따라 어떻게 분류할 수 있는지 보기 에서 고르시오.

보기
> ㉠ 고유어   ㉡ 한자어   ㉢ 외래어

4 우리 학교는 <u>운동장</u>이 넓다.　　　　(　　)

5 바닥에 <u>매트</u>를 깔아 푹신하다.　　　　(　　)

6 <u>소나기</u>가 내리고 나니 하늘이 맑아졌다.　　(　　)

7 아무리 작은 <u>생명</u>이라도 소중한 것이다.　　(　　)

(3) 외래어: 다른 나라 말에서 빌려 와서 우리말처럼 쓰는 말이다.

특징	• 서양과 교류하면서 크게 늘어났음. • 우리말의 어휘를 풍부하게 해 줌. • 무분별하게 많이 사용하면 우리말을 점점 사라지게 만들기도 함. • 상당히 우리말처럼 느껴져서 다른 나라에서 온 말이라는 느낌이 상대적으로 약함.
예	피아노, 버스, 컴퓨터, 커피, 빵, 리듬, 스포츠, 뉴스 등

2) 사용 양상에 따른 분류

(1) 은어와 비속어

① 은어: 특정 집단 안에서 내부의 비밀을 유지하기 위해 사용하는 말이다.

특징	• 사용하는 집단의 의식을 반영함. • 일반 사회에 알려지면 은어로서의 기능을 잃게 됨. • 집단에 대한 소속감과 사용자 간 동질감을 느끼게 함. • 은어를 알지 못하는 집단 밖의 사람과는 의사소통이 어려움.
예	담탱이(담임), 대봉·중봉·소봉(크기에 따른 봉투), 장끼(영수증) 등

② 비속어: 통속적으로 쓰이는 저속한 말이다.

특징	• 비밀을 유지하려는 목적은 없음. • 듣는 이에게 불쾌감을 주어 마음을 상하게 함. • 대상을 얕잡아 보고 경멸하는 태도가 담기기도 함. • 일반적인 표현에 비해 비속하고 천박한 느낌을 줌. • 친숙한 사이에서 사용하면 정겨움을 주거나 서로의 결속을 강화하기도 함.
예	주둥아리(입), 눈깔(눈), 끝내주다(아주 좋다), 쌩까다(무시하다) 등

개념 쏙쏙

[8~10] 다음 설명에 해당하는 어휘의 종류를 연결하시오.

8 다른 나라 말에서 빌려 와서 쓰는 말 ·

· ㉠ 은어

9 특정 집단에서 비밀스럽게 사용하는 말 ·

· ㉡ 비속어

10 통속적으로 쓰이는 저속한 말 ·

· ㉢ 외래어

[11~14] 다음 설명이 맞으면 ○표, 틀리면 ×표를 하시오.

11 외래어는 우리말 어휘를 풍부하게 해 준다. ( )

12 비속어는 비밀을 유지하려는 목적에서 쓰인다. ( )

13 은어가 일반 사회에 알려지면 그 기능을 상실한다. ( )

14 은어와 비속어는 집단 구성원의 결속을 강화하는 효과가 있다. ( )

03 어휘의 체계와 양상

✿ 새말과 유행어

새말	유행어
특정 시기에 새롭게 만들어짐.	
정착되어 표준어로 인정되기도 함.	일시적으로 사용되다가 쓰이지 않게 됨.

✿ 유행어가 시대를 반영한 사례

① 사회: '유전무죄 무전유죄' – '돈이 있으면 죄가 없고, 돈이 없으면 죄가 있다.'는 말로 물질이 법치의 기준이 되는 사회를 비판하는 말이다.

② 문화: '못생겨서 죄송합니다.' – 1980년대 한 코미디언의 말에서 유래된 유행어로 외모 지상주의의 세태를 풍자한 말이다.

③ 경제: '이태백' – '이십 대 태반이 백수'의 준말로 2000년대 들어 청년 실업이 심각하다는 것을 반영한 유행어이다.

(2) 새말과 유행어

① 새말: 새로운 개념이나 사회 현상을 표현하기 위해 만들어진 새로운 말이다.

특징	• 새로운 사회적 현상이나 분위기를 반영함. • 얼마 동안 쓰이다가 대부분 사라지고, 일부는 국어 단어로 정착하기도 함. • 이미 있는 말에 뜻을 더하는 방식으로 만들거나 기존에 있던 말이나 한자어, 외래어를 결합하여 만들기도 함.
예	컴맹(computer+盲), 악플(惡+reply), 몸치(몸+痴), 반짝세일(반짝+sale) 등

② 유행어: 새말의 일종으로 비교적 짧은 시기에 걸쳐 여러 사람의 입에 오르내리는 말이다.

특징	• 당시 사회의 분위기와 사람들의 심리를 반영함.(시대의 거울) • 적절히 사용하면 기발함과 신선함, 재미 등을 줄 수 있음. • 유행어를 모르는 사람과는 의사소통에 지장이 있음. • 지나치게 많이 사용하면 예의 없고 개성 없는 사람이라고 느껴질 수 있음. • 일부 유행어는 풍자성을 띠고 있어서 시대의 모습을 날카롭게 꼬집기도 함.
예	깜놀(깜짝 놀라다), 절친(더할 나위 없이 아주 친한 친구), 백조(직장을 구하지 못하고 빈둥거리며 노는 '백수' 중 여자), 사오정(말귀를 제대로 못 알아듣는 사람) 등

(3) 전문어: 특정 분야에서 전문 개념을 표현하기 위해 쓰이는 말이다.

특징	• 의미가 정확하고 자세하며, 일반인이 이해하기 어려운 경우가 많음. • 한 단어가 다양한 의미를 지니고 있지 않기 때문에 문맥의 영향을 적게 받음. • 외래어로부터 차용된 어휘가 많고, 그에 대응하는 일반 어휘가 없는 경우가 많음. • 해당 분야의 복잡하고 어려운 내용을 비교적 간결하고 정확하게 전달하여 전문적인 작업을 효율적으로 수행하는 데 도움을 줌.
예	• 농업 분야 : 삼태기, 지게, 바지게, 쟁기, 쇠스랑, 호미, 곡괭이 등 • 의료 분야 : 어레스트, 에크모, 심실세동, 바이털 사인, 랩 차트 등 • 물리 분야 : 마찰력, 중력 가속도, 포물선 운동, 탄성, 만유인력 법칙 등

개념 쏙쏙

[15~17] 다음 설명이 맞으면 ○표, 틀리면 ×표를 하시오.

15 모든 새말은 국어 단어로 정착된다. ( )

16 전문어는 의미가 정밀하고 그에 대응하는 일반 어휘가 없는 경우가 많다. ( )

17 당대의 사회를 잘 반영하고 있고, 풍자성을 띠기도 하는 어휘를 유행어라 한다. ( )

[18~20] 다음 빈칸에 들어갈 알맞은 말을 쓰시오.

18 전문어는 □□□(으)로부터 차용된 어휘가 많다.

19 □□(이)란 새로운 개념이나 사회 현상을 표현하기 위해 만들어진 새로운 말이다.

20 유행어는 당대 사회의 분위기와 사람들의 심리를 반영하여 '시대의 □□'(이)라고도 한다.

(4) 금기어와 완곡어

금기어	두렵거나 불쾌하여 입 밖에 내기를 꺼리는 말
완곡어	금기어를 피하여 달리 부드럽게 부르는 말
특징	• 주로 성(性), 배설, 죽음, 질병, 형벌 등과 관련된 단어들이 금기어가 됨. • 금기어는 부정적이고 불쾌한 것을 연상시키기 때문에 일상생활에서는 잘 쓰이지 않음. • 상대방에게 불쾌감을 주지 않기 위해서는 상황과 장면을 고려하여 완곡어를 사용해야 함.
예	• 호랑이 → 산신령　　　　　　　• 후진국 → 개발 도상국 • 변소 → 화장실, 뒷간　　　　　• 감옥 → 형무소, 교도소 • 홍역, 천연두 → 손님, 마마　　• 보신탕 → 영양탕, 사철탕 • 죽다 → 돌아가다, 떠나다, 뜨다, 잠들다　• 식모 → 가정부, 가사 도우미

(5) 관용어와 속담

① 관용어: 둘 이상의 단어들이 결합하여 관습적으로 굳어져 하나의 단어처럼 특별한 의미를 나타내는 말이다.

특징	• 그 언어를 사용하는 사람들의 문화를 반영함. • 같은 내용을 보다 다채롭고 신선하게 표현할 수 있음. • 관용어를 구성하는 각 단어들은 기존의 뜻과 전혀 다른 새로운 의미로 사용됨.
예	손이 크다(씀씀이가 후하다), 숨이 죽다(기세나 기운이 수그러들다), 미역국을 먹다(시험에서 떨어지다), 꼬리가 길다(방문을 닫지 않고 드나들다) 등

② 속담: 사람들의 오랜 생활이나 체험 속에서 얻어진 지혜와 교훈을 간결한 문장으로 표현한 말이다.

특징	• 그 언어를 사용하는 사람들의 문화를 반영함. • 대개 문장의 형태로 표현되며, 풍자성과 교훈성이 강함. • 일상생활에서 도움을 얻을 수 있는 구체적이고 일상적인 삶의 교훈이 담겨 있음.
예	돌다리도 두들겨 보고 건너라(매사 신중히 해라), 개구리 올챙이 적 생각 못한다(초심을 잃지 말라), 가는 말이 고와야 오는 말이 곱다(남에게 말이나 행동을 좋게 해라) 등

개념 쏙쏙

[21~23] 다음 설명에 해당하는 어휘의 종류를 연결하시오.

21　금기어를 피하여 달리 부드럽게 부르는 말　　　　• ㉠ 관용어

22　두렵거나 불쾌하여 입 밖에 내기 싫어하는 말　　　　• ㉡ 완곡어

23　둘 이상의 단어들이 결합되어 새로운 뜻으로 굳어져 사용되는 말　　• ㉢ 금기어

[24~27] 보기에서 다음 문장에 사용된 관용 표현의 종류를 고르시오.

보기
㉠ 속담　　　㉡ 관용어

24　어제 본 시험에서 미역국을 먹었다.　　　　　　(　　　)

25　갈수록 태산이라더니 점점 어려워진다.　　　　(　　　)

26　은진이는 발이 넓어서 아는 사람이 많다.　　　　(　　　)

27　아무리 바빠도 바늘허리 매어 쓰지는 못하니 서두르지 마라.
　　　　　　　　　　　　　　　　　　　　　　　　(　　　)

핵심 국

🍀 우리말에서 유의어가 발달한 이유

① 고유어와 함께 한자어와 외래어가 섞여 쓰이고 있다.
예 잔치 – 연회 – 파티
② 높임법이 발달하였다.
예 이름 / 성명 / 존함
③ 감각어가 발달하였다.
예 노랗다 / 노릿하다 / 노릇하다
④ 국어 순화를 위해 정책적으로 말을 만들어 냈다.
예 세모꼴 – 삼각형
⑤ 금기 때문에 생기기도 했다.
예 변소 – 화장실

🍀 반의 관계의 종류

① 반대 관계: 두 반의어 사이에 중간 항이 존재한다.
예 크다 – 작다
② 모순 관계: 두 반의어 사이에 중간 항이 존재하지 않는다.
예 남자 – 여자

3. 단어의 의미 관계

단어들은 서로 비슷한 뜻을 지니거나 반대되는 뜻을 지니는 등 다양한 의미 관계를 맺는다.

(1) 유의 관계: 의미가 같거나 비슷한 둘 이상의 단어가 맺는 의미 관계이다. 유의 관계에 있는 단어를 '유의어'라고 한다.

특징	• 의미가 비슷하지만 똑같지는 않으므로 잘 가려 써야 함. • 유의 관계의 단어를 효과적으로 활용하면 다채롭고 풍부한 표현을 할 수 있음. • 가리키는 대상의 범위가 다르거나 미묘한 느낌의 차이가 있어 서로 바꾸어 쓸 수 없음. 예 낯 – 얼굴 ┌ 낯이 어둡다.(○) / 낯이 각이 졌다.(×) └ 얼굴이 어둡다.(○) / 얼굴이 각이 졌다.(○) • 다채롭고 풍부한 언어생활을 할 수 있음. • 유의어는 말의 맛을 달리하기 위하여 만들어지기도 하며, 특정 단어를 꺼려하는 금기 현상 때문에 만들어지기도 함.
예	• 곱다 – 아름답다 – 예쁘다 • 아버지 – 부친 – 가친 – 엄친 • 사다 – 구입하다 • 죽다 – 사망하다 – 돌아가시다 • 가끔 – 때로 – 간혹 – 더러 • 나이 – 연세 – 춘추

(2) 반의 관계: 서로 반대의 뜻을 지닌 단어들의 의미 관계이다. 반의 관계에 있는 단어를 '반의어'라고 한다.

특징	• 대상에 대한 막연한 의미를 대조적인 방법으로 명확하게 부각시켜 줌. • 반의 관계에 있는 두 단어는 서로 공통되는 의미 요소가 있으면서 오직 한 개의 의미 요소만 달라야 함. 예 남자 – 여자 ┌ 공통점: 생물, 동물, 인간 └ 차이점: 성별 • 하나의 단어에 여러 개의 반의어가 대립될 수 있음. 예 뛰다: (철수가) 걷다 / (땅값이) 내리다 열다: (서랍을) 닫다 / (수도꼭지를) 잠그다 / (자물쇠를) 채우다 벗다: (옷을) 입다 / (모자를) 쓰다 / (신발을) 신다 / (장갑을) 끼다 • 반의어는 사고를 명확하게 하고 어휘력을 발달시키는 도구가 됨.
예	• 처녀 – 총각 • 낮 – 밤 • 뛰다 – 걷다 • 오른쪽 – 왼쪽 • 가다 – 오다 • 덥다 – 춥다

 개념 쏙쏙

[28~31] 다음 설명이 맞으면 ○표, 틀리면 ×표를 하시오.

28 반의어는 모든 의미 요소가 반대이다.   (   )

29 하나의 단어에 여러 개의 반의어가 있을 수 있다.   (   )

30 유의어끼리는 어느 경우에나 서로 바꾸어 쓸 수 있다. (   )

31 유의 관계에 있는 말들이라도 의미가 완전히 같지는 않다.
                                                            (   )

[32~35] 다음 단어와 유의 관계에 있는 단어를 찾아 연결하시오.

32 엄마   •   • ㉠ 피부

33 살갗   •   • ㉡ 교사

34 주다   •   • ㉢ 모친

35 선생님 •   • ㉣ 드리다

(3) 상하 관계: 두 단어 중 한쪽이 의미상 다른 쪽을 포함하거나 다른 쪽에 포함되는 의미 관계이다. 다른 단어의 의미를 포함하는 단어를 '상위어', 포함되는 단어를 '하위어'라고 한다.

특징	• 상위어와 하위어의 관계는 상대적임. 　예 생물 – 식물 – 나무: '식물'은 '생물'의 하위어이면서 동시에 '나무'의 상위어임. • 상위어는 일반적이고 포괄적인 의미를 가짐. • 하위어일수록 개별적이고 한정적인 의미를 가짐.
예	• 꿩 – 장끼, 까투리　　　• 나무 – 소나무, 전나무, 단풍나무 • 신발 – 구두, 운동화, 슬리퍼, 장화　　• 동물 – 호랑이, 사자, 표범

(4) 동음이의 관계: 단어의 소리가 우연히 같을 뿐 의미의 유사성은 없는 관계이다. 형태와 소리는 같지만 의미는 다른 단어들을 '동음이의어'라고 한다.

특징	• 소리가 우연히 같을 뿐 의미의 연관성이 없음. • 사전에서 서로 독립된 별개의 단어로 취급됨. • 상황과 문맥에 따라 의미를 파악해야 함.
예	배(선박, 船舶) – 배(배수, 倍) – 배(신체, 腹部) – 배(과일, 梨子)

(5) 다의 관계: 의미적으로 유사성을 갖는 관계이다. 두 가지 이상의 의미를 가진 단어를 '다의어'라고 한다.

특징	• 한 단어가 가지는 의미들 사이에 연관성이 있음. • 문맥이나 상황을 고려하여 의미를 파악해야 함. • 의미들 중에는 기본적인 '중심 의미'와 확장된 '주변 의미'가 있음. • 사전에서 하나의 단어로 취급됨.
예	손 ① 나는 그곳을 손으로 가리켰다.(사람의 팔목 끝에 달린 부분) 　　② 그녀는 손에 반지를 끼고 있다.(손가락) 　　③ 그 일은 손이 많이 간다.(어떤 일을 하는 데 드는 사람의 힘이나 노력, 기술) 　　④ 보물을 손에 넣었다.(어떤 사람의 영향력이나 권한이 미치는 범위)

 개념 쏙쏙

[36~39] 다음 괄호 안에 제시된 단어 중 알맞은 것을 골라 ○표를 하시오.

36 상위어는 (일반적, 개별적)인 의미를 갖는다.

37 단어의 상하 관계는 (절대적, 상대적)인 관계이다.

38 다의어는 사전에서 (하나의, 서로 다른) 단어로 취급된다.

39 동음이의어는 사전에서 (하나의, 서로 다른) 단어로 취급된다.

[40~42] 다음 밑줄 친 두 단어가 다의 관계이면 '다', 동음이의 관계이면 '동'이라고 쓰시오.

40 올해는 <u>배</u>가 탐스럽게 열렸다.
밥을 두 그릇 먹었더니 <u>배</u>가 부르다. 　　(　　)

41 벌써 가을이 다 <u>갔다</u>.
나는 지난 여름 방학 때 제주도에 <u>갔다</u>. 　　(　　)

42 <u>다리</u>에 쥐가 나서 아프다.
그곳으로 가려면 <u>다리</u>를 건너야 한다. 　　(　　)

01 ┃보기┃와 같이 어휘를 분류했을 때의 기준으로 알맞은 것은?

┃보기┃
• 고유어: 별, 꿈, 하늘, 바람
• 한자어: 희망, 학교, 교실, 책상
• 외래어: 피아노, 컴퓨터, 택시, 카메라

① 어원　　　　　　② 의미
③ 사용 시기　　　　④ 사용 계층
⑤ 사용 분야

중요
02 다음 중 ┃보기┃의 설명에 해당하는 단어가 <u>아닌</u> 것은?

┃보기┃
• 오래전부터 선조들이 써 오던 우리 고유의 말이다.
• 우리 민족 특유의 문화나 정서를 잘 나타내 주는 말이다.

① 집　　　　② 나무　　　　③ 휴가
④ 누리　　　⑤ 하늬바람

03 다음 중 한자어의 특성으로 알맞지 <u>않은</u> 것은?
① 개념적이고 추상적인 의미를 잘 드러낸다.
② 중국의 한자를 받아들이면서 생겨난 말이다.
③ 한자어 중에는 우리 스스로 만들어 낸 것도 있다.
④ 일반적으로 고유어보다 정확하고 세분화된 의미를 나타낸다.
⑤ 우리말 어휘 중에서 고유어 다음으로 많은 부분을 차지하고 있다.

04 다음 중 외래어의 특성으로 알맞지 <u>않은</u> 것은?
① 대부분 우리말로 대체할 수 있다.
② 우리말의 어휘를 풍부하게 해 준다.
③ 서양과 교류하면서 그 수가 많이 늘었다.
④ 외국에서 온 말이지만 국어의 체계에 동화된 말이다.
⑤ 무분별하게 사용하면 고유어를 점차 사라지게 할 수 있다.

05 다음 중 고유어에 해당하는 단어로 알맞은 것은?
① 이성　　　② 투명　　　③ 얼음
④ 지혜　　　⑤ 라디오

내신 필수
06 다음 중 은어에 대한 설명으로 알맞지 <u>않은</u> 것은?
① 집단의 결속력과 동질감을 높이기 위해 사용한다.
② 일반 사회에 알려지면 은어로서의 기능을 상실한다.
③ 은어를 알지 못하는 사람과는 의사소통하기 어렵다.
④ 특정 집단에서 내부의 비밀을 유지하기 위해 사용한다.
⑤ 통속적으로 쓰이는 저속한 말로 듣는 이에게 불쾌감을 준다.

주관식
07 ┃보기┃의 밑줄 친 단어의 본래 의미를 쓰고, 이러한 특성을 가진 어휘를 무엇이라고 하는지 3음절로 쓰시오.

┃보기┃
옛날 어린이들은 호환, <u>마마</u>, 전쟁 등이 가장 무서운 재앙이었습니다.

(1) 의미:
(2) 어휘:

08 다음 중 밑줄 친 단어가 외래어인 것은?

① 겨울이라서 얼굴이 건조하다.

② 타이어는 고무로 만들어진다.

③ 이 문제에 대한 의견을 제출하시오.

④ 나는 삼 년째 신문을 구독하고 있다.

⑤ 그것은 사람으로서 당연히 해야 할 일이다.

중요
09 다음 중 은어의 장점으로 알맞은 것은?

① 같은 내용을 다채롭고 신선하게 표현할 수 있다.

② 새로운 개념이나 사회 현상이 나타날 때 손쉽게 사용할 수 있다.

③ 사용하는 집단 구성원들에게 동료의식과 결속력을 가지게 해 준다.

④ 외래어로 만들어지는 경우가 많아 외국어를 습득하는 데 도움을 준다.

⑤ 특정 분야의 전문적인 지식을 비교적 간결하게 이해할 수 있게 해 준다.

내신 필수
10 다음 중 비속어의 특성으로 알맞은 것은?

① 어느 정도 암호와 유사한 성격이 있는 폐쇄적인 말이다.

② 특정 집단 안에서 내부의 비밀을 유지하기 위해 사용한다.

③ 일상생활에서 도움이 될 만한 교훈을 담고 있는 경우가 많다.

④ 두렵거나 불쾌한 느낌을 주어 입 밖에 내기를 꺼리는 말이다.

⑤ 통속적으로 쓰이는 저속한 말로 듣는 이에게 불쾌한 느낌을 준다.

11 비속어를 사용했을 때 나타날 수 있는 문제점이 아닌 것은?

① 교양이 없어 보인다.

② 상대방에게 불쾌감을 준다.

③ 원만한 인간관계를 해친다.

④ 우리말을 점차 사라지게 만든다.

⑤ 정서적으로 나쁜 영향을 미친다.

내신 필수
12 다음 중 새말의 특성으로 알맞지 않은 것은?

① 새로운 개념이나 사회적 현상을 표현한다.

② 기존에 사용하던 단어들을 결합하여 만드는 경우도 있다.

③ 이미 있는 말에 새로운 의미를 더하여 사용하는 경우도 있다.

④ 고유어에 한자어나 외래어 등이 결합되어 만들어지기도 한다.

⑤ 특정 시기 동안만 사용되고 전부 사라지므로 국어사전에 등재되는 경우는 없다.

주관식
13 다음 대화의 밑줄 친 단어들은 공통적으로 어떤 어휘에 속하는지 3음절로 쓰시오.

의사: 에크모는 이제 빼도 되겠습니다.

간호사: 네. 알겠습니다.

의사: 아직은 좀 더 지켜봐야 할 것 같으니 랩 차트 확인하고, 바이털 사인을 매시간 체크하세요.

14 다음 중 전문어의 특성으로 알맞지 <u>않은</u> 것은?

① 전문적인 작업을 수행하는 데 도움을 준다.
② 특정한 시기에 집중적으로 사용되다 없어진다.
③ 전문가가 아닌 일반인은 이해하기 어려운 경우가 많다.
④ 특정 분야에서 전문 개념을 표현하기 위해 쓰는 말이다.
⑤ 복잡한 내용을 비교적 간결하고 정확하게 전달할 수 있다.

15 |보기|의 단어들이 가지는 특성으로 알맞지 <u>않은</u> 것은?

┤보기├
안습 깜놀 레알 차도남 멘붕

① 사용될 당시의 세태를 반영한다.
② 기발하고 신선하며, 대화를 재미있게 이끌 수 있다.
③ 짧은 시기에 걸쳐 여러 사람의 입에 오르내리는 말이다.
④ 특정 집단 안에서 비밀을 유지하기 위한 목적으로 사용된다.
⑤ 풍자성을 띠는 경우도 있어서 시대의 모습을 날카롭게 꼬집기도 한다.

16 다음의 단어들을 금기어와 완곡어로 구분한 것으로 알맞지 <u>않은</u> 것은?

	금기어		완곡어
①	감옥	⇨	교도소
②	변소	⇨	화장실
③	홍역	⇨	손님
④	죽다	⇨	잠들다
⑤	산신령	⇨	호랑이

17 다음 중 관용어에 대한 설명으로 알맞지 <u>않은</u> 것은?

① 두 단어 이상이 결합하여 관습적으로 굳어진 말이다.
② 그 언어를 사용하는 사회의 특성과 문화를 반영한다.
③ 같은 내용을 보다 다채롭고 신선하게 표현할 수 있다.
④ 관용어를 구성하는 단어들이 가진 기본적인 의미가 부각된다.
⑤ 둘 이상의 단어들이 결합하여 하나의 단어처럼 특별한 의미를 나타낸다.

중요 18 다음 중 속담의 특성으로 알맞지 <u>않은</u> 것은?

① 교훈성과 풍자성이 강하다.
② 대개 문장의 형태로 표현된다.
③ 우리 민족의 전통적 문화의 특성을 담고 있다.
④ 유명한 사람의 말에서 유래된 경우가 대부분이다.
⑤ 일상생활 속에서 발견할 수 있는 선조들의 삶의 지혜가 담겨져 있다.

주관식
19 |보기|에 나타난 단어들의 의미 관계를 생각하며 ㉠~㉢에 들어갈 알맞은 말을 쓰시오.

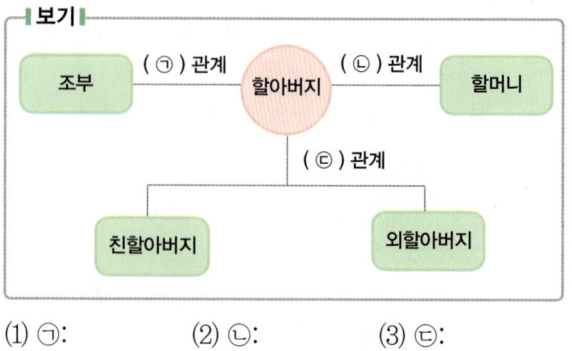

(1) ㉠:   (2) ㉡:   (3) ㉢:

20 다음 |보기|의 밑줄 친 두 단어는 어떤 관계인가?

|보기|
• 밥을 많이 먹었더니 배가 부르다.
• 나는 사과보다 배를 더 좋아한다.

① 유의 관계
② 반의 관계
③ 상하 관계
④ 다의 관계
⑤ 동음이의 관계

중요
21 다음 단어들의 관계에 대한 설명으로 알맞은 것은?

나이 – 연세

① 소리는 다르나 의미는 완전히 같은 말이다.
② 한 단어가 다른 단어의 부분을 이루고 있다.
③ 한 단어가 다른 단어를 의미상 포함하고 있다.
④ 공통점을 갖는 동시에 반대되는 의미 요소가 있다.
⑤ 의미는 비슷하지만 상황이나 분위기에 따라 구분하여 사용해야 한다.

내신 필수
22 |보기|와 같은 특성을 가진 단어의 의미 관계로 알맞은 것은?

|보기|
• 둘 이상의 단어가 의미상 서로 짝을 이루어 대립한다.
• 두 단어는 의미상 하나의 요소만 상반되고 나머지는 공통된 특성을 지닌다.

① 유의 관계
② 반의 관계
③ 상하 관계
④ 다의 관계
⑤ 동음이의 관계

23 |보기|는 '손'을 사전에서 찾은 것이다. '손'과 같이 하나의 단어에 여러 가지 의미가 대응되는 단어로 알맞은 것은?

|보기|
손 명 「1」 사람의 팔목 끝에 달린 부분. ¶ 두 손 모아 기도하다. 「2」=손가락. ¶ 손에 반지를 끼다. 「3」=일손. ¶ 손이 부족하다. 「4」 어떤 일을 하는 데 드는 사람의 힘이나 노력, 기술. ¶ 그 일은 손이 많이 간다. 「5」 어떤 사람의 영향력이나 권한이 미치는 범위. ¶ 그 일은 선배의 손에 떨어졌다.

① 다의어
② 동의어
③ 상위어
④ 유의어
⑤ 동음이의어

24 다음 중 동음이의어에 대한 설명으로 알맞지 <u>않은</u> 것은?
① 소리는 같지만 의미는 서로 관련이 없다.
② 문맥과 상황에 따라 의미를 구분할 수 있다.
③ 동음이의어는 각각 별개의 단어로 구분한다.
④ 소리가 같기 때문에 사전에 하나의 단어로 묶여 실린다.
⑤ 소리의 길고 짧음에 따라 의미를 구별할 수 있는 단어도 있다.

주관식
25 |보기|의 ㉠과 ㉡에 들어갈 말을 각각 3음절로 쓰시오.
|보기|
두 단어 중 한 단어의 의미가 다른 단어의 의미에 포함되는 관계에 있을 때, 다른 단어의 의미에 포함되는 단어를 (㉠)(이)라고 하고, 다른 단어의 의미를 포함하는 단어를 (㉡)(이)라고 한다.

01 ▮보기▮의 단어들을 어원에 따라 분류한 것으로 알맞은 것은?

┃보기┃
| ㉠ 빵 | ㉡ 옷 | ㉢ 얼굴 | ㉣ 담배 |
| ㉤ 미래 | ㉥ 행복 | ㉦ 바람 | |

	고유어	한자어	외래어
①	㉠㉡	㉤㉥㉦	㉢㉣
②	㉠㉡㉢	㉤㉥	㉣㉦
③	㉡㉢㉦	㉤㉥	㉠㉣
④	㉠㉡㉦	㉢㉤	㉣㉥
⑤	㉠㉢㉤㉦	㉥	㉡㉣

👍**내신 필수**

02 다음 중 어원에 따른 분류가 나머지와 <u>다른</u> 것은?

① 빵   ② 커피   ③ 리듬
④ 음악   ⑤ 핸드백

03 다음 중 통속적으로 쓰이는 저속한 말의 예로 알맞은 것은?

① 얼굴   ② 열공   ③ 닥터
④ 라디오   ⑤ 주둥이

04 ▮보기▮의 단어 중 '비교적 짧은 시기에 걸쳐 여러 사람의 입에 오르내리다가 사라지는 말'에 해당하는 것을 모두 고른 것은?

┃보기┃
| ㉠ 나무 | ㉡ 눈깔 | ㉢ 완소남 |
| ㉣ 천연두 | ㉤ 당근이지 | ㉥ 주둥아리 |

① ㉠, ㉡   ② ㉡, ㉢   ③ ㉢, ㉤
④ ㉠, ㉢, ㉤   ⑤ ㉡, ㉤, ㉣

05 외래어에 대한 설명으로 알맞지 <u>않은</u> 것은?

① 우리말로 대체하기 어려운 경우가 많다.
② 19세기 이후 서양과 교류하면서 증가하기 시작했다.
③ 다른 나라와의 교류가 활발해지면서 우리말에서의 비중이 높아지고 있다.
④ 우리말처럼 느껴져서 다른 나라에서 온 말이라는 느낌이 약한 단어도 있다.
⑤ 우리말의 어휘를 풍요롭게 해 주므로 외래어의 사용을 점차 확대해 나가야 한다.

중요
06 다음 중 단어와 그 어원에 따른 분류가 바르지 <u>않은</u> 것은?

	단어	분류
①	뫼	고유어
②	우동	고유어
③	강	한자어
④	산	한자어
⑤	망토	외래어

서술형
07 (가)와 (나)의 공통점을 한 문장으로 서술하시오.

(가) 비속어: 통속적으로 쓰는 저속한 말
(나) 은어: 특정 집단 안에서 내부의 비밀을 유지하기 위해 사용하는 말

08 다음은 새말이 만들어진 방식과 그 사례를 표로 정리한 것이다. 알맞지 <u>않은</u> 것은?

	방식	사례
①	고유어와 한자어가 결합한다.	왕따
②	고유어와 외래어가 결합한다.	배꼽티
③	고유어와 외국어가 결합한다.	아나운서
④	외래어와 한자어가 결합한다.	컴맹
⑤	한자어와 외국어가 결합한다.	악플

09 ▮보기▮의 새말과 만들어진 방식이 가장 유사한 것은?

▮보기▮

캥거루족: 자립할 나이가 지나서도 취업을 하지 못하고 부모에게 의존하며 사는 젊은이들을 뜻하는 말로, 외래어 '캥거루'와 한자어 '족(族)'을 결합하여 만든 말이다.

① 몸치   ② 빵집   ③ 누리꾼
④ 버스비   ⑤ 몰래카메라

중요
10 다음 유행어의 의미를 통해 알 수 있는 사실로 가장 알맞은 것은?

• 이태백: 이십 대 태반이 백수
• 웰빙: Well-Being, 잘 사는 것
• 얼짱: 얼굴이 특별히 예쁘거나 잘생긴 사람
• 줌마렐라: 적극적으로 사회 활동을 하는 기혼 여성

① 유행어는 듣는 이에게 불쾌감을 준다.
② 유행어는 당대의 사회상을 반영하고 있다.
③ 유행어는 집단 구성원의 결속력을 강화한다.
④ 유행어는 특정 분야의 전문 개념을 표현해 준다.
⑤ 유행어는 집단의 비밀을 유지하기 위해 사용된다.

11 ▮보기▮의 설명에 해당되는 어휘의 단점으로 알맞은 것은?

▮보기▮
• 당시 사회의 분위기와 사람들의 심리를 반영함.
• 대화를 재미있게 이끌 수 있음.

① 듣는 이에게 불쾌감을 주고 마음을 상하게 한다.
② 우리말의 아름다움을 해치고 혼란스럽게 만든다.
③ 집단 구성원 이외의 사람에게 소외감을 줄 수 있다.
④ 지나치게 사용하면 가벼운 사람이라는 느낌을 줄 수 있다.
⑤ 부정적이고 불쾌한 느낌을 주어 평상시에 잘 사용하지 않는다.

내신 필수
12 ▮보기▮의 특성을 가진 단어끼리 바르게 짝지어진 것은?

▮보기▮
• 해당 분야의 지식을 명확하게 나타낸다.
• 복잡하고 어려운 개념을 간결하고 정확하게 전달할 수 있다.

① 댄스–키   ② 꼰대–째다
③ 담배–초콜릿   ④ 대가리–눈깔
⑤ 항소–집행 유예

서술형
13 ▮보기▮의 밑줄 친 말이 어떤 어휘에 해당하는지 쓰고, 그 어휘의 특징을 한 문장으로 서술하시오.

▮보기▮

옛날부터 아이가 밤에 울면 부모님은 호랑이가 온다고 하며 아이의 울음을 그치게 했다. 그러나 '호랑이'는 무서운 존재였기 때문에 직접 이름을 부르는 대신 '산신령'이라는 말을 사용하여 '자꾸 울면 산신령 온다.'와 같이 말하곤 했다.

(1) 해당하는 어휘:

(2) 어휘의 특징:

14 다음 중 ▮보기▮의 특성을 가진 어휘로 알맞은 것은?

▮보기▮
- 시대나 사회의 모습을 반영한다.
- 풍자성을 띠고 있어서 시대의 모습을 날카롭게 꼬집기도 한다.

① 은어　　② 비속어　　③ 유행어
④ 전문어　　⑤ 금기어

고난도

15 ▮보기▮와 같이 상인들이 밑줄 친 단어들을 사용하는 이유로 가장 거리가 <u>먼</u> 것은?

▮보기▮
　상인들은 다음과 같은 말을 자주 사용한다. '깔'은 색깔을 뜻하는 말이다. '땡물건'이라는 말은 '재고를 모아 한꺼번에 싸게 파는 물건'이라는 뜻이다.
　상인들은 구매한 물건을 담는 봉투를 크기별로 '대봉', '중봉', '소봉'이라고 부른다. 옷을 많이 샀으면 '대봉'에 담아야 한다. '장끼'는 상인들 사이에서 영수증을 뜻하는 말로 사용된다.

① 분주한 매매 현장에서 발음하기 편한 말을 사용하는 것이다.
② 자신들이 같은 일을 하는 사람들이라는 소속감을 느끼게 해 주기 때문이다.
③ 청각적 인상이 분명한 말을 사용하여 의사소통의 효율성을 높이기 위해서이다.
④ 비속하고 천박한 표현을 통해 상인이 아닌 사람들에게 소외감을 주기 위해서이다.
⑤ 자신들의 이윤을 극대화하기 위해 소비자들이 알아서는 안 되는 사실을 숨기기 위해서이다.

내신 필수

16 다음 중 전문어의 특성으로 알맞지 <u>않은</u> 것은?
① 외래어로부터 차용된 말이 많다.
② 복잡하고 어려운 개념을 간결하게 전달할 수 있다.
③ 해당 분야의 지식을 명확하고 쉽게 이해할 수 있다.
④ 전문적인 작업을 정확하고 효과적으로 수행하게 한다.
⑤ 상대방과 공감대를 형성하여 친근한 관계를 유지할 수 있다.

17 다음 밑줄 친 내용에 해당하는 단어가 사용된 것은?

　사람들은 두렵거나 불쾌한 것을 연상시키기 때문에 입 밖에 내기를 꺼리는 말을 대신하여 <u>우회적으로 표현하는 말</u>을 사용한다.

① 그의 동생은 천연두에 걸려 앓았다.
② 백범 김구 선생은 1949년 돌아가셨다.
③ 이육사는 독립운동에 헌신하다 감옥에 갇혔다.
④ 은정이는 잠들기 전에 변소에 가는 버릇이 있다.
⑤ 아이는 너무 무서워서 바지에 오줌을 싸고 말았다.

중요

18 ▮보기▮의 밑줄 친 표현에 대한 설명으로 알맞지 <u>않은</u> 것은?

▮보기▮
　어머니가 방문을 닫지 않고 들어가는 동생을 보고 "영준이는 <u>꼬리가 길구나.</u>"라고 말씀하셨다.

① 둘 이상의 단어를 결합하여 만든다.
② 다채롭고 신선한 표현을 가능하게 한다.
③ 명확한 뜻을 전달하는 데에는 사용하지 않는다.
④ 그 언어를 사용하는 사람들의 문화가 반영되어 있다.
⑤ 각 단어들이 지닌 기존의 뜻과 전혀 다른 새로운 의미로 사용된다.

서술형

19 (가)의 밑줄 친 말의 의미가 무엇인지 쓰고, 그와 비슷한 의미를 가진 속담을 (나)에서 찾아 그 기호를 쓰시오.

(가) '<u>돌다리도 두들겨 보고 건너라.</u>'라는 말이 있듯이 매사에 신중하게 행동하면 후회할 일이 적어진다.
(나) ㉠ 꿩 먹고 알 먹는다.
　　㉡ 아는 길도 물어 가랬다.
　　㉢ 소 잃고 외양간 고친다.

(1) 의미:
(2) 비슷한 속담:

20 다음 밑줄 친 표현 중 관용어가 <u>아닌</u> 것은?

① 이제 나는 그 사람과 <u>손을 끊기로</u> 했다.
② 아이가 과자를 받으려고 <u>손을 내밀었다.</u>
③ 우리 회사는 휴대 전화 시장에서 <u>손을 뗐다.</u>
④ 월드컵 예선 경기를 <u>손에 땀을 쥐며</u> 보았다.
⑤ 그는 내가 어려울 때 <u>손을 내밀어</u> 준 친구이다.

중요
21 |보기|의 빈칸에 들어갈 속담으로 알맞은 것은?

┤보기├
혜진: 엄마, 국어 문제집 좀 사 주세요.
엄마: 며칠 전에 두 권이나 샀잖아. 그것들은 다
　　　풀었니?
혜진: 시험 기간이 되면 풀려고요.
엄마: '(　　　　　)'라고 했어. 가지고 있는 문제
　　　집을 먼저 풀어 보는 것이 좋겠다.

① 지성이면 감천.
② 백지장도 맞들면 낫다.
③ 사공이 많으면 배가 산으로 간다.
④ 구슬이 서 말이라도 꿰어야 보배다.
⑤ 가지 많은 나무에 바람 잘 날이 없다.

22 다음 밑줄 친 단어가 유의 관계에 있지 <u>않은</u> 것은?

① ┌ 나는 매일 간식을 <u>먹는다.</u>
　└ 할머니, 아버지께서 진지 <u>드시래요.</u>

② ┌ 오늘은 정말 기분 좋은 <u>날이다.</u>
　└ 어제처럼 힘든 <u>하루는</u> 다신 없을 것이다.

③ ┌ 웅이가 교실로 <u>재빠르게</u> 뛰어갔다.
　└ 독수리가 <u>날쌔게</u> 먹이를 낚아챘다.

④ ┌ 소영이가 아버지께 드릴 선물을 <u>샀다.</u>
　└ 열차 표는 모든 역에서 <u>구입할</u> 수 있다.

⑤ ┌ 황순원은 1959년에 이 <u>소설</u>을 썼다.
　└ <u>문학</u>은 청소년의 정서 발달에 도움을 준다.

23 다음 중 어휘의 종류에 따른 유의어의 예로 알맞지 <u>않은</u> 것은?

	어휘의 종류	예
①	고유어 – 한자어	맘마 – 밥
②	한자어 – 외래어	피부 – 스킨
③	일상어 – 전문어	소금 – 염화나트륨
④	금기어 – 완곡어	죽다 – 돌아가시다
⑤	고유어 – 외래어	잔치 – 파티

👍 내신 필수
24 다음 중 두 단어의 관계가 |보기|와 같은 것은?

┤보기├
낯 : 얼굴

① 처녀 : 총각　　　② 꿩 : 장끼
③ 찬성 : 반대　　　④ 살갗 : 피부
⑤ 과일 : 사과

고난도
25 다음 중 |보기|의 밑줄 친 부분에 해당하는 예로 알맞은 것은?

┤보기├
반의 관계는 중간 항의 존재 여부에 따라 '반대
관계'와 '모순 관계'로 나눌 수 있다. 반의 관계에 있
는 두 단어 사이에 중간 항이 존재하면 '반대 관계'
라고 하고, 중간 항이 없으면 '모순 관계'라고 한다.

① 안 : 밖　　　② 음 : 양
③ 상 : 하　　　④ 개막 : 폐막
⑤ 남자 : 여자

서술형
26 |보기|의 밑줄 친 관용어의 의미를 서술하시오.

┤보기├
할머니께서는 6 · 25 전쟁 때 헤어진 동생이 <u>눈에</u>
<u>밟힌다</u>고 말씀하시며 항상 눈물을 흘리셨다.

27 ▮보기▮는 동사 '벗다'를 사전에서 찾은 것이다. '벗다'가 ㉠ ~ ㉢의 의미로 쓰였을 때, 각각의 경우에 사용할 수 있는 반의어로 알맞지 <u>않은</u> 것은?

┃보기┃

벗다

㉠ (옷이나 모자, 신 따위를) 몸에서 떼어 내다.

㉡ (사람이 누명이나 혐의를) 씻어 내듯 없애다.

㉢ (사람이 메거나 짊어졌던 것을) 몸에서 내려놓다.

	사용 의미	반의어
①	㉠	입다
②	㉠	지다
③	㉠	신다
④	㉡	쓰다
⑤	㉢	지다

🖐 내신 필수

28 다음 중 반의 관계가 <u>아닌</u> 것은?

① 처녀 : 총각　　② 덥다 : 춥다

③ 동쪽 : 서쪽　　④ 간혹 : 더러

⑤ 오른쪽 : 왼쪽

29 (가), (나)의 밑줄 친 단어의 관계에 대한 설명으로 알맞지 <u>않은</u> 것은?

(가) 막이 <u>오르면</u> 조용히 해야 한다.

(나) 산에 <u>오르면</u> 몸과 마음이 상쾌해진다.

① 사전에서는 각각 다른 단어로 취급된다.

② 한 단어의 의미들 사이에 연관성이 있다.

③ 하나의 소리에 여러 의미가 결합되어 있다.

④ 중심 의미로부터 연상되는 주변 의미가 있다.

⑤ 문맥이나 상황에 따라 의미를 파악해야 한다.

30 다음 유의 관계에 있는 단어들 중 문맥에 맞는 단어를 바르게 고르지 <u>못한</u> 것은?

① 조개 (껍질 / 껍데기) → 껍질

② 북어 (머리 / 대가리) → 대가리

③ 할머니, (밥 / 진지) 드세요. → 진지

④ 개울에 다리를 (둔다. / 놓는다.) → 놓는다

⑤ 문 (틈 / 겨를)(으)로 바람이 들어온다. → 틈

[31~32] 다음 글을 읽고 물음에 답하시오.

발¹ 〔명〕「1」사람이나 동물의 다리 맨 끝 부분. 「2」 가구 따위의 밑을 받쳐 균형을 잡고 있는, 짧게 도드라진 부분. 「3」 '걸음'을 비유적으로 이르는 말. 「4」 한시(漢詩)의 시구 끝에 다는 운자(韻字). 「5」 한자의 아랫부분을 이루는 부수를 통틀어 이르는 말. 「6」 ((수량을 나타내는 말 뒤에 쓰여)) 걸음을 세는 단위.

발² 〔명〕 나무 나이테의 굵기.

발³ 〔명〕 가늘고 긴 대를 줄로 엮거나, 줄 따위를 여러 개 나란히 늘어뜨려 만든 물건. 주로 무엇을 가리는 데 쓴다.

31 이 사전에 나온 내용을 바탕으로 의미를 파악했을 때, 다음 밑줄 친 단어 중 그 의미가 <u>다른</u> 것은?

① 축구를 하다가 발을 다쳤다.

② 한 발 뒤로 물러서서 세상을 봐라.

③ 햇볕이 따가우니 창문에 발을 쳐라.

④ 이사를 하다가 장롱의 발이 부러졌다.

⑤ 그 마을 입구에서 나그네는 발을 멈추었다.

🔶 서술형

32 이 사전에서 '발¹', 발², 발³'으로 표시한 단어들은 의미 관계상 어떤 어휘에 해당하는지 쓰고, 그 이유를 다음 ▮조건▮에 따라 한 문장으로 서술하시오.

┃조건┃

'~ 때문에 ~이다.'의 형태로 쓰시오.

33 (가)는 학생의 발표문이다. (가)의 밑줄 친 단어 중 (나)의 의미로 사용된 것은?

> (가) 저는 초현실주의 시인으로 평가받는 ㉠이상에 대해 발표하겠습니다. 그는 1910년 서울에서 태어나 경성 고등 공업 학교 건축과를 졸업하고 2년 ㉡이상 조선 총독부에서 근무하였습니다. 그러던 중 1933년 각혈을 하는 등 몸에 ㉢이상이 생겨 퇴직하였습니다. 그 후 남다른 ㉣이상을 가지고 실험 정신이 강한 시를 쓰다가 1937년 일본에서 병으로 돌아가셨습니다. ㉤이상으로 발표를 마치겠습니다.
>
> (나) 이상⁹[理想] 몡「1」 생각할 수 있는 범위 안에서 가장 완전하다고 여겨지는 상태. 「2」『철학』 생각할 수 있는 가장 완전한 상태.

① ㉠   ② ㉡   ③ ㉢   ④ ㉣   ⑤ ㉤

34 다음 중 ▎보기▎의 밑줄 친 단어와 다의 관계에 있는 단어가 <u>아닌</u> 것은?

> ▎보기▎
> • 컵에 물이 가득 <u>차</u> 있다.

① 그 가방은 내 눈에 <u>차지</u> 않는다.
② 오늘은 음력 보름이라 달이 다 <u>찼다</u>.
③ 어제 온 비로 개울물이 무릎까지 <u>찼다</u>.
④ 교실은 학생들의 열의로 가득 <u>차</u> 있다.
⑤ 내 앞으로 굴러 온 축구공을 발로 힘껏 <u>찼다</u>.

35 다음 다의 관계에 있는 단어들 중 중심 의미로 사용된 것은?

① 배의 <u>머리</u>를 남쪽으로 돌려라.
② <u>머리</u>가 커서 철모가 맞지 않는다.
③ 정민이는 총명한 <u>머리</u>를 가지고 있다.
④ 사분음표는 <u>머리</u>를 까맣게 그려야 한다.
⑤ 어제 미장원에 가서 <u>머리</u>를 짧게 잘랐다.

36 ▎보기▎의 빈칸에 공통으로 들어갈 동음이의어는?

> ▎보기▎
> ㉠ 어머니는 □□(으)로 바쁘시다.
> ㉡ 그 노래는 □□이/가 참 아름답다.
> ㉢ 최면에 걸려 □□ 상태에 빠졌다.
> ㉣ 스님은 장삼 위에 □□을/를 걸치셨다.
> ㉤ 우리나라 최초의 □□은/는 '상춘곡'이다.

① 노래   ② 승복   ③ 가사
④ 시조   ⑤ 살림

중요 37 다음 밑줄 친 두 단어의 관계가 나머지와 <u>다른</u> 것은?

① ┌ 형은 <u>머리</u>가 참 좋다.
  └ 나는 <u>머리</u>를 단정하게 잘랐다.

② ┌ 누나는 <u>굴</u>을 잘 먹는다.
  └ 여름철 <u>굴</u> 속은 참 시원하다.

③ ┌ 나도 <u>말</u>을 타 보고 싶다.
  └ 내 친구는 웃긴 <u>말</u>을 잘한다.

④ ┌ 어머니께서 <u>천</u>을 떼 오셨다.
  └ 어린 동생은 <u>천</u>까지 셀 수 있다.

⑤ ┌ <u>손</u>은 늘 깨끗이 씻어야 한다.
  └ 나는 <u>손</u>이 귀한 집안에서 태어났다.

서술형 38 '보다'의 중심 의미는 '눈으로 인식하다'이다. 이를 바탕으로 ▎보기▎의 밑줄 친 '보다'가 각각 어떤 의미로 사용되었는지 서술하시오.

> ▎보기▎
> ㉠ 의사 선생님께서는 환자를 <u>보고</u> 계신다.
> ㉡ 나는 엄마가 외출하셔서 집을 <u>보고</u> 있다.

(1) ㉠ :

(2) ㉡ :

04 단어 형성법

성취기준 · 단어의 짜임을 분석하여 새말 형성의 원리를 이해한다. ◑ 1학년

핵심 콕

✿ 용언의 어간과 어미

① 어간: 용언이 활용할 때 변하지 않는 부분

예 '푸르다'는 '푸르다, 푸르고, 푸르니' 등으로 활용한다. 이때 변하지 않는 '푸르–'가 어간이다.

② 어미: 용언이 활용할 때 변하는 부분

예 '푸르다'가 '푸르다, 푸르고, 푸르니' 등으로 활용할 때 변하는 부분인 '–다, –고, –니' 등이 어미이다.

1. 형태소와 단어

1) 형태소

(1) 뜻: 뜻을 지니는 가장 작은 말의 단위로, 문법적 의미의 최소 단위라고도 한다. 형태소는 더 나눌 경우 본래의 뜻이 사라진다.

예 '바다', '하늘'을 '바+다', '하+늘'로 나누면 본래의 의미가 없어진다. 따라서 '바다', '하늘'은 하나의 형태소이다.

(2) 형태소의 종류

분류 기준		형태소의 종류
자립성의 유무	자립 형태소	다른 말에 의존하지 아니하고 홀로 자립해서 쓰일 수 있는 형태소
		명사, 대명사, 수사, 관형사, 부사, 감탄사
	의존 형태소	홀로 쓰이지 못하여 다른 말에 붙어 쓰이는 형태소
		조사, 용언의 어간·어미, 접사
실질적 의미 기능의 유무	실질 형태소	실질적인 뜻을 지니고 구체적인 대상이나 동작, 상태를 표시하는 형태소
		자립 형태소 전부, 의존 형태소 중 용언의 어간
	형식 형태소	실질 형태소에 붙어서 주로 말과 말 사이의 관계를 표시하는 형태소
		조사, 용언의 어미, 접사

(3) 형태소의 특징

① 형태소는 잘게 쪼갰을 때 의미가 없어지면 안 된다.

② '바다'를 '바+다'로 쪼개면 '바다'의 원래 의미가 없어진다. 따라서 '바'와 '다'는 형태소가 아니다.

③ '푸르다'를 '푸르–+–다'로 쪼개면 '푸르–'에 원래 의미가 살아 있다. 따라서 '푸르–'는 형태소이다. 이때 '–다'는 문장이 끝났음을 알려 주는 기능을 한다. 따라서 '–다'도 형태소이다.

④ 용언은 기본적으로 두 개 이상의 형태소가 결합한다.

개념 쏙쏙

1 형태소를 분류하는 기준에 따라 알맞게 연결하시오.

(1) 형식 형태소 •

(2) 의존 형태소 •

(3) 자립 형태소 •

(4) 실질 형태소 •

• ㉠ 자립성의 유무

• ㉡ 실질적 의미 기능의 유무

2 다음 단어에 나타난 형태소의 개수를 쓰시오.

(1) 아침:

(2) 예쁘다:

(3) 아버지:

(4) 우리나라:

(5) 어깨동무:

3 다음 단어 중 의존 형태소를 포함하는 것은?

① 나무　　② 하늘　　③ 메아리

④ 눈사람　　⑤ 공부하다

4 다음 중 실질 형태소가 <u>아닌</u> 것은?

① '맑다'의 '맑–'

② '푸르다'의 '푸르–'

③ '가엽다'의 '가엽–'

④ '사람답다'의 '–답다'

⑤ '무찌르다'의 '무찌르–'

2) 단어

(1) 뜻: 뜻을 지니고 자립할 수 있는 말, 또는 그 말의 뒤에 붙어서 문법적 기능을 나타내는 말이다.

문장		나는 학교에 간다.						
단어	분류	나	는	학교	에	간다		
	품사	대명사	조사	명사	조사	동사		
형태소	분석	나	는	학교	에	가-	-ㄴ-	-다
	자립 여부	자립	의존	자립	의존	의존	의존	의존
	의미 기능 여부	실질	형식	실질	형식	실질	형식	형식

(2) 단어를 구성하는 요소
① 어근: 단어를 형성할 때 실질적인 의미를 나타내는 중심 부분이다.
② 접사: 어근에 붙어 그 뜻을 제한하는 주변 부분이다.

┌ 접두사: 어근이나 단어의 앞에 붙어 새로운 단어가 되게 하는 접사
│   예 '맨손'의 '맨-', '들볶다'의 '들-', '시퍼렇다'의 '시-'
└ 접미사: 어근이나 단어의 뒤에 붙어 새로운 단어가 되게 하는 접사
    예 '선생님'의 '-님', '먹보'의 '-보', '먹히다'의 '-히-'

(3) 단어의 종류

```
┌ 단일어
└ 복합어 ┬ 합성어 ┬ 대등 합성어
        │       ├ 종속 합성어
        │       └ 융합 합성어
        └ 파생어 ┬ 접두사에 의한 파생어
                └ 접미사에 의한 파생어
```

개념 쏙쏙

5 다음 문장에 나타난 단어는 모두 몇 개인가?

> 철수가 밥을 먹지 않는다.

① 4개   ② 5개   ③ 6개
④ 7개   ⑤ 8개

6 다음 문장의 형태소를 분석하여 개수를 쓰시오.

> 동생은 물을 마신다.

7 다음 문장을 보고 물음에 답하시오.

> 우리 강아지는 밥을 잘 먹는다.

(1) 이 문장을 형태소로 분석하시오.

(2) 자립 형태소를 모두 찾아 쓰시오.

(3) 실질 형태소를 모두 찾아 쓰시오.

 **04** 단어 형성법

핵심 쏙

2. 단어의 짜임

1) 단어의 구성 요소

(1) 형태소와 어근, 접사

① 어근과 접사는 단어의 짜임에서만 사용하는 용어이다.

② 어근은 실질 형태소에 해당하고, 접사는 형식 형태소에 해당한다.

③ 단일어는 어근 하나로 이루어지며, 하나의 실질 형태소이다. 또한 하나의 자립 형태소로 이루어졌다고 할 수 있다.

④ 복합어는 어근 하나에 접사가 붙거나 두 개 이상의 어근이 결합하므로, 실질 형태소와 형식 형태소의 결합 혹은 두 개 이상의 실질 형태소로 이루어진다.

⑤ 어근은 실질 형태소지만, 자립 형태소일 수도 있고 의존 형태소일 수도 있다. 반면 접사는 형식 형태소이자 의존 형태소이다.

(2) 어간과 어근의 구별

① 어간: 용언이 활용할 때 변하지 않는 부분 **예** '먹었다'에서 어간은 '먹-'이다.

② 어근: 단어에서 실질적인 의미를 가진 부분 **예** '먹었다'에서 어근은 '먹-'이다.

③ 단일어의 용언일 경우 어간과 어근은 일치한다. **예** '날다'에서 어간과 어근 모두 '날-'이다.

④ 복합어의 용언일 경우 두 개 이상의 어근이 어간을 형성한다. **예** '검붉다'에서 어간은 '검붉-', 어근은 '검-', '붉-'의 두 개이다.

⑤ 어간과 어미는 용언(동사, 형용사)에만 있으므로, 그 외의 단어에서는 이들을 구별할 필요가 없다.

✿ 용언의 단어 형성법 구분

용언은 어간 부분만을 분석하여 단일어인지 복합어인지 구분한다.

예 • **먹다**: 어간 '먹-'(어근) → 단일어

• **오가다**: 어간 '오-+가-'(어근+어근) → 복합어(합성어)

• **짓누르다**: 어간 '짓-+누르-'(접사+어근) → 복합어(파생어)

✿ 복합어의 구분

① 합성어: 앞뒤, 밤나무, 오가다, 춤추다

② 파생어: 군살, 풋사랑, 날개, 멋쟁이

2) 단일어와 복합어

단일어	하나의 어근으로 이루어진 단어 **예** 아버지, 딸, 하늘, 마음, 학교, 새, 헌, 아주 등
복합어	하나의 어근에 접사가 붙거나 두 개 이상의 어근이 결합한 단어 **예** 앞뒤, 밤나무, 오가다, 춤추다, 군살, 풋사랑, 날개, 멋쟁이 등

3) 합성어

(1) 뜻: 복합어 중에서 두 개 이상의 어근이 결합하여 이루어진 단어이다.

개념 쏙쏙

8 다음 중 단일어인 것은?

① 이슬비　　② 덧버선　　③ 국그릇
④ 나무꾼　　⑤ 어머니

9 다음 중 복합어인 것은?

① 바다　　② 구름　　③ 강물
④ 하늘　　⑤ 나무

[10~12] 다음 문장을 보고 물음에 답하시오.

> 미래를 보다.

10 이 문장의 형태소를 모두 쓰시오.

11 '보다'를 어간과 어미로 구분하시오.

12 '보다'의 어근은 무엇인지 쓰시오.

(2) 종류

① 대등 합성어: 어근과 어근이 본래의 의미를 유지하면서 대등하게 결합한다.

예
- 날씨가 추워 <u>손발</u>이 시리다.
  손＝발
- 철수가 하는 말은 <u>앞뒤</u>가 맞지 않는다.
  앞＝뒤
- 거리에 수많은 사람이 <u>오가고</u> 있다.
  오다＝가다 (기본형 '오가다')
- 밤바다가 <u>검붉게</u> 물들고 있었다.
  검다＝붉다 (기본형 '검붉다')

② 종속 합성어: 한쪽의 어근이 다른 한쪽의 어근을 꾸며 주는 구조이다.

예
- <u>돌다리</u>도 두들겨 보고 건너야 한다.
  돌＋다리: 돌로 만든 다리
- 그는 과거의 잘못을 뉘우치고 <u>새사람</u>이 되었다.
  새＋사람: 새로운 삶을 시작한 사람
- <u>사과나무</u>에 사과가 탐스럽게 열렸다.
  사과＋나무: 사과가 열리는 나무

③ 융합 합성어: 어근과 어근이 결합하여 형성된 합성어가 어근의 본래 의미와 다른 새로운 의미를 지니게 된다.

예
- 그는 <u>밤낮</u> 집에서 놀기만 했다.
  늘, 항상
- 그분은 평생 <u>피땀</u>을 흘려 모은 재산을 장학금으로 내놓았다.
  노력과 정성
- 할아버지의 <u>춘추(春秋)</u>가 어떻게 되십니까?
  나이

개념 쏙쏙

13 다음 단어 가운데 합성어인 것은?
① 맨손　　　　② 날개　　　　③ 군소리
④ 마음씨　　　⑤ 사과나무

14 다음 단어 가운데 어근이 대등하게 결합한 것은?
① 검붉다　　　② 부슬비　　　③ 돌다리
④ 감나무　　　⑤ 새사람

[15~19] 다음 밑줄 친 단어가 대등 합성어이면 '대', 종속 합성어이면 '종', 융합 합성어이면 '융'이라고 쓰시오.

15 나는 <u>손발</u>을 가지런히 모으고 앉아 있었다.　　（　　　　）

16 그는 <u>피땀</u>으로 일궈 놓은 땅을 빼앗겼다.　　（　　　　）

17 동생이 <u>군밤</u> 한 봉지를 사 왔다.　　（　　　　）

18 이 버스는 하루에 열 번씩 <u>오간다</u>.　　（　　　　）

19 그녀의 고향에는 <u>밤나무</u>가 많다.　　（　　　　）

04 단어 형성법

핵심 (국)

접사의 기능에 따른 분류

① 한정적 접사: 어근의 품사는 바꾸지 않고 뜻만 제한하는 접사

예) 군소리, 덧신, 맨손, 돌배, 드높다, 새까맣다, 나무꾼, 마음씨, 멋쟁이, 높다랗다

② 지배적 접사: 어근의 품사를 바꾸는 접사

예) 묻다 → 물음(동사 → 명사), 높다 → 높이(형용사 → 명사), 좁다 → 좁히다(형용사 → 동사), 공부 → 공부하다 (명사 → 동사)

4) 파생어

(1) 뜻: 복합어 중에서 하나의 어근에 접사가 붙어 이루어진 단어이다. 접사가 붙는 위치에 따라서 접두사로 이루어진 파생어, 접미사로 이루어진 파생어가 있다.

(2) 종류

① 접두사로 이루어진 파생어

접두사	의미	예
풋-	처음 나온, 덜 익은	풋감, 풋고추, 풋과일, 풋김치, 풋나물, 풋콩 등
	미숙한, 깊지 않은	풋사랑, 풋잠 등
군-	쓸데없는	군것, 군글자, 군기침, 군말, 군살, 군침, 군불 등
	가외로 더한, 덧붙은	군사람, 군식구 등
선-	서툰, 충분치 않은	선무당, 선웃음, 선잠 등
	이미 죽은	선대왕, 선대인 등

② 접미사로 이루어진 파생어

접미사	의미	예
-장이	그것과 관련된 기술을 가진 사람	간판장이, 땜장이, 양복장이, 옹기장이, 칠장이 등
-쟁이	그것이 나타내는 속성을 많이 가진 사람	겁쟁이, 고집쟁이, 떼쟁이, 멋쟁이, 무식쟁이 등
-내기	그 지역에서 태어나고 자라서 그 지역 특성을 지니고 있는 사람	서울내기, 시골내기 등
	그런 특성을 지닌 사람	신출내기, 여간내기 등

(3) 접사의 특징: 접사는 의존 형태소이자 형식 형태소로 보통 어근 본래의 품사를 유지하지만, 때로는 접미사가 품사를 바꾸기도 한다.

단어	단어의 짜임	품사의 변화
지우다 → 지우개	지우-(어근)+-개(접사)	동사 → 명사
넓다 → 넓이	넓-(어근)+-이(접사)	형용사 → 명사
촐랑촐랑 → 촐랑대다	촐랑-(어근)+-대다(접사)	부사 → 동사

개념 쏙쏙

[20~23] 다음 설명이 맞으면 ○표, 틀리면 ×표를 하시오.

20 파생어는 복합어의 하나이다. ( )

21 접사에는 접두사와 접미사가 있다. ( )

22 접사는 의존 형태소이자 실질 형태소이다. ( )

23 접사는 품사를 바꾸지 못한다. ( )

24 다음 단어의 형성 방식이 <u>다른</u> 하나는?

① 풋감   ② 군살   ③ 홀아비
④ 떼쟁이   ⑤ 선대인

25 다음 밑줄 친 것 중 접사인 것은?

① 풋콩   ② 군침   ③ 선잠
④ 겁쟁이   ⑤ 지우개

26 다음 중 접사로 인해 품사가 바뀐 단어는?

① 풋잠   ② 군식구   ③ 가리개
④ 멋쟁이   ⑤ 시골내기

3. 새말

1) 뜻: 사회의 변화와 발달로 인해 새로 만든 말, 혹은 원래부터 가지고 있는 사물이나 개념에 대해 새로운 표현이나 의미를 부여한 말이다.

2) 새말이 생기는 이유
  ① 새로 생긴 사물이나 개념을 표현하기 위해서
    예 컴퓨터, 인터넷, 마우스, 에어컨, 피자, 펜션 등
  ② 이미 있던 말에 새로운 뜻을 더하여 표현하기 위해서
    예 • 문어발: 문어의 발(본래 의미) → 여러 갈래로 나눔.(새로운 의미 추가)
      • 창: 창문(본래 의미) → 모니터 화면에 별도로 나타나는 사각형 모양의 영역(새로운 의미 추가)
  ③ 국어를 순화하기 위해서
    예 • 오뎅 → 어묵: 일본어를 국어로 순화함.
      • 노견(路肩) → 갓길: 일본식 한자어를 우리말로 다듬음.

3) 새말을 만드는 방법
  ① 외래어, 고유어, 한자어를 결합시키는 방법
    예 디지털화(digital化), 반짝세일(--sale), 컴맹(computer盲) 등
  ② 줄임말을 사용하는 방법
    예 • 열공: 열심히 공부하다.
      • 아점: 아침 겸 점심으로 먹는 밥
  ③ 이미 있는 말을 합성하거나 파생하는 방법
    예 • -광: 축구광, 독서광, 연극광 등
      • 방: 게임방, 찜질방, 피시방, 노래방 등
      • 네티즌＋에티켓 → 네티켓
      • 먹자＋골목 → 먹자골목
  ④ 국어 순화를 위해 의도적으로 새말을 만들어 내는 방법
    예 • 홈페이지 → 누리집
      • 내비게이션 → 길도우미

개념 쏙쏙

27 다음 중 새로 생긴 사물이나 개념을 표현하기 위해 생긴 새말은?
  ① 갓길   ② 열공   ③ 어묵
  ④ 문어발   ⑤ 컴퓨터

28 다음 중 새말을 만드는 방법이 다른 하나는?
  ① 아점   ② 게임방   ③ 독서광
  ④ 네티켓   ⑤ 먹자골목

[29~32] 다음 단어를 보고 이를 순화한 새말을 쓰시오.

29 오뎅 (　　　　)   **30** 홈페이지 (　　　　)

31 노견 (　　　　)   **32** 내비게이션 (　　　　)

[33~34] 다음을 줄여서 만든 새말을 쓰시오.

33 짬뽕과 짜장면을 반반씩 먹는 메뉴 (　　　　)

34 눈물이 날만큼 슬프다. 안구에 습기가 차다. (　　　　)

01 다음 중 문법 단위를 작은 것부터 순서대로 나열한 것은?

① 단어−형태소−어절−문장
② 형태소−단어−어절−문장
③ 단어−문장−형태소−어절
④ 형태소−어절−단어−문장
⑤ 어절−형태소−문장−단어

내신 필수

02 다음 중 형태소에 대한 설명으로 알맞지 <u>않은</u> 것은?

① 띄어쓰기의 단위가 된다.
② '바다'는 형태소 한 개로 이루어져 있다.
③ 문법적 의미를 가진 말의 최소 단위이다.
④ 자립성이 있고 없음에 따라 자립 형태소와 의존 형태소로 나눌 수 있다.
⑤ 실질적 의미의 있고 없음에 따라 실질 형태소와 형식 형태소로 나눌 수 있다.

03 다음 문장을 형태소로 바르게 나눈 것은?

> 봄에는 꽃이 활짝 핀다.

① 봄에는 / 꽃이 / 활 / 짝 / 핀다
② 봄 / 에는 / 꽃이 / 활 / 짝 / 핀다
③ 봄에 / 는 / 꽃 / 이 / 활짝 / 핀다
④ 봄 / 에 / 는 / 꽃 / 이 / 활짝 / 피− / −ㄴ다
⑤ 봄 / 에 / 는 / 꽃 / 이 / 활짝 / 피− / −ㄴ− / −다

04 다음 중 형태소 분석이 알맞지 <u>않은</u> 것은?

① 솜사탕: 솜+사탕
② 날짐승: 날−+짐+승
③ 여닫다: 열−+닫−+−다
④ 검푸르다: 검−+푸르−+−다
⑤ 새빨갛다: 새−+빨갛−+−다

05 다음 문장을 형태소의 종류에 따라 바르게 나눈 것은?

> 산과 들에 꽃이 피었다.

① 자립 형태소: 산, 들, 꽃, 피−
② 실질 형태소: 산, 들, 꽃, −었−
③ 의존 형태소: 과, 들, 에, 이, −었−
④ 형식 형태소: 과, 에, 이, −었−, −다
⑤ 형태소: 산, 과, 들, 에, 꽃, 이, 피었다

내신 필수

06 다음 단어 중 한 개의 형태소로 이루어진 것은?

① 덧버선　　　　② 물안개
③ 저고리　　　　④ 햇곡식
⑤ 미닫이문

주관식

07 다음 합성어를 어근과 어근으로 나누어 쓰시오.

(1) 책가방:
(2) 꽃나무:
(3) 높푸르다:

08 다음 단어 중 두 개의 형태소로 이루어진 것은?
① 가을　　　　② 김치
③ 나무　　　　④ 들쥐
⑤ 아주

09 다음 단어 중 세 개의 형태소로 이루어진 것은?
① 먹다　　　　② 늦가을
③ 밤나무　　　④ 노랗다
⑤ 치솟다

내신 필수

10 밑줄 친 단어 중 실질 형태소 하나로만 이루어진 것은?
① 이 땅의 <u>넓이</u>는 알 수 없다.
② 가게에서 파는 물건마다 <u>군침</u>이 돈다.
③ 얼굴을 자주 씻었더니 <u>매우</u> 깨끗하다.
④ 그동안 멧돼지를 잡는 <u>사냥꾼</u>이 늘었다.
⑤ 저녁 무렵이 되자 <u>길거리</u>에 사람들이 몰려나왔다.

11 형태소의 개수가 같은 것끼리 짝지어진 것은?
① 밤낮–헝겊
② 고양이–밤나무
③ 뛰놀다–검붉다
④ 소나기–유리창
⑤ 그리고–햇병아리

12 다음 중 형태소 분석이 알맞지 <u>않은</u> 것은?
① 치닫다: 치–＋닫다
② 햇곡식: 햇–＋곡식
③ 맨주먹: 맨–＋주먹
④ 사과나무: 사과＋나무
⑤ 욕심쟁이: 욕심＋–쟁이

중요 13 다음 문장에서 의존 형태소만으로 이루어진 부분은?

나는 어제 동생과 밥을 먹었다.

① 나는　　　　② 어제
③ 동생과　　　④ 밥을
⑤ 먹었다

14 다음 문장을 이루고 있는 형태소의 개수는?

산에는 별이 참 많다.

① 5개　　② 6개　　③ 7개
④ 8개　　⑤ 9개

주관식

15 다음 단어를 | 보기 |와 같이 형태소로 분석하시오.
┌ 보기 ┐
눈송이: (눈)＋(송이) → (어근)＋(어근)
└─────┘
(1) 개살구: (　　)＋(　　) → (　　)＋(　　)
(2) 돌다리: (　　)＋(　　) → (　　)＋(　　)

16 다음 설명 중 알맞지 않은 것은?

① 단어는 한 개 이상의 형태소 결합으로 이루어진다.
② 어근에 붙어 그 뜻을 제한하는 것을 접사라고 한다.
③ 어근과 어근의 결합으로 이루어진 단어는 합성어이다.
④ 접사와 접사의 결합으로 이루어진 단어는 파생어이다.
⑤ 우리말은 단어 형성법이 발달하여 새말을 쉽게 만들 수 있다.

17 ▌보기▌에 대한 설명 중 알맞은 것은?

▐보기▌
㉠ 가는 말에 채찍질.
㉡ 군말이 많으면 쓸 말이 적다.
㉢ 돌다리도 두드려 보고 건너라.

① ㉠에는 단일어가 세 개이다.
② ㉡에는 단일어가 세 개이다.
③ ㉢에는 단일어가 네 개이다.
④ ▌보기▌ 전체에서 합성어는 한 개이다.
⑤ ▌보기▌ 전체에서 파생어는 모두 네 개이다.

중요
18 다음 중 단어의 형성에 대한 설명으로 알맞은 것은?

① 모든 단어는 하나의 어근을 가지고 있다.
② 뜻을 가진 가장 작은 말의 단위를 '단어'라고 한다.
③ 어근과 어근이 결합하여 이루어진 단어를 '단일어'라 한다.
④ 어근에 접사가 결합하여 이루어진 단어를 '파생어'라 한다.
⑤ 접사와 접사가 결합하여 이루어진 단어를 '합성어'라 한다.

19 밑줄 친 것 중 단어가 아닌 것은?

내 색연필은 연한 빨간색이었다.
①　②　　③　④　　⑤

① 내　　　② 색연필　　③ 연한
④ 빨간색　　⑤ −었−

내신 필수
20 다음 문장에 대한 설명으로 알맞은 것은?

드디어 물이 땅 위로 솟았다.

① 5개의 단어로 이루어졌다.
② 7개의 형태소로 이루어졌다.
③ 홀로 설 수 없는 형태소는 5개이다.
④ 실질적 의미를 지닌 형태소는 4개이다.
⑤ 홀로 설 수 있으면서 단어인 형태소는 3개이다.

21 다음 중 분석한 내용이 알맞지 않은 것은?

① 단어: 하늘 / 이 / 참 / 파랗다
② 형태소: 산 / 에 / 피− / −는 / 민들레 / 꽃
③ 단어: 아버지 / 께서 / 눈 / 을 / 쓸고 / 계신다
④ 단어: 비 / 가 / 아침 / 부터 / 세차− / −게 / 내린다
⑤ 형태소: 형 / 은 / 즐겁− / −게 / 일 / 을 / 하− / −고 / 있− / −다

주관식
22 다음 문장에서 합성어와 파생어를 찾아 쓰시오.

오늘 아침에 선생님이 두꺼운 털옷을 입고 오셨다.

(1) 합성어:
(2) 파생어:

23 다음 문장을 통해 알 수 있는 단어와 형태소에 대한 설명으로 알맞지 <u>않은</u> 것은?

문장	철수는 어제 밥을 정말 많이 먹었다.
단어	철수, 는, 어제, 밥, 을, 정말, 많이, 먹었다
형태소	철수, 는, 어제, 밥, 을, 정말, 많-, -이, 먹-, -었-, -다

① 나래: 형태소가 결합하여 단어가 되는구나.
② 소연: 하나의 형태소가 하나의 단어가 되는 경우도 있어.
③ 진희: 형태소는 홀로 설 수 있는 가장 작은 말의 단위구나.
④ 명수: 형태소는 더 이상 쪼개면 본래의 의미를 잃어버리는 듯해.
⑤ 영호: 단어에는 홀로 설 수 있는 말과 그 옆에 붙어 문법적 기능을 하는 말이 있구나.

24 다음 문장 중 단어의 개수가 <u>다른</u> 것은?

① 영희는 어제 공부를 했다.
② 겨울이 되니 손이 시리다.
③ 철수의 집으로 놀러 오너라.
④ 윤호는 그림을 참 잘 그린다.
⑤ 컴퓨터를 익히는 훈련이 필요하다.

내신 필수

25 다음 문장의 형태소와 단어의 개수로 알맞은 것은?

> 철수는 영희에게 책을 받았다.

	형태소	단어
①	6개	4개
②	7개	5개
③	8개	6개
④	9개	7개
⑤	9개	8개

26 다음 문장에 나타난 단어의 개수가 <u>다른</u> 하나는?

① 오늘도 가게를 열었다.
② 나는 이제 집으로 갈래.
③ 경찰에서 범인을 잡았다.
④ 봄날 새싹이 돋아나고 있다.
⑤ 어머니가 학교로 찾아오셨다.

27 다음 중 접사와 어근으로 결합된 단어는?

① 물병　　　　　② 들깨
③ 돌담　　　　　④ 고무신
⑤ 손수건

28 다음 중 단어를 분석한 것으로 알맞은 것은?

① 산에 / 진눈깨비가 / 내린다.
② 아침 / 부터 / 까치가 / 우는구나.
③ 발 / 이 / 아프 / 니 / 억지 / 로 / 걷지 / 마라.
④ 아직 / 해 / 가 / 떠오르려면 / 시간 / 이 / 필요해.
⑤ 날이 / 추우니 / 옷을 / 따뜻하 / 게 / 입도록 / 해라.

29 다음 설명에 해당하는 예로 알맞지 <u>않은</u> 것은?

	설명	예
①	어근과 접사로 이루어진 단어	물병
②	혼자 자립해서 쓰일 수 있는 말	다리
③	하나의 어근으로 이루어진 단어	하늘
④	어근과 어근이 대등하게 결합한 단어	앞뒤
⑤	한 어근이 다른 어근을 꾸며 주는 단어	돌다리

30 다음 중 단어의 형성 방법을 잘못 설명한 것은?

① 파도: 어근
② 덮개: 어근+접사
③ 달나라: 어근+어근
④ 토끼털: 어근+어근
⑤ 밤송이: 어근+접사

31 중요 다음 중 파생어가 <u>아닌</u> 것은?

① 먹이　　　　　② 비옷
③ 덧버선　　　　④ 군소리
⑤ 새롭다

32 다음 중 밑줄 친 접사의 의미가 알맞지 <u>않은</u> 것은?

① 선무당: '앞선'의 뜻을 더하는 접사
② 풋사랑: '미숙한'의 뜻을 더하는 접사
③ 햇과일: '그해에 난'의 뜻을 더하는 접사
④ 지우개: '간단한 도구'의 뜻을 더하는 접사
⑤ 날고기: '말리거나 익히거나 가공하지 않은'의 뜻을 더하는 접사

33 주관식 다음 단어들을 합성어와 파생어로 분류하시오.

풋과일　　종소리　　강물　　날개　　울보

(1) 합성어:
(2) 파생어:

34 다음 중 단어 형성법이 같은 것끼리 짝지어진 것은?

① 비구름, 값싸다, 눈사람
② 밤나무, 손발, 먹다, 바람
③ 안개꽃, 고기, 사랑, 덮개
④ 작은아버지, 오가다, 엿보다
⑤ 소리, 날고기, 누리꾼, 가까이

35 다음 중 '사과나무'와 같은 방법으로 형성된 단어는?

① 덮개　　　　　② 나무꾼
③ 아드님　　　　④ 배추밭
⑤ 장난꾸러기

36  내신 필수 다음 단어의 형성 방법을 알맞게 나타낸 것은?

① 손수레: 어근+접사
② 바느질: 어근+어근
③ 눈사람: 접사+어근
④ 풋고추: 접사+어근
⑤ 감나무: 접사+어근

37 중요 다음 중 단어 형성법이 같은 것끼리 묶인 것은?

소나무	마소	비바람	먼지
선무당	군소리	아버지	먹보

① 소나무, 먹보　　　② 먼지, 군소리
③ 마소, 아버지　　　④ 선무당, 먹보
⑤ 비바람, 군소리

38 다음 단어에 대한 설명으로 알맞지 <u>않은</u> 것은?

① 먹다: 접사와 어근으로 이루어진 파생어
② 사랑: 하나의 어근으로 이루어진 단일어
③ 밥상: 두 개의 어근으로 이루어진 합성어
④ 짓밟다: 접사와 어근으로 이루어진 파생어
⑤ 오가다: 두 개의 어근으로 이루어진 합성어

39 다음 단어들의 공통점으로 알맞은 것은?

화살	부삽	소나무

① 공통된 접사가 결합한 파생어이다.
② 하나의 어근으로 이루어진 단어이다.
③ 단어를 형성할 때 형태의 변화가 없었다.
④ 어근과 접사의 결합으로 이루어진 단어이다.
⑤ 어근이 결합할 때 특정한 음운이 생략되었다.

40 다음 중 단어의 분석이 알맞지 <u>않은</u> 것은?

① 들끓다: 들-(접사)+끓-(어근)
② 밥그릇: 밥(어근)+그릇(어근)
③ 치뜨다: 치-(접사)+뜨-(어근)
④ 바늘방석: 바늘(접사)+방석(접사)
⑤ 검푸르다: 검-(어근)+푸르-(어근)

👍 내신 필수

41 다음 단어 형성에 결합된 접사에 대한 설명으로 알맞지 <u>않은</u> 것은?

맨손	시골내기	넓이	치솟다

① 어근의 앞이나 뒤에 결합할 수 있다.
② 어근에 결합하여 그 의미를 제한한다.
③ '넓이'와 같이 단어의 품사를 바꿀 수도 있다.
④ '시골내기'는 부사에서 명사로 바뀐 경우이다.
⑤ '치솟다'의 '치-'는 '위로 향하게'의 의미이다.

42 단어 형성법을 창조적으로 활용하는 방법으로 알맞지 <u>않</u>은 것은?

① 많은 사람들이 이해하고 공감하도록 만든다.
② 흥미 위주로 재미있게 만드는 것에 중점을 둔다.
③ 단어 형성법에 맞게 가급적 우리말로 순화하여 쓴다.
④ 고유어, 외래어, 한자어를 무분별하게 섞어 쓰지 않는다.
⑤ 단어의 뜻을 쉽게 알 수 있도록 기존에 있는 단어를 활용한다.

 43 단어 형성법을 활용하여 새말을 만들 때의 효과로 알맞지 <u>않은</u> 것은?

① 이미 쓰고 있는 말을 적극적으로 활용하면 이해하기 쉽다.
② 빠르게 변하는 사회와 문화를 반영한 말을 손쉽게 만들 수 있다.
③ 익숙한 말을 활용한 새말은 새로운 문화를 받아들이는 데 도움을 준다.
④ 이해하기 쉬운 새말은 대중들의 지지를 얻어 널리 쓰일 가능성이 높다.
⑤ 외래어를 사용한 새말은 세계 문화를 이해하는 데 여러 가지 도움을 준다.

44 다음 단어들에 대한 설명으로 알맞지 <u>않은</u> 것은?

대리운전	컴맹	팝업창	피시방

① 모두 파생법으로 만들어진 새말이다.
② 단어 형성법이 발달한 우리말의 특질이 드러난다.
③ 문화의 변화에 따라 새로운 대상을 나타내는 새말이 생겼다.
④ 새말 형성에 고유어와 외국어, 한자어가 섞여 쓰이기도 한다.
⑤ '컴맹', '넷맹' 등과 같이 하나의 말에 여러 가지 말을 덧붙여 쓸 수 있다.

01 다음 밑줄 친 단어와 형성법이 같은 합성어가 들어 있는 문장이 **아닌** 것은?

> '그는 <u>밤낮</u> 일만 해도 먹고살기가 힘들었다.'에서 '밤낮'은 어근 두 개로 이루어진 합성어이다. 그런데 합성하고 나서 단순히 밤과 낮이 결합한 의미가 아니라, '늘, 항상'이란 뜻으로 그 의미는 아주 새롭게 바뀌었다.

① 그 자리는 <u>바늘방석</u>이야.
② 할아버지께서 <u>돌아가셨다</u>.
③ 그분은 경제계의 <u>큰손</u>이다.
④ <u>비빔밥</u>은 세계적인 우리 대표 음식이다.
⑤ 부모님의 <u>피땀</u>으로 학교에 다니고 있다.

02 다음 중 형태소 하나로 이루어진 단어가 **아닌** 것은?

① 무　　　　② 가을　　　　③ 고기
④ 국물　　　　⑤ 김치

고난도

03 다음 문장을 이루는 형태소의 분류가 알맞지 **않은** 것은?

> 감나무가 가을 하늘을 보고 있었다.

① 단어로 분류하는 말: 감나무, 가을, 하늘
② 문법적인 뜻을 가진 말: 가, 을, -고, -었-, -다
③ 홀로 쓰일 수 없고 실질적인 뜻을 지닌 말: 보-, 있-
④ 실질적인 뜻을 가진 말: 감, 나무, 가을, 하늘, 보-, 있-
⑤ 홀로 쓰일 수 있고 실질적인 뜻을 지닌 말: 감, 나무, 가을, 하늘

04 다음 문장에서 홀로 쓰일 수 없는 형태소이지만 단어로 인정하는 형태소를 **두 가지** 고르면?

> 아침에 빵을 먹었다.

① 에　　　　② 빵　　　　③ 을
④ 먹-　　　　⑤ -었-

05 다음 중 단일어만으로 짝지어진 것은?

① 아버지, 바지, 봄비, 나무
② 가방, 벗다, 병아리, 베개
③ 하늘, 옷자락, 가위, 생고기
④ 강아지, 샛노랗다, 봄나물, 가방
⑤ 메뚜기, 어머니, 그러므로, 하얗다

👍 내신 필수

06 다음 단어의 형태소 분석으로 알맞지 **않은** 것은?

① 예쁘다: 예쁘-+-다
② 오가다: 오가-+-다
③ 높았다: 높-+-았-+-다
④ 주시다: 주-+-시-+-다
⑤ 사랑하다: 사랑+-하-+-다

주관식

07 다음 문장을 형태소로 분석하시오.

> 사람은 먼 미래를 볼 줄 알아야 한다.

08 다음 설명에 해당하는 단어끼리 묶인 것은?

> 어근과 어근이 결합하여 합성어가 만들어지는 과정에서 어근의 형태가 변하는 경우가 있다. 즉, 어근의 특정한 음운이 탈락되거나 어근과 어근 사이에 특정한 음운이 생길 수 있다.

① 밤낮, 손발, 돌다리
② 앞뒤, 촛불, 검붉다
③ 화살, 좁쌀, 우짖다
④ 마소, 새사람, 여닫다
⑤ 밤나무, 소나무, 오가다

내신 필수

09 다음 단어에서 실질적인 의미를 지닌 형태소끼리 묶은 것은?

> 가리개   노랗다   밤하늘   헛수고

① 밤하늘, 수고
② 밤, 하늘, 수고
③ −개, −다, 헛−
④ 가리개, 밤하늘, 헛수고
⑤ 가리−, 노랗−, 밤, 하늘, 수고

주관식

10 다음 문장을 아래 기준에 맞게 나누어 쓰시오.

> 철수는 헌 책을 가지고 학교에 갔다.

(1) 홀로 쓰일 수 있는 형태소:
(2) 홀로 쓰일 수 없는 형태소:
(3) 실질적인 뜻을 지닌 형태소:
(4) 형식적인 뜻을 지닌 형태소:

11 다음 중 형태소 분석이 바르게 된 것은?

① 산이 / 매우 / 푸르다.
② 어제 / 는 / 친구 / 와 / 학교 / 에 / 갔다.
③ 소년 / 은 / 소녀 / 에게 / 호두 / 를 / 주었− / −다.
④ 아기 / 가 / 엄마 / 를 / 닮− / −아서 / 예− / −쁘− / −다.
⑤ 나무 / 위 / 에 / 새 / 들 / 이 / 앉− / −아 / 있− / −었− / −다.

12 ▍보기▍의 설명을 바탕으로 할 때, ㉠을 형태소로 바르게 나눈 것은?

> ▍보기▍
>
> 형태소란 의미를 지닌 가장 작은 말의 단위로, 더 쪼개면 전혀 의미가 없어지는 문법 단위라 할 수 있다. 가령, '나는'에서 '나'는 실질적인 의미를 지니므로 하나의 형태소가 되고, '는'은 실질적인 의미를 지니지는 않지만 문법적인 의미를 지니기 때문에 또 하나의 형태소가 된다.
> 다음 예문을 형태소로 나누어 보자.
> ㉠나는책과종이를들고왔다.

① 나는 / 책과 / 종이를 / 들고 / 왔다
② 나 / 는 / 책과 / 종이를 / 들고 / 왔다
③ 나 / 는 / 책 / 과 / 종이 / 를 / 들고 / 왔− / −다
④ 나 / 는 / 책 / 과 / 종이 / 를 / 들− / −고 / 오− / −았− / −다
⑤ 나 / 는 / 책 / 과 / 종 / 이 / 를 / 들− / −고 / 오− / −았− / −다

서술형

13 단어와 형태소에 대해 다음 ▍조건▍에 맞게 서술하시오.

> ▍조건▍
>
> (1) 형태소와 단어의 개념을 설명하시오.
> (2) 형태소와 단어의 관계에 대해 설명하시오.

14 ▎보기▎의 합성어 중 두 어근이 결합하여 새로운 의미를 만들어 내는 것끼리 묶인 것은?

▎보기▎

| 피땀 | 비옷 | 강산 | 마소 |
| 밤나무 | 오가다 | 바늘방석 | |

① 피땀, 강산, 마소
② 피땀, 비옷, 밤나무
③ 마소, 밥그릇, 오가다
④ 피땀, 강산, 바늘방석
⑤ 비옷, 오가다, 바늘방석

15 다음 설명에 해당하는 단어가 사용된 문장은?

• 어근과 접사가 결합한 단어
• 결합하여 품사가 바뀌는 단어

① 동생이 <u>촐랑대고</u> 있다.
② 온통 주변이 <u>새까맣다</u>.
③ 처음부터 끝까지 <u>찾아보았다</u>.
④ 우리 함께 <u>굳센</u> 의지로 나아가자.
⑤ 하늘이 <u>드높아서</u> 사진을 찍고 싶다.

고난도 ◢

16 ▎보기▎에서 설명하는 단어로 알맞지 <u>않은</u> 것은?

▎보기▎

　'개–'는 '야생 상태의, 질이 떨어지는, 흡사하지만 다른'의 뜻을 더하는 접두사이다. 혼자서는 아무 뜻도 나타낼 수 없지만, 어울리는 어근과 결합하면 어근에 의미를 더해 새말을 만든다.

① 개떡　　　　　② 개꿈
③ 개꿀　　　　　④ 개두릅
⑤ 개살구

17 다음 중 단어 형성법이 같은 것끼리 짝지어진 것은?

① 논밭–앞뒤　　　② 배꽃–덮개
③ 맨발–물고기　　④ 지우개–소나무
⑤ 치솟다–눈사람

고난도 ◢

18 ▎보기▎를 바탕으로 할 때 단어 결합 방식이 <u>다른</u> 하나는?

▎보기▎

　둘 이상의 단어가 결합하여 하나의 단어를 형성할 때 단어 결합 방식에 따라 '어근+어근'의 경우 합성어, '접사+어근'의 경우 파생어가 된다. '엎누르다'는 '엎다'와 '누르다'의 두 어근이 결합한 합성어이며 '새까맣다'는 '새–'라는 접두사에 '까맣다'의 어근이 결합한 파생어이다.

① 낮잡다　　　　② 엿듣다
③ 헛되다　　　　④ 짓이기다
⑤ 빗나가다

중요
19 밑줄 친 부분에 대한 설명으로 알맞은 것은?

| 베<u>개</u> | 지우<u>개</u> | 덮<u>개</u> |

① '야생 상태의'의 의미를 지닌다.
② 단어에서 중심적인 의미를 지닌다.
③ 어근에 결합하여 합성어를 만든다.
④ 어근에 결합하여 그 뜻을 제한한다.
⑤ 어근이라 불리며 다른 말에 쉽게 결합한다.

20 다음 중 ㉠~㉧에 들어갈 적절한 말끼리 바르게 짝지어진 것은?

단어	분석	형성법
눈물	'눈(어근)+물(㉠)	㉡
풋고추	풋(㉢)+고추(어근)	㉣
겁쟁이	'겁(㉤)+쟁이(㉥)	파생어

① ㉠: 어근 　 ㉡: 파생어

② ㉡: 파생어 　 ㉢: 접사

③ ㉢: 접사 　 ㉣: 파생어

④ ㉣: 파생어 　 ㉤: 접사

⑤ ㉤: 어근 　 ㉥: 합성어

내신 필수

21 다음 중 단어 형성법이 같은 것끼리 묶인 것은?

눈꽃	들깨	마소	오리
울보	군소리	바구니	엄지족

① 들깨, 울보 　 ② 눈꽃, 바구니

③ 마소, 엄지족 　 ④ 오리, 군소리

⑤ 마소, 바구니

중요
22 **보기**의 내용에서 옳은 것끼리 알맞게 묶인 것은?

보기
㉠ '꽃잎'은 단일어이다.
㉡ 어근 하나로도 단어가 될 수 있다.
㉢ 단어의 개수는 품사의 개수와 일치하지 않는다.
㉣ 어근끼리의 결합으로 이루어진 단어는 파생어이다.
㉤ 접사는 어근에 붙어 단어의 의미를 제한하거나, 품사를 바꾸기도 한다.

① ㉠, ㉡ 　 ② ㉠, ㉣

③ ㉡, ㉢ 　 ④ ㉡, ㉤

⑤ ㉢, ㉣

23 다음은 띄어쓰기를 무시한 문장이다. 이 문장을 단어로 바르게 나눈 것은?

철수는밥을먹으면서전화를받았다.

① 철수는 / 밥을 / 먹으면서 / 전화를 / 받았다

② 철수 / 는 / 밥 / 을 / 먹으면서 / 전화 / 를 / 받았다

③ 철수 / 는 / 밥 / 을 / 먹 / 으면서 / 전화 / 를 / 받았다

④ 철수 / 는 / 밥 / 을 / 먹 / 으면서 / 전화 / 를 / 받 / 았다

⑤ 철수 / 는 / 밥 / 을 / 먹 / 으면서 / 전화 / 를 / 받 / 았 / 다

24 다음 단어들을 단어 형성 방법이 같은 것끼리 알맞게 짝지은 것은?

㉠ 바퀴	㉡ 손맛	㉢ 넓이	㉣ 지우개
㉤ 어머니	㉥ 힘들다	㉦ 소금물	㉧ 치솟다

	단일어	파생어	합성어
①	㉠, ㉡	㉢, ㉣, ㉤	㉥, ㉦, ㉧
②	㉠, ㉤	㉢, ㉣, ㉧	㉡, ㉥, ㉦
③	㉡, ㉢	㉠, ㉤, ㉧	㉣, ㉥, ㉦
④	㉡, ㉢	㉠, ㉣, ㉦	㉤, ㉥, ㉧
⑤	㉢, ㉤	㉠, ㉡, ㉣	㉥, ㉦, ㉧

주관식
25 단어의 종류에는 무엇이 있는지 쓰시오.

26 다음 단어 중 한 개의 형태소로 이루어진 것은?

① 강물 ② 맨발

③ 겁쟁이 ④ 고양이

⑤ 밤나무

27 국어 수업 시간에 ▌보기▐를 바탕으로 '단어의 형성 방식'에 대해 탐구한 결과이다. 알맞지 <u>않은</u> 것은?

▌보기▐

　단어의 실질적인 의미 부분을 어근이라고 하며, 어근에 붙어 그 뜻을 제한하는 부분을 접사라고 한다. ㉠어근 하나만으로 이루어진 단어를 단일어라 한다. 어근은 다른 어근이나 접사와 결합하여 새로운 단어를 만들어 낸다. ㉡어근이 어근과 결합하면 '합성어'라고 하고, ㉢어근이 접사와 결합하면 '파생어'라고 한다. ㉣합성어가 새로운 단어로 파생되기도 하고, ㉤파생어가 다른 어근과 결합하여 합성어가 되기도 한다.

① ㉠: '춥다'는 어근이 하나인 단일어이다.

② ㉡: '쑥밭'은 '쑥'이라는 어근과 '밭'이라는 어근이 결합한 합성어이다.

③ ㉢: '덮개'는 동사 어근 '덮-'에 접미사 '-개'가 붙어 명사가 된 파생어이다.

④ ㉣: '발길질'은 합성어 '발길'에 접미사 '-질'이 결합한 파생어이다.

⑤ ㉤: '회덮밥'은 파생어 '덮밥'에 새로운 어근 '회'가 결합한 합성어이다.

28 다음 밑줄 친 단어 중 형성 방법이 다른 하나는?

① 우리 반 <u>귀염둥이</u>는 누구야?

② 새로 지은 청사는 매우 <u>높다랗다.</u>

③ 음식물 쓰레기통은 <u>덮개</u>가 있어야지.

④ 회원끼리는 학습 자료나 정보가 <u>오간다.</u>

⑤ 문 여는 소리에 모두 가슴이 <u>철렁거렸다.</u>

29 다음 단어의 형성 방법을 바르게 나타낸 것은?

① 눈사람: 접사+어근

② 바느질: 어근+어근

③ 손수레: 어근+접사

④ 높푸르다: 접사+어근

⑤ 행복하다: 어근+접사

30 새말이 우리말에 미치는 영향을 고려하여 모둠별로 이야기한 내용 중 알맞지 <u>않은</u> 것은?

① 1모둠: '웰빙'을 우리말로 다듬은 '참살이'가 좋아요.

② 2모둠: '스마트폰'을 '똑똑전화'로 대신하면 어떨까요.

③ 3모둠: '네티즌', '홈페이지'를 각각 '누리꾼', '누리집'으로 바꾸어 보았어요.

④ 4모둠: '엄마 친구 아들'을 줄여서 '엄친아', '강력 추천'을 '강추'라고 쓰는 게 좋습니다.

⑤ 5모둠: 우리 문화가 세계에서 많은 인기를 얻다 보니 '한류'라는 새말까지 생겼어요.

31 다음 글에 대한 설명으로 알맞지 <u>않은</u> 것은?

　'햇밤'의 '햇-'은 '그해에 난'이라는 뜻을 나타내며 '밤' 앞에 결합하여 새로운 단어를 만들어 냈다. '걸레질'에서 '-질'은 '도구를 가지고 하는 일'이라는 뜻을 가지고 있으며, '걸레' 뒤에 결합하여 '걸레질'이라는 단어를 만들어 냈다.

① '햇과일, 햇감자' 등은 합성어이다.

② '걸레'와 같이 어근은 홀로 쓰일 수도 있다.

③ '햇-, -질'은 단어의 의미를 제한하는 접사이다.

④ '밤, 걸레'는 단어에서 중심적인 의미를 나타내는 어근이다.

⑤ 우리말은 어근과 접사가 결합하여 여러 가지 새로운 말을 만들어 낼 수 있다.

32 다음 단어들을 통해 알 수 있는 국어의 특질로 알맞은 것은?

> • 먼지잼: 여리고 가늘며 적게 내리는 비. 공중에 떠도는 먼지를 땅으로 데리고 내려와서 잠재우는 비.
> • 는개: '늘어진 안개'라는 말을 줄여서 만든 이름. 안개비보다 조금 굵고 이슬비보다 가늘게 내리는 비.
> • 이슬비: 비가 오는 것 같지 않은데 풀잎이나 나뭇잎에 내린 비가 모여서 이슬처럼 물방울이 되어 떨어지는 비.
> • 가랑비: 비가 오는 줄 알 만큼 눈에 보이지만, 안개처럼 가루가 되어 내리는 비.
> • 보슬비: 가랑비보다 굵지만 빗방울 소리가 뚜렷하지는 않고 속삭이듯이 내리는 비.
> • 날비: 멀쩡하던 하늘에서 느닷없이 쏟아지는 비.
> • 발비: 눈앞에 발을 드리워 놓은 듯이 앞을 내다보기가 어려운 비.
> • 된비: 단단히 별렀다는 듯이 줄기차게 내리는 비.
> • 한비: 굵은 빗줄기로 그치지 않고 내려 큰물이 지도록 하는 비.
> • 장대비: 빗줄기가 장대처럼 굵고 뻣뻣한 비.
> • 동이비: 물동이로 퍼붓듯이 쏟아지는 비.
> • 여우비: 비가 내리는 틈틈이 장난치듯이 햇볕을 보여 주는 비.

① 한 단어가 여러 가지 기능을 한다.
② 단어의 개수가 다른 나라보다 많다.
③ 단어의 의미가 상황에 따라 달라진다.
④ 단어 하나로 말을 만들어 내는 것이 한정되어 있다.
⑤ 여러 개의 말을 결합하여 새로운 말을 쉽게 만들 수 있다.

중요
33 ㉠~㉤ 중 단어에 해당하지 <u>않는</u> 것은?

> 꿈을 꾸는 것은 외로움을 견디는 일이다.
> ㉠   ㉡   ㉢   ㉣   ㉤

① ㉠   ② ㉡   ③ ㉢   ④ ㉣   ⑤ ㉤

34 다음 설명을 참고할 때 사전에 실리지 <u>않는</u> 단어는?

> 사전에 실리는 말은 단어 중심이다. 그런데 둘 이상의 단어가 결합하는 경우 하나의 단어로 사전에 실리는 경우가 있고, 그렇지 않은 경우가 있다. 동일한 구성이라도 자주 쓰이게 되면 '합성어'로서 사전에 올리고, 자주 쓰이지 않으면 '구(句)'로서 사전에 올리지 않는다.
> • 합성어: 책값, 쌀값, 신발값
> • 구(句): 연필 값, 책상 값, 모자 값

① 물값   ② 떡값
③ 옷값   ④ 차 값
⑤ 기름값

내신 필수
35 다음 밑줄 친 단어의 형성 방법이 <u>다른</u> 하나는?
① <u>밤하늘</u>에 별이 많다.
② 거짓말은 왜 <u>새빨간</u> 것일까?
③ <u>얼룩말</u>이 너른 풀밭을 달린다.
④ 내 색연필은 연한 <u>노란색</u>이야.
⑤ 드디어 <u>샘물</u>이 땅 위로 솟았다.

서술형
36 새말이 생겨나는 이유를 두 가지 이상 쓰시오.

05 담화의 개념과 특성

성취기준 • 자신과 주변의 다양한 국어 실천 양상을 비판적으로 분석하여 언어와 자아 및 세계 사이의 관계를 인식한다. ⊙ 3학년

 핵심 쏙

✱ 담화의 의미

좁은 의미	구어에 한정됨.
넓은 의미	문어나 매체 언어까지 포함함.

✱ 매체를 이용한 담화

구어	일상 대화, 전화, 상담, 인터뷰 등
문어적 특성의 구어	뉴스, 강연, 연설, 발표 등
문어	교과서, 백과사전, 논문 등
구어적 특성의 문어	시나리오, 통신 언어 등

1. 담화의 개념과 특성

1) 담화의 개념: 우리는 다른 사람과 의사소통을 위해 일정한 상황에서 말을 주고받는다. 이때 말하는 이는 일정한 장면에서 의사소통을 하게 된다. 이처럼 일정한 상황 속에서 문장 단위로 실현되는 말을 '발화(發話)'라고 하고, 이러한 발화들이 모여서 이루어진 집합체를 '담화(談話)'라고 한다. 담화는 형식적, 내용적으로 완결된 구조를 지닌다.

2) 담화의 구성 요소: 담화가 성립되기 위해서는 말하는 이, 듣는 이, 말하는 이와 듣는 이가 주고받는 발화(언어), 맥락이 필요하다. 맥락은 크게 상황 맥락과 사회·문화적 맥락으로 구분할 수 있다.

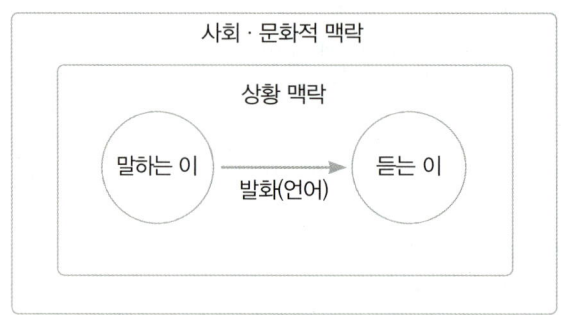

3) 담화의 구성 요건

통일성	담화의 내용이 하나의 주제를 향해 밀접하게 연결되는 것
응집성	지시어나 접속어 등을 적절하게 사용하여 담화를 이루는 각각의 발화들을 긴밀하게 연결하는 것

4) 담화의 특성
① 담화는 일상적인 대화, 토론이나 토의, 발표, 연설 등을 포괄한다.
② 일상적인 대화에서 쓰는 말인 구어(口語)와 문장에서만 쓰는 말인 문어(文語)를 모두 포함한다.
③ 담화는 구체적인 맥락 속에서 이루어진다.
④ 같은 말이라도 어떤 상황에 있느냐에 따라 의미가 달라진다.

개념 쏙쏙

1 발화가 모여서 하나의 의미를 이룬 것을 (　　　)(이)라고 한다.

2 다음 중 담화를 구성하는 요소가 아닌 것은?
① 발화　　　　② 맥락
③ 듣는 이　　　④ 말하는 이
⑤ 말하는 의도

[3~6] 다음 설명에 알맞은 용어를 ▌보기▐에서 찾아 쓰시오.

▌보기▐
발화　　　통일성　　　응집성　　　상황 맥락

3 담화를 구성할 때는 하나의 주제에 맞게 구성한다. (　　　)

4 일정한 상황 속에서 문장 단위로 실현되는 말이다. (　　　)

5 말하는 이와 듣는 이가 처한 시·공간적 상황이다. (　　　)

6 지시어와 접속어 등을 통해 긴밀하게 표현한다. (　　　)

2. 상황 맥락에 따른 담화

1) 뜻: 담화가 이루어지는 시간적·공간적 상황을 상황 맥락이라고 한다. 말하는 이와 듣는 이의 위치, 말하는 이의 의도와 목적, 말하는 이와 듣는 이의 관계 등에 따라 다르게 나타난다.

2) 공간적 위치에 따른 지시 표현: 말하는 이와 듣는 이의 위치에 따라 적절한 지시어를 사용해야 의사소통이 원활해진다.

말하는 이에게 가까운 경우	이, 이것, 이분, 여기, 이쪽
듣는 이에게 가까운 경우	그, 그것, 그분, 거기, 그쪽
말하는 이와 듣는 이 모두에게 멀리 있는 경우	저, 저것, 저분, 저기, 저쪽

예
> 영하: 이 꽃병 어디에 둘까?
> 지수: 음, 여기가 좋겠다. 이 그림하고도 잘 어울리고.
> 영하: 거기보다는 저 창문 쪽이 좋지 않을까? 햇볕도 잘 들어오고.

3) 말하는 이의 의도와 목적: 겉으로 드러나는 내용이 아니라 상황 맥락에 따라 말하는 이의 의도와 목적을 파악해야 한다.

예

→ 비를 피할 장소로 이동하자.

→ 널어 둔 빨래를 빨리 걷자.

핵심 쏙

✸ **지시어의 사용**

① 말하는 이 자신의 이야기에 나오는 내용은 '이, 그'만 쓰인다.
예 다른 애들한테는 이 말 하지 마.
② 상대방의 이야기에 언급된 내용은 '그'만 쓰인다.
예 그런 말하면 큰일 난다니까.
③ 말하는 이와 듣는 이가 공동으로 알고 있는 내용을 지시할 때는 '그'만 쓰인다.
예 그 소문은 진짜일까?
④ 바로 다음에 지시 대상이 나올 때에는 '이, 그'만 쓰인다.
예 혹시 그거 아니? 진정한 친구 한 명만 있어도 성공한 인생이야.

개념 쏙쏙

[7~11] 다음 담화에서 말하는 이의 의도가 잘 전달되었으면 ○표, 그렇지 않으면 ×표를 하시오.

7
> 엄마: (밤늦게 들어온 아들에게) 도대체 지금 몇 시니?
> 아들: 죄송해요. 다음부터 일찍 다닐게요.

( )

8
> 할아버지: 아이구, 귀여운 내 강아지.
> 손자: 할아버지, 저는 동물이 아니고 사람이라구요.

( )

9
> 현승 엄마: (떡볶이를 요리한 후) 아이구, 내가 솜씨가 없어서 맛이 있는지 모르겠구나.
> 미연: 좀 매워요. 다음엔 그냥 피자 시켜 먹죠.

( )

10
> 정우: (열린 창문을 바라보며) 밖에 날씨기 추운가 보네.
> 문경: 아! 창문 닫아 줄게.

( )

11
> 어른: 학생! 한국중학교가 어딘지 아니?
> 학생: 네, 알아요.

( )

05 담화의 개념과 특성

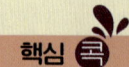
핵심 쏙

4) 말하는 이와 듣는 이의 관계

(1) 심리적 상태

> 아들: 엄마! 나 왔어.
> 엄마: 어머, 우리 아들 일찍 왔구나.
> 아들: 어머니, 실은 저 친구들이랑 농구하다가 옷이 찢어졌어요.
> 엄마: 아이고, 잘하셨네요.

→ 평소 존댓말을 쓰지 않던 아들이 잘못을 저지른 후 엄마에게 미안한 마음을 표현하기 위해서 존댓말을 사용하고 있다.

(2) 공식적인 자리

> 지현: 준수야, 준비 다 됐니?
> 준수: 응, 그래. 시작하자.
>
> 지현: 자, 그럼 이제부터 박준수 군이 발표를 시작하겠습니다. 박준수 군, 시작해 주십시오.
> 준수: 네, 알겠습니다.

→ 지현과 준수는 친구 사이이므로 대화할 때는 서로 반말을 사용하지만, 공식적인 자리에서는 서로에게 존댓말을 사용하고 있다.

(3) 친소 관계

> 김 과장: 이현수 씨, 같이 일하게 돼서 기쁩니다.
> 이현수: 감사합니다. 잘 부탁드립니다.
> (일 년 후)
> 김 과장: 현수 씨, 점심 먹으러 가지.
> 이현수: 네, 과장님.

→ 상하 관계에 있는 사람이라도 처음 만난 자리에서는 존댓말을 쓴다. 그러나 시간이 흐르면 윗사람은 아랫사람에게 존댓말을 쓰지 않는다. 이는 친소 관계가 맺어지기 때문이다.

✿ 상하 관계

다양한 인간관계 중에서 나이, 직급, 항렬, 학번 등에 따라 나뉘는 인간관계를 말한다. 상하 관계에서는 주로 존댓말과 반말에 따라 관계를 알 수 있다. 그런데 상하 관계라도 어색한 사이거나 친분이 있기 전에는 윗사람도 아랫사람에게 존댓말을 사용한다.

개념 쏙쏙

[12~14] 다음 담화에서 나타나는 두 가지 상황 맥락을 쓰시오.

12
> 지현: 준수야, 준비 다 됐니?
> 준수: 응, 그래. 시작하자.
>
> 지현: 자, 그럼 이제부터 박준수 군이 발표를 시작하겠습니다. 박준수 군, 시작해 주십시오.
> 준수: 네, 알겠습니다.

13
> 김 과장: 이현수 씨, 같이 일하게 돼서 기쁩니다.
> 이현수: 감사합니다. 잘 부탁드립니다.
> (일 년 후)
> 김 과장: 현수 씨, 점심 먹으러 가지.
> 이현수: 네, 과장님.

14
> 아들: 엄마! 나 왔어.
> 엄마: 어머, 우리 아들 일찍 왔구나.
> 아들: 어머니, 실은 저 친구들이랑 농구하다가 옷이 찢어졌어요.
> 엄마: 아이고, 잘하셨네요.

3. 사회·문화적 맥락에 따른 담화

1) 뜻: 담화의 내용에 영향을 미치는 세대, 지역, 성별, 문화 등에 관한 것을 말한다.

2) 세대에 따른 언어 차이: 세대에 따라 사용하는 말이 달라서 의사소통에 문제가 생길 수 있다.

> 엄마: 저 배우 정말 잘 생기지 않았냐? 연기도 잘 하고.
> 딸: 맞아. 딱 내 스타일이야. 완소남 ○○○. 정말 멋져!
> 엄마: ○○○이 뭐가 소를 닮았다는 거야! 그리고 소가 왜 멋져?   * 완소남: 완전 소중한 남자

3) 지역에 따른 언어 차이: 지역 방언을 이해하지 못할 경우 의사소통에 문제가 생길 수 있다.

> 손님: 여기요, 이것 좀 데파 주세요.
> 종업원: 네? 저희 식당에는 대파를 따로 드리지 않는데요.   * 데파: '데워'의 경상도 방언

4) 성별에 따른 언어 차이: 말하는 사람의 성별에 따라 말하기 방식에 차이가 생기기도 한다.

> 최진남: 처음 뵙겠습니다. 최진남이라고 합니다.
> 여진숙: 안녕하세요. 여진숙이에요.
> 최진남: 점심 식사로 한식 괜찮으십니까?
> 여진숙: 어머! 저도 한식 좋아해요.

5) 문화에 따른 차이: 문화의 차이에 따라 같은 표현에 대한 이해가 달라지기도 한다.

> (외국인 친구와 함께 식당에서 찌개를 먹으며)
> 한국인: 아! 이 찌개 국물이 시원한데.
> 외국인: 앗, 뜨거워! 너 때문에 혀가……

4. 상대방을 배려하는 표현

같은 표현이라도 상대방을 배려하여 완곡하게 표현해야 한다.
📌 주차 금지! 박살냅니다. → 차를 함부로 세우지 말아 주세요.

✳ **성별에 다른 언어 차이**

남성	① 주로 격식체를 사용함. ② 하강의 억양이 많음. ③ 간결하고 명료함.
여성	① 주로 비격식체를 사용함. ② 상승의 억양이 많음. ③ 맞장구치거나 감성적 어휘를 주로 사용함.

개념 쏙쏙

[15~17] 다음 설명이 맞으면 ○표, 틀리면 ×표를 하시오.

15 어른들에 비해 청소년들은 유행어 등의 새말을 많이 사용한다.
(   )

16 여성에 비해 남성은 간결하고 명료한 하강의 억양을 사용한다.
(   )

17 다문화 가정의 사람과 대화할 때는 문화적 맥락을 고려하여 말하는 태도가 필요하다.
(   )

[18~19] 다음 대화는 무엇 때문에 의사소통에 문제가 생겼는지 쓰시오.

18
> (부추전을 부치고 있는 할머니에게)
> 경상도 남자: 할매요, 정구지 찌짐 얼맙니까?
> 할머니: 뭐, 여긴 정구지는 없어.

→ (   )에 따른 차이

19
> 할머니: 우리 손자, 늦게까지 안 자고 뭐하니?
> 손자: 저 오늘 열공해야 해요.
> 할머니: 열공? 그게 뭔지는 모르겠지만 자기 전에 할머니 자리끼 좀 준비해 오렴.
> 손자: 자리끼가 뭐예요?

→ (   )에 따른 차이

01 다음 중 담화에 대한 설명으로 바르지 <u>않은</u> 것은?

① 담화에는 여러 개의 주제가 나타나야 한다.
② 여러 개의 발화들이 긴밀하게 연결되어 구성된다.
③ 음성 언어뿐만 아니라 문자 언어와 매체 언어도 포함된다.
④ 일정한 상황과 의도에 맞게 의사소통을 하는 언어 활동이다.
⑤ 일정한 상황 속에서 실현되는 발화들이 모여서 이루어진 것을 의미한다.

내신 필수

02 다음은 담화의 구성 요소를 나타낸 것이다. 빈칸에 들어갈 알맞은 것끼리 짝지어진 것은?

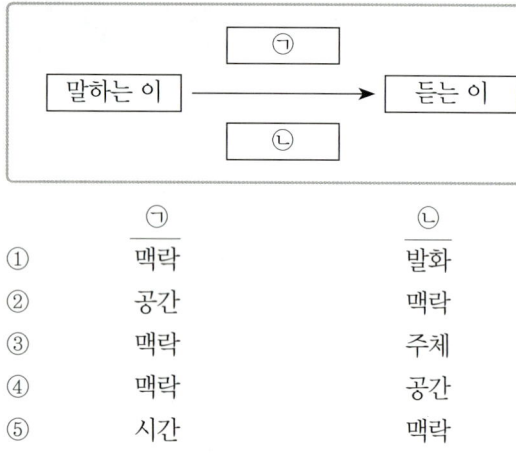

	㉠	㉡
①	맥락	발화
②	공간	맥락
③	맥락	주체
④	맥락	공간
⑤	시간	맥락

03 다음 발화들이 하나의 담화가 되기 위해서 갖추어야 할 요소로 가장 알맞은 것은?

> 준형: 민희는 항상 고운 말을 사용해요.
> 진수: 준형이는 친구들을 잘 도와줘요.
> 민희: 진수는 기타 연주를 잘해요.

① 응집성   ② 통일성
③ 일관성   ④ 강조성
⑤ 긴밀성

04 다음 발화들이 하나의 담화를 이루기 위해서 빈칸에 들어갈 단어를 순서대로 바르게 나열한 것은?

> (   ) 냉장고 문을 연다.
> (   ) 코끼리를 냉장고에 넣는다.
> (   ) 냉장고 문을 닫는다.

① 우선, 그리고, 하지만
② 최초로, 그로 인해, 따라서
③ 먼저, 다음으로, 마지막으로
④ 첫 번째로, 그러나, 그 이유는
⑤ 처음으로, 두 번째는, 그 결과는

05 다음 중 통일성을 깨뜨리는 문장은?

> ㉠불의 사용은 인류의 역사를 크게 진보시킨 매우 중요한 인간의 특징이다. ㉡불을 사용하면서부터 음식을 익혀 먹어 위의 부담을 덜게 되었고, 어둠을 쫓아 활동하는 시간을 연장할 수 있었다. ㉢모진 추위를 극복할 수 있었을 뿐만 아니라 맹수의 위협에서 벗어날 수도 있었다. ㉣물론 잘 훈련된 침팬지도 불을 사용할 수 있다고 한다. ㉤결국 인간은 불의 사용으로 생존 능력이 증대되었고 생활권도 확장되었다.

① ㉠   ② ㉡   ③ ㉢   ④ ㉣   ⑤ ㉤

06 다음 첫 문장을 읽고 응집성을 고려하여 문장의 순서를 바르게 쓰시오.

> 현준이는 늦잠을 자서 국어 과제를 집에 두고 왔다.
> ㉠ 왜냐하면 과제가 없으면 일주일간 화장실 청소를 해야 하기 때문이다.
> ㉡ 그런데 오늘 국어 선생님께서 과제 검사하는 것을 잊으셨다.
> ㉢ 그래서 다시 집으로 돌아갔다.

07 다음 담화에서 상황 맥락을 고려했을 때 ㉠의 의미로 가장 알맞은 것은?

> 내일 시험을 치는 경민이, 자신의 방에서 공부를 하고 있다. 어머니께서는 거실에서 청소기로 청소를 하며 쿵쾅거리는 소리를 낸다.
>
> 경민: 엄마, 나 공부하잖아. 청소 나중에 하면 안 돼?
> 어머니: 알았어. 이것만 끝내고.
>
> 5분이 지나도록 청소기 소리가 계속 들린다.
>
> 경민: ㉠엄마!

① 저녁은 언제 먹어요?
② 이 문제 좀 풀어 주세요.
③ 제가 청소하는 것을 도울게요.
④ 공부할 수 있게 조용히 해 주세요.
⑤ 친구들이랑 농구하러 나갔다 올게요.

08 다음 담화에서 빈칸에 들어갈 발화로 알맞지 <u>않은</u> 것은?

> 지영: 민지야, 여기 있던 빵 못 봤어?
> 민지: (   )

① 응, 봤어.
② 왜 나한테 그래?
③ 글쎄, 못 봤는데.
④ 뭐? 내가 안 먹었어.
⑤ 좀 전에 영수가 빵을 먹고 있던데.

주관식

09 다음 상황에서 ㉠의 의도는 무엇인지 쓰시오.

10 다음 담화를 읽고 생략된 내용을 채워서 발화를 완성한 것으로 알맞지 <u>않은</u> 것은?

> 기호: ㉠주말에 뭐하니?
> 혜정: ㉡영화 보려고 해.
> 기호: ㉢누구랑?
> 혜정: ㉣아직 결정하지는 않았어.
> 기호: ㉤나랑 갈래?

① ㉠: 혜정아, 주말에 뭐하니?
② ㉡: 나는 영화 보러 영화관에 가려고 해.
③ ㉢: 누구랑 영화 보러 갈 거야?
④ ㉣: 아직 무슨 영화를 볼지 결정하지는 않았어.
⑤ ㉤: 그럼 영화 보러 나랑 같이 갈래?

👍 내신 필수

11 다음 담화 상황에 대해 <u>잘못</u> 설명한 것은?

① 여학생의 의도는 상황을 고려하여 이해해야 한다.
② 여학생의 발화는 '책을 나누어 옮기자.'는 의도를 가진다.
③ 남학생은 여학생의 의도를 제대로 이해하여 반응하고 있다.
④ 여학생의 발화는 '들고 있는 책이 너무 많아서 힘들다.'는 의미이다.
⑤ 이 상황에서 남학생은 '많이 무겁지? 나랑 같이 들자.'고 말할 수 있다.

12 다음 두 상황에 대한 설명 중에서 <u>잘못된</u> 것은?

① ㉠, ㉡은 같은 말이라도 상황에 따라 의미가 다름을 보여 준다.

② ㉠, ㉡은 담화를 둘러싼 상황을 잘 고려하여야 한다는 것을 보여 주고 있다.

③ ㉠은 비가 오니까 비를 피할 수 있는 곳으로 빨리 움직이자는 의미를 가지고 있다.

④ ㉡은 비가 오니까 널어 둔 빨래가 젖지 않도록 빨래를 걷어야 한다는 의미를 가지고 있다.

⑤ 이와 같은 상황에서 담화의 의미가 달라지는 것은 담화의 사회·문화적 맥락이 다르기 때문이다.

★중요 13 다음 담화에서 둘 사이의 의사소통이 원활하지 않은 이유로 가장 알맞은 것은?

한국인: 나 머리 깎으러 갈 건데. 같이 가서 기다려 줄래?

미국인: 머리를 깎는다고? 혼자서 쉽지 않을 텐데. 그냥 헤어 디자이너에게 맡기는 게 어때?

① 세대에 따른 언어 차이

② 지역에 따른 언어 차이

③ 성별에 따른 언어 차이

④ 시간에 따른 언어 차이

⑤ 문화에 따른 언어 차이

14 상황 맥락을 고려하여 다음 담화의 의도를 파악해서 쓰시오.

(1)

(2)

(3)

(4)

15 다음 담화 상황에 대한 설명으로 가장 알맞은 것은?

> 김신입: 안녕하십니까? 이번에 새로 입사한 김신입이라고 합니다. 잘 부탁드립니다.
> 박 과장: 네, 입사를 진심으로 환영합니다. 앞으로 열심히 일해 주시기 바랍니다.
> (한 달 후)
> 김신입: 박 과장님, 오늘 점심은 무엇으로 할까요?
> 박 과장: 길 건너 냉면집으로 가지.

① 장소에 따라 높임 표현이 달라지는 상황
② 세대에 따라 높임 표현이 달라지는 상황
③ 상하 관계에 따라 높임 표현이 달라지는 상황
④ 친소 관계에 따라 높임 표현이 달라지는 상황
⑤ 의도와 목적에 따라 높임 표현이 달라지는 상황

중요
16 다음 담화 상황이 웃음을 유발하는 이유로 가장 알맞은 것은?

> 학생: 선생님, 글씨가 너무 작아서 잘 안 보여요.
> 선생님: 이게 안 보여? 너 눈이 몇이니?
> 학생: 당연히 두 개죠.
> 선생님: 아니, 눈이 얼마냐고?
> 학생: 글쎄요, 제가 산 게 아니라서…….

① 선생님과 학생이라는 친소 관계 때문에
② 유머 감각이 뛰어난 선생님의 말씀씨 때문에
③ 학생의 건강을 제대로 파악하지 못한 선생님 때문에
④ 선생님과 학생 사이의 문화적 차이로 인한 오해 때문에
⑤ 선생님의 발화 맥락을 잘 이해하지 못한 학생 때문에

17 다음 담화 상황에서 고려해야 할 맥락으로 가장 알맞은 것은?

> (시장에서)
> 손님: 아주머니, 거기 콩지름 2000원어치만 주세요.
> 아주머니: (콩나물을 앞에 두고) 여긴 콩으로 만든 기름은 없는데. 기름은 저기 건너편에 가면 있을 거예요.

① 세대에 따른 언어 차이
② 지역에 따른 언어 차이
③ 성별에 따른 언어 차이
④ 문화에 따른 언어 차이
⑤ 시·공간적 상황에 따른 언어 차이

주관식
18 다음 상황에서 의사소통이 되지 않은 이유를 쓰시오.

> 의철: 어머니, 저 얼마 전에 생선으로 문상을 받았어요.
> 어머니: 너 시장 갔었니? 시장 간 김에 주전부리 좀 사 오지. 근데 누가 돌아가셨어?
> 의철: '생선'은 '생일 선물', '문상'은 '문화 상품권'의 줄임말이에요. 그런데 '주전부리'가 뭐예요?

주관식
19 다음을 상대를 배려한 표현으로 고치시오.

> 출입 금지! 잔디 보호

01 다음 중 담화의 성격으로 알맞지 <u>않은</u> 것은?

① 담화는 일정한 맥락을 가진다.
② 담화는 반복이나 생략을 피해야 한다.
③ 담화는 여러 개의 발화로 이루어져 있다.
④ 담화는 하나의 통일된 주제를 가져야 한다.
⑤ 담화는 발화들이 응집성 있게 연결되어야 한다.

02 다음 빈칸에 들어갈 접속어를 바르게 묶은 것은?

> 불타산 스님은 며느리에게 이 집에 큰 재앙이 닥칠 테니 무슨 일이 있어도 뒤를 돌아보지 말고 빨리 몸을 피하라고 얘기해 주었지. (　　　) 그 말을 들은 즉시 며느리는 아기를 업고, 머리에는 베 짜는 틀을 이고, 마당에 있는 개를 불러서 산으로 달아났지. (　　　) 그 때 갑자기 큰 벼락치는 소리가 들리지 뭐야. 그 소리에 놀라 뒤를 돌아보는 순간 그 며느리는 화석이 되고 말았지.
>
>   – 작자 미상, '용소와 며느리 바위' 중에서

① 그리고, 그러나
② 그래서, 그런데
③ 그러자, 따라서
④ 하지만, 그러므로
⑤ 왜냐하면, 그 결과

03 다음을 읽고 빈칸에 알맞은 말을 각각 한 단어로 쓰시오.

> 담화를 이루는 발화들은 지시어나 접속어 등을 이용하여 긴밀하게 연결 관계를 갖추는 (　　　)와/과, 화자와 청자 모두 하나의 통일된 주제에 대해 이야기를 해야 하는 (　　　)을/를 갖추어야 한다.

04 다음 시조가 지닌 담화의 성격으로 가장 알맞은 것은?

> 이런들 어떠하며 저런들 어떠하리.
> 만수산 드렁칡이 얽어진들 어떠하리.
> 우리도 이처럼 얽어져 백 년같이 누리리라.
>   – 이방원의 시조

① 강한 어조로 협박하고 있다.
② 설득적 어조로 약속하고 있다.
③ 상대방을 회유하여 제안하고 있다.
④ 명령적 어조로 직접 명령하고 있다.
⑤ 직접 말하지 않고 돌려서 질문하고 있다.

05 다음 상황에서 담화의 의미로 가장 알맞은 것은?

① 휴대 전화 번호를 알려 주십시오.
② 휴대 전화를 분실했는지 확인해 주십시오.
③ 휴대 전화의 상표가 무엇인지 알려 주십시오.
④ 부재 중 전화나 문자가 왔는지 확인해 주십시오.
⑤ 휴대 전화 벨이 울리지 않게 전원을 꺼 주십시오.

06 다음의 발화가 ㉠과 ㉡의 상황에서 각각 어떤 의미로 쓰이는지 서술하시오.

> "공부해야 돼."
>
> ㉠ 동생이 음악을 크게 켜 놓고 들을 때
> ㉡ 친구가 농구 게임하러 가자고 할 때

(1) ㉠:
(2) ㉡:

07 다음 담화의 빈칸에 알맞은 지시어를 써넣으시오.

> (거실에서 텔레비전을 보며)
> 언니: 야, 이거 재미없다. 다른 거 보자. 리모컨이
> 　　　어딨지?
> 동생: 언니 바로 앞에 있네.
> 언니: 어디?
> 동생: (　　　　).

[8~9] 다음 담화를 읽고 물음에 답하시오.

> 동생: 형, ⓐ이거 어디서 샀어?
> 형: 길 건너에서 샀어.
> 동생: 형, ⓑ이거 나 주면 안 돼?
> 형: 곤란해. ⓒ그건 안 어울리니까 ⓓ이거 가져.
> 동생: ⓔ그거? ⓕ이게 좋은데…….

고난도

08 이 담화에서 가리키는 대상이 같은 것끼리 짝지은 것은?

① ⓐ, ⓑ, ⓓ
② ⓐ, ⓒ, ⓔ
③ ⓐ, ⓓ, ⓔ
④ ⓐ, ⓑ, ⓒ, ⓕ
⑤ ⓑ, ⓓ, ⓔ, ⓕ

내신 필수

09 이 담화에 대한 설명으로 알맞지 않은 것은?

① 공간적 상황 맥락이 담화에 영향을 미치고 있다.
② 표면적 발화와 다른 의도의 발화를 사용하고 있다.
③ 말하는 이와 듣는 이 사이의 위치에 따라 적절한 지시어를 사용하고 있다.
④ 담화가 이루어지는 상황 맥락을 파악해야 의사소통이 원활해진다.
⑤ 말하는 이와 듣는 이 사이의 배경지식을 통해 의사소통이 원활하게 이루어지고 있다.

10 다음 담화 상황에서 ㉠과 ㉡에 대한 설명으로 알맞지 않은 것은?

> 진아: 학교 마치고 현미 집에서 공연 연습하자.
> 현미: ㉠오늘 집에 할머니가 오셔.
> 진아: 그러면 가인이 집에서 할까?
> 가인: ㉡싫어.

① ㉠과 ㉡ 모두 거절을 의미하는 발화이다.
② ㉡은 상대에 대한 친밀감을 드러내는 표현이다.
③ ㉡과 달리 ㉠은 상대방을 고려하여 말하고 있다.
④ ㉠과 달리 ㉡은 자신의 생각을 직접적으로 드러내고 있다.
⑤ ㉡과 달리 ㉠은 상황을 고려하여 자신의 생각을 표현하고 있다.

[11~12] 다음 담화를 읽고 물음에 답하시오.

> (가족끼리 저녁 식사를 하다가)
> 아버지: 여보, ㉠국이 너무 짜요.
> 어머니: 그래요? 아들, 넌 어때?
> 아들: 전 괜찮아요. 역시 어머니 솜씨가 최고예요.
> 어머니: 호호, ㉡우리 아드님 많이 드세요.

11 ㉠의 발화에 담긴 의미로 알맞지 않은 것은?

① 마실 물 좀 줘요.
② 소금 좀 아껴 써요.
③ 국에 물을 좀 부어요.
④ 다음에는 좀 싱겁게 해 줘요.
⑤ 건강을 좀 더 생각해 줬으면 해요.

내신 필수

12 ㉡의 발화에 대한 설명으로 가장 알맞은 것은?

① 반어적으로 표현하여 아들을 비난하고 있다.
② 성별에 따른 언어 차이를 이해하지 못하고 있다.
③ 의도적으로 경어체를 사용하여 아들을 칭찬하고 있다.
④ 표면적 발화와 그 의도를 다르게 표현하여 강조하고 있다.
⑤ 세대에 따른 언어 차이로 인해 아들의 말을 오해하고 있다.

13 다음 담화 상황에 대한 설명으로 가장 알맞은 것은?

> 할머니: 저녁 먹을 때가 다 됐는데, 어딜 가는 거냐?
> 민수: 아, 오늘 인터넷 카페 정모에 가요.
> 할머니: 정모라는 친구가 카페를 하니?
> 민수: 아뇨, 카페가 그 카페가 아니구요. 그리고 정모는 친구가 아니라 정기 모임이라는 뜻이에요.
> 할머니: 무슨 말인지……, 나 원 참.

① 화자의 의도와 목적에 따라 달라지는 발화의 기능을 보여 주고 있다.
② 한 공간 안에서 거리 차이로 인해 담화 상황을 잘 이해하지 못하고 있다.
③ 어른 세대와 청소년 세대 간의 언어 차이로 인해 의사소통이 원활하지 않다.
④ 남녀 간의 성별에 따른 언어 사용이 달라서 의사소통에 혼란이 일어나고 있다.
⑤ 화자와 청자의 친소 관계에 따른 언어 차이로 인해 상대방에게 불쾌감을 주고 있다.

14 다음 담화 상황에 대해 알맞은 설명을 <u>모두</u> 고른 것은?

> 남일: 오늘 관람한 뮤지컬 굉장하지 않습니까?
> 여진: 맞아요, 정말 정말 웅장했어요. 그렇지, 그렇지?
> 이숙: 호호, 제가 본 뮤지컬 중에 제일 재미있었어요.
> 이남: 공연도 봤으니, 어디 가서 저녁이나 먹읍시다.
> 여진: 음, 돼지갈비 어때요? 제가 맛있게 하는 가게를 아는데……
> 이숙: 좋아요. 음, 생각만 해도 맛있겠다.

> ⓐ 남일이나 이남에 비해 여진과 이숙은 맞장구치는 말이나 감성적인 어휘를 더 많이 사용하고 있다.
> ⓑ 남일이나 이남에 비해 여진과 이숙이 애매한 표현을 더 많이 사용하고 있다.
> ⓒ 여진에 비해 남일과 이남은 간결하고 분명하게 말하고 있다.
> ⓓ 여진이나 이숙과 달리 남일과 이남은 격식체를 사용하고 있다.

① ⓐ, ⓑ
② ⓐ, ⓑ, ⓒ
③ ⓐ, ⓒ, ⓓ
④ ⓑ, ⓒ, ⓓ
⑤ ⓐ, ⓑ, ⓒ, ⓓ

15 다음의 발화를 이해하기 위해서 고려해야 할 맥락으로 알맞지 <u>않은</u> 것은?

① 이 꽃병은 어디에 둘까?
  → 사회에 따른 차이
② 음악 시디(CD) 한 장 구워 줘.
  → 세대에 따른 차이
③ 내일 쌀가게에 가서 쌀 팔아야 돼.
  → 지역에 따른 차이
④ 이 국밥, 무와 파를 넣어서 시원하겠는걸.
  → 문화에 따른 차이
⑤ 여의사라 친절하고 상냥하게 진료해 주던데.
  → 성별에 따른 차이

👍 내신 필수

16 다음 두 대화를 보고 여학생의 답변에 대해 설명한 것으로 잘못된 것은?

① ㉠, ㉡에서 남학생은 여학생의 집에 가고자 한다.
② ㉠, ㉡에서 여학생은 모두 자신의 집에 갈 수 없다고 한다.
③ ㉠, ㉡에서 여학생은 자신의 의사를 직접적으로 표현하고 있다.
④ ㉠의 '부모님이 안 계셔.'는 집에 가서 저녁 먹고 숙제를 할 수 없다는 의미이다.
⑤ ㉡에서 '부모님이 계셔.'는 집에 부모님이 계셔서 시끄러운 공연 연습을 할 수 없다는 의미이다.

서술형

17 다음 담화 상황에서 여학생이 한 말의 의도를 쓰시오.

18 다음 (가)와 (나)의 담화 상황을 이해한 것으로 알맞지 <u>않</u>은 것은?

> (가)
> 철수 할아버지: 자네, 이것 좀 들어 주겠나?
> 영희 할아버지: 그러세. 허리를 다친 모양이구먼.
> 철수 할아버지: 계단을 내려오다 삐끗했는지 여간 불편한 게 아닐세. 자네도 조심하게.
> 영희 할아버지: 그래야겠네.
>
> (나)
> 영희: 철수야, 이것 좀 들어 줄래?
> 철수: 그래, 허리를 다쳤나 보네.
> 영희: 계단을 헛디뎌서 삐끗했지 뭐야. 너도 조심해.
> 철수: 당근이지.

① (가)와 (나)에 드러나는 상황 맥락은 같다.

② (가)에 비해 (나)는 격식을 갖춘 존댓말을 사용하고 있다.

③ (가)와 달리 (나)는 자신들만의 변이된 언어를 사용하고 있다.

④ (가)와 (나)를 통해 세대 차이로 인해 달라지는 담화 상황을 파악할 수 있다.

⑤ (가)와 (나)를 통해 사회·문화적 맥락에 따른 담화의 모습을 이해할 수 있다.

고난도

19 다음 밑줄 친 부분에 해당하는 단어로 알맞은 것은?

> 듣는 사람의 감정이 상하지 않도록 모나지 않고 부드럽게 말하는 것을 완곡어법이라고 하는데, 문장의 형태뿐 아니라 <u>어휘 사용을 통해서도 완곡어법의 효과를 거둘 수 있다.</u>

① 이 문제가 더 쉽지 않았니?

② 퇴근길에 라면 좀 사 오세요.

③ 늘 긍정적인 태도가 중요합니다.

④ 몸에 좋은 약이니 한 번에 죽 들이켜라.

⑤ 저 식당은 음식 맛이 영 없을 것 같지 않니?

[20~21] 다음 대화를 읽고 물음에 답하시오.

> 지민: 며칠 후면 시험인데 공부가 잘 되지 않아.
> 민수: 난 집에서는 집중이 잘 되지 않아서 독서실에 가려고 해.
> 지민: 나도 독서실에 다니고, 커피까지 마시며 공부를 해 봤는데, 오히려 집중력이 더 떨어지는 것 같아. 그래서 끊어 버렸어.
> 민수: 중독성이 있어 끊기가 쉽지 않을 텐데.
> 지민: 간단해. 독서실에 가지 않고 그냥 집에서 하면 돼.
> 민수: 도대체 뭘 끊는다는 거야?

중요

20 이 담화에서 고려해야 할 맥락으로 가장 알맞은 것은?

① 전달 매체의 상황

② 세대에 따른 언어 차이

③ 지역에 따른 언어 차이

④ 문화에 따른 언어 차이

⑤ 담화가 이루어지는 상황

21 이와 같은 담화 상황에 대한 설명으로 알맞지 <u>않</u>은 것은?

① 배경지식에 따라 담화의 의미를 이해한다.

② 의도나 목적에 따라 표면적 의미와 발화 내용이 달라지기도 한다.

③ 담화가 이루어지는 구체적인 시간이나 공간을 잘 이해해야 의사소통이 원활해진다.

④ 담화가 이루어지는 맥락을 잘 이해해야 대화가 자연스럽게 이루어진다.

⑤ 화자와 청자의 인간관계를 고려하여 여러 주제의 담화 내용을 담아야 한다.

06 한글의 창제 원리

성취기준 · 과거 및 현재의 국어생활에 나타나는 국어의 변화를 이해하고 국어 문화 발전에 참여한다. ● 고 1학년

핵심 쏙쏙

✱ 문자의 종류

① 표의 문자: 글자 하나하나에 뜻이 들어 있는 문자를 말한다.

② 표음 문자: 뜻을 가지고 있지 않고 소리만 나타내는 글자이다.

· 음절 문자: 하나의 음절이 한 글자로 되어 있어 그 이상 나눌 수 없는 문자.

· 음소 문자: 하나의 음소를 한 기호로 나타내는 글자이다. 우리말의 자음과 모음, 알파벳 등이 있다.

✱ 임신서기석

임신년에 신라의 두 화랑이 나라에 충성하고 학업에 전념할 것을 맹세한 기록으로, 한자의 배열이 우리말 순서로 되어 있다.

1. 한글 창제 이전의 문자 생활

1) 그림을 통해 기록을 남김: 바위나 동굴 등의 벽면에 그림으로 기록을 남겼다. 이러한 그림 문자는 추상적인 생각이나 사고를 표현하기 곤란하다.

예 울주 대곡리 반구대 암각화: 신석기 시대에서 청동기 시대까지의 바위그림 유적으로, 1995년 국보로 지정되었다. 높이 70m의 바위 벽에 그림이 그려져 있는데, 그림의 내용은 사냥 · 물고기 잡이 등 생산 활동을 보여주는 장면과 그 대상이 되었던 짐승들인 순록 · 멧돼지 · 호랑이 · 고래 등과 사람 얼굴을 새긴 것들이다.

2) 한자를 빌려 국어를 표기함: 한자를 빌려 국어를 표기하는 방법으로, 중국으로부터 한자가 전래된 이후에 활용된 방법이다. 이를 차자 표기법(借字表記法)이라고 한다.

(1) 고유 명사 표기: 한자의 음이나 뜻을 빌려서 고유 명사를 표기하는 방법이다.

예 사람 이름의 표기

우리말 사람 이름	한자의 음만 빌려 오는 경우		한자의 뜻만 빌려 오는 경우	
소나	素 흴 소	那 어찌 나	金 쇠 금	川 내 천

(2) 이두: 국어 문장에서 명사나 동사와 같은 실사는 한자나 한문으로 표기하고, 조사나 어미 등의 형식적인 부분은 차자하여 표기하는 방법으로 어순이 우리말 어순과 일치한다.

예 임신서기석

우리말 어순	하늘	앞에	맹세한다.
중국어 어순	誓 맹세할 서	天 하늘 천	前 앞 전
이두 어순	天 하늘 천	前 앞 전	誓 맹세할 서

▲ 임신서기석

개념 쏙쏙

[1~4] 다음 설명이 맞으면 ○표, 틀리면 ×표를 하시오.

1 한글을 사용하게 된 시기는 신라 시대이다. ( )

2 한글 창제 이전에는 한자를 빌려 표기하였다. ( )

3 한자를 빌려 쓰기 시작하면서 백성들이 겪었던 문자 생활의 불편함이 해소되었다. ( )

4 그림 문자는 상세하게 묘사되어 내용을 쉽게 파악할 수 있다. ( )

[5~7] 다음 설명에 해당하는 것을 ┃보기┃에서 찾아 쓰시오.

┃보기┃
그림 문자   표의 문자   표음 문자

5 글자 하나하나에 뜻이 포함된 문자:

6 글자에 뜻이 없고 소리만 나타내는 문자:

7 구체적인 그림을 통해 의사소통을 시도하는 문자:

(3) 향찰: 한자의 음과 뜻을 빌려 우리말의 형태와 의미를 기록하는 표기 방법이다. 향찰은 인명이나 지명 등의 단어뿐만 아니라 문법적인 요소까지 표기하여 국어 문장 전체를 적을 수 있었다. 향찰은 전체를 우리말 어순대로 읽고 쓴다.

例 서동요

향찰 표기	善	化	公	主	主	隱
새김	착할	될	귀인	님	님	숨을
음	선	화	공	주	주	은
의미	선	화	공	주	님	은

향찰 표기	夜	矣	卯	乙	抱	遣	去	如
새김	밤	어조사	토끼	새	안을	보낼	갈	같을
음	야	의	묘	을	포	견	거	여
의미	밤	에	모(몰래)	(ㄹ)	안	고	가	다

(4) 구결: 한문으로 된 책을 우리말로 풀어 읽을 수 있도록 한문의 원문 사이사이에 한자로 토를 달아서, 읽기 편하게 만든 것이다.

例 훈민정음 해례본 예의 편

원문	國 之 語 音　　異 乎 中 國
구결	國 之 語 音 伊　異 乎 中 國 爲 也 　　　　어조사 이　　　　될 위└─어조사 야
의미	나라의 말이　　중국과 달라

3) 차자 표기법의 특징과 문제점
① 한자의 음을 빌려 적은 글자도 있고, 뜻을 빌려 적은 글자도 있다.
② 우리 문자가 없을 때 우리말을 표기할 수 있는 방법이라는 점에서 가치가 있다.
③ 같은 글자를 뜻으로도 읽고 음으로도 읽어 혼란이 생기기도 하였다.
④ 음절 수가 많은 우리말의 특성상 한자를 빌려 오는 것으로는 만족스러운 표기를 할 수 없었다.

개념 쏙쏙

[8~11] 다음 설명이 맞으면 ○표, 틀리면 ×표를 하시오.

8 향찰은 우리말을 완벽하게 적을 수 있었다. (　　)

9 향찰로 표기된 노래를 향가라고 한다. (　　)

10 서동요는 현전하는 가장 오래된 향가이다. (　　)

11 우리 문자가 없을 때 우리말을 표기하는 방법은 한자를 빌려 적은 '차자 표기법'이었다. (　　)

[12~14] 다음 설명에 해당하는 것을 | 보기 |에서 찾아 쓰시오.

| 보기 |

| 향찰 | 이두 | 구결 |

12 한문의 원문 사이사이에 한자로 토를 달아서 읽기 편하게 만든 글자

13 한자의 음과 뜻을 빌려 문장 전체를 우리말 어순대로 읽고 쓰는 방법

14 국어의 문장 구성법에 따라 한자의 어순을 고쳐 쓰는 방법

06 한글의 창제 원리

핵심 콕

✽ 한글의 여러 가지 이름

① 훈민정음: 한글 창제 당시에 세종 대왕이 붙인 이름으로 '백성을 가르치는 바른 소리'라는 뜻이다.
② 정음(正音): '훈민정음'을 줄여서 '정음'이라고 불려지긴 했으나 널리 쓰이지는 않았다.
③ 언문(諺文): 사대부들이 우리 토박이 말을 적는 글자란 뜻으로 한글을 낮잡아 이르는 말이다.
④ 국문: 개화기 때 민족정신의 대두와 더불어 쓰이던 말이다.
⑤ 한글: 주시경 선생이 처음으로 사용한 것으로 알려져 있으며, '한'은 '하나' 또는 '큰'의 뜻으로 한국의 글자에 대해 권위를 준 이름이다.

✽ 한글 창제의 의의

① 우리말에 맞는 우리 문자를 가지게 되었다.
② 한자를 배우기 어려웠던 사람들까지 문자 생활을 할 수 있게 되었다.
③ 한글은 만든 사람과 만든 날짜가 뚜렷하고, 과학적 원리에 따른 우수한 문자 체계이다.

2. 한글의 창제 정신

1) '훈민정음(訓民正音)언해' 원문

世·솅宗종御·엉製·졩訓·훈民민正·졍音흠

나·랏:말ᄊᆞ·미中듕國·귁·에달·아文문字·ᄍᆞ·와·로서르ᄉᆞᄆᆞᆺ·디아·니ᄒᆞᆯ·ᄊᆡ·이런젼·ᄎᆞ·로어·린百·ᄇᆡᆨ姓·셩·이니르·고·져·홇·배이·셔·도ᄆᆞ·ᄎᆞᆷ:내제·ᄠᅳ·들시·러펴·디:몯ᄒᆞᆯ·노·미하·니·라·내·이·ᄅᆞᆯ爲·윙·ᄒᆞ·야:어엿·비너·겨·새·로·스·믈여·듧字·ᄍᆞᆼ·ᄅᆞᆯ밍·ᄀᆞ노·니:사ᄅᆞᆷ:마·다:ᄒᆡ·ᅇᅧ:수·ᄫᅵ니·겨·날·로·ᄡᅮ·메便뼌安ᅙᅡᆫ·킈ᄒᆞ·고·져ᄒᆞᇙᄯᆞᄅᆞ·미니·라.

– '훈민정음언해'

<현대어 풀이>
우리나라 말이 중국과 달라 한자와는 서로 통하지 아니한다. 이런 까닭으로 글을 모르는 백성들이 말하고자 하는 바가 있어도 마침내 제 뜻을 펴지 못하는 사람이 많다. 내가 이것을 가엾게 생각하여 새로 스물여덟 글자를 만드니, 모든 사람으로 하여금 쉽게 익혀서 날마다 쓰는 데 편하게 하고자 할 따름이다.

2) '훈민정음언해'에 대하여

① 이 글은 '훈민정음언해'의 서문에 해당하며, 세종 대왕이 직접 쓴 어제 서문이다.
② 창제 당시 자모 28자의 사용 모습과 과학적 체계, 어휘, 음운, 문법, 표기상의 특징이 잘 나타난다.
③ 세종 때 훈민정음을 반포하면서 훈민정음에 대해 설명한 『훈민정음 해례본』 중에서 어제 서문과 예의(例義) 부분만을 한글로 풀이한 것이다. '훈민정음언해'는 세조 5년(1459)에 편찬된 『월인석보』 1권 책머리에 실려 있다.
④ 띄어쓰기를 하지 않고 방점을 붙였으며, 이어 적기를 기본으로 하는 등 현대 국어와는 다른 15세기 국어의 모습을 확인할 수 있다.

3) 한글의 창제 정신

중심 내용	내용	창제 정신
창제의 배경	우리나라 말이 중국과 달라 서로 통하지 않음.	자주 정신
창제의 동기	어리석은 백성들이 말하고자 하는 바가 있어도 자신의 뜻을 글자로 표현하지 못하는 것을 불쌍히 여김.	애민 정신
	새로 스물여덟 자를 만듦.	창조 정신
창제의 목적	모든 백성이 쉽게 배워 편안히 쓰게 하고자 함.	실용 정신

개념 쏙쏙

[15~18] '훈민정음언해'의 내용에 따른 한글 창제 정신을 다음에서 찾아 쓰시오.

> 창조 정신   자주 정신   애민 정신   실용 정신

15 모든 백성들이 쉽게 익혀 편하게 글을 쓰도록 한다.
(   )

16 자신의 뜻을 말하고자 하는 바가 있어도 표현하지 못하는 백성을 불쌍히 여겼다.
(   )

17 우리나라 말이 중국과 달라 한자로는 우리말을 표현할 수 없다고 생각하였다.
(   )

18 새롭고 독창적인 글자를 만들었다.
(   )

19 다음 설명이 맞으면 ○표, 틀리면 ×표를 하시오. (   )

> 훈민정음의 창제로 우리 민족은 고유의 문자를 가지게 되었고, 백성들도 쉽게 글을 읽고 쓸 수 있게 되었다.

86 개념 쏙쏙 중학 국어 문법

3. 한글의 창제 원리

1) 자음의 창제 원리

(1) 상형: 발음 기관을 상형하여 'ㄱ, ㄴ, ㅁ, ㅅ, ㅇ' 5개의 기본자를 만들었다.

(2) 가획: 5개의 기본 글자에 한 획 혹은 두 획을 추가하여 만들었다.

(3) 이체: 상형이나 가획의 원리를 적용하지 않고 별도로 만든 글자이다.

소리의 종류	창제 원리	상형 기본자	가획(한 획)	가획(두 획)	이체
어금닛소리	혀뿌리가 목구멍을 막는 모양을 본뜸.	ㄱ	ㅋ		ㆁ
혓소리	혀끝이 윗잇몸에 닿는 모양을 본뜸.	ㄴ	ㄷ	ㅌ	ㄹ
입술소리	입의 모양을 본뜸.	ㅁ	ㅂ	ㅍ	
잇소리	이의 모양을 본뜸.	ㅅ	ㅈ	ㅊ	ㅿ
목소리	목구멍의 모양을 본뜸.	ㅇ	ㆆ	ㅎ	

(4) 병서: 글자를 옆으로 나란히 쓰는 원리 예 ㄲ, ㄸ, ㅃ, ㅄ, ㅺ, ㅴ

(5) 연서: 글자를 위아래로 이어 쓰는 원리 예 ㅸ, ㅱ, ㆄ

개념 쏙쏙

[20~24] 다음 설명에 맞는 자음을 찾아 쓰시오.

ㄱ	ㄴ	ㅁ	ㅅ	ㅇ

20 혀가 윗잇몸에 닿는 모양을 본뜬 글자

21 혀뿌리가 목구멍을 막는 모양을 본뜬 글자

22 이의 모양을 본뜬 글자

23 입의 모양을 본뜬 글자

24 목구멍의 모양을 본뜬 글자

[25~29] 다음 물음에 맞는 답을 쓰시오.

25 한글 창제 당시 자음의 기본 글자 다섯 개는?

26 자음 5개의 기본 글자를 만드는 원리는?

27 글자를 옆으로 나란히 쓰는 원리를 무엇이라 하는가?

28 '반치음'이라 불리는 한글의 자음은?

29 '·'의 이름은 무엇인가?

✿ **우리말의 끝소리**

① 우리말은 첫소리, 가운뎃소리, 끝소리로 나뉘는데, 한글은 이러한 우리말의 특성을 고려하여 만들었다.

② 첫소리, 가운뎃소리는 각각의 문자를 별도로 만들고, 끝소리는 첫소리의 글자를 다시 사용한다.

③ 끝소리 글자는 첫소리 글자를 다시 씀으로써 사용하는 글자의 수를 줄였다.

④ 훈민정음 창제 당시에도 첫소리 'ㄱ'과 끝소리 'ㄱ'이 같은 소리라고 생각했기 때문에 끝소리 글자를 따로 만들지 않았다.

✿ **출의 원리**

① 재출의 원리에 대해서는 두 가지 이론이 존재한다.

② 초출자와 결합하는 기본자를 'ㆍ'로 본다.

예 ㅛ: ㆍ + ㅏ + ㅡ

③ 초출자와 결합하는 기본자를 'ㅣ'로 본다. 이는 'ㅛ, ㅑ, ㅠ, ㅕ'가 발음될 때 'ㅣ' 모음이 소리 나기 때문이다.

예 ㅛ: ㅣ+ㅗ('ㅣ → ㅗ'로 발음된다.)

---

2) 모음의 창제 원리

(1) 상형: '천(天), 지(地), 인(人)'을 상형하여 각각 'ㆍ, ㅡ, ㅣ' 3개의 기본자를 만들었다.

하늘의 둥근 모양을 본뜸.	땅의 평평한 모양을 본뜸.	사람이 서 있는 모양을 본뜸.

(2) 합성(초출): 기본자인 'ㆍ, ㅡ, ㅣ'를 서로 결합하여 만들었다.

예 ㅗ(ㆍ+ㅡ), ㅏ(ㅣ+ㆍ), ㅜ(ㅡ+ㆍ), ㅓ(ㆍ+ㅣ)

(3) 합성(재출): 기본자와 초출자를 결합하여 만들었다.

예 ㅛ(ㅣ+ㅗ), ㅑ(ㅣ+ㅏ), ㅠ(ㅣ+ㅜ), ㅕ(ㅣ+ㅓ)

→ 결합하는 기본자는 'ㅣ'이지만 표기는 'ㆍ'로 하였다. 이는 재출자 앞에 더해지는 소리를 'ㅣ'로 표시했을 때 모습이 일그러지는 일을 막기 위한 것으로 보인다.

(4) 합용: 초출자끼리 결합하거나, 기본자인 'ㅣ'를 그 외의 글자와 결합하여 만든 글자이다. 이때 적용된 원리는 자음의 병서 원리와 같이 이어 쓰는 것이다. 합용자는 기본자가 세 개 이상 결합한 것이다.

예 ㅘ: ㅗ+ㅏ, 초출자끼리의 결합, 기본자 'ㆍ, ㅡ, ㅣ, ㆍ' 네 개가 결합함.

ㅚ: ㅗ+ㅣ, 기본자와 초출자의 결합, 기본자 'ㆍ, ㅡ, ㅣ' 세 개가 결합함.

기본자	초출자	재출자	합용자
ㆍ	ㅗ, ㅏ	ㅛ, ㅑ	ㅘ, ㆎ, ㅚ, ㅐ, ㅒ, ㅙ
ㅡ	ㅜ, ㅓ	ㅠ, ㅕ	ㅝ, ㅢ, ㅟ, ㅔ, ㅖ, ㅞ
ㅣ			

 **개념 쏙쏙**

[30~32] 다음 모음의 기본자와 본뜬 모양을 바르게 연결하시오.

30 ㆍ　　　　　　　　　• ㉠ 평평한 땅의 모습

31 ㅡ ㆍ　　　　　　　　• ㉡ 사람이 서 있는 모습

32 ㅣ ㆍ　　　　　　　　• ㉢ 하늘의 둥근 모양

33 모음을 만든 원리는 (　　　　), 초출, (　　　　), 합용의 네 가지이다.

[34~37] 다음 설명이 맞으면 ○표, 틀리면 ×표를 하시오.

34 초출자는 기본 자음과 기본 모음을 결합하여 만들었다. (　　　)

35 모음 기본자는 총 3개이다. (　　　)

36 합용자는 기본 모음 하나로도 충분히 될 수 있다. (　　　)

37 모음 기본자의 창제 원리는 자음 기본자의 창제 원리와 같다. (　　　)

4. 한글의 우수성과 가치

1) 한글의 우수성

독창성	다른 나라의 문자를 모방하거나 변형하지 않고 세종 대왕이 새로운 원리에 따라 만들었다.
과학성	발음 기관과 하늘·땅·사람의 모양을 본떠 기본자를 만들고, 그것에 획을 더하여 새로운 글자를 만들었다.
경제성	자음 17개와 모음 11개, 총 28개의 문자를 가지고 많은 소리를 표현할 수 있다.
실용성	한 글자가 한 소리로 발음되는 일자 일음(一字一音)의 원리에 충실한 글자이므로 누구나 쉽게 읽고 쓸 수 있다.

2) 정보화 사회에서 한글이 지니는 가치

한글은 가획의 원리로 만들어졌고, 자음과 모음이 능률적으로 조합하며, 소리와 글자가 일대일로 대응한다. 따라서 자료를 입력하거나 처리하는 데 효율적이며, 음성 인식이나 음성 합성에도 유리하므로 휴대 전화나 컴퓨터 등에 널리 활용되고 있다.

3) 사회의 발전에 기여하는 한글

① 세계 여러 나라의 문맹률을 비교해 보면, 쉽게 배워 읽고 쓸 수 있는 한글 덕분에 우리나라의 문맹률이 매우 낮은 수준임을 알 수 있다.

② '세종 대왕 문해상'은 세계 각국에서 문맹 퇴치 사업에 가장 공이 많은 개인이나 단체에게 매년 유네스코가 시상하는 문맹 퇴치 공로상이다.

4) 한글의 발전을 위하여 우리가 할 수 있는 일

① 올바른 언어생활을 하고 있는지 항상 점검한다.

② 일상생활에서 지나치게 변형된 인터넷 언어를 쓰지 않는다.

③ 외국어 사용을 줄이고, 비속어나 필요 없는 줄임말을 쓰지 않도록 한다.

핵심 콕

* **한글에 관한 외국 학자들의 견해**

① 로버트 램지(미국 메릴랜드 대학 교수): 한글보다 뛰어난 문자는 세계에 없으며 한글은 세계의 알파벳이다.

② 재프리 샘슨(영국 언어학자): 한국은 매우 작은 나라이지만, 언어학자에게는 아주 중요한 나라이다. 15세기에 세종 대왕이 완전히 독창적이고 매우 훌륭한 음운 표기 문자를 창조했다. 많은 학자들이 한글을 '세계에서 가장 과학적인 문자 체계'라고 부르고 있다.

③ 베르너 사세(독일 함부르크 대학 교수): 서양이 20세기에 들어서 완성한 음운 이론을 세종 대왕은 그보다 5세기나 앞서 체계화했고, 한글은 전통 철학과 과학 이론이 결합한 세계 최고의 문자이다.

④ 레드야드(미국 언어학자): 한글은 그 무엇과도 비교할 수 없는 문자의 사치이며 세계에서 가장 진보된 문자이다.

⑤ 존 맨(영국 문화학자): 한글은 모든 언어가 꿈꾸는 최고의 알파벳이다.

개념 쏙쏙

[38~42] **다음 설명에 해당하는 말을 ▮보기▮에서 찾아 쓰시오.**

▮보기▮

경제성	과학성	독창성	정보화 시대	실용성

38 한글은 일자 일음의 원칙이 적용되므로 누구나 쉽게 읽고 쓸 수 있다. ( )

39 한글은 다른 글자를 모방하거나 변형하지 않고 독자적으로 창안한 글자이다. ( )

40 한글은 제한된 수의 문자만으로 어떤 소리든지 표현할 수 있다. ( )

41 한글은 자료를 입력하거나 처리하는 속도가 다른 글자에 비해 빠르고, 음성 인식이나 음성 합성에도 유리하므로 ( )에 경쟁력을 가진다.

42 한글은 발음 기관의 모양을 본뜨거나 기본 글자에 획을 더하는 방법으로 만들어졌다. ( )

[1~2] 다음 글을 읽고 물음에 답하시오.

(가) 울주 대곡리 반구대 암각화

(나) 壬申年六月十六日 二人幷誓記 天前誓

－「임신서기석」

〈현대어 풀이〉

임신년 6월 16일에 두 사람이 나란히 맹세하여 기록한다. 하늘 앞에 맹세한다.

🖐 내신 필수

01 (가)를 통해 알 수 있는 것으로 거리가 먼 것은?

① 선사 시대에도 생활에 필요한 의사소통을 했을 것이다.
② 선사 시대의 그림 문자는 의미를 가지고 있지는 않았을 것이다.
③ 선사 시대에는 사냥, 어로, 채집 등으로 생활을 영위해 나갔을 것이다.
④ 선사 시대에서의 즉각적인 의사소통은 음성과 몸짓, 표정 등으로 했을 것이다.
⑤ 선사 시대에 기록을 남겨야 할 때에는 나무나 바위 등 자연물에 그림을 그려 넣었을 것이다.

02 (나)의 표기 방식에 대한 설명으로 가장 알맞은 것은?

① 중국의 한문 어순과 정확히 일치하였다.
② 중간중간 한자로 토를 달아 우리말로 읽었다.
③ 문법적 의미와 실질적 의미를 나누어 표기하였다.
④ 한자로 적었으나 우리말 어순에 따라 표기하였다.
⑤ 한자의 음과 뜻을 때에 따라 선택하여 차용하였다.

03 보기 에 대한 설명으로 알맞은 것은?

┤보기├

ㄱ 素　那　　　ㄴ 金　川
　흴소 어찌 나　　쇠금 내 천

① ㄱ은 '소나'라고 읽는다.
② ㄴ은 '소천'이나 '금내'라고 읽는다.
③ 보기 는 한글과 함께 쓰이던 문자이다.
④ 보기 는 서로 다른 지명을 표기한 예이다.
⑤ 보기 는 모두 한글을 대체할 우수한 문자이다.

🖐 내신 필수

04 다음 표기 방법에 대한 설명으로 알맞지 않은 것은?

善化公主主隱	선화 공주님은
他密只嫁良置古	남 몰래 결혼하고
薯童房乙	맛둥서방을
夜矣卵乙抱遣去如	밤에 몰래 안고 가다.

－「서동요」

① 우리말 어순에 따라 표기하였다.
② 한자의 음과 뜻을 빌려와 표기하는 방식이다.
③ 우리말의 조사나 어미까지도 표기할 수 있었다.
④ 단어뿐 아니라 우리말 문장 전체를 적을 수 있었다.
⑤ 선사 시대부터 우리나라 전역에 걸쳐 두루 사용하였다.

주관식

05 차자 표기법으로 한자를 빌려 쓴 우리나라의 표기 방법 세 가지를 쓰시오.

[6-11] 다음 글을 읽고 물음에 답하시오.

世·솅宗종御·엉製·졩訓·훈民민正·정音름

나·랏·말쏘·미中듕國·귁·에달·아文문字·쭝·와·로
서르스뭇·디아·니홀·씨·이런젼·츠·로어·린百·빅姓·
셩·이니르·고·져·홇·배이·셔·도무·춤:내제·뜨·들시·
러펴·디·몯훓·노·미하·니·라·내·이·롤爲·윙·호·야:
어엿·비너·겨·새·로㉠·스·믈여·듧字·쭝·롤밍·ㄱ노·
니:사름·마·다·히·여:수·비니·겨㉡·날·로·뿌·메便뼌
安한·킈호·고·져홇뚜르·미니·라.
— 「훈민정음언해」

〈현대어 풀이〉
　　우리나라 말이 중국과 달라 한자와는 서로 통하지 아니한
다. 이런 까닭으로 어리석은 백성들이 말하고자 하는 바가
있어도 마침내 제 뜻을 펴지 못하는 사람이 많다. 내가 이것
을 가엾게 생각하여 새로 스물여덟 글자를 만드니, 모든 사
람으로 하여금 쉽게 익혀서 날마다 쓰는 데 편하게 하고자
할 따름이다.

06 이 글을 설명한 것으로 알맞은 것은?
① 훈민정음을 만든 방법을 설명하고 있다.
② 원래 한문본인 것을 현대어로 풀어 쓴 글이다.
③ 집현전 학자들이 세종 대왕에게 바치는 글이다.
④ 한글과 한문의 차이점을 구체적으로 알 수 있다.
⑤ 한글 창제 당시 이름이 '훈민정음'임을 알 수 있다.

📖 **내신 필수**
07 '훈민정음'의 창제 정신으로 볼 수 없는 것은?
① 자주 정신　　　② 애민 정신
③ 실용 정신　　　④ 창조 정신
⑤ 계몽 정신

08 이 글에 나타난 표기상의 특징이 <u>아닌</u> 것은?
① 이어 적기를 기본으로 하고 있다.
② 지금 쓰는 한글과 표기가 일치한다.
③ 훈민정음 28자에 속하지 않는 글자도 보인다.
④ 글자 왼쪽에 방점을 찍어 소리의 높낮이를 표시하
고 있다.
⑤ 한자음을 표기할 때는 반드시 초성(첫소리), 중성
(가운뎃소리), 종성(끝소리)을 갖추고 있다.

09 한글 창제 당시의 국어의 특징을 보여 주는 말이 <u>아닌</u>
것은?
① 문쭝　　　② 뜨·들　　　③ 펴디
④ 몯훓　　　⑤ 새로

⭐**중요**
10 ㉠에 대한 설명으로 알맞은 것은?
① 자음 11자와 모음 17자로 구성되어 있다.
② 자음은 상형, 가획의 원리만으로 만들었다.
③ 모음은 발음 기관을 상형하여 글자를 만들었다.
④ 자음은 상형의 원리로 총 4개의 기본자를 만들었다.
⑤ 모음은 상형의 원리로 총 3개의 기본자를 만들었다.

주관식
11 ㉡에 드러나는 한글 창제의 정신이 무엇인지 쓰시오.

12 초성에 쓰이는 자음의 기본자 제자 원리는?

① 상형　　② 가획　　③ 이체
④ 병서　　⑤ 연서

18 다음 중 초출자끼리 묶은 것은?

① ㅡ, ㅓ　　② ㅏ, ㅜ　　③ ㄴ, ㅛ
④ ㅛ, ㅠ　　⑤ ㅑ, ㅕ

중요
13 다음 중 초성의 기본자를 바르게 묶은 것은?

① ㄱ, ㄴ, ㅁ, ㅅ, ㅇ
② ㄱ, ㄴ, ㄹ, ㅁ, ㆁ
③ ㄷ, ㅂ, ㅈ, ㅋ, ㆆ
④ ㅊ, ㅋ, ㅌ, ㅍ, ㅎ
⑤ ㄲ, ㄸ, ㅃ, ㅆ, ㆅ

19 창제 당시의 훈민정음에 대한 설명으로 알맞지 <u>않은</u> 것은?

① 모음은 모두 17자이다.
② 자음과 달리 모음의 기본자는 총 3개이다.
③ 모음은 발음 기관의 모양을 본뜨지 않았다.
④ 모음은 주로 중성(가운뎃소리)으로 사용된다.
⑤ 모음은 자음과 달리 입안에서 공기의 흐름이 방해를 받지 않는다.

내신 필수
14 다음 중 훈민정음의 초성 17자가 <u>아닌</u> 것은?

① ㅈ　② ㅌ　③ ㅿ　④ ㅃ　⑤ ㅎ

중요
20 다음 중 한글의 우수성에 대해 <u>잘못</u> 말한 것은?

① 자음과 모음의 결합이 체계적이고 과학적이다.
② 한글은 상형을 기본으로 한 독창적인 글자이다.
③ 한글은 글자를 만든 이와 시기, 목적이 정확히 알려져 있다.
④ 한글은 읽기에 번거롭지만 적기에는 편리해 실용적인 글자이다.
⑤ 음소 문자이기에 적은 수의 음운으로 많은 글자를 만들어 낼 수 있다.

15 다음 중 제자 방식이 <u>다른</u> 하나는?

① ㅋ　② ㅌ　③ ㅊ　④ ㅎ　⑤ ㅍ

내신 필수
16 훈민정음의 모음 11자에 속하는 글자는?

① ㅢ　② ㅘ　③ ㅠ　④ ㅙ　⑤ ㅝ

21 다음 중 한글의 우수성과 관계가 <u>없는</u> 것은?

① 한글의 과학성
② 한글의 경제성
③ 한글의 독창성
④ 한글의 모방성
⑤ 한글의 실용성

주관식
17 초성 중에서 두 획을 더하여 만든 글자를 모두 쓰시오.

[22~25] 다음 글을 읽고 물음에 답하시오.

한글이 없던 시절에 우리 조상들은 일찍이 중국으로부터 한자를 받아들여 문자 생활을 하였다. 그런데 한자는 복잡한 글자여서 배우기가 무척 어려웠다. 그래서 글자를 아는 일부 계층을 제외한 대부분의 사람들은 한자를 제대로 읽고 쓸 수 없었다.

또 한자는 뜻글자여서 우리말을 적기에 매우 불편하였다. 다만 우리 조상들은 한자를 이용하여 우리말을 적으려는 여러 가지 노력을 하였다. 한 예로 ㉠'밤고개'라는 지명은 '栗(밤 률) 峴(고개 현)'이라고 적었다.

그런데 한자로써 우리말을 적는 이러한 문자 생활은 매우 불편할 수밖에 없었다. 무엇보다도 대부분의 사람들은 한자를 몰랐다. 그래서 백성들은 글자를 몰라 억울한 일을 당하기도 하는 등 큰 고충을 겪었다.

이와 같은 사정으로 우리말을 적을 쉬운 글자가 필요했다. 그래서 세종 대왕은 재위 25년(1443년)에 소리글자인 훈민정음을 창제하였다. 그리고 3년 뒤인 재위 28년(1446년)에 이 글자를 반포하여 백성들이 널리 쓰도록 하였다.

훈민정음은 자음 열일곱 자와 모음 열한 자의 스물여덟 자로 되어 있다. 이 적은 글자로 우리말을 자유롭게 적을 수 있다. 훈민정음은 글자 수도 적고 원리가 간단하여 배우기가 무척 쉬웠다. 그래서 글자를 모르던 백성들이 문자 생활을 하는 데 큰 도움이 되었다.

훈민정음은 그 이름 자체가 (㉡   )(이)라는 뜻으로서 문자를 몰라 고통을 받던 사람들을 위하여 만든 것이다. 훈민정음에는 백성을 위하는 애민 정신이 깃들어 있는 것이다.

훈민정음은 우리 사회가 발전하는 데 큰 도움이 되었다. 글자를 모르던 일반 백성들도 문자 생활을 하게 되어 사회 구성원들 간에 더 넓은 의사소통의 길이 열렸다. 또 질병의 치료법이나 생활 예절 등 다양한 정보를 글을 통해 널리 알릴 수 있게 되어 백성들이 더 나은 삶을 누리는 데 도움이 되었다.

현대에 이르러서도 한글 덕분에 많은 지식과 정보를 쉽고 빠르게 전달할 수 있다. 그 결과 교육, 언론, 산업 등 각 분야에서 우리 사회는 큰 발전을 이루게 되었다.

특히 오늘날 우리 사회는 간단하면서도 체계적인 한글 덕분에 컴퓨터 등 정보화 분야에서 크게 발전할 수 있었다. 한글은 우리 사회의 발전에 그 무엇보다도 크나큰 공헌을 하였다.

22 이 글을 통해 알 수 <u>없는</u> 것은?

① 한자는 표의 문자이다.
② 한자는 어려운 글자이다.
③ 한글은 백성들의 생활에 도움이 되었다.
④ 한글은 우리 사회 발전에 이바지하였다.
⑤ 백성들은 한글을 몰라 큰 고충을 겪기도 하였다.

23 ㉠과 관련된 설명으로 알맞은 것은?

① 읽을 때에는 '율현'으로 읽었을 것이다.
② 이런 표기 방식은 '향찰'의 영향을 받았다.
③ '밤고개'를 한자의 음만을 빌려와서 '栗峴'으로 표기했다.
④ 당시 지명은 '밤고개'와 '栗峴' 두 개의 이름을 지니고 있었다.
⑤ 한자를 이용해서 문자 생활이 불편하지 않았던 당시 생활을 알 수 있다.

24 이 글을 바탕으로 '훈민정음' 창제 이후의 백성들의 생활을 추리한 것으로 알맞지 <u>않은</u> 것은?

① 배우는 데 어려움이 많았을 것이다.
② 백성들 간의 의사소통이 활발했을 것이다.
③ 많은 지식과 정보를 빨리 습득할 수 있었을 것이다.
④ 질병을 가진 사람의 치료도 수월하게 되었을 것이다.
⑤ 생활 예절을 습득함으로써 더 나은 삶을 누릴 수 있었을 것이다.

주관식
25 ㉡에 들어갈 말을 4어절로 쓰시오.

[1~6] 다음 글을 읽고 물음에 답하시오.

(가) 壬申年六月十六日 二人幷誓記 天前誓

　　　　　　　　　　　　　　　　　－「임신서기석」

〈현대어 풀이〉

　임신년 6월 16일에 두 사람이 나란히 맹세하여 기록한다. 하늘 앞에 맹세한다.

(나) 善化公主主隱　　　선화 공주님은
　　　他密只嫁良置古　　남 몰래 결혼하고
　　　薯童房乙　　　　　맛둥서방을
　　　夜矣卵乙抱遣去如　밤에 몰래 안고 가다.

　　　　　　　　　　　　　　　　　　－「서동요」

내신 필수

01 다음 중 (가)의 표기 방식에 대한 설명으로 알맞은 것은?

① 한글과 함께 사용된 표기법이다.
② 한자와 중국어의 어순을 그대로 수용하여 표기한 방식이다.
③ 한자는 수용하되, 우리말의 어순에 맞게 배열하여 표기한 방식이다.
④ 단어 문자인 한자를 빌려 음소 문자식으로 바꾸어 표기한 방식이다.
⑤ 구나 절은 한문을 그대로 표기하고, 조사와 어미는 한자의 뜻이나 음을 빌려 표기한 방식이다.

02 (나)의 표기 방식과 같이 우리말을 표기한 것으로 알맞은 것은?

① I lunch eat. (나는 점심을 먹는다.)
② I go to school. (나는 학교에 간다.)
③ Your What name? (너의 이름은 뭐니?)
④ Is he Korean. (그는 한국인이다.)
⑤ She loves you. (그녀는 너를 사랑한다.)

03 (나)에 대한 설명으로 알맞지 않은 것은?

① 한자를 바탕으로 새로운 문자를 완성하였다.
② 한자 본래의 뜻과 상관없는 표기도 사용했다.
③ 우리 선조들의 주체적인 표기 방식을 보여 준다.
④ 고대 국어의 모습을 알 수 있는 귀중한 자료이다.
⑤ 대체로 실질 형태소는 한자의 뜻을 빌려 표기하였다.

중요 04 (나)를 참고할 때 다음 ㉠~㉫ 중 뜻을 빌려 표기한 한자로 알맞은 것은?

善	化	公	主	主	隱
㉠	㉡	㉢	㉣	㉤	㉥

① ㉠, ㉡　　　② ㉢　　　③ ㉣, ㉤
④ ㉤　　　⑤ ㉥

주관식

05 (나)를 활용하여 ▌보기▌를 한 문장으로 된 우리말로 풀이하시오.

▌보기▌

吾隱 汝乙 愛如

한자	吾	汝	愛
뜻	나	너	사랑할
음	오	여	애

서술형

06 (가)와 (나)의 표기 방식에 따른 차이점을 서술하시오.

07 우리 조상들이 한자를 빌려 쓴 이유에 대한 설명으로 알맞은 것은?

① 한자가 쓰기 편했기 때문에
② 바위에 그림을 새기기가 힘들어서
③ 중국이 강제로 사용하기를 권해서
④ 우리말을 표기할 고유한 문자가 없었으므로
⑤ 우리글보다 뛰어난 문자를 가지고 있었기 때문에

08 우리가 고대 국어의 모습을 정확히 알기 어려운 이유로 알맞은 것은?

① 우리말과 우리글이 없었기 때문에
② 인쇄술이 발달하지 못했기 때문에
③ 한자의 음과 뜻을 빌려 사용했기 때문에
④ 어려운 암호 형식으로 기록되었기 때문에
⑤ 당시에는 지금과는 다른 말을 사용했기 때문에

내신 필수

09 훈민정음에 대한 설명으로 알맞은 것은?

① 한자의 음과 뜻을 빌려 만든 문자이다.
② 중국의 눈치를 보고 창제한 흔적이 보인다.
③ 제자 원리를 밝히고 있어서 그 가치가 높다.
④ 한자에 토를 달기가 편리하도록 창제되었다.
⑤ 창제의 의도를 알 수 없다는 것이 한계로 지적된다.

10 다음 중 제자 원리가 <u>다른</u> 것은?

① ㄱ ② ㄴ ③ ㅿ ④ ㅡ ⑤ ㅣ

11 다음은 훈민정음의 제자 원리를 정리한 것이다. 빈칸에 들어갈 말로 알맞은 것은?

원리	방법	예	
㉠	발음 기관의 모양을 본떠서 만듦.		
가획	기본 글자에 획을 더하여 만듦.	한 획	ㅋ, ㄷ, ㅂ, ㅈ, ㆆ
		두 획	㉢
이체	㉣	㉤	

① ㉠: 이두
② ㉡: ㄱ, ㄴ, ㅁ, ㅈ, ㆁ
③ ㉢: ㅋ, ㅌ, ㅍ, ㅎ
④ ㉣: 기본 글자들을 서로 합하여 만듦.
⑤ ㉤: ㆁ, ㄹ, ㅿ

중요 12 자음의 기본자가 소리 나는 위치와 그 상형의 원리를 <u>잘못</u> 설명한 것은?

① 어금닛소리: 혀뿌리가 목구멍을 막는 모양을 본뜸.
② 혓소리: 혀끝의 모양을 본뜸.
③ 입술소리: 입술의 모양을 본뜸.
④ 잇소리: 이의 모양을 본뜸.
⑤ 목소리: 목구멍의 동그란 단면 모양을 본뜸.

13 자음이 소리 나는 위치와 그 예를 올바르게 짝지은 것은?

① 어금닛소리: ㄴ ② 혓소리: ㆁ
③ 입술소리: ㆆ ④ 잇소리: ㅿ
⑤ 목소리: ㄷ

14 다음 중 기본자와 가획자의 관계가 바르지 <u>않은</u> 것은?

① ㄱ – ㅋ ② ㄴ – ㅌ ③ ㅅ – ㅊ
④ ㅇ – ㆁ ⑤ ㅁ – ㅂ

15 발음 기관의 모양을 본떠서 만든 글자가 아닌 것은?

① ㄱ   ② ㄴ   ③ ㅅ   ④ ㅁ   ⑤ ㅈ

📖 내신 필수

16 다음 중 자음에 대한 설명으로 알맞지 않은 것은?

① 기본자는 총 5개의 글자이다.
② 'ㆆ, ㄹ, ㅿ'은 모양을 달리하여 만든 글자이다.
③ 기본자에 획을 더하여 만든 것을 '가획자'라 한다.
④ 'ㄲ, ㄸ, ㅃ, ㅆ, ㅉ, ㆅ'은 병서의 원리를 적용하여 만들었다.
⑤ 'ㅸ, ㅱ, ㆄ' 등은 글자를 위아래로 이어 쓰는 연서의 원리를 적용하였다.

📌 고난도

17 다음 중 한글 자음의 병서 원리에 대한 설명으로 알맞지 않은 것은?

① 글자를 가로로 나란히 쓰는 원리이다.
② 소리의 세기에 따라 획을 더하는 원리이다.
③ 합용 병서는 ㅂ계열, ㅅ계열, ㅄ계열이 있다.
④ 합용 병서는 다른 글자를 나란히 쓰는 것이다.
⑤ 각자 병서는 같은 글자를 나란히 쓰는 것이다.

18 다음 중 제자 원리가 같은 글자끼리 바르게 묶은 것은?

① ㄱ, ㄴ, ㄷ   ② ㄷ, ㅅ, ㅎ
③ ㅋ, ㅊ, ㅍ   ④ ㆁ, ㄹ, ㅿ
⑤ ㆁ, ㆆ, ㄹ

[19~20] 다음 글을 읽고 물음에 답하시오.

　자음자를 만든 첫 번째 원리는 (㉠)의 원리이다. 즉 자음자 가운데 다섯 개의 글자를 발음 기관의 모양을 본떠서 만들었다.
　이 가운데 'ㄱ, ㄴ'의 두 글자는 발음할 때 혀의 모양을 본뜬 것이다. 즉 'ㄱ'을 발음할 때는 혀 뒤가 올라가 목구멍을 막고 혀의 앞부분이 내려오는데, 이러한 혀의 모양을 본뜬 것이다. 또 'ㄴ'을 발음할 때는 혀의 앞부분이 올라가 윗잇몸에 닿는데, 이러한 혀의 모양을 본떠 글자를 만든 것이다. 'ㅁ, ㅅ, ㅇ'은 발음 기관 자체의 모양을 본뜬 것이다. 'ㅁ'은 입의 모양을 본떠 만들고, 'ㅅ'은 이의 모양을 본떠 만들고, 'ㅇ'은 목구멍의 모양을 본떠 만들었다.
　자음자를 만든 두 번째 원리는 '가획'의 원리이다. 이는 'ㄱ, ㄴ, ㅁ, ㅅ, ㅇ'의 기본자에다 획을 더하여 새 글자를 만드는 방식이다. 예를 들어 'ㄱ'에 획을 하나 더하여 'ㅋ'을 만들었다. 또 'ㄴ'에 획을 하나 더하여 'ㄷ'을 만들고, 다시 여기에 획을 하나 더하여 'ㅌ'을 만들었다. 이와 같은 방식으로 'ㅂ, ㅍ, ㅈ, ㅊ, ㆆ, ㅎ'의 나머지 글자들도 만들었다.
　한편 'ㆁ, ㄹ, ㅿ'의 세 글자는 이와 다른 방식으로 만들었다. 즉 이 글자들은 기본자에 획을 더한 것이 아니라 모양을 달리하여 만든 것이다.

📖 내신 필수

19 이 글의 내용과 일치하지 않는 것은?

① 'ㄱ'은 혀가 목구멍을 막고 혀의 앞부분이 아랫잇몸에 닿는 모양을 본뜬 것이다.
② 'ㄴ'은 혀의 앞부분이 올라가 윗잇몸에 닿는 모양을 본뜬 것이다.
③ 'ㅁ'은 입의 모양을 본뜬 것이다.
④ 'ㅅ'은 이의 모양을 본뜬 것이다.
⑤ 'ㅇ'은 목구멍 모양을 본뜬 것이다.

🔶 주관식

20 ㉠에 들어갈 알맞은 말을 쓰시오.

[21~23] 다음 표를 보고 물음에 답하시오.

소리의 종류	기본자	가획자	이체자
어금닛소리	ㄱ	ㅋ	ㆁ
혓소리	ㄴ	ㄷ, (㉠)	ㄹ
입술소리	ㅁ	ㅂ, (㉡)	
잇소리	ㅅ	ㅈ, ㅊ	ㅿ
목소리	ㅇ	(㉢), ㅎ	

중요
21 이 표에 대한 설명으로 알맞지 <u>않은</u> 것은?
① 'ㅋ'은 두 획을 가획한 글자이다.
② 'ㄷ'은 한 획을 가획한 글자이다.
③ 이체자는 'ㆁ, ㄹ, ㅿ'이 전부이다.
④ '입술소리'는 입술의 모양을 상형한 글자이다.
⑤ 'ㄱ', 'ㄴ'은 발음할 때 혀의 모양을 상형한 글자이다.

22 이 표의 ㉠~㉢에 들어갈 자음으로 알맞은 것은?

	㉠	㉡	㉢
①	ㅎ	ㅍ	ㆆ
②	ㅍ	ㆅ	ㅌ
③	ㅌ	ㅎ	ㅍ
④	ㆆ	ㆀ	ㅌ
⑤	ㅌ	ㅍ	ㆆ

23 |보기|에 쓰인 단어의 자음에 대한 설명으로 알맞지 <u>않은</u> 것은?

|보기|
世·솅宗종御·엉製·졩訓·훈民민正·정音흠

① 이체자가 들어 있다.
② '종'의 종성은 이체자이다.
③ 기본자가 모두 다 들어 있다.
④ 한 번 가획한 글자는 총 4번 쓰였다.
⑤ '훈'에는 두 번 가획한 자음이 들어 있다.

[24~27] 다음 표를 보고 물음에 답하시오.

창제 원리	기본자	초출자	재출자
㉠	·	ㅗ, ㅏ	ㅛ, ㅑ
㉡	ㅡ	ㅜ, ㅓ	ㅠ, ㅕ
㉢	ㅣ		

내신 필수
24 이 표에 대한 설명으로 알맞은 것은?
① 재출자 중에서 'ㅑ, ㅕ'는 원순 모음이다.
② 초출자는 '·'가 없어도 만들어질 수 있다.
③ 재출자는 기본자끼리 결합하여 만들어졌다.
④ '·, ㅗ, ㅏ, ㅛ, ㅑ'는 창제 원리가 같은 글자이다.
⑤ 재출자는 발음 도중에 입의 모양이나 혀의 위치가 변한다.

내신 필수
25 재출자의 설명으로 알맞지 <u>않은</u> 것은?
① 총 4개이다.
② 이중 모음이다.
③ 천지인(天地人)을 상형하여 만들었다.
④ 기본자와 초출자를 결합하여 만들었다.
⑤ 원순 모음과 평순 모음으로 나누어진다.

주관식
26 초출자의 네 글자는 어떤 글자를 결합해서 만들었는지 쓰시오.
(1) ㅗ:
(2) ㅏ:
(3) ㅜ:
(4) ㅓ:

서술형
27 이 표의 ㉠, ㉡, ㉢에 알맞은 내용을 서술하시오.
(1) ㉠:
(2) ㉡:
(3) ㉢:

[28~32] 다음 글을 읽고 물음에 답하시오.

> 모음자를 만든 첫 번째 원리 역시 '상형'의 원리이다. 즉 하늘과 땅과 사람의 모습을 본떠 세 글자를 먼저 만들었다. '·'는 하늘의 둥근 모양을 본떠 만들고, 'ㅡ'는 땅의 평평한 모양을 본떠 만들고, 'ㅣ'는 사람이 서 있는 모양을 본떠 만들었다.
>
> ㉠모음자를 만드는 두 번째 원리는 '·'를 나머지 글자와 합하여 만드는 방식이다. 즉 '·'와 'ㅡ'를 결합하면서 '·'를 'ㅡ'의 위쪽과 아래쪽에 두는 데에 따라 'ㅗ'와 'ㅜ' 글자를 만들었다. 또 '·'와 'ㅣ'를 결합하면서 '·'를 'ㅣ'의 오른쪽과 왼쪽에 두는 데에 따라 'ㅏ'와 'ㅓ' 글자를 만들었다.
>
> 그다음에 'ㅣ'에서 시작하여 'ㅗ, ㅏ, ㅜ, ㅓ'로 끝나는 이중 모음의 글자는 '·'를 하나 더 더한 모양으로 'ㅛ, ㅑ, ㅠ, ㅕ'와 같이 만들었다.
>
> 훈민정음은 이와 같이 만든 스물여덟 글자 이외에 ㉡의 글자들을 서로 합하는 방식으로 만든 글자들이 더 있었다. 예를 들어 자음의 'ㄲ'은 같은 글자를 나란히 써서 만든 글자이고, 'ㅆ'은 다른 글자를 나란히 써서 만든 글자이다.
>
> 또 오늘날엔 사라졌지만 'ㅸ'처럼 ㉢위아래로 이어 써서 글자를 만들기도 했다. 모음의 경우 'ㅐ'처럼 두 개의 모음자를 합하여 여러 글자를 더 만들었다. 이와 같이 각 글자를 합하여 만든 글자들로 ㉣스물여덟 글자의 소리 외에 다양한 말소리를 나타냈던 것이다.

29 다음 중 밑줄 친 ㉠의 명칭으로 알맞은 것은?

① 가획의 원리 　　② 병서의 원리
③ 상형의 원리 　　④ 합용의 원리
⑤ 합성의 원리

30 다음 중 ㉡에 포함되지 않는 글자는?

① ㄸ　② ㄶ　③ ㅃ　④ ㅆ　⑤ ㅉ

고난도 ◀

31 다음 중 ㉢에 대한 설명으로 올바르지 <u>않은</u> 것은?

① 그 예로 'ㅱ, ㅸ, ㆄ' 등이 있다.
② 훈민정음의 기본자에는 포함되지 않는다.
③ 오늘날에는 모두 사라져서 쓰이지 않는다.
④ 모음에는 나타나지 않는 자음만의 제자 원리이다.
⑤ 이와 같이 위아래로 이어 써서 글자를 만드는 방법을 '병서'라고 한다.

내신 필수

28 위 글의 내용과 일치하지 <u>않는</u> 것은?

① '·'와 'ㅡ'를 합하면 'ㅗ' 또는 'ㅜ'가 된다.
② 두 개의 모음을 합하여 글자를 만들기도 하였다.
③ 모음 기본자도 '상형'의 원리를 바탕으로 하였다.
④ 'ㅛ, ㅑ, ㅠ, ㅕ'는 'ㅣ'에서 시작하는 이중 모음의 글자이다.
⑤ 'ㅸ'은 현재에는 쓰이지 않지만 훈민정음 창제 당시 스물여덟 글자에는 포함된다.

주관식

32 ㉣에 해당하는 글자 중에서 자음을 모두 쓰시오.

33 훈민정음의 모음에 대한 설명으로 알맞지 <u>않은</u> 것은?

① 기본 글자는 'ㆍ, ㅡ, ㅣ'이다.
② 초출자는 기본 글자를 서로 결합하여 만든 것이다.
③ 기본 글자 중 'ㆍ'는 하늘의 모양을 상형한 것이다.
④ 재출자는 초출자에 기본자를 결합하여 만든 것이다.
⑤ 훈민정음의 모음은 기본자, 초출자, 재출자가 전부이다.

34 다음 중 모음을 결합하는 방법을 <u>잘못</u> 설명한 것은?

	모음	결합 방법
①	ㅘ	ㅗ + ㅏ
②	ㅝ	ㅜ + ㅓ
③	ㅢ	ㆍ + ㅡ + ㅣ
④	ㅙ	ㅗ + ㅏ + ㅣ
⑤	ㅞ	ㅜ + ㆍ + ㅓ

고난도

35 다음 자음과 모음 중 올바르게 설명한 것은?

① ㅿ : 반치음으로 잇소리이며, 현대에도 쓰이는 글자이다.
② ㆍ : '아래아'라고 하며, 창제 당시 'ㅏ'와 발음이 같았다.
③ ㆁ : '옛이응'이라고 하며, 첫소리에만 쓰였다.
④ ㅘ : 기본자를 결합하여 만든 글자이다.
⑤ ㆆ : '여린히읗'이라고 하며, 주로 한자어 표기에 사용되었다.

서술형

36 | 보기 |에서 한글과 로마자의 가장 큰 차이점이 무엇인지 쓰시오.

| 보기 |
> 로마자: Daehanminguk
> 한 글: 대한민국

37 한글이 지니는 가치로 알맞지 <u>않은</u> 것은?

① 민족 문화 발전의 근간이 되었다.
② 소리와 글자가 일대일로 대응해서 익히기 쉽다.
③ 과학적이고 독창적이어서 세계 문자의 수준을 높였다.
④ 중국의 문화로부터 완전히 벗어날 수 있는 계기가 되었다.
⑤ 다른 어느 문자보다 배우기 쉬워 우리나라의 문맹률을 낮췄다.

38 다음 사진이 드러내는 한글의 우수성을 <u>잘못</u> 설명한 것은?

① 몇 개의 낱자로 수많은 글자를 만들 수 있다.
② 점점 소형화되는 기기들에 매우 적합한 글자이다.
③ 많은 내용을 줄여서 입력하는 압축 방법을 적용할 수 있다.
④ 정보통신 기기들을 사용할 때 매우 유용하고 실용적인 글자이다.
⑤ 자판의 수가 적어 이동성과 휴대성이 필요한 모바일 기기에 적합하다.

39 한글의 발전을 위하여 우리가 할 수 있는 것이 <u>아닌</u> 것은?

① 외국어 사용을 줄인다.
② 올바른 언어생활을 한다.
③ 새로운 어휘를 많이 만들어 낸다.
④ 지나치게 변형된 인터넷 언어는 자제한다.
⑤ 비속어나 필요 없는 약어(略語)를 쓰지 않는다.

성취기준 • 국어의 음운 체계와 문자 체계를 이해하고 국어생활에 활용한다. ➡ 2학년

핵심 콕

✱ 음운

음성 중에서 말의 뜻을 구별해 주는 가장 작은 소리의 단위를 음운이라고 한다.

1. 음운의 개념과 특성

1) 음운의 개념

- 음향(音響): 자연계에서 일어나는 모든 소리
- 음성(音聲): 사람의 발음 기관을 통해 내는 구체적이고 물리적인 소리
- 음운(音韻): 말의 뜻을 구별해 주는 가장 작은 소리의 단위

예

| 밤 | 담 | 곰 | 김 | 갓 | 강 |

➡ '밤'과 '담'은 'ㅂ'과 'ㄷ'의 차이로 뜻이 달라진다. '곰'과 '김'은 'ㅗ'와 'ㅣ'로, '갓'과 '강'은 'ㅅ'과 'ㅇ'으로 인해 뜻이 달라진다. 그러므로 'ㅂ'과 'ㄷ', 'ㅗ'와 'ㅣ', 'ㅅ'과 'ㅇ'은 음운이다.

2) 음운의 특성

① 음운은 말을 쓰는 사람들의 머릿속에 기억되어 동일한 소릿값을 가졌다고 인식되는 추상적이고 관념적인 소리이다.

② 각 언어마다 음운의 수는 다르다.

③ 문자로 나타낼 수 있는 음운의 수는 한정되어 있다.

✱ 음운의 종류

① 음운은 분절 음운과 비분절 음운으로 나뉜다.

② 분절 음운을 음소, 비분절 음운을 운소라고 하며, 이들의 첫 글자를 따서 음운이라고 한다.

③ 음소에는 자음과 모음이 있고, 운소에는 소리의 길이, 높낮이, 강세, 억양 등이 있다.

구분	음성	음운
공통점	① 사람의 소리 ② 분절적임.(체계와 구조를 지님.) ③ 말소리의 최소 단위	
차이점	① 구체적, 물리적, 개인적 소리 ② 사람마다 다름. ③ 의미와 무관함. ④ 실제 발음 기관을 통한 소리 ⑤ 음운의 음성적 실현 단위	① 추상적, 관념적, 사회적 소리 ② 모두 같은 소리로 인식함. ③ 의미를 지님. ④ 사람이 생각하고 있는 추상적 소리 ⑤ 변별적 기능을 지닌 소리의 최소 단위

개념 쏙쏙

[1~3] 다음 용어와 해당하는 설명을 알맞게 연결하시오.

1 음향 •

    • ㉠ 자연계에서 일어나는 모든 소리

2 음성 •

    • ㉡ 말의 뜻을 구별해 주는 가장 작은 소리의 단위

3 음운 •

    • ㉢ 사람의 발음 기관을 통해 내는 구체적이고 물리적인 소리

[4~7] 다음 설명이 맞으면 ○표, 틀리면 ×표를 하시오.

4 음성과 음운은 모두 사람이 내는 소리이다. (　　)

5 '밤'과 '담'의 뜻이 달라지게 하는 음운은 'ㅏ'이다. (　　)

6 음성은 실제 발음 기관을 통해 나는 소리를 말하며, 음운은 사람이 생각하고 있는 추상적인 소리를 말한다. (　　)

7 지구 상에 존재하는 모든 언어는 음운의 수가 같다. (　　)

2. 음운과 음절

① 실제 발음할 수 있는 최소 단위를 '음절'이라고 한다. 음운이 모여서 음절을 이룬다.

　　⑩ ㄱ + ㅏ + ㅁ → 감: 음운 3개가 모여서 하나의 음절이 된다.

② 국어의 음절은 첫소리, 가운뎃소리, 끝소리로 이루어진다.

③ 음절의 첫소리와 끝소리는 자음, 가운뎃소리는 모음으로 이루어져 있다.

④ 음절의 첫소리에 오는 'ㅇ'은 음운이 아닌, 첫소리가 없을 때 그 자리를 채우는 형식적인 자음이다.

　　⑩ ┌ 아: 모음 1개로 이루어진 음절
　　　　└ 운: '모음+자음'의 2개의 음운으로 이루어진 음절

⑤ 국어 음절의 구조는 모두 네 가지 종류이다.

음절의 구조		예
모음	가운뎃소리로만 이루어진 음운	아, 오, 웨
모음+자음	가운뎃소리와 끝소리로 이루어진 음운	앞, 올, 원
자음+모음	첫소리와 가운뎃소리로 이루어진 음운	가, 두, 호
자음+모음+자음	첫소리, 가운뎃소리, 끝소리로 이루어진 음운	감, 풀, 활

⑥ 모음은 홀로 음절이 될 수 있지만, 자음은 홀로 음절이 될 수 없다. 따라서 모음은 홀로 소리 날 수 있지만, 자음은 홀로 소리 날 수 없다.

　　⑩ ┌ ㅏ: 모음 1개로 음절이 되며, 홀로 소리 날 수 있다.
　　　　└ ㄱ: 자음 1개이며 음절이 되지 못하고, 홀로 소리 나지도 못한다.

✱ 모음에 따른 음절의 모습

①
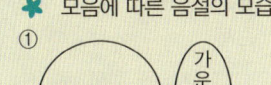

⑩ 강, 산, 밤, 낮

②
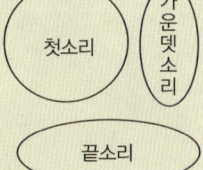

⑩ 문, 곰, 손, 풀

③
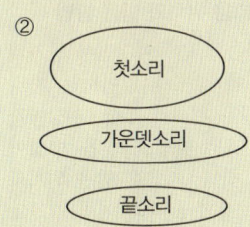
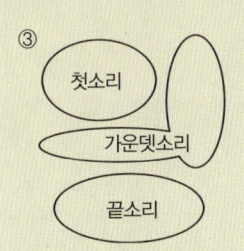

⑩ 권, 왕, 쾅, 활

개념 쏙쏙

[8~11] 다음 빈칸에 알맞은 말을 쓰시오.

8 음절은 실제 (　　　　)을/를 할 수 있는 최소 단위이다.

9 음절은 (　　　　)이/가 모여서 이루어진다.

10 국어의 음절은 첫소리, (　　　　), 끝소리로 이루어진다.

11 국어 음절의 구조는 모두 (　　　　) 가지 종류이다.

[12~17] ▌보기▐에서 다음 음절의 구조에 해당하는 것을 고르시오.

▌보기▐
ㄱ 모음　　　　　　　ㄴ 모음+자음
ㄷ 자음+모음　　　　ㄹ 자음+모음+자음

12 하 (　　　)　　　**13** 앞 (　　　)

14 밥 (　　　)　　　**15** 이 (　　　)

16 왕 (　　　)　　　**17** 풀 (　　　)

07 음운의 체계와 특성

❋ **국어사전에서 자음의 배열 순서**

ㄱ, ㄲ, ㄴ, ㄷ, ㄸ, ㄹ, ㅁ, ㅂ, ㅃ, ㅅ, ㅆ, ㅇ, ㅈ, ㅉ, ㅊ, ㅋ, ㅌ, ㅍ, ㅎ

❋ **발음 위치와 발음 방법**

자음이 만들어지면서 공기의 흐름에 장애가 일어나는 자리를 발음 위치라고 하고, 장애가 일어나는 방법을 발음 방법이라고 한다. 자음은 발음 위치와 발음 방법에 따라 여러 갈래로 나뉜다.

3. 음운의 종류

1) 자음

(1) 뜻: 소리를 낼 때 공기의 흐름이 발음 기관의 장애를 받는 소리이다.

(2) 종류: 기본 자음 14개(ㄱ, ㄴ, ㄷ, ㄹ, ㅁ, ㅂ, ㅅ, ㅇ, ㅈ, ㅊ, ㅋ, ㅌ, ㅍ, ㅎ)와 된소리 5개(ㄲ, ㄸ, ㅃ, ㅆ, ㅉ)로 총 19개이다.

① 발음 위치에 따른 분류: 자음을 소리 나는 발음 기관의 위치에 따라 분류한 것이다. 두 입술에서 나는 입술소리, 혀끝과 윗잇몸이 닿아서 나는 잇몸소리, 혓바닥과 센입천장 사이에서 나는 센입천장소리, 혀 뒤와 여린입천장 사이에서 나는 여린입천장소리, 목청 사이에서 나는 목청소리로 나눌 수 있다.

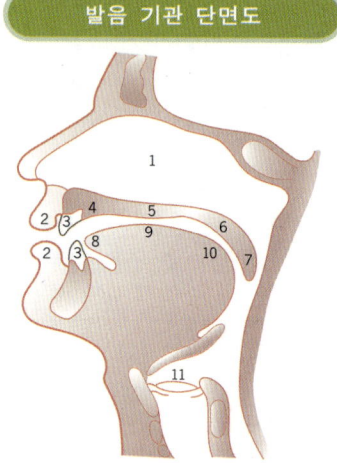

발음 기관 단면도

1. 코안
2. 입술
3. 이
4. 윗잇몸
5. 센입천장
6. 여린입천장
7. 목젖
8. 혀끝
9. 혓바닥
10. 혀 뒤
11. 목청

자음의 종류	입술소리	잇몸소리	센입천장소리	여린입천장소리	목청소리
발음 위치	2	4와 8	5와 9	6과 10	11

개념 쏙쏙

[18~20] 다음 설명이 맞으면 ○표, 틀리면 ×표를 하시오.

18 자음은 소리를 낼 때 공기의 흐름이 발음 기관의 장애를 받지 않는 소리이다. ( )

19 국어의 자음은 기본 자음 14개와 된소리 5개로 총 19개이다. ( )

20 국어의 자음은 발음 위치에 따라 총 다섯 가지로 분류된다. ( )

[21~23] 보기에서 다음 빈칸에 들어갈 말을 고르시오.

┌ 보기 ┐
㉠ 혀끝   ㉡ 혓바닥   ㉢ 혀 뒤
㉣ 윗잇몸   ㉤ 센입천장   ㉥ 여린입천장

21 잇몸소리는 발음 기관 중에서 ( )와/과 ( )이(가) 닿아서 나는 소리이다.

22 센입천장소리는 발음 기관 중에서 ( )와/과 ( ) 사이에서 나는 소리이다.

23 여린입천장소리는 발음 기관 중에서 ( )와/과 ( ) 사이에서 나는 소리이다.

② 발음 방법에 따른 분류: 자음을 소리 나는 방법에 따라 분류한 것이다. 발음할 때 목청이 떨리지 않는 소리를 안울림소리라고 하고, 발음할 때 목청이 떨리면서 나는 소리는 울림소리라고 한다.

안울림 소리	파열음	허파에서 나오는 공기의 흐름을 완전히 막았다가 터뜨리면서 내는 소리
	파찰음	파열 후에 마찰을 일으키면서 내는 소리
	마찰음	공기가 나오는 발음 기관의 공간을 좁혀 마찰을 일으키면서 내는 소리
울림 소리	비음	여린입천장과 목젖을 내려 공기가 코로 들어가도록 하여 내는 소리
	유음	혀끝을 잇몸에 가볍게 대었다가 떼거나 혀끝을 윗잇몸에 댄 채 공기를 그 양 옆으로 흘려보내면서 내는 소리

③ 소리의 세기에 따른 분류: 자음을 소리의 세기에 따라 분류한 것이다. 발음 기관에 힘이 비교적 조금 들어가서 약하게 숨을 내쉴 때 만들어지는 예사소리, 강하고 단단한 느낌을 주는 된소리, 거세고 거친 느낌을 주는 거센소리가 있다.

(3) 자음 체계표

발음 방법		발음 위치 → 입술소리	잇몸소리	센입천장 소리	여린입천장 소리	목청소리
안울림 소리	파열음 예사소리	ㅂ	ㄷ		ㄱ	
	파열음 된소리	ㅃ	ㄸ		ㄲ	
	파열음 거센소리	ㅍ	ㅌ		ㅋ	
	파찰음 예사소리			ㅈ		
	파찰음 된소리			ㅉ		
	파찰음 거센소리			ㅊ		
	마찰음 예사소리		ㅅ			ㅎ
	마찰음 된소리		ㅆ			
울림 소리	비음	ㅁ	ㄴ		ㅇ	
	유음		ㄹ			

개념 쏙쏙

[24~26] 다음 자음의 발음 방법에 해당하는 설명을 알맞게 연결하시오.

24 파열음 •

• ㉠ 파열 후에 마찰을 일으키면서 내는 소리

25 파찰음 •

• ㉡ 발음 기관을 좁혀 마찰을 일으키면서 내는 소리

26 마찰음 •

• ㉢ 공기의 흐름을 완전히 막았다가 터뜨리면서 내는 소리

27 다음 자음 중 거센소리에 해당하는 것은?
① ㄱ   ② ㄸ   ③ ㅍ
④ ㅉ   ⑤ ㅅ

28 파찰음이면서 된소리에 해당하는 것은?
① ㅋ   ② ㄷ   ③ ㅃ
④ ㅉ   ⑤ ㅆ

29 다음 중 울림소리가 아닌 것은?
① ㅁ   ② ㅂ   ③ ㄴ
④ ㅇ   ⑤ ㄹ

★ 국어사전에서 모음의 배열 순서

ㅏ, ㅐ, ㅑ, ㅒ, ㅓ, ㅔ, ㅕ, ㅖ, ㅗ, ㅘ, ㅙ, ㅚ, ㅛ, ㅜ, ㅝ, ㅞ, ㅟ, ㅠ, ㅡ, ㅢ, ㅣ

2) 모음

(1) 뜻: 소리를 낼 때 공기의 흐름이 발음 기관의 장애를 받지 않고 나오는 소리이다. 모음은 모두 울림소리에 해당한다.

(2) 종류: 단모음 10개(ㅏ, ㅐ, ㅓ, ㅔ, ㅗ, ㅚ, ㅜ, ㅟ, ㅡ, ㅣ)와 이중 모음 11개(ㅑ, ㅒ, ㅕ, ㅖ, ㅘ, ㅙ, ㅛ, ㅝ, ㅞ, ㅠ, ㅢ)로 총 21개이다.

① 발음 기관의 고정 유무에 따른 분류: 발음할 때 입술이나 혀가 한 위치에 고정된 채 발음되는 단모음과 혀의 위치나 입술 모양이 처음과 나중이 달라지는 이중 모음으로 나눌 수 있다.

② 혀의 앞뒤 위치에 따른 분류: 단모음 중에서 발음할 때 혀의 위치가 앞에 있는 것을 전설 모음, 뒤에 있는 것을 후설 모음으로 분류할 수 있다.

③ 입술 모양에 따른 분류: 단모음 중에서 입술이 동그랗게 오므려지면서 발음하는 것을 원순 모음, 입술이 편평하게 발음되는 것을 평순 모음으로 분류할 수 있다.

④ 혀의 높낮이에 따른 분류: 단모음을 발음할 때 혀의 높이가 높은지 낮은지에 따라 분류하는 방법이다. 입이 조금만 열려서 혀의 위치가 입천장 가까이 있는 것을 고모음, 입이 많이 열려서 혀의 위치가 낮은 것을 저모음, 그 중간쯤 되는 것을 중모음으로 분류한다.

(3) 단모음 체계표

혀의 앞뒤 위치 입술 모양 혀의 높낮이	전설 모음		후설 모음	
	평순 모음	원순 모음	평순 모음	원순 모음
고모음	ㅣ	ㅟ	ㅡ	ㅜ
중모음	ㅔ	ㅚ	ㅓ	ㅗ
저모음	ㅐ		ㅏ	

30 다음 모음 가운데 단모음에 해당하는 것은?

① ㅛ   ② ㅠ   ③ ㅟ
④ ㅙ   ⑤ ㅢ

31 다음 모음 가운데 혀가 가장 높은 위치에서 나는 소리는?

① ㅣ   ② ㅓ   ③ ㅏ
④ ㅐ   ⑤ ㅗ

32 발음할 때 입술 모양이 둥글게 오므려지는 모음은?

① ㅒ   ② ㅓ   ③ ㅏ
④ ㅡ   ⑤ ㅗ

33 다음 중에서 모음 체계를 세우는 기준이 되는 것을 모두 고르시오.

① 음의 세기   ② 음의 길이
③ 입술 모양   ④ 혀의 높낮이
⑤ 혀의 앞뒤 위치

3) 소리의 길이

① 국어에서는 같은 모음을 길거나 짧게 소리 냄으로써 단어의 뜻을 구별하는 경우가 있다. 이처럼 소리의 길이는 단어의 뜻을 구별해 준다는 점에서 음운으로 인정할 수 있다.

② 소리의 길이는 일상생활에서 표기하지 않지만, 국어사전에서는 긴소리 부호인 ':'를 사용하여 표기하고 있다.

　　예 국어사전의 표기 방법

　　　┌ 굴01　　「명사」『동물』굴과의 연체동물을 통틀어 이르는 말.
　　　└ 굴03 [굴:]「명사」1. 자연적으로 땅이나 바위가 안으로 깊숙이 패어 들어간 곳.

③ 소리의 길이에 따라 뜻이 달라지는 단어로는 다음과 같은 것이 있다.

	긴소리(장음)	짧은소리(단음)
굴	자연적으로 땅이나 바위가 안으로 깊숙이 패어 들어간 곳	굴과의 연체동물을 통틀어 이르는 말
눈	대기 중의 수증기가 찬 기운을 만나 얼어서 땅 위로 떨어지는 얼음의 결정체	빛의 자극을 받아 물체를 볼 수 있는 감각 기관
말	사람의 생각이나 느낌 따위를 표현하고 전달하는 데 쓰는 음성 기호	말과의 포유류
밤	밤나무의 열매	해가 져서 어두워진 때부터 다음 날 해가 떠서 밝아지기 전까지의 동안
벌	벌목의 곤충 가운데 개미류를 제외한 곤충을 통틀어 이르는 말	잘못하거나 죄를 지은 사람에게 주는 고통
성인	지혜와 덕이 매우 뛰어나 길이 우러러 본받을 만한 사람	자라서 어른이 된 사람
솔	먼지나 때를 쓸어 떨어뜨리거나 풀칠 따위를 하는 데 쓰는 도구	소나무
모자	어머니와 아들	머리에 쓰는 물건의 하나
사과	자기의 잘못을 인정하고 용서를 빎.	사과나무의 열매
말다	어떤 일이나 행동을 하지 않거나 그만두다.	넓적한 물건을 돌돌 감아 원통형으로 겹치게 하다.

핵심 콕

✿ 성조와 소리의 길이
① 15세기 국어에서는 성조(소리의 높낮이)로 단어의 뜻을 구별했다.
② 현대 국어에서는 성조 대신 음의 길이(장단)로 단어의 뜻을 구별한다.
③ 현행 국어사전에 단어의 장단음을 표시하고 있지만, 사실상 구별하기 어려운 면이 있다.

개념 쏙쏙

34 다음 중 음운에 대해 바르게 설명한 것은?

① 국어에서 소리의 길이는 음운에 속한다.
② 소리의 세기를 표기하는 부호는 ':'이다.
③ 억양은 단어를 적을 때 구분해서 표기한다.
④ 소리의 길이는 일상생활에서 표기하고 있다.
⑤ 현대 국어에서 소리의 높낮이는 단어의 뜻을 구별해 준다.

35 국어에서 소리의 길이를 음운으로 인정하는 이유를 쓰시오.

36 다음 문장에서 긴소리로 읽어야 하는 것은 '긴', 짧은소리로 읽어야 하는 것은 '짧'이라고 쓰시오.

(1) 눈(　　)을 들어 눈(　　)이 내리는 것을 바라보았다.
(2) 지우는 말(　　)을 타는 방법을 말(　　)로 설명해 주었다.
(3) 밤(　　)을 밤(　　)마다 먹었다.
(4) 산에 가서 벌(　　)에 쏘였다. 평소 잘못한 일에 대한 벌(　　)을 받았나 보다.
(5) 장터에서 모자(　　)를 고르고 있는 다정한 모자(　　)를 보았다.
(6) 수정이가 선물이라며 사과(　　)를 주었다. 지난 일에 대한 사과(　　)의 뜻이라고 했다.

01 다음 중 음운의 뜻으로 알맞은 것은?

① 뜻을 가진 가장 작은 말의 단위이다.
② 한 번에 소리 낼 수 있는 소리마디이다.
③ 뜻을 지니고 홀로 쓰일 수 있는 말의 단위이다.
④ 발음 기관을 통하여 만들어지는 모든 소리이다.
⑤ 말의 뜻을 구별해 주는 소리의 가장 작은 단위이다.

내신 필수

02 국어의 자음과 모음에 대한 설명으로 알맞지 <u>않은</u> 것은?

① 자음은 19개, 모음은 21개이다.
② 말의 뜻을 구별해 주는 역할을 한다.
③ 자음은 발음 기관의 장애를 받고 나는 소리이다.
④ 모음은 자음과 달리 혼자서 음절을 이룰 수 있다.
⑤ 발음 기관을 통해 실제로 발음되는 모든 소리이다.

중요
03 음운의 특성을 가장 알맞게 설명한 것은?

① 각 언어마다 실제 사용하는 음운의 수는 같다.
② 지극히 구체적이고 개인적인 소리에 해당한다.
③ 자음과 모음만으로 낱말의 의미를 구별할 수 있다.
④ 표현하는 소리와 실제 표기는 반드시 같아야 한다.
⑤ 사람들의 머릿속에서 동일한 소리로 인식되는 추상적이고 관념적인 소리이다.

내신 필수

04 음성과 음운의 공통적 특징으로 알맞은 것은?

① 의미를 지니고 있다.
② 사람마다 다르게 나타난다.
③ 분절적인 말소리의 최소 단위이다.
④ 사람이 생각하고 있는 추상적 소리이다.
⑤ 변별적 기능을 지닌 소리의 최소 단위이다.

05 다음 중 '자음+모음+자음'의 구조로 이루어진 음절은?

① 터　② 알　③ 줄　④ 안　⑤ 왕

06 다음 중 단어를 이루고 있는 음운의 개수가 나머지와 다른 것은?

① 하늘　　　　　② 과일
③ 구름　　　　　④ 아버지
⑤ 지우개

주관식
07 다음 단어를 보고 몇 개의 음운으로 이루어져 있는지 쓰시오.

(1) 바위　→ (　　)개
(2) 우리　→ (　　)개
(3) 병아리 → (　　)개

08 자음을 소리의 세기에 따라 알맞게 분류한 것은?

① 비음 / 유음
② 울림소리 / 안울림소리
③ 예사소리 / 된소리 / 거센소리
④ 센입천장소리 / 여린입천장소리
⑤ 입술소리 / 잇몸소리 / 목청소리

09 자음을 입술소리, 잇몸소리, 센입천장소리, 여린입천장소리, 목청소리로 나누는 기준은?

① 혀의 높이
② 소리의 세기
③ 입술의 모양
④ 소리 나는 위치
⑤ 목청의 울림 여부

13 발음하는 방법이 <u>다른</u> 하나는?

① ㄱ ② ㄷ ③ ㅂ ④ ㅌ ⑤ ㅁ

14 'ㅅ'과 소리 나는 위치가 같은 것은?

① ㄱ ② ㄷ ③ ㅂ ④ ㅈ ⑤ ㅎ

10 다음 중 거센소리가 쓰인 낱말은?

① 가랑비
② 깜박하다
③ 카랑카랑
④ 달랑달랑
⑤ 뒤뚱뒤뚱

중요**15** 다음 중 울림소리로만 묶인 것은?

① ㄱ, ㄲ, ㅋ   ② ㄷ, ㄸ, ㅌ
③ ㅂ, ㅃ, ㅍ   ④ ㅈ, ㅉ, ㅊ
⑤ ㅁ, ㄴ, ㅇ

내신 필수

11 다음 자음 중 발음할 때 소리의 세기가 가장 거센 것은?

① ㄱ ② ㄷ ③ ㅂ ④ ㅍ ⑤ ㅈ

16 다음 중 소리 나는 위치가 <u>다른</u> 것은?

① ㅁ ② ㅂ ③ ㅍ ④ ㅆ ⑤ ㅃ

12 | 보기 |에서 설명하는 자음에 해당하는 것은?

┌ 보기 ┐
혀끝을 잇몸에 가볍게 대었다가 떼거나 혀끝을 윗잇몸에 댄 채 공기를 그 양옆으로 흘려보내면서 내는 소리이다.
└─────┘

① ㄱ ② ㄴ ③ ㄹ ④ ㅁ ⑤ ㅇ

17 | 보기 |의 단어에 사용되지 <u>않은</u> 자음은?

┌ 보기 ┐
정책
└─────┘

① 비음   ② 입술소리
③ 울림소리   ④ 센입천장소리
⑤ 여린입천장소리

18 다음 설명 중 알맞지 <u>않은</u> 것은?

① 울림소리는 발음할 때 목청이 울리는 소리이다.

② 단모음은 발음할 때 입술이나 혀가 변하는 모음을 말한다.

③ 자음은 공기의 흐름이 발음 기관에 의하여 장애를 받으면서 나는 소리이다.

④ 국어에서 소리의 길이는 말의 뜻을 구별해 주므로 음운이라고 인정할 수 있다.

⑤ 자음 중에 안울림소리만 소리의 세기에 따라 예사소리, 된소리, 거센소리로 분류할 수 있다.

주관식

19 국어의 단모음을 모두 쓰시오.

20 다음 모음 가운데 전설 모음에 해당하는 것은?

① ㅐ　② ㅡ　③ ㅓ　④ ㅏ　⑤ ㅗ

21 다음 모음 가운데 후설 모음이면서 고모음에 해당하는 것은?

① ㅚ　② ㅐ　③ ㅓ　④ ㅜ　⑤ ㅗ

주관식

22 단모음 중에서 발음할 때 혀의 위치가 앞에 있는 것을 (　　) 모음이라고 하고, 뒤에 있는 것을 (　　) 모음이라고 한다.

23 다음 설명 중 알맞은 것은?

① 'ㅣ, ㅔ, ㅐ'는 고모음이다.

② 'ㅡ, ㅓ, ㅏ, ㅜ, ㅗ'는 전설 모음이다.

③ '눈물'을 발음할 때는 입술이 둥글게 되지 않는다.

④ '오후'는 혀의 높이가 낮은 모음으로만 이루어져 있다.

⑤ 'ㅗ, ㅚ, ㅟ'는 입술을 둥글게 하여 발음하는 원순 모음이다.

👍 내신 필수

24 다음 중 발음할 때 입술이나 혀가 고정되어 움직이지 <u>않</u>는 모음으로만 묶인 것은?

① ㅔ, ㅜ, ㅐ, ㅣ

② ㅐ, ㅜ, ㅟ, ㅚ

③ ㅐ, ㅔ, ㅖ, ㅢ

④ ㅏ, ㅓ, ㅑ, ㅕ

⑤ ㅟ, ㅣ, ㅘ, ㅠ

중요
25 다음 중 후설 모음끼리 짝지어진 것은?

① ㅣ, ㅔ　　　　　② ㅓ, ㅟ

③ ㅐ, ㅚ　　　　　④ ㅜ, ㅟ

⑤ ㅏ, ㅗ

26 |보기| 중 단모음만 사용된 단어를 <u>모두</u> 고른 것은?

|보기|

야경　　애수　　광산　　위기　　우유

① 야경, 애수　　　　② 야경, 위기

③ 애수, 위기　　　　④ 광산, 위기

⑤ 광산, 우유

27 다음 중 발음할 때 혀의 높이가 가장 낮은 모음은?

① ㅣ   ② ㅟ   ③ ㅡ   ④ ㅜ   ⑤ ㅏ

28 다음 중 저모음을 포함하고 있는 단어는?

① 동네   ② 의지
③ 수저   ④ 다리
⑤ 미인

29 다음 모음의 분류 기준은?

ㅣ ㅟ ㅡ ㅜ / ㅔ ㅚ ㅓ ㅗ

① 입술 모양
② 소리의 세기
③ 목청의 울림
④ 혀의 높낮이
⑤ 발음하는 위치

30 다음 중 입술을 둥글게 발음하는 모음이 사용되지 <u>않은</u> 단어는?

① 주말   ② 고양이
③ 미리내   ④ 구렁이
⑤ 무말랭이

31 소리의 길이에 대해 잘못 설명한 것은?

① 소리의 길이를 나타내는 부호는 'ː'이다.
② 국어사전에 소리의 길이가 표시되어 있다.
③ 일상생활에서 단어를 적을 때 표기해야 한다.
④ 말의 뜻을 구별해 주는 최소 단위에 해당한다.
⑤ 현대에는 발음할 때 구별하기 어려운 면이 있다.

32 다음 단어를 <u>잘못</u> 발음한 것은?

> 어제 ㉠밤에 식구들과 ㉡밥을 먹고 있는데, 하늘에서 ㉢눈이 내렸다. 하염없이 바라보고 있으니, ㉣눈에서 ㉤눈물이 났다.

① ㉠: [밤]   ② ㉡: [밥ː]   ③ ㉢: [눈ː]
④ ㉣: [눈]   ⑤ ㉤: [눈ː물]

33 다음 중 소리의 길이에 대한 설명이 알맞은 것은?

① 자연적으로 땅이나 바위가 안으로 깊숙이 패어 들어간 곳을 [굴]이라고 짧게 발음한다.
② 잘못하거나 죄를 지은 사람에게 주는 고통은 [벌ː]이라고 발음한다.
③ 자라서 어른이 된 사람은 [성ː인]이라고 발음한다.
④ 먼지나 때를 쓸어 떨어뜨리거나 풀칠 따위를 하는 데 쓰는 도구는 [솔ː]이라고 발음한다.
⑤ 넓적한 물건을 돌돌 감아 원통형으로 겹치게 하는 것을 [말ː다]라고 발음한다.

34 다음 단어를 이용하여 간단한 문장을 만드시오.

(1) 말[말]:
(2) 말[말ː]:

01 음성과 음운에 대한 설명으로 알맞은 것은?

① 음운의 수는 언어마다 동일하다.

② 음운은 추상적이고 관념적인 소리이다.

③ 음성은 자연계에서 일어나는 모든 소리이다.

④ 음성은 의미를 지니는 데 비해 음운은 의미와 상관이 없다.

⑤ 음성과 음운은 사람마다 모두 같은 소리로 인식한다는 공통점이 있다.

02 중요 ★ 국어의 음운에 대한 설명으로 알맞지 <u>않은</u> 것은?

① 자음은 모두 안울림소리이다.

② 자음은 모두 19개로 이루어져 있다.

③ 모음은 단모음 10개와 이중 모음 11개로 이루어져 있다.

④ 자음은 소리를 낼 때 공기의 흐름이 발음 기관에서 장애를 받고 나오는 소리이다.

⑤ 모음은 소리를 낼 때 공기의 흐름이 발음 기관에서 장애를 받지 않고 나오는 소리이다.

03 모음에 대한 설명으로 알맞지 <u>않은</u> 것은?

① 홀로 소리가 날 수 있다.

② 목청을 울리면서 나는 소리이다.

③ 단모음은 입술 모양에 따라 평순 모음과 원순 모음으로 나눌 수 있다.

④ 이중 모음은 발음할 때 혀의 위치나 입술 모양이 고정된 채 달라지지 않는다.

⑤ 입술 모양이나 혀 위치의 변화 유무에 따라 '단모음'과 '이중 모음'으로 나눌 수 있다.

04 다음 중 국어의 음운 체계에 대한 설명으로 알맞은 것은?

① 모음은 단독으로 음절을 이룰 수 있다.

② 자음만으로 독립된 소리의 단위를 형성할 수 있다.

③ 음운은 소리를 나타낼 뿐 말의 뜻을 구분하지는 못한다.

④ 자음은 발음 위치에 따라 예사소리, 된소리, 거센소리로 구분된다.

⑤ 모음은 발음할 때 목청의 떨림 유무에 따라 울림소리와 안울림소리로 나뉜다.

주관식

05 다음 문장을 보고 물음에 답하시오.

> 아리랑 아리랑 아라리요.

(1) 이 문장은 몇 개의 음운으로 이루어져 있는가?

(2) 이 문장은 몇 개의 음절로 이루어져 있는가?

(3) 하나의 음운이 하나의 음절이 되는 글자를 모두 쓰시오.

주관식

06 다음 단어를 음운의 수가 적은 것에서 많은 것의 순서로 배열하시오.

| 보기 |

㉠ 아이 ㉡ 반찬

㉢ 첫사랑 ㉣ 아버지

㉤ 이어도 ㉥ 지하철

07 다음 표에서 ㉠~㉤에 들어갈 자음이 포함된 단어를 알맞게 연결한 것은?

발음 방법	발음 위치	입술 소리	잇몸 소리	센입천장 소리	여린입천장 소리	목청 소리
안울림 소리	예사소리	㉠				
	된소리			㉢		㉤
	거센소리				㉣	
울림 소리	비음		㉡			
	유음					

① ㉠: 별　　　　　② ㉡: 짝

③ ㉢: 키　　　　　④ ㉣: 힘

⑤ ㉤: 나

08 다음 표에 대한 설명으로 알맞은 것은?

(가)	(나)	(다)
감감하다	깜깜하다	캄캄하다
단단하다	딴딴하다	탄탄하다
뱅글뱅글	뺑글뺑글	팽글팽글
종종	쫑쫑	총총

① (가)~(다)는 소리의 세기에 따른 분류이다.

② (가)~(다)는 발음하는 위치에 따라 분류한 것이다.

③ (가)는 예사소리, (나)는 거센소리, (다)는 된소리이다.

④ (가)는 크고 거친 소리인데 비해, (나)는 강하고 단단한 소리이다.

⑤ (나)는 강하고 단단한 소리인데 비해, (다)는 약하게 나는 소리이다.

09 보기 중 자음을 분류하는 기준에 해당하는 것을 모두 고르시오.

┌─ 보기 ─────────────────┐
㉠ 입술 모양　　　　㉡ 혀의 높낮이
㉢ 소리의 세기　　　㉣ 혀의 앞뒤 위치
㉤ 목청의 울림 여부　㉥ 소리가 나는 위치
└────────────────────────┘

[10~11] 다음 표를 보고, 물음에 답하시오.

㉢	㉠	전설 모음		후설 모음	
	㉡	평순	원순	평순	원순
고모음		ㅣ	ㅟ	ㅡ	ㅜ
중모음		ㅔ	ㅚ	ㅓ	ㅗ
저모음		ㅐ		ㅏ	

10 위 표의 ㉠, ㉡, ㉢에 알맞은 말을 쓰시오.

(1) ㉠:

(2) ㉡:

(3) ㉢:

11 이 표를 참고할 때, 〈조건 1〉과 〈조건 2〉를 모두 만족하는 모음끼리 짝지어진 것은?

┌──────────────────────────────┐
〈조건 1〉 평순 모음만 비교할 것
〈조건 2〉 전설 모음과 후설 모음으로 분류할 것
└──────────────────────────────┘

① ㅣ, ㅔ, ㅐ / ㅡ, ㅓ, ㅏ

② ㅣ, ㅏ, ㅓ / ㅡ, ㅐ, ㅔ

③ ㅗ, ㅚ, ㅜ, ㅟ / ㅏ, ㅐ, ㅓ, ㅔ

④ ㅣ, ㅟ, ㅡ, ㅜ / ㅔ, ㅚ, ㅓ, ㅗ

⑤ ㅐ, ㅔ, ㅚ, ㅟ / ㅐ, ㅔ, ㅘ, ㅝ

12 단모음으로만 이루어진 단어로 묶은 것은?

① 역사, 왜곡　　　　② 의지, 완구

③ 괴롭다, 뒷동산　　④ 윤동주, 김소월

⑤ 폐모음, 표주박

[13~14] 다음 그림을 보고 물음에 답하시오.

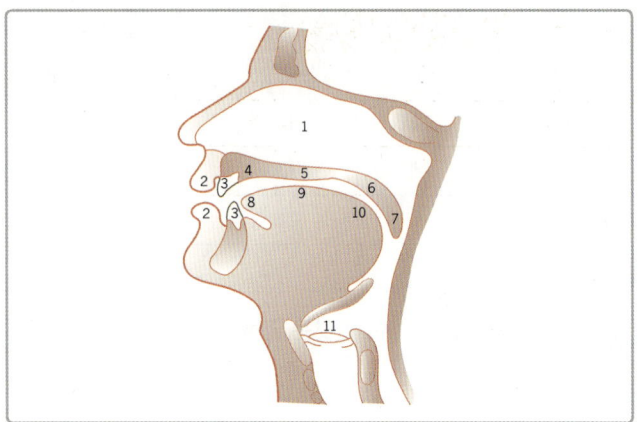

13 그림의 '2'에서 발음되는 자음으로 묶인 것은?

① ㅅ, ㅆ
② ㄱ, ㄲ, ㅋ
③ ㄷ, ㄸ, ㅌ
④ ㅂ, ㅃ, ㅍ
⑤ ㅈ, ㅉ, ㅊ

중요 14 다음 중 발음하는 위치와 음운이 잘못 짝지어진 것은?

① 4와 8: ㄷ, ㅅ
② 5와 9: ㅈ, ㅊ
③ 6과 10: ㄱ, ㅇ
④ 7: ㅋ, ㅍ
⑤ 11: ㅎ

15 다음 중 파찰음이 포함되지 <u>않은</u> 낱말은?

① 치과
② 찜질
③ 주방
④ 원숭이
⑤ 지아비

16 다음 각 음운에 대한 설명으로 알맞지 <u>않은</u> 것은?

① ㄹ: 잇몸소리이자 비음이다.
② ㅍ: 거세고 거친 느낌을 주는 자음이다.
③ ㅇ: 코를 막고 발음하면 발음이 제대로 되지 않는다.
④ ㅑ: 발음하는 과정에서 혀의 위치와 입술 모양이 바뀐다.
⑤ ㅟ: 발음하는 과정에서 혀의 위치와 입술 모양이 바뀌지 않는다.

중요 17 다음 단어들에 대해 바르게 이해하지 <u>못한</u> 것은?

> ㉠ 줄다 – 졸다
> ㉡ 작다 – 잡다
> ㉢ 밝다 – 붉다

① ㉠은 'ㅜ'와 'ㅗ'가 다르다.
② ㉡은 받침 'ㄱ'과 'ㅂ'이 다르다.
③ ㉢은 'ㅏ'와 'ㅜ'가 다르다.
④ 음절의 차이로 뜻이 달라지는 말의 예이다.
⑤ 자음이나 모음 모두 낱말의 의미를 결정하는 요소임을 알 수 있다.

고난도 18 |보기|의 ㉠과 ㉡에 들어갈 말로 알맞은 것은?

|보기|

> 모음 'ㅣ → ㅔ → ㅐ'를 순서대로 발음하면 입술 모양은 그대로 유지된 상태에서 입은 점점 (㉠) 벌어지고, 혀의 높이는 (㉡).

	㉠	㉡
①	크게	점점 낮아진다.
②	작게	점점 낮아진다.
③	크게	변화가 없다.
④	작게	점점 높아진다.
⑤	크게	점점 높아진다.

[19~20] 다음 표를 보고 물음에 답하시오.

혀의 위치 / 입술 모양 ⓒ	㉠		후설 모음	
	평순 모음	㉡	평순 모음	㉡
고모음	ㅣ	(가)	ㅡ	ㅜ
중모음	ㅔ	(나)	ㅓ	ㅗ
저모음	ㅐ		ㅏ	

19 이 표에 대한 설명으로 **잘못된** 것은?

① 모음 중에서 단모음만 분류한 표이다.
② ㉠은 '전설 모음'으로, 발음할 때 혀의 위치가 앞에 있다.
③ ㉡은 '원순 모음'으로, 입술 모양이 동그랗게 오므려지면서 발음하는 모음이다.
④ ㉢은 '혀의 높낮이'로, 발음할 때 혀의 높이가 높은지 낮은지에 따라 모음을 나누는 것이다.
⑤ 이 표에 나타난 모음들은 모두 발음할 때 혀의 위치나 입술 모양이 달라지는 것들이다.

주관식
20 이 표의 (가)와 (나)에 들어갈 모음을 쓰시오.

(1) (가):

(2) (나):

주관식
21 다음 밑줄 친 단어의 문맥적 의미를 고려하여 긴소리와 짧은소리를 구분하시오.

> ㉠눈 내리는 ㉡밤에는 할머니 생각이 난다. 까만 ㉢밤에 화로 속에서 익어가던 노란 ㉣밤이 자꾸자꾸 생각난다.

(1) 긴소리:

(2) 짧은소리:

22 ㉠~㉤에 들어갈 자음을 알맞게 나열한 것은?

발음 위치 / 발음 방법	입술	잇몸	센입천장	여린입천장	목청
예사소리	ㅂ	ㄷ, ㅅ	ㅈ	㉤	
된소리	㉠	ㄸ, ㅆ	ㅉ	ㄲ	ㅎ
거센소리	ㅍ	ㅌ	㉣	ㅋ	
비음	㉡	ㄴ		ㅇ	
유음		㉢			

	㉠	㉡	㉢	㉣	㉤
①	ㅃ	ㄹ	ㅊ	ㄹ	ㄱ
②	ㅊ	ㄱ	ㅁ	ㄹ	ㅃ
③	ㅃ	ㅁ	ㄱ	ㅊ	ㄹ
④	ㄱ	ㅊ	ㄹ	ㅃ	ㅁ
⑤	ㅃ	ㅁ	ㄹ	ㅊ	ㄱ

고난도
23 다음은 소리의 길이에 따라 의미가 달라지는 단어들을 사용한 문장들이다. 문맥에 따른 소리의 길이가 알맞지 **않은** 것은?

① ┌ [눈] : 눈이 아프다.
  └ [눈:] : 눈이 많이 내렸다.

② ┌ [말] : 말은 적게 하자.
  └ [말:] : 말이 초원에서 달리고 있다.

③ ┌ [밤] : 밤에 별이 많이 떴다.
  └ [밤:] : 밤은 겨울에 구워 먹는 맛이 좋다.

④ ┌ [벌] : 벌로 청소했다.
  └ [벌:] : 벌은 꿀을 생산한다.

⑤ ┌ [솔] : 솔향기가 참 좋구나.
  └ [솔:] : 솔로 먼지를 털어야지.

서술형
24 '소리의 길이'가 음운인 이유를 서술하시오.

08 문장의 짜임

성취기준 • 문장의 짜임을 이해하고 표현 효과를 고려하여 문장을 구성한다. ➡ 3학년

핵심 콕

✿ 문장의 구성단위

① 어절: 문장 성분의 최소 단위로, 띄어쓰기의 단위와 일치한다.

② 구: 둘 이상의 어절이 모여서 하나의 성분으로 쓰이는 단위인데, 구에는 '주어+서술어' 관계가 들어 있지 않다.

③ 절: 둘 이상의 어절이 모여 '주어+서술어'의 관계를 이루면서 문장의 한 성분으로 쓰이는 단위이다.

1. 문장

1) 뜻: 머릿속에서 일어나는 우리의 생각이나 감정을 완결된 내용으로 표현하는 최소의 언어 형식이다.

2) 특징

① 주어와 서술어를 갖고 있는 것이 원칙이지만 경우에 따라서 생략할 수도 있다.

② 하나의 문장이 끝나면 온점(.), 물음표(?), 느낌표(!) 같은 문장 부호를 써야 한다.

3) 기본 구조: '주어+서술어'로 이루어져 있으며, 서술어의 성격에 따라 세 가지 유형으로 분류할 수 있다.

주어	서술어	서술어의 성격	예
누가 / 무엇이	어찌하다	대상의 움직임을 나타냄.	승우가 뛰어간다.
누가 / 무엇이	어떠하다	대상의 상태나 성질을 나타냄.	꽃이 예쁘다.
누가 / 무엇이	무엇이다	대상을 지정함.	오늘은 수요일이다.

(1) 주어부: 문장에서 주어와 그에 딸린 부속 성분으로 이루어진 부분이다.

(2) 서술부: 문장에서 서술어, 목적어, 보어와 그들에 딸린 부속 성분으로 이루어진 부분이다.

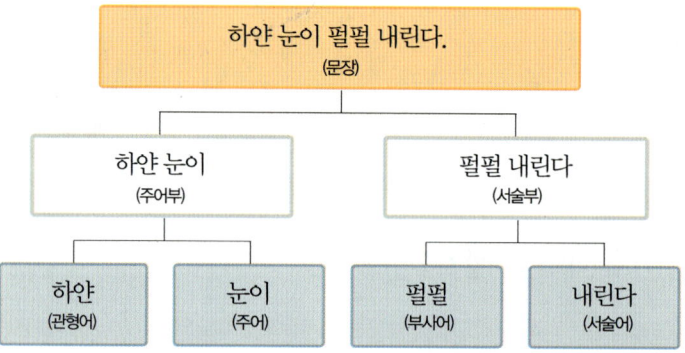

개념 쏙쏙

[1~3] 다음 빈칸에 알맞은 말을 넣으시오.

1 ☐☐은/는 문장 성분의 최소 단위로, 띄어쓰기의 단위와 일치한다.

2 둘 이상의 어절이 모여 '주어+서술어'의 관계를 이루면서 문장의 한 성분으로 쓰이는 단위를 ☐(이)라고 한다.

3 우리의 생각이나 감정을 완결된 내용으로 표현하는 최소의 언어 형식을 ☐☐(이)라고 한다.

[4~7] 다음 문장을 주어부와 서술부로 나누시오.

4 넓은 바다가 매우 푸르다.
→ 주어부: (   ) / 서술부: (   )

5 윤아는 밥을 먹었다.
→ 주어부: (   ) / 서술부: (   )

6 소희는 바보가 아니다.
→ 주어부: (   ) / 서술부: (   )

7 사랑스러운 아기가 해맑게 웃는다.
→ 주어부: (   ) / 서술부: (   )

2. 문장 성분

1) 주성분: 문장을 이루는 필수적인 성분을 말하며, 필수 성분이라고도 한다.

  (1) 주어: 문장에서 동작, 성질, 상태 등의 주체가 되는 성분으로 '무엇이', '누가'에 해당하는 말이다.

    예 • <u>철수가</u> 달린다.

      • <u>시냇물이</u> 흐른다.

  (2) 서술어: 주어의 동작, 성질, 상태 등을 설명하는 부분으로 '어찌하다', '어떠하다', '무엇이다'에 해당하는 말이다.

    예 • 하늘이 <u>푸르다</u>.

      • 강아지가 <u>짖는다</u>.

      • 내가 좋아하는 과일은 <u>사과이다</u>.

  (3) 목적어: 서술어의 동작의 대상이 되는 성분으로 '무엇을', '누구를'에 해당하는 말이다.

    예 • 영우가 <u>공을</u> 던진다.

      • 수애가 <u>노래를</u> 부른다.

  (4) 보어: 서술어가 '되다, 아니다'일 경우에 그 앞의 '무엇이', '누가'에 해당하는 말이다.

    예 • 물이 <u>얼음이</u> 되었다.

      • 희주는 <u>장난꾸러기가</u> 아니다.

2) 부속 성분: 주성분을 꾸며 주는 역할을 하는 성분을 말한다.

  (1) 관형어: 체언(명사, 대명사, 수사)을 꾸며 주는 말이다.

    예 • <u>게으른</u> 토끼가 잔다.

      • <u>빨간</u> 신발이 예쁘다.

  (2) 부사어: 주로 용언(동사, 형용사)을 꾸며 주는 말로, 관형어나 다른 부사어를 꾸며 주기도 하고 문장 전체를 꾸며 주기도 한다.

    예 • 민우는 공을 <u>멀리</u> 던진다.

      • 영희는 노래를 <u>매우</u> 잘 부른다.

      • <u>과연</u> 범수는 훌륭하구나.

개념 쏙쏙

[8~10] 다음의 설명에 해당하는 문장 성분을 |보기|에서 찾아 쓰시오.

| 보기 |
| 목적어　　관형어　　서술어 |

8 주어의 동작, 성질, 상태 등을 설명하는 부분이다. (　　　)

9 서술어의 동작의 대상이 되는 성분이다. (　　　)

10 문장에서 '어떤'에 해당하는 형태로 체언을 꾸며 주는 말이다. (　　　)

11 다음 문장에서 주어를 찾아 쓰시오.

| 지우는 새 자전거를 샀다. |

12 다음 문장에서 보어를 찾아 쓰시오.

| 규현이는 더 이상 초등학생이 아니다. |

13 다음 문장에서 부사어를 찾아 쓰시오.

| 날씨가 매우 춥다. |

핵심 콕

3) 독립 성분: 주성분이나 부속 성분과 직접적인 관계없이 그 문장에서 따로 떨어진 성분을 말한다.
 (1) 독립어: 문장의 어느 성분과도 관계가 없는 말로 주로 감탄, 부름, 응답 등을 나타낸다.
 (2) 독립어의 성립
  ① 감탄사
   예 ・네, 알겠습니다.
  ② 체언+호격 조사
   예 ・수지야, 이 책 정말 재미있어.
  ③ 제시어나 표제어
   예 ・청춘, 이는 듣기만 하여도 가슴이 설레는 말이다.

✿ 문장이 끝났음을 나타내는 표지
 문장은 그 종결되는 방식에 따라 끝에 붙은 표지도 다르다. 이러한 문장 종결 표지에는 온점(.), 물음표(?), 느낌표(!) 등이 있다.

3. 문장의 종결 표현

종류	종결 어미의 종류	특징
평서문	-다, -네, -ㅂ니다 등	말하는 이가 듣는 이에 대해서 특별히 요구하는 일 없이 자신의 생각만을 단순하게 진술하는 문장 예 영주가 학교에 간다.
의문문	-니, -는가, -ㅂ니까 등	말하는 이가 듣는 이에게 질문하여 그 대답을 요구하는 문장 예 영주가 학교에 가니?
명령문	-어라/-아라, -거라 등	말하는 이가 듣는 이에게 어떤 행동을 하게 하거나, 하지 않도록 요구하는 문장 예 영주야, 학교에 가거라.
청유문	-자, -세, -ㅂ시다 등	말하는 이가 듣는 이에게 어떤 행동을 함께 하도록 요청하는 문장 예 영주야, 학교에 가자.
감탄문	-구나, -구려, -도다 등	말하는 이가 듣는 이를 별로 의식하지 않고, 거의 독백하는 상태에서 자신의 느낌을 표현하는 문장 예 영주가 학교에 가는구나!

개념 쏙쏙

[14~17] 다음 문장에서 독립어를 찾아 쓰시오.

14 정희야, 문 좀 열어줘.   (   )

15 아, 진짜 예쁘구나!   (   )

16 응, 그렇게 하도록 해.   (   )

17 어머나, 네가 바로 그 아이구나!   (   )

[18~22] 다음 빈칸에 종결 어미를 넣어 문장을 완성하시오.

18 평서문: 문희가 자전거를 타고 있(   ).

19 의문문: 너도 그림 그리기를 좋아하(   )?

20 명령문: 저 강아지를 만져 보(   ).

21 청유문: 후손들을 위해 환경을 보호하(   ).

22 감탄문: 아, 시영이가 문제를 빨리 푸는(   )!

4. 문장의 확대

1) **홑문장**: 주어와 서술어의 관계가 한 번만 나타나는 문장을 말한다.

> 예
> - 하늘이 맑다.
>   (주어)(서술어)
> - 철수는 영희를 부산에서 만났다.
>   (주어)(목적어)(부사어)(서술어)
> - 큰 지붕의 집이 바로 나의 집이다.
>   (관형어)(관형어)(주어)(부사어)(관형어)(서술어)

2) **겹문장**: 주어와 서술어의 관계가 두 번 이상 나타나는 문장을 말한다. 홑문장이 어떻게 이어지느냐에 따라 '이어진문장'과 '안은문장'으로 나눈다.

(1) **이어진문장**: 두 개 이상의 홑문장이 연결 어미로 결합되어 이루어진 문장을 말한다.

① 대등하게 이어진문장
- 앞뒤 문장의 의미 관계가 대등한 문장을 말한다.
- 앞뒤 문장의 순서를 바꾸어 써도 의미의 차이가 거의 없다.
- '-고', '-며', '-으나', '-지만', '-든지' 등의 연결 어미가 쓰인다.

> 예
> - 아빠는 남자이고, 엄마는 여자이다.
> - 수정이는 웃었으나, 현주는 울었다.
> - 어제는 비가 왔지만, 오늘은 맑다.
> - 어디에 살든지 고향을 잊지 마라.

② 종속적으로 이어진문장
- 앞뒤 문장의 의미가 독립적이지 못하고 종속적인 관계에 있는 문장을 말한다.
- '-(으)면', '-(으)ㄹ지라도', '-(아)서', '-(으)려고', '-는데' 등의 연결 어미가 쓰인다.

> 예
> - 국어 공부를 열심히 하면 성적이 오를 것이다.
> - 비가 내려서 상은이는 집으로 갔다.
> - 밥을 먹으려고 식당에 갔다.

✱ **주어와 서술형의 생략**

겹문장에서 주어가 같거나 서술어가 같으면 동일한 주어나 서술어가 생략될 수 있다.

> 예
> | 꽃이 피었다. |
> +
> | 꽃이 예쁘다. |
> ↓
> | 예쁜 꽃이 피었다. |

✱ **문장의 이어짐과 단어의 이어짐**

'와/과'가 사용된 문장 중에서 두 문장으로 분리할 수 있다면 이어진문장이고, 서로 분리할 수 없으면 단어가 이어진 홑문장이다.

> 예
> - 서울과 대구는 사람이 많다.→ 이어진문장(서울은 사람이 많다. + 대구는 사람이 많다.)
> - 소연과 지후는 결혼했다. → 홑문장

개념 쏙쏙

[23~26] 다음 문장을 홑문장과 겹문장으로 구분하여 홑문장은 '홑', 겹문장은 '겹'이라고 쓰시오.

23 상희가 자전거를 탄다. (　　　)

24 가로등이 밝아서 길이 잘 보인다. (　　　)

25 수미는 노래하고 지민이는 춤춘다. (　　　)

26 수영이가 문제를 정말 빨리 푸는구나! (　　　)

[27~29] 다음 두 문장을 이어진문장으로 만드시오.

27 해가 진다. + 달이 뜬다.
→

28 바람이 분다. + 나뭇잎이 떨어진다.
→

29 소영이는 학교에 갔다. + 민석이는 도서관에 갔다.
→

 핵심 쏙

✿ 전성 어미
① 용언의 어간에 붙어 다른 품사의 기능을 수행하게 하는 어미이다.
② 명사형 전성 어미, 관형사형 전성 어미, 부사형 전성 어미가 있다.
예 • 영희가 합격하다. → 영희가 합격하기: 명사형 전성 어미
  • 비가 온다. → 비가 오는: 관형사형 전성 어미
  • 눈이 빠지다. → 눈이 빠지게: 부사형 전성 어미

---

(2) 안은문장과 안긴문장

① 안은문장: 안긴문장을 포함하고 있는 문장을 말한다.

② 안긴문장: 다른 문장 속에 들어가 하나의 성분처럼 쓰이는 문장을 말한다. '절'이라고도 한다.

③ 인간문장의 종류

안긴문장	특징
명사절	• 문장 안에서 명사처럼 쓰이며 주어, 목적어, 보어 등의 기능을 하는 절 • 명사형 전성 어미 '-(으)ㅁ', '-기' 등이 결합함. 예 • 우리는 <u>영희가 합격하기</u>를 바랐다. • 나는 <u>이별이 다가왔음</u>을 알았다.
관형절	• 문장 안에서 관형어처럼 체언을 꾸며 주는 역할을 하는 절 • 관형사형 전성 어미 '-(으)ㄴ', '-는', '-(으)ㄹ', '-던' 등이 결합함. 예 • 나는 <u>비가 오는</u> 소리를 들었다. • 은아는 <u>영선이가 살던</u> 마을로 갔다.
부사절	• 문장 안에서 부사어로 쓰이면서 서술어를 꾸며 주는 역할을 하는 절 • 부사형 전성 어미 '-게', '-이', '-도록', '-(아)서' 등과 결합함. 예 • 우리는 막차를 <u>눈이 빠지게</u> 기다렸다. • 지석이는 발에 <u>땀이 나도록</u> 뛰었다.
서술절	• 문장 안에서 서술어로 쓰이는 절 • 다른 안긴문장과 다르게 어미나 조사와 결합하지 않음. • 안은문장의 주어와 안긴문장의 주어가 각각 나타남. 예 토기가 <u>귀가 길다</u>.
인용절	• 문장 안에서 다른 사람의 말을 인용하는 절 • 인용 부사격 조사 '고', '라고' 등과 결합함. • 직접 인용: 다른 사람의 말이나 글을 그대로 옮기는 인용. 조사 '라고'를 사용함. • 간접 인용: 다른 사람의 말이나 글을 간접적으로 옮기는 인용. 어미 '-다'에 조사 '고'를 붙여서 사용함. 예 • 그는 "<u>날씨가 좋구나.</u>"라고 말했다. (직접 인용) • 그는 <u>날씨가 좋다</u>고 말했다. (간접 인용)

🐰 개념 쏙쏙

[30~32] 다음 설명이 맞으면 ○표, 틀리면 ×표를 하시오.

30 명사절은 문장 안에서 관형어의 역할을 한다. (   )

31 '-게', '-이', '-도록', '-(아)서' 등은 부사형 전성 어미이다. (   )

32 서술절은 다른 안긴문장과 달리 어미나 조사가 붙지 않는다. (   )

[33~37] 밑줄 친 안긴문장의 종류를 쓰시오.

33 정아는 <u>그가 오기</u>를 기다렸다. (   )

34 은우는 <u>키가 크다</u>. (   )

35 나는 <u>눈이 오는</u> 모습을 보았다. (   )

36 그는 <u>밤이 새도록</u> 기타를 쳤다. (   )

37 성욱은 <u>현지가 웃었다</u>고 말했다. (   )

5. 중의적 표현

1) 중의적 표현

  ① 두 가지 이상의 의미로 해석될 수 있는 표현이다.

  ② 문학 작품에서 의도적으로 사용하여 표현의 효과를 높이기도 한다.

  ③ 전달하려는 의미가 분명하지 않은 표현이기 때문에 의사소통을 방해하기도 한다.

2) 중의적 표현의 원인

  (1) 어휘적 중의성: 하나의 단어가 두 가지 이상의 의미로 해석된다.

   예 저 배를 보십시오.: 사람 신체의 일부 / 배나무의 열매 / 사람이나 짐을 싣고 다니도록 만든 물건

  (2) 구조적 중의성: 문장의 구조적인 특징 때문에 일어난다.

   예 철수는 예쁜 고향집의 뜰을 좋아한다.: 고향집이 예쁘다. / 뜰이 예쁘다.

  (3) 범위의 부정확성: 부정 표현의 범위가 명확하지 않기 때문에 일어난다.

   예 모임에 친구들이 다 오지 않았다.: 한 명도 오지 않았다. / 일부는 오고 일부는 오지 않았다.

  (4) 비유적 중의성: 비유적 표현이 다양한 의미로 해석된다.

   예 그녀는 귀가 얇다.: 귓불이 얇다. / 남의 말을 쉽게 받아들인다.

3) 중의적 표현을 고치는 방법

  ① 단어의 의미를 명확하게 한다.

   예 저기 물 위에 떠 있는 배를 보아라.: 사람이나 짐을 싣고 다니도록 만든 물건

  ② 반점(,)을 사용한다.

   예 철수는 예쁜, 고향집의 뜰을 좋아한다.: 뜰이 예쁘다.

  ③ 뜻이 분명하도록 어절의 위치를 바꾼다.

   예 철수는 고향집의 예쁜 뜰을 좋아한다.: 뜰이 예쁘다.

  ④ 조사를 사용하여 문장의 의미를 한정하거나 상황을 분명히 드러낸다.

   예 모임에 친구들이 다 오지는 않았다.: 일부는 오고 일부는 오지 않았다.

  ⑤ 필요한 정보를 추가한다.

   예 그렇게 행동하다니, 그녀는 귀가 얇다.: 남의 말을 쉽게 받아들인다.

핵심 콕

✱ **모호한 표현**

  의미가 명확하지 않은 표현으로 중의적 표현과 모호한 표현이 있다. 모호한 표현은 그 표현이 의미하는 바가 분명하지 않아 정확하게 무엇을 나타내는지를 알기 어려운 표현이다. 문장에 의미의 경계가 불분명한 단어나 구가 쓰이면 그 문장은 모호성을 띠게 된다.

  예 적당히 삶아 먹어라! → '적당히'의 의미 경계가 불분명하다.

개념 쏙쏙

[38~40] 다음 빈칸에 알맞은 말을 쓰시오.

38 한 문장이 두 가지 이상의 의미로 해석될 수 있는 것을 □□□ 표현이라고 한다.

39 중의적 표현은 □□ □□에서 의도적으로 사용하여 표현의 효과를 높이기도 한다.

40 하나의 단어가 두 가지 이상의 의미로 해석될 때 일어나는 것을 □□□ 중의성이라고 한다.

[41~43] 다음 문장을 중의성이 없어지도록 고치시오.

41 저 눈을 보아라.
  →

42 잘생긴 친구의 동생을 만났다.
  →

43 꽃이 다 예쁘지 않다.
  →

01 다음 문장을 주어부와 서술부로 나눌 때 알맞지 <u>않은</u> 것은?

① 우리 마을은 / 매우 평화롭다.
② 붉은 꽃들이 / 화단을 뒤덮고 있다.
③ 상현이가 / 운동장에서 달리기를 열심히 한다.
④ 할머니께서 선영이에게 / 노래를 불러 주셨다.
⑤ 저 붉은색 지붕 건물이 / 우리 동네 주민 센터이다.

중요
02 문장 성분에 대한 설명으로 알맞지 <u>않은</u> 것은?

① 주어는 문장의 필수 성분이다.
② 목적어는 동작의 대상이 되는 말이다.
③ 부사어는 문장에서 체언만을 꾸며 준다.
④ 서술어는 주어의 동작, 성질, 상태 등을 설명하는 말이다.
⑤ 보어는 서술어 '되다'와 '아니다' 앞에 필수적으로 요구되는 문장 성분이다.

내신 필수
03 다음 중 주성분만으로 이루어진 문장은?

① 동생은 다섯 살이다.
② 우리는 봄을 기다린다.
③ 그건 예쁜 장미꽃이다.
④ 친구와 함께 게임을 했다.
⑤ 그가 떠난 지 오래 되었다.

내신 필수
04 다음 중 관형어의 꾸밈을 받는 것은?

① 체언   ② 용언   ③ 수식언
④ 관계언   ⑤ 독립언

05 다음 밑줄 친 문장 성분 중에서 문장을 이루기 위하여 반드시 있어야 하는 성분이 <u>아닌</u> 것은?

① <u>어젯밤에</u> 눈이 왔다.
② 그는 <u>숙제를</u> 다 끝냈다.
③ 그의 새 <u>구두가</u> 참 예쁘다.
④ 영수는 착한 <u>학생이</u> 되었다.
⑤ 민아는 재미있는 책을 <u>읽었다</u>.

06 다음 중 목적어가 들어 있지 않은 문장은?

① 호랑이는 죽어서 가죽을 남긴다.
② 정말 중요한 것은 성적이 아니다.
③ 하늘은 스스로 돕는 자를 돕는다.
④ 나는 항상 너를 그리워하며 산다.
⑤ 나는 너희들을 누구보다도 사랑한다.

07 다음 밑줄 친 부사어가 관형어를 꾸며 주고 있는 것은?

① 세월이 참 <u>빠르게</u> 지나간다.
② 거북이가 <u>엉금엉금</u> 기어간다.
③ 날쌘 제비가 <u>쏜살같이</u> 날아간다.
④ <u>아주</u> 풍요로운 시대를 맞이하게 되었다.
⑤ 친구들이 소리치며 운동장을 <u>마구</u> 달린다.

주관식
08 다음 문장에서 생략된 문장 성분을 <u>모두</u> 찾아 쓰시오.

> 나는 오늘 병원에 갔는데, 내일 또 가야 한다.

09 다음 중 평서문이 <u>아닌</u> 것은?

① 수진이가 너를 불렀다.
② 달님도 추워서 파랗습니다.
③ 친구에게 그런 말은 하지 마라.
④ 사람들이 모두 조금씩 들떴습니다.
⑤ 나는 네가 어제 한 일을 알고 있다.

내신 필수

10 다음 중 문장의 종류가 알맞지 <u>않은</u> 것은?

① 명령문: 모두 조용히 합시다.
② 청유문: 이제 그만 헤어지자.
③ 감탄문: 시험이 무척 어렵구나!
④ 의문문: 그 옷이 무슨 색인지 아니?
⑤ 평서문: 그녀가 사람들 속으로 사라졌다.

중요 11 문장에 대한 설명으로 알맞지 <u>않은</u> 것은?

① 겹문장은 주어와 서술어의 개수가 항상 같다.
② 주어와 서술어의 관계가 한 번만 나타나는 문장을 홑문장이라고 한다.
③ 이어진문장을 만들 때에는 중복되는 문장 성분이 생략되기도 한다.
④ 홑문장이 절이 되어 다른 문장의 성분으로 안기어 이루어진 겹문장을 안은문장이라고 한다.
⑤ 두 개 이상의 홑문장이 연결 어미에 의해 이어져 이루어진 겹문장을 이어진문장이라고 한다.

주관식 12 보기를 다음 문장의 유형으로 바꿔 쓰시오.

┌ **보기** ─────────────
│
│   날씨가 무척 덥다.
│
└─────────────────────

(1) 의문문:

(2) 감탄문:

13 다음 중 홑문장끼리 묶인 것은?

① ┌ 새가 울었다.
　└ 구름이 몰려오자 비가 내렸다.

② ┌ 겨울이 가고 봄이 왔다.
　└ 강물이 유유히 흘러간다.

③ ┌ 인생은 짧고 예술은 길다.
　└ 진달래는 우리 민족과 친근한 꽃이다.

④ ┌ 동민이는 서울에서 태어났다.
　└ 소년은 모래 언덕으로 달려갔다.

⑤ ┌ 민지는 국어가 어렵다는 것을 깨달았다.
　└ 체육 대회가 끝나자 모두가 아쉬워했다.

14 다음 중 주어와 서술어의 관계가 한 번만 나타나는 것은?

① 인도는 인구가 많다.
② 서연이는 노래하고 승재는 춤춘다.
③ 부모님은 진정으로 우리를 사랑하신다.
④ 호진이는 어제 도서관에 가서 집에 없었다.
⑤ 유나는 고기를 좋아하지만 생선은 싫어한다.

중요 15 다음 중 겹문장에 해당하는 것은?

① 야! 우리 편이 앞섰다.
② 바로 눈물이 쏟아진다.
③ 날씨가 구름 한 점 없이 좋다.
④ 말들이 풀밭 위를 빨리 달린다.
⑤ 할머니께서는 귤을 좋아하신다.

16 다음 중 겹문장이 <u>아닌</u> 것은?

① 봄이 되니 들판이 파래졌다.

② 갑자기 골목으로 누군가가 사라졌다.

③ 그는 눈이 빠지게 그 소식을 기다렸다.

④ 그녀가 그곳에 도착하자 그에게서 소식이 왔다.

⑤ 가을이 오면 내가 좋아하는 설악산에 갈 것이다.

내신 필수

17 다음 중 대등하게 이어진문장은?

① 봄이 되면 꽃이 핀다.

② 비가 오고 눈이 왔다.

③ 겨울이 되니 밤이 길어졌다.

④ 열심히 공부하면 성적이 오른다.

⑤ 민수는 학교가 끝나자 집으로 갔다.

18 ┃보기┃의 문장과 짜임이 같은 것은?

┃보기┃

눈이 아파서 안과에 갔다.

① 코끼리는 코가 길다.

② 가을이 오면 낙엽이 진다.

③ 영희가 말이 없음을 안다.

④ 민연이는 성우가 떠난 사실을 몰랐다.

⑤ 정연이는 민주에게 기린을 보았느냐고 물었다.

19 안은문장에 대한 설명으로 알맞지 <u>않은</u> 것은?

① 하나의 문장이 다른 문장의 성분처럼 쓰인다.

② 인용절은 '고, 라고' 등과 같은 부사격 조사와 결합한다.

③ 명사절로 안긴문장은 주어, 목적어, 보어 등의 기능을 한다.

④ 부사절로 안긴문장은 뒤에 오는 체언만을 꾸며 주는 역할을 한다.

⑤ 서술절로 안긴문장은 문장 안에서 서술어로 쓰이는 절을 말한다.

20 다음 문장의 종류로 알맞은 것은?

소현이는 책을 빌리러 도서관에 갔다.

① 홑문장

② 대등하게 이어진문장

③ 종속적으로 이어진문장

④ 서술절을 안고 있는 문장

⑤ 관형절을 안고 있는 문장

주관식

21 다음 홑문장을 절의 형태로 바꾸어 빈칸을 완성하시오.

진아가 동수를 직접 보았다.

→ 진아는 (   ) 기억이 없다.

22 명사절을 포함하는 문장이 <u>아닌</u> 것은?

① 그 일을 하기가 쉽지는 않다.

② 언니는 내가 오기만을 기다렸다.

③ 우리는 그가 옳았음을 깨달았다.

④ 소년은 첫눈이 내리기를 기다렸다.

⑤ 연우는 지혜가 도착했다고 말했다.

[23~24] 다음 글을 읽고 물음에 답하시오.

ㄱ전화도 없었고, 전기도 없었다. ㄴ텔레비전도 몰랐고 영화도 몰랐다. ㄷ그래도 그의 어린 시절은 마냥 즐겁기만 했다. ㄹ봄이면 진달래가 지천으로 피고 뻐꾸기 울음소리가 흥겹게 들려왔으며, 가을이면 단풍은 붉게 물들고 감이 풍성하게 익었다. ㅁ그곳은 차마 잊을 수 없는 고향 마을이다.

23 ㄱ~ㅁ 중 주어와 서술어의 결합이 한 번만 이루어진 문장은?

① ㄱ　　② ㄴ　　③ ㄷ　　④ ㄹ　　⑤ ㅁ

24 ㄱ~ㅁ 중 다음의 문장과 형식이 같은 것은?

풍성한 과일 수확을 비는 풍속도 있었다.

① ㄱ　　② ㄴ　　③ ㄷ　　④ ㄹ　　⑤ ㅁ

25 ┃보기┃의 밑줄 친 부분과 같은 역할을 하는 안긴문장은?

┃보기┃

도로가 <u>눈이 와서</u> 미끄럽다.

① 세연이는 <u>키가 크다</u>.

② 그녀는 <u>눈이 부시게</u> 예쁘다.

③ 나는 <u>효주가 준</u> 책을 읽었다.

④ 승훈이가 <u>어디 가냐고</u> 물었다.

⑤ <u>어제 본</u> 영화는 정말 재미있었다.

중요
26 중의적 표현에 대한 설명으로 알맞지 <u>않은</u> 것은?

① 두 가지 이상의 의미로 해석될 수 있다.

② 의사소통을 효과적으로 할 수 있게 해 준다.

③ 문학 작품에서 의도적으로 사용하기도 한다.

④ 하나의 단어가 둘 이상의 의미로 해석되어서 중의 성이 생기기도 한다.

⑤ 조사를 사용하여 문장의 의미를 한정하여 중의적 표현을 고칠 수 있다.

27 다음 중 여러 가지 의미로 해석되는 문장이 <u>아닌</u> 것은?

① 사슴이 풀을 뜯고 있다.

② 친구들이 다 오지 않았다.

③ 나는 형과 아우를 찾아 다녔다.

④ 그리운 어린 시절 친구를 만났다.

⑤ 수빈이는 나보다 음악을 더 좋아한다.

주관식
28 다음 밑줄 친 부분을 문장 부호를 사용하여 '고향의 하늘이 아름답다.'는 의미만을 가지도록 고쳐 쓰시오.

<u>아름다운 고향의 하늘</u>을 생각한다.

01 다음 중 서술어의 성격이 <u>다른</u> 하나는?

① 자동차가 빠르게 지나간다.
② 오늘은 하늘이 유난히 맑다.
③ 현주가 과자를 맛있게 먹는다.
④ 학생들이 운동장에서 뛰어 논다.
⑤ 나는 예은이의 생일 선물을 샀다.

02 다음 중 '무엇이/누가＋어찌하다'의 구조를 지닌 문장은?

① 날씨가 춥다.
② 기차가 달린다.
③ 국화꽃이 예쁘다.
④ 그녀는 다정하다.
⑤ 경희는 중학생이다.

03 '주어부'와 '서술부'의 구분이 바르지 <u>않은</u> 문장은?

① 수아의 마음이 / 예쁘다.
② 언니와 / 동생의 얼굴이 다르다.
③ 그는 / 비가 오는 소리를 들었다.
④ 지수가 / 친구에게 선물을 주었다.
⑤ 나는 / 도서관에서 빌린 책을 반납하였다.

📖 내신 필수
04 문장의 '주성분'과 '부속 성분'에 대한 설명으로 알맞지 <u>않</u>은 것은?

① 관형어, 부사어는 부속 성분에 해당한다.
② 문장을 이루는 기본 성분은 부속 성분이다.
③ 주어, 서술어, 목적어, 보어는 주성분에 해당한다.
④ 주성분을 꾸며 주는 성분을 부속 성분이라고 한다.
⑤ 문장을 이루는 데 꼭 필요한 성분을 주성분이라고 한다.

05 밑줄 친 말 중 문장을 이루는 데 꼭 필요한 성분이 <u>아닌</u> 것은?

① 저 산은 <u>매우</u> 높다.
② 그녀는 <u>학생이</u> 아니다.
③ 귀여운 <u>아이가</u> 이쪽으로 온다.
④ 까만 <u>눈동자가</u> 초롱초롱 빛난다.
⑤ 승기는 큰 소리로 <u>노래를</u> 불렀다.

중요
06 밑줄 친 부분의 문장 성분이 바르지 <u>않은</u> 것은?

① <u>저런!</u> 조심해야겠구나. – 독립어
② 동생이 소설책을 <u>읽는다.</u> – 서술어
③ 이 옷은 <u>운동복으로</u> 적합하다. – 부사어
④ <u>삽시간에</u> 주위가 보랏빛으로 변했다. – 주어
⑤ <u>소녀의</u> 모습이 다시는 보이지 않았다. – 관형어

주관식
07 밑줄 친 부분의 문장 성분을 쓰시오.

> 도깨비는 부잣집 문 앞에서 둘째 아들을 세워 놓고,
> "여보게, 자네는 여기서 기다리고 있게. 나는 들어가서 딸의 혼을 꾀어 올 테니."
> 하고는 그 집으로 들어갔다.
> 둘째 아들이 잠시 기다리고 있는데, 도깨비가 금방 나왔다.
> <u>"딸의 혼을 어떻게 했나?"</u>
> "여기 있네. 지금 이렇게 손에 꼭 쥐고 있지 않은가?"

08 밑줄 친 말 중 주어가 <u>아닌</u> 것은?

① 차가운 <u>바람이</u> 들어온다.

② 고래는 <u>물고기가</u> 아니다.

③ <u>지수는</u> 노래를 매우 잘 한다.

④ 아침에 <u>나는</u> 학교에 일찍 왔다.

⑤ 내일 우리 학교에서 <u>시화전이</u> 열린다.

내신 필수

09 다음 중 보어가 들어 있는 문장은?

① 너는 언제 서울에 가니?

② 나는 그 시인의 시를 좋아한다.

③ 우리 마을 사람들은 인정이 많다.

④ 미영이는 국가대표 선수가 되었다.

⑤ 주영이는 인혜를 만나서 함께 점심을 먹었다.

10 다음 중 관형어가 들어 있지 <u>않은</u> 문장은?

① 맑은 시냇물이 흐른다.

② 파란 모자가 정말 멋지다.

③ 나비가 예쁜 꽃 위에 앉았다.

④ 성현이는 사탕을 매우 좋아한다.

⑤ 진이는 동생과 함께 맛있는 김밥을 먹었다.

11 다음 중 부속 성분이 들어 있지 <u>않은</u> 문장은?

① 민호는 청소를 열심히 한다.

② 예쁜 장미꽃이 활짝 피었다.

③ 맑은 시냇물이 졸졸 흐른다.

④ 바람이 나무를 흔들고 있었다.

⑤ 수호가 두꺼운 책을 열심히 읽는다.

12 다음 중 독립어가 쓰이지 <u>않은</u> 문장은?

① 네, 그렇게 하겠습니다.

② 영미야, 숙제는 다 했니?

③ 애들아, 너희들도 같이 할래?

④ 낮말은 새가 듣고 밤말은 쥐가 듣는다.

⑤ 참, 그 책을 가지고 오는 것을 깜빡 했네.

13 다음 문장에서 사용하지 <u>않은</u> 문장 성분으로 알맞은 것은?

> 참, 그 일을 깜빡 잊고 있었네!

① 주어, 보어   ② 주어, 서술어

③ 주어, 부사어   ④ 관형어, 부사어

⑤ 서술어, 독립어

14 다음 중 홑문장이 <u>아닌</u> 것은?

① 나는 사과를 먹었다.

② 나는 학생이 아니다.

③ 나는 집에서 쉬었다.

④ 내 동생이 잠을 잔다.

⑤ 나는 용돈이 떨어졌다.

주관식

15 ┃보기┃의 문장을 주성분과 부속 성분으로 나누시오.

> ┃보기┃
> 정우는 도서관에서 맛있는 빵을 먹었다.

(1) 주성분:

(2) 부속 성분:

16 다음 설명에 해당하는 문장으로 알맞은 것은?

> 말하는 이가 듣는 이에게 어떤 행동을 함께 하도록 요청하는 문장이다.

① 내일은 월요일이다.
② 우리 함께 영화 보러 가자.
③ 영호야, 용돈이 너무 적지?
④ 버스에 사람들이 너무 많다.
⑤ 아, 참 맑은 가을 하늘이구나!

17 다음 문장을 괄호 안의 유형으로 바꾼 것으로 알맞지 <u>않</u>은 것은?

① 보영이는 책을 읽는다.
  → (명령문) 보영아, 책을 읽자.
② 둥근 보름달이 떴구나!
  → (평서문) 둥근 보름달이 떴다.
③ 희선이는 정말 예쁘다.
  → (감탄문) 희선이는 정말 예쁘구나!
④ 성재는 문법을 공부한다.
  → (청유문) 성재야, 문법을 공부하자.
⑤ 가람이는 오늘 수영하러 간다.
  → (의문문) 가람이는 오늘 수영하러 가니?

18 다음 중 겹문장에 해당하지 <u>않는</u> 것은?

① 겨울이 가고 봄이 왔다.
② 나는 아침밥을 먹지 않았다.
③ 연수는 소리도 없이 다가왔다.
④ 밤이 깊어지니 기온이 내려간다.
⑤ 수빈이는 혜지가 이겼음을 확신했다.

19 이어진문장에 대한 설명으로 알맞은 것은?

① 주어와 서술어는 1개이다.
② 항상 동일한 연결 어미가 쓰인다.
③ 앞뒤 문장의 의미가 대등할 때만 이어진다.
④ 연결 어미로 결합되어 있는 하나의 문장이다.
⑤ 접속 부사로 연결되어 있는 문장을 의미한다.

20 다음 중 이어진문장이 <u>아닌</u> 것은?

① 네가 오니 기분이 좋다.
② 그가 나가자 문이 닫혔다.
③ 눈이 많이 오면 풍년이 든다.
④ 이 대학에 들어가기가 매우 어렵다.
⑤ 그는 어제 늦게 자서 오늘 매우 피곤하다.

21 중요 다음 이어진문장 중에서 그 성격이 다른 하나는?

① 봄이 되니 꽃이 핀다.
② 천둥이 잦으면 비가 온다.
③ 은주는 동생이고, 신영이는 언니다.
④ 나는 학교에 가려고 일찍 일어났다.
⑤ 그는 매우 지쳐서 바닥에 주저앉았다.

👍 내신 필수

22 다음 문장의 밑줄 친 부분에 대한 설명으로 알맞은 것은?

> 땀이 <u>비가 오듯이</u> 쏟아진다.

① 명사절이며 보어의 역할을 한다.
② 명사절이며 목적어의 역할을 한다.
③ 문장 안에서 서술어의 역할을 한다.
④ 관형절이며 체언을 꾸미는 역할을 한다.
⑤ 부사절이며 서술어를 꾸미는 역할을 한다.

23 ▍보기▍의 문장과 짜임이 같은 문장은?

┌─ 보기 ──────────────────────┐
나는 가현이가 돌아오기를 날마다 기다렸다.
└──────────────────────────┘

① 검은 강아지가 짖었다.
② 어머니께서 병이 나셨다.
③ 정우가 합격했다는 소식을 들었다.
④ 농부는 비가 오기를 간절히 기다린다.
⑤ 동쪽에서 떠오른 해가 어둠을 밀어 냈다.

고난도
24 다음 문장에 대한 설명으로 알맞지 <u>않은</u> 것은?

┌──────────────────────────┐
우리는 좋은 일들이 생기기를 기대한다.
└──────────────────────────┘

① '기대한다'의 주어는 '우리는'이다.
② 이 문장의 안긴문장은 명사절로 목적어 역할을 하고 있다.
③ 안긴문장은 '관형어+주어+서술어'의 구조로 되어 있다.
④ 어미 '-기'는 안긴문장을 조사 '를'과 결합할 수 있게 한다.
⑤ 안긴문장은 어미 '-기'에 의해 다른 문장 성분을 꾸며 주는 말로 바뀌었다.

주관식
25 다음 이어진문장을 두 개의 홑문장으로 나누어 쓰고, 겹문장으로 만들어질 때 생략된 부분을 쓰시오.

┌──────────────────────────┐
연희는 도서관에서 국어 공부를 하고, 단비는 사회 공부를 하였다.
└──────────────────────────┘

(1) 홑문장:

(2) 생략된 부분:

26 명사절에 대한 설명으로 알맞지 <u>않은</u> 것은?

① 체언을 꾸며 주는 역할을 한다.
② 조사가 결합할 수 있는 절이다.
③ 다른 문장 안에서 명사처럼 사용된다.
④ 문장에서 주어, 목적어, 보어의 기능을 한다.
⑤ '-(으)ㅁ', '-기'와 같은 전성 어미가 쓰인다.

27 다음 중 명사절을 안고 있는 문장은?

① 사람은 사회적 동물이다.
② 산이 높으면 계곡도 깊다.
③ 동생은 오늘 밥을 많이 먹었다.
④ 뜻하는 일이 이루어지기를 빕니다.
⑤ 봄이 오면 산에 들에 진달래가 핀다.

중요
28 다음 중 문장 전체의 서술어 역할을 하는 절이 있는 문장은?

① 그 친구는 아직 철이 없다.
② 현영이는 말도 없이 가 버렸다.
③ 그가 선행의 주인공임이 밝혀졌다.
④ 창식이가 야구 선수가 되었다는 소식 들었니?
⑤ 우영이는 어제 나에게 선물을 주겠다고 말했다.

29 다음 중 안은문장의 종류가 다른 하나는?

① 따뜻한 봄이 오기를 기다린다.
② 불행은 예고도 없이 찾아온다.
③ 현우는 밤이 깊도록 책을 읽었다.
④ 우리는 막차를 눈이 빠지게 기다렸다.
⑤ 현아는 남의 도움 없이 어려운 일을 해냈다.

주관식
30 다음 문장의 잘못된 점을 찾아 바른 문장으로 고쳐 쓰시오.

┌──────────────────────────┐
서영이는 밥을 먹고 식당에 간다.
└──────────────────────────┘

31 안긴문장의 종류를 바르게 나타내지 <u>않은</u> 것은?

① 원숭이는 팔이 길다. → 서술절

② 우리는 손에 땀이 나도록 긴장했다. → 부사절

③ 선주는 주원이가 화가 났다고 말했다. → 인용절

④ 현주는 영희가 노래하는 소리를 들었다. → 명사절

⑤ 그는 나에게 책을 빌려 준 기억이 없다고 말했다.
　　→ 인용절

고난도

32 ┃보기┃에 대한 설명으로 바르지 <u>않은</u> 것은?

┃보기┃
> ㉠ 그 책은 글씨가 너무 작다.
> ㉡ 동욱이가 탁구에 소질이 있음이 드러났다.
> ㉢ 황혼 무렵에는 산 그림자가 소리도 없이 다가온다.
> ㉣ 미희는 자기 집 고양이가 새끼를 여러 마리 낳았
> 　다고 말했다.
> ㉤ 김 노인은 이 마을에서 태어났고 평생 동안 이
> 　마을을 떠나지 않고 살았다.

① ㉠에서는 '주어+서술어'가 또 다른 문장의 서술어
　로 사용되었다.

② ㉡은 명사형 어미인 '-음'과 결합하여 이루어진 절
　을 안고 있다.

③ ㉢에서 '소리도 없이'가 서술어를 꾸며 주는 부사어
　의 역할을 한다.

④ ㉣은 남의 말을 간접으로 인용한 문장이 포함되어
　있다.

⑤ ㉤은 문장의 길이는 길지만 주어와 서술어의 관계
　가 한 번만 이루어져 있다.

33 다음 중 주어와 서술어의 관계가 한 번만 나타나는 문장은?

① 나는 운동을 하려고 일찍 일어났다.

② 우리 집 마당에 장미꽃이 활짝 피었다.

③ 은수는 지영의 말이 사실이라고 말했다.

④ 지성은 축구 선수이고 현진은 야구 선수이다.

⑤ 날씨가 점점 흐려지더니 비가 내리기 시작했다.

34 다음 빈칸에 들어갈 말로 알맞은 것은?

> 날씨가 갑자기 추워졌다. 창밖에 얼음이 얼었다.
> → 날씨가 갑자기 (　　　) 창밖에 얼음이 얼었다.

① 추워지면

② 추워지고

③ 추워져서

④ 추워졌으나

⑤ 추워지도록

주관식

35 다음 문장에서 밑줄 친 부분의 절의 종류를 쓰시오.

> (1) 나는 <u>눈이 맑은</u> 사람을 좋아한다.
> (2) 그 사람은 <u>눈이 맑다</u>.

(1)

(2)

36 다음 중 서술절이 들어 있는 문장으로 알맞은 것은?

① 아버지께서는 다리가 많이 아프시다.
② 하영이가 현정이를 이기기는 어렵다.
③ 우리는 모두 은호가 합격하기를 바랐다.
④ 그가 착한 사람이라는 이야기를 들었다.
⑤ 나는 수현이가 상을 받은 사실을 몰랐다.

37 보기의 문장에 대한 설명으로 바르지 않은 것은?

┌─ 보기 ─────────────────────┐
│ 석준이는 뒷산에 곰이 산다는 소문을 믿었지만,   │
│   ㉠   │
│ 지선이는 믿지 않았다.   │
│   ㉡   │
└───────────────────────────┘

① ㉠은 부사절이 안겨 있다.
② ㉡에는 목적어가 생략되어 있다.
③ ㉠과 ㉡은 대등하게 이어진문장이다.
④ ㉠의 안긴문장은 '뒷산에 곰이 산다.'이다.
⑤ ㉡의 원래 문장은 '지선이는 뒷산에 곰이 산다는 소문을 믿지 않았다.'이다.

고난도 ◀

38 보기의 문장에 대한 설명으로 알맞지 않은 것은?

┌─ 보기 ─────────────────────┐
│ 상우는 진영이가 돌아오기를 기다렸다.   │
└───────────────────────────┘

① '기다렸다'의 주어는 '상우는'이다.
② '진영이가 돌아오기'는 안긴문장이다.
③ 이 문장은 2개의 주어와 1개의 서술어가 있다.
④ '진영이가 돌아오기'는 목적어 역할을 하는 명사절이다.
⑤ '진영이가 돌아오다'에 명사형 전성 어미 '-기'가 결합되어 명사와 같은 자격을 갖게 되었다.

39 중의적 표현을 사용하여 얻을 수 있는 효과로 알맞은 것은?

① 의사소통을 원활하게 할 수 있다.
② 문학 작품의 표현 효과를 높일 수 있다.
③ 자신의 의견을 명확하게 드러낼 수 있다.
④ 문맥적 의미를 정확하게 해석할 수 있다.
⑤ 전달하고자 하는 의미를 확실히 나타낼 수 있다.

40 중의적 표현이 쓰이지 않은 문장은?

① 손님이 모두 오지 않았다.
② 사람들이 많은 도시를 여행한다.
③ 학생들이 다 돌아가지는 않았다.
④ 차분하고 성실한 시준이의 친구가 왔다.
⑤ 게으른 토끼와 거북이가 달리기 시합을 한다.

중요
41 다음은 중의적 문장을 하나의 의미만 가지도록 고쳐 쓴 것이다. 잘못된 것은?

① 그는 손이 크다. → 그는 씀씀이가 크다.
② 그녀는 전철을 타지 않았다. → 그녀는 전철을 타지 않고 걸었다.
③ 아름다운 그녀의 목소리를 들었다. → 아름다운, 그녀의 목소리를 들었다.
④ 눈이 예쁜 친구의 동생을 보고 싶다. → 눈이 예쁜, 친구의 동생을 보고 싶다.
⑤ 문희가 민희와 희령이를 찾아다녔다. → 문희는 민희와 희령이를 찾고 싶었다.

주관식
42 다음 문장을 중의적 표현이 되지 않도록 고쳐 쓰시오.

┌───────────────────────────┐
│ 저것이 우리 아버지의 그림이다.   │
└───────────────────────────┘

성취기준 • 한글 맞춤법의 기본 원리와 내용을 이해하고 국어생활에 적용한다. ➡ 3학년

핵심 콕

• 어문 규범: 원활한 의사소통을 위해 말과 글에서 지켜야 할 약속이다.

어문 규범	의미
한글 맞춤법	우리말을 한글로 적을 때 지켜야 할 약속
표준어 규정	국가에서 공용으로 쓰기로 정한 말을 규정한 약속
표준 발음법	사람마다 각기 다른 발음의 차이에서 오는 혼란을 방지하기 위하여 발음할 기준을 정해 놓은 약속

✳ 어문 규범이 필요한 이유

도로에서 교통 법규와 신호등을 지켜서 사람과 자동차가 안전하게 다닐 수 있듯이 우리는 말과 글에서 정해진 약속을 지켜야 원활한 의사소통을 할 수 있다.

✳ 한글 맞춤법

제1장: 총칙
제2장: 자모
제3장: 소리에 관한 것
제4장: 형태에 관한 것
제5장: 띄어쓰기
제6장: 그 밖의 것
부록: 문장 부호

✳ '어법에 맞게 적는다.'는 것의 의미

'어법에 맞게 적는다'는 것은 단어의 원래 형태, 즉 본모습을 밝혀 적는 것을 의미한다. '꽃이'를 소리대로 '꼬치'라고 쓸 경우 의미가 분명하지 않기 때문에 단어의 원래 형태인 '꽃이'로 표기하는 것이 어법에 맞게 적는 것이다.

1. 한글 맞춤법

① 한글 맞춤법은 단어의 형태와 띄어쓰기, 문장 부호 등에 대해 규정하고 있다.

② 한글은 표준어를 소리대로 적되, 어법에 맞도록 단어의 형태를 지켜 써야 한다고 규정하고 있다.

　예 꼬치 바라메 떠러진다. : 단어의 형태를 지키지 않음. → 꽃이 바람에 떨어진다.

③ 띄어쓰기를 잘못하면 의미가 달라지므로, 정확한 띄어쓰기에 대해 규정하고 있다.

　예 저기서문을봐라. : '저기서 문을 봐라.'와 '저기 서문을 봐라.'의 두 가지로 해석할 수 있다.

④ 정확한 문장 부호를 사용하는 방법을 규정하고 있다.

　예 "어서 뛰어"라고 소리쳤다. → "어서 뛰어!"라고 소리쳤다.

1) 단어의 형태

(1) 총칙

제1항 한글 맞춤법은 표준어를 소리대로 적되, 어법에 맞도록 함을 원칙으로 한다.

　㉠ 나무, 바람, 날다, 달리다　　　　　㉡ 낟, 흥만, 만는, 꺼꺼

① 표음 문자인 한글은 ㉠의 '나무, 바람, 날다, 달리다' 등과 같이 소리대로 적어야 한다.

② ㉡의 [낟]은 낫, 낮, 낯 등 여러 가지 의미로 이해할 수가 있다. 이와 같이 소리대로 적었는데 그 의미가 분명하지 않을 경우에는 어법에 맞게 적어야 한다.

③ ㉡은 각각 '낮, 흙만, 맞는, 꺾어'로 표기해야 맞춤법에 맞는 표기이다.

개념 쏙쏙

[1~4] 다음 설명이 맞으면 ○표, 틀리면 ×표를 하시오.

1 우리말을 한글로 적을 때 지켜야 할 약속을 '로마자 표기법'이라고 한다. (　　)

2 국가에서 공용으로 쓰기로 정한 말을 규정한 약속이 '표준어 규정'이다. (　　)

3 외래어를 한글로 적을 때 지켜야 할 약속을 '외래어 표기법'이라고 한다. (　　)

4 외국인들을 위해 우리말을 로마자로 바꾸어 표기할 때 지켜야 할 약속을 '한글 맞춤법'이라고 한다. (　　)

5 다음 문장에서 잘못된 단어를 찾아 바르게 고쳐 쓰시오.
(1) 그녀가 꼬츨 들고 걸어간다.

(2) 봄에는 만은 꽃이 핀다.

(3) 국어 공부는 정말 재미읻따.

6 다음 문장에서 빠진 문장 부호를 알맞게 쓰시오.

"지금 어디 가니"라고 친구가 물었다.

(2) 된소리 표기

> ㉠ 거꾸로, 소쩍새, 어깨, 으뜸, 해쓱하다
> ㉡ 국수, 깍두기, 색시, 싹둑, 법석, 몹시
> ㉢ 딱딱, 꼿꼿하다, 똑딱똑딱, 싹싹하다

① ㉠에서 '거꾸로'는 한 단어 안에서 뚜렷한 까닭 없이 나는 된소리이기 때문에 '거구로'라고 적지 않고 '거꾸로'라고 적는다.
② ㉡의 '국수, 깍두기, 색시, 싹둑'은 각각 [국쑤], [깍뚜기], [색:씨], [싹뚝]과 같이 발음되지만, 첫음절에 'ㄱ' 받침이 쓰였으므로 된소리로 적지 않는다. '법석, 몹시'와 같이 'ㅂ' 받침 뒤에서 나는 된소리도 마찬가지이다.
③ ㉢의 '딱딱, 꼿꼿, 똑딱, 싹싹' 등과 같이 한 단어 안에서 같은 음절이나 비슷한 음절이 겹쳐 나는 경우에는 같은 글자로 적는다는 원칙에 따라 된소리로 적는다.

(3) 두음 법칙: 일부 소리가 단어의 첫머리에 발음되는 것을 꺼려 다른 소리로 발음되는 일

> ㉠ 여자(女子), 연세(年歲), 요소(尿素)　　　㉡ 남녀(男女), 매년(每年), 당뇨(糖尿)
> ㉢ 양심(良心), 역사(歷史), 유행(流行)　　　㉣ 선량(善良), 수력(水力), 협력(協力)
> ㉤ 나열(羅列), 분열(分裂), 진열(陳列), 규율(規律), 비율(比率), 운율(韻律)
> ㉥ 낙원(樂園), 내일(來日)　　　㉦ 쾌락(快樂), 거래(去來)

① ㉠에서처럼 단어의 첫머리에 '녀, 뇨, 뉴, 니'가 나타나면, 'ㄴ'은 'ㅇ'으로 적는다. 그러나 첫머리 이외의 경우에는 ㉡처럼 'ㄴ'으로 적는다.
② ㉢처럼 '랴, 려, 례, 료, 류, 리'가 단어의 첫머리에 올 때는 '야, 여, 예, 요, 유, 이'로 적는다. 그러나 단어의 첫머리 이외의 경우에는 ㉣처럼 본음대로 적는다. 다만, 모음이나 'ㄴ' 받침 뒤에 이어지는 '렬, 률'은 ㉤처럼 '열, 율'로 적는다.
③ ㉥처럼 한자음 '라, 래, 로, 뢰, 루, 르'가 단어의 첫머리에 오면 '나, 내, 노, 뇌, 누, 느'로 적는다. 그러나 단어의 첫머리 이외의 경우에는 ㉦처럼 본음대로 적는다.

관련 한글 맞춤법

① 제5항: 한 단어 안에서 뚜렷한 까닭 없이 나는 된소리는 다음 음절의 첫소리를 된소리로 적는다. 다만, 'ㄱ, ㅂ' 받침 뒤에서 나는 된소리는, 같은 음절이나 비슷한 음절이 겹쳐 나는 경우가 아니면 된소리로 적지 아니한다.
② 제13항: 한 단어 안에서 같은 음절이나 비슷한 음절이 겹쳐 나는 부분은 같은 글자로 적는다.
③ 제10항: 한자음 '녀, 뇨, 뉴, 니'가 단어 첫머리에 올 적에는, 두음 법칙에 따라 '여, 요, 유, 이'로 적는다.
④ 제11항: 한자음 '랴, 려, 례, 료, 류, 리'가 단어의 첫머리에 올 적에는, 두음 법칙에 따라 '야, 여, 예, 요, 유, 이'로 적는다.
⑤ 제12항: 한자음 '라, 래, 로, 뢰, 루, 르'가 단어의 첫머리에 올 적에는, 두음 법칙에 따라 '나, 내, 노, 뇌, 누, 느'로 적는다.

 **개념 쏙쏙**

[7~10] 다음 설명이 맞으면 ○표, 틀리면 ×표를 하시오.

7 'ㄱ, ㅂ' 받침 뒤에 된소리로 소리가 나는 것은 항상 된소리로 적는다. (　　)

8 한 단어 안에서 같은 음절이나 비슷한 음절이 겹쳐 나는 부분은 같은 글자로 적는다. (　　)

9 한자음 '녀, 뇨, 뉴, 니'가 단어의 첫머리에 와도 두음 법칙과 관계없이 그대로 쓴다. (　　)

10 모음이나 'ㄴ' 받침 뒤에 이어지는 '렬, 률'은 '열, 율'로 적는다. (　　)

[11~13] 다음 물음에 알맞은 단어를 |보기|에서 찾아 그 기호를 쓰시오.

> |보기|
> ㉠ 꺼꾸로　　㉡ 연세　　㉢ 남녀　　㉣ 씁슬하다

11 맞춤법에 맞는 단어:

12 맞춤법에 어긋난 단어:

13 두음 법칙에 따라 표기한 단어:

핵심 쏙

❋ 관련 한글 맞춤법

① 제15항: 용언의 어간과 어미는 구별하여 적는다.

② 제19항: 어간에 '-이'나 '-음/-ㅁ'이 붙어서 명사로 된 것과 '-이'나 '-히'가 붙어서 부사로 된 것은 그 어간의 원형을 밝히어 적는다.

③ 제23항: '-하다'나 '-거리다'가 붙는 어근에 '-이'가 붙어서 명사가 된 것은 그 원형을 밝히어 적는다.

---

(4) 어간과 어미의 표기

> ㉠ 찾다, 찾고, 찾아, 찾으니, 넓다, 넓고, 넓어, 넓으니
>
> ㉡ 넘어지다, 늘어나다, 떨어지다, 흩어지다 / 드러나다, 사라지다, 쓰러지다
>
> ㉢ 길이, 얼음, 만듦, 묶음 / 많이, 익히
>
> ㉣ 코끼리, 거름(비료), 노름(도박)
>
> ㉤ 오뚝이, 꿀꿀이, 배불뚝이, 홀쭉이
>
> ㉥ 개구리, 귀뚜라미, 기러기, 깍두기, 누더기, 딱따구리, 뻐꾸기

① ㉠처럼 용언의 어간 '찾-'과 이어지는 어미 '-다, -고, -아, -으니'는 구별하여 적는다. ㉡의 '드러나다'는 '들(다)+나(다)'의 구조인데, 단어의 의미가 '들다'와 멀어졌기 때문에 원형을 밝히지 않고 '드러나다'로 적는다.

② ㉢처럼 어간에 '-이'나 '-음/-ㅁ'이 붙을 때 '길(다)+-이'처럼 어간의 뜻이 남아 있는 것은 원형을 밝혀 적고, ㉣처럼 어간의 뜻과 멀어진 것은 원형을 밝혀 적지 않는다.

③ ㉤처럼 '-하다'나 '-거리다'가 붙는 어근에 '-이'가 붙어서 명사가 된 것은 그 원형을 밝히어 적는다. 그러나 ㉥처럼 '-하다'나 '-거리다'가 붙을 수 없는 어근에 접미사가 붙어서 명사가 된 것은 그 원형을 밝히어 적지 아니한다.

2) 띄어쓰기

(1) 총칙

> **제2항 문장의 각 단어는 띄어 씀을 원칙으로 한다.**
>
> ㉠ 오늘밤꽃이피었다.   ㉡ 여기가방이많다.

① ㉠과 ㉡은 모두 띄어쓰기를 하지 않아서 문장의 뜻이 분명하지 않다.

② ㉠은 '오늘 밤 꽃이 피었다.'와 '오늘 밤꽃이 피었다.'의 두 가지로 해석된다.

③ ㉡은 '여기 가방이 많다.'와 '여기가 방이 많다.'의 두 가지로 해석된다.

④ 정확한 의미 전달을 위해 문장의 각 단어를 띄어 쓴다.

 **개념 쏙쏙**

[14~16] 다음 설명이 맞으면 ○표, 틀리면 ✕표를 하시오.

14 용언의 어간과 어미는 구별하여 적어야 한다. ( )

15 '길이'는 '-이'와 결합하는 용언의 어간 '길(다)'의 뜻이 남아있기 때문에 원형을 밝혀 적는다. ( )

16 '꿀꿀이'는 어근 '꿀꿀'이 '-거리다'와 결합하여 '꿀꿀거리다'라고 쓸 수 있으므로, 원형을 밝혀 적어야 한다. ( )

17 다음 단어 중 맞춤법이 올바른 것은?

① 깍두기   ② 깍뚜기   ③ 깎두기
④ 깎뚜기   ⑤ 깎뚝이

18 다음 문장은 띄어쓰기에 따라 두 가지 의미를 가진다. 각각 띄어 써야 할 부분에 ∨표 하시오.

> 친 구 가 방 에 있 다.
> 친 구 가 방 에 있 다.

(2) 명사와 조사의 띄어쓰기

> ㉠ 꽃이, 꽃마저, 꽃에서부터 / 떡이, 옷을, 꽃에, 넋은, 값이, 흙만, 밭은
>
> ㉡ 아는 것이 힘이다. 나도 할 수 있다. 그가 떠난 지가 오래다.
>
> ㉢ 한 개, 차 한 대, 소 한 마리, 열 살
>
> ㉣ 일천이백삼십사만 오천육백칠십팔

① ㉠처럼 명사에 '이, 마저, 에서부터'와 같은 조사가 올 때는 명사에 조사를 붙여 쓴다.

② ㉡처럼 '것, 수, 지' 등과 같은 의존 명사는 앞에 오는 꾸미는 말과 띄어 쓴다.

③ ㉢의 단위를 나타내는 명사 '개, 대, 마리, 살' 등과 같은 말은 앞의 숫자를 나타내는 관형사와 띄어 쓴다.

④ ㉣처럼 수를 적을 때에는 '만(萬)' 단위로 띄어 쓴다.

 핵심 콕

✤ **관련 한글 맞춤법**

① 제14항: 체언은 조사와 구별하여 적는다.

② 제41항: 조사는 그 앞말에 붙여 쓴다.

③ 제42항: 의존 명사는 띄어 쓴다.

④ 제43항: 단위를 나타내는 명사는 띄어 쓴다.

⑤ 제44항: 수를 적을 적에는 '만(萬)' 단위로 띄어 쓴다.

3) 문장 부호

쓰임	이름(부호)	사용법
마침표	온점(.)	서술, 명령, 청유 등을 나타내는 문장의 끝에 쓰거나, 아라비아 숫자만으로 연월일을 표시할 적에 쓴다.
	느낌표(!)	감탄이나 놀람, 부르짖음, 명령 등 강한 느낌을 나타낸다.
	물음표(?)	의심이나 물음을 나타낸다.
쉼표	반점(,)	문장 안에서 짧은 휴지를 나타낸다.
	쌍점(:)	내포되는 종류를 나타내거나, 소표제 뒤에 간단한 설명이 붙을 때, 둘 이상을 대비할 때 등에 쓴다.
따옴표	큰따옴표(" ")	대화, 인용, 특별 어구 따위를 나타낸다.
	작은따옴표(' ')	따온 말 가운데 다시 따온 말이 들어 있을 때, 마음속으로 한 말을 적을 때, 문장에서 중요한 부분을 나타낼 때 쓴다.

✤ **사이시옷**

① 한글 맞춤법 제30항에 제시되어 있다.

② 순우리말로 된 합성어로서 앞말이 모음으로 끝난 경우에 적는다.

예 나뭇가지, 냇가

③ 순우리말과 한자어로 된 합성어로서 앞말이 모음으로 끝난 경우에 적는다.

예 귓병, 훗날

④ 두 음절로 된 다음 한자어에 적는다.

예 곳간(庫間), 셋방(貰房), 숫자(數字), 찻간(車間), 툇간(退間), 횟수(回數)

개념 쓱쓱

[19~22] 다음 설명이 맞으면 ○표, 틀리면 ×표를 하시오.

19 용언의 어간과 어미는 소리 나는 대로 자연스럽게 이어서 적는다. (　　)

20 체언은 조사와 구별하여 원형을 밝혀서 적는다. (　　)

21 문장 안에서 짧은 휴지를 나타내는 문장 부호는 반점(,)이다. (　　)

22 '대화', '인용', '특별 어구' 따위를 나타내는 문장 부호는 작은따옴표(' ')이다. (　　)

[23~25] 다음 설명에 알맞은 문장 부호를 ┃보기┃에서 찾아 그 기호를 쓰시오.

┃보기┃
> ㉠ 온점　　㉡ 반점　　㉢ 쌍점　　㉣ 작은따옴표

23 마음속으로 한 말을 적을 때 쓴다. (　　)

24 아라비아 숫자만으로 연월일을 표시할 때 쓴다. (　　)

25 둘 이상을 대비할 때 쓴다. (　　)

09 어문 규범

핵심 콕

✽ 관련 표준어 규정

① 제5항: 어원에서 멀어진 형태로 굳어져서 널리 쓰이는 것은, 그것을 표준어로 삼는다.

② 제7항: 수컷을 이르는 접두사는 '수-'로 통일한다.

③ 제9항: 'ㅣ' 역행 동화 현상에 의한 발음은 원칙적으로 표준 발음으로 인정하지 아니한다.

2. 표준어 규정

1) 원칙: 표준어는 교양 있는 사람들이 두루 쓰는 현대 서울말로 정함을 원칙으로 한다.

2) 단수 표준어

(1) 발음 변화에 따라 하나의 단어를 표준어로 정한 말

> ㉠ 강낭콩, 사글세
> ㉡ 돌, 둘째, 셋째, 넷째, 빌리다 / 돐, 두째, 세째, 네째, 빌다
> ㉢ 열두째, 스물두째
> ㉣ 수놈, 수캐, 수탉, 수퇘지, 수평아리 / 숫양, 숫염소, 숫쥐

① ㉠은 어원인 '강남콩, 삭월세'에서 멀어져 굳어진 형태인 '강낭콩, 사글세'를 표준어로 삼는다.

② ㉡의 경우 의미를 구별함이 없이, 한 가지 형태만을 표준어로 삼아 '돌, 둘째, 셋째, 넷째, 빌리다'를 표준어로 정한다.

③ ㉢처럼 '둘째'는 십 단위 이상의 서수사에 쓰일 때에 '두째'로 한다.

④ 수컷을 이르는 말은 ㉣처럼 '수-'로 통일하고 접두사 다음에서 나는 거센소리를 인정한다. 다만 '숫양, 숫염소, 숫쥐'는 접두사를 '숫-'으로 한다.

(2) 'ㅣ'모음 역행 동화

> ㉠ 풋내기, 서울내기, 냄비 / 아지랑이
> ㉡ 미장이, 대장장이, 유기장이 / 멋쟁이, 욕심쟁이, 담쟁이덩굴

① 'ㅣ' 역행 동화 현상에 의한 발음은 원칙적으로 표준 발음으로 인정하지 않지만 ㉠의 '풋내기, 서울내기, 냄비'의 경우는 그러한 동화가 적용된 형태를 표준어로 삼는다.

② 다만, '아지랑이'는 'ㅣ' 역행 동화가 일어나지 아니한 형태를 표준어로 삼고, ㉡의 경우처럼 기술자에게는 '-장이', 그 외에는 '-쟁이'가 붙는 형태를 표준어로 삼는다.

개념 쏙쏙

[26~29] 다음 설명이 맞으면 ○표, 틀리면 ×표를 하시오.

26 표준어는 교양 있는 사람들이 전국에서 두루 쓰는 말로 정한다. ( )

27 수컷을 이르는 접두사는 모두 '숫-'으로 통일하여 쓴다. ( )

28 '강낭콩, 삭월세'는 표준어 규정에 맞는 말이다. ( )

29 '둘째, 열둘째'는 표준어 규정에 맞는 말이다. ( )

[30~33] 다음 단어를 보고 '-장이'와 '-쟁이' 중에서 맞는 말을 고르시오.

30 대장장이 / 대장쟁이

31 멋장이 / 멋쟁이

32 미장이 / 미쟁이

33 욕심장이 / 욕심쟁이

(3) '위-'와 준말의 경우

> ㉠ 윗니, 윗도리, 윗눈썹, 윗넓이   ㉡ 위쪽, 위층
>
> ㉢ 웃어른, 웃돈, 웃옷   ㉣ 귀찮다, 무

① 위쪽의 방향을 나타내는 '웃-' 및 '윗-'은 ㉠처럼 명사 '위'에 맞추어 '윗-'으로 통일한다.
② 다만 된소리나 거센소리가 이어질 경우 ㉡처럼 '위-'로, 위와 아래의 대립이 없는 경우는 ㉢처럼 '웃-'으로 표준어를 삼는다.
③ ㉣처럼 본말인 '귀치 않다, 무우'보다 준말이 널리 쓰이고 본말이 잘 쓰이지 않는 경우에는, 준말만을 표준어로 삼는다.

3) 복수 표준어
① 준말과 본말이 다 같이 널리 쓰이거나 한 가지 의미를 나타내는 형태 몇 가지가 널리 쓰이며 표준어 규정에 맞으면, 그 모두를 표준어로 삼는다.
② 2011년에 새로 추가된 복수 표준어

추가된 표준어	원래 표준어	추가된 표준어	원래 표준어	추가된 표준어	원래 표준어
간지럽히다	간질이다	쌉싸름하다	쌉싸래하다	연신	연방
남사스럽다	남우세스럽다	토란대	고운대	오손도손	오순도순
등물	목물	허접쓰레기	허섭스레기	추근거리다	치근거리다
맨날	만날	흙담	토담	품새	품세
못자리	묏자리	-길래	-기에	야멸차다	야멸치다
복숭아뼈	복사뼈	개발새발	괴발개발	찌뿌둥하다	찌뿌듯하다
세간살이	세간	나래	날개	택견	태껸
내음	냄새	횡하니	힁허케	짜장면	자장면
눈꼬리	눈초리	걸리적거리다	거치적거리다	손주	손자
떨구다	떨어뜨리다	꼬지락거리다	끼적거리다	어리숙하다	어수룩하다
뜨락	뜰	두리뭉실하다	두루뭉술하다	새초롬하다	새치름하다
먹거리	먹을거리	아웅다웅	아옹다옹	맨숭맨숭	맨송맨송
메꾸다	메우다	바둥바둥	바동바동	맹숭맹숭	

개념 쏙쏙

[34~36] 다음 설명이 맞으면 ○표, 틀리면 ×표를 하시오.

34 '웃어른'은 '아랫어른'이 없으므로 위와 아래의 대립이 없는 경우에 해당하여, '윗어른'이라 하지 않고 '웃어른'이라고 쓰는 것이다.   ( )

35 본말은 '무우'였지만 사람들이 '무'를 더 널리 쓰고 있으므로, 준말인 '무'를 표준어로 삼았다.   ( )

36 표준어는 같은 의미를 지닌 두 가지 형태를 동시에 표준어로 인정하지 않는다.   ( )

37 다음 중 표준어가 아닌 것은?

① 노을, 놀
② 맨날, 만날
③ 봉숭아, 봉선화
④ 서두르다, 서둘다
⑤ 먹을거리, 먹꺼리

38 '위-'와 관련하여 표준어가 아닌 것은?

① 웃니
② 위쪽
③ 위층
④ 웃돈
⑤ 윗눈썹

✽ 표준 발음법

표준어 사정 원칙 제1장 제1항에서 "표준어는 교양 있는 사람들이 두루 쓰는 현대 서울말로 정함을 원칙으로 한다."라고 규정하고 있다. 이에 따라 표준 발음법은 교양 있는 사람들이 두루 쓰는 현대 서울말의 발음을 표준어의 실제 발음으로 여기고서 일단 이를 따르도록 원칙을 정한 것이다.

✽ 현실 발음과 표준 발음

'여덟'의 발음
현실 발음: [여덜], [여덥]
▽ ←표준 발음법
표준 발음: [여덜]

'밟고'의 발음
현실 발음: [발꼬], [밥꼬]
▽ ←표준 발음법
표준 발음: [밥꼬]

✽ 단모음과 이중 모음의 발음

단모음	발음하는 동안 혀의 위치나 높이, 입술의 모양이 변하지 않는 모음
이중 모음	발음하는 과정에서 혀의 위치나 높이, 입술의 모양이 변하는 모음

3. 표준 발음법

1) 원칙

> **제1항** 표준 발음법은 표준어의 실제 발음을 따르되, 국어의 전통성과 합리성을 고려하여 정함을 원칙으로 한다.

① 표준 발음법은 표준어의 실제 발음을 따른다.
② 국어의 전통성과 합리성을 고려하여 정함을 원칙으로 한다.

2) 모음의 발음

> **제4항** 'ㅏ ㅐ ㅓ ㅔ ㅗ ㅚ ㅜ ㅟ ㅡ ㅣ'는 단모음(單母音)으로 발음한다.

[붙임] 'ㅚ, ㅟ'는 이중 모음으로 발음할 수 있다.
'ㅚ'를 이중 모음으로 발음하면 [ㅞ]와 비슷해진다. 예 금괴→[금궤]

> **제5항** 'ㅑ ㅒ ㅕ ㅖ ㅘ ㅙ ㅛ ㅝ ㅞ ㅠ ㅢ'는 이중 모음으로 발음한다.

다만 1. 용언의 활용형에 나타나는 '져, 쪄, 쳐'는 [저, 쩌, 처]로 발음한다.

가지어→가져[가저]	찌어어→쪄[쩌]	다치어→다쳐[다처]

다만 2. '예, 례' 이외의 'ㅖ'는 [ㅔ]로도 발음한다.

계집[계:집/게:집]	계시다[계:시다/게:시다]	시계[시계/시게](時計)	연계[연계/연게](連繫)
메별[메별/메별](袂別)	개폐[개폐/개페](開閉)	혜택[혜:택/헤:택](惠澤)	지혜[지혜/지혜](智慧)

다만 3. 자음을 첫소리로 가지고 있는 음절의 'ㅢ'는 [ㅣ]로 발음한다.

늴리리	닁큼	무늬	띄어쓰기	씌어
틔어	희어	희떱다	희망	유희

다만 4. 단어의 첫음절 이외의 'ㅢ'는 [ㅣ]로, 조사 '의'는 [ㅔ]로 발음함도 허용한다.

주의[주의/주이]	협의[혀븨/혀비]	우리의[우리의/우리에]	강의의[강:의의/강:이에]

 개념 쏙쏙

[39~40] 다음 빈칸에 들어갈 알맞은 말을 써넣으시오.

39 표준 발음법은 표준어의 실제 발음을 따르되, 국어의 ( )와/과 ( )을/를 고려하여 정함을 원칙으로 한다.

40 'ㅏ ㅐ ㅓ ㅔ ㅗ ㅚ ㅜ ㅟ ㅡ ㅣ'는 ( )(으)로 발음하고, 'ㅑ ㅒ ㅕ ㅖ ㅘ ㅙ ㅛ ㅝ ㅞ ㅠ ㅢ'는 ( )(으)로 발음한다.

[41~43] 다음 설명이 맞으면 ○표, 틀리면 ✕표를 하시오.

41 '여덟'을 [여덜]로 발음하는 사람도 있고 [여덥]으로 발음하는 사람도 있으나, 표준 발음은 [여덜]이다. ( )

42 발음하는 과정에서 혀의 위치나 높이, 입술의 모양이 변하는 모음을 '단모음'이라고 한다. ( )

43 '희망'은 첫소리가 자음이므로 [히망]으로 발음한다. ( )

3) 받침의 발음

제8항 받침소리로는 'ㄱ, ㄴ, ㄷ, ㄹ, ㅁ, ㅂ, ㅇ'의 7개 자음만 발음한다.

제9항 받침 'ㄲ, ㅋ', 'ㅅ, ㅆ, ㅈ, ㅊ, ㅌ', 'ㅍ'은 어말 또는 자음 앞에서 각각 대표음 [ㄱ, ㄷ, ㅂ]으로 발음한다.

① ㄲ, ㅋ → ㄱ: 예 닦다[닥따], 키읔[키윽]

② ㅅ, ㅆ, ㅈ, ㅊ, ㅌ → ㄷ: 예 옷[옫], 있다[읻따], 젖[젇], 빚다[빋따], 꽃[꼳], 쫓다[쫃따], 솥[솓]

③ ㅌ → ㅂ: 예 앞[압], 덮다[덥따]

제10항 겹받침 'ㄳ', 'ㄵ', 'ㄼ, ㄽ, ㄾ', 'ㅄ'은 어말 또는 자음 앞에서 각각 [ㄱ, ㄴ, ㄹ, ㅂ]으로 발음한다.

① ㄳ → ㄱ: 예 넋[넉], 넋과[넉꽈]   ② ㄵ → ㄴ: 예 앉다[안따]

③ ㄼ, ㄽ, ㄾ → ㄹ: 예 넓다[널따], 외곬[외골], 핥다[할따]   ④ ㅄ → ㅂ: 예 없다[업:따]

제11항 겹받침 'ㄺ, ㄻ, ㄿ'은 어말 또는 자음 앞에서 각각 [ㄱ, ㅁ, ㅂ]으로 발음한다.

① ㄺ → ㄱ: 예 닭[닥], 흙과[흑꽈], 맑다[막따], 늙지[늑찌]

② ㄻ → ㅁ: 예 삶[삼:], 젊다[점:따]

③ ㄿ → ㅂ: 예 읊고[읍꼬], 읊다[읍따]

제14항 겹받침이 모음으로 시작된 조사나 어미, 접미사와 결합되는 경우에는, 뒤엣것만을 뒤 음절 첫소리로 옮겨 발음한다.(이 경우, 'ㅅ'은 된소리로 발음함.)

넋이[넉씨]	앉아[안자]	닭을[달글]	젊어[절머]
곬이[골씨]	핥아[할타]	읊어[을퍼]	값을[갑쓸]

제15항 받침 뒤에 모음 'ㅏ, ㅓ, ㅗ, ㅜ, ㅟ'들로 시작되는 실질 형태소가 연결되는 경우에는, 대표음으로 바꾸어서 뒤 음절 첫소리로 옮겨 발음한다.

밭 아래[바다래]	늪 앞[느밥]	젖어미[저더미]	맛없다[마덥따]
겉옷[거돋]	헛웃음[허두슴]	꽃 위[꼬뒤]	

개념 쏙쏙

[44~46] 다음 빈칸에 들어갈 알맞은 말을 써넣으시오.

44 받침소리로는 (   ), (   ), (   ), (   ), (   ), (   ), (   )의 7개의 자음만 발음한다.

45 음절의 끝소리가 'ㄱ, ㄴ, ㄷ, ㄹ, ㅁ, ㅂ, ㅇ' 중 하나로 변하여 발음되는 현상을 (   )(이)라고 한다.

46 겹받침 'ㄺ, ㄻ, ㄿ'은 어말 또는 자음 앞에서 각각 [(   ), (   ), (   )](으)로 발음한다.

47 다음 중 표기와 발음이 옳지 <u>않은</u> 것은?

① 옷 — [온]
② 닦다 — [닥따]
③ 넓다 — [넙따]
④ 값을 — [갑쓸]
⑤ 밭 아래 — [바다래]

[48~51] 겹받침이 발음되는 소리를 바르게 연결하시오.

48 넋 ·   · [ㄱ]

49 앉다 ·   · [ㄴ]

50 없다 ·   · [ㄹ]

51 넓다 ·   · [ㅂ]

핵심 국

✿ 음의 첨가

한자어, 합성어 및 접두 파생어에서 앞 단어나 접두사가 자음으로 끝나고 뒤 단어의 첫음절이 '이, 야, 여, 요, 유'인 경우에 'ㄴ'을 첨가시켜 발음한다. 따라서 앞 요소의 받침은 첨가된 'ㄴ' 때문에 비음으로 발음된다. 예컨대 '짓이기다.'는 'ㄴ'이 첨가되어 '짓-니기다'와 같이 되고 다시 'ㄴ' 앞에서 '짓'은 [진]이 되어 결국 [진니기다]로 발음하게 된다. '남존여비'는 'ㄴ'이 첨가되고 'ㄴ'에 의한 역행 동화가 더 이상 불필요하여 [남존녀비]로 발음한다.

✿ 제29항의 예외

다음과 같은 말들은 'ㄴ' 음을 첨가하여 발음하되, 표기대로 발음할 수 있다.
예 이죽-이죽[이중니죽/이주기죽], 야금-야금[야금냐금/야그먀금], 검열[검:녈/거:멸], 욜랑-욜랑[욜랑뇰랑/욜랑욜랑], 금융[금늉/그뮹]

4) 음의 첨가

> **제29항** 합성어 및 파생어에서, 앞 단어나 접두사의 끝이 자음이고 뒤 단어나 접미사의 첫음절이 '이, 야, 여, 요, 유'인 경우에는, 'ㄴ' 음을 첨가하여 [니, 냐, 녀, 뇨, 뉴]로 발음한다.

솜-이불[솜:니불]	막-일[망닐]	삯-일[상닐]	꽃-잎[꼰닙]
한-여름[한녀름]	색-연필[생년필]	늑막-염[능망념]	담-요[담:뇨]

[붙임1] 'ㄹ' 받침 뒤에 첨가되는 'ㄴ' 음은 [ㄹ]로 발음한다.

들-일[들:릴]	솔-잎[솔립]	물-약[물략]	휘발-유[휘발류]

[붙임2] 두 단어를 이어서 한 마디로 발음하는 경우에도 이에 준한다.

한 일[한닐]	옷 입다[온닙따]	서른여섯[서른녀섣]	3연대[삼년대]

다만, 다음과 같은 단어에서는 'ㄴ(ㄹ)' 음을 첨가하여 발음하지 않는다.

6·25[유기오]	3·1절[사밀쩔]	송별-연[송:벼련]	등-용문[등용문]

> **제30항** 사이시옷이 붙은 단어는 다음과 같이 발음한다.

① 'ㄱ, ㄷ, ㅂ, ㅅ, ㅈ'으로 시작하는 단어 앞에 사이시옷이 올 때는 이들 자음만을 된소리로 발음하는 것을 원칙으로 하되, 사이시옷을 [ㄷ]으로 발음하는 것도 허용한다.
  예 냇가[내:까/낻:까], 샛길[새:낄/샏:낄], 깃발[기빨/긷빨], 햇살[해쌀/핻쌀], 뱃속[배쏙/밷쏙]
② 사이시옷 뒤에 'ㄴ, ㅁ'이 결합되는 경우에는 [ㄴ]으로 발음한다.
  예 콧날[콛날→콘날], 아랫니[아랟니→아랜니], 툇마루[퇻:마루→퇸:마루], 뱃머리[밷머리→밴머리]
③ 사이시옷 뒤에 '이' 음이 결합되는 경우에는 [ㄴㄴ]으로 발음한다.
  예 베갯잇[베갣닏→베갠닏], 깻잎[깯닙→깬닙], 나뭇잎[나묻닙→나문닙], 도리깻열[도리깯녈]→[도리깬녈]

 **개념 쏙쏙**

[52~57] 다음 단어의 표준 발음을 쓰시오.

52 솜이불[   ]

53 색연필[   ]

54 솔잎[   ]

55 휘발유[   ]

56 서른여섯[   ]

57 콧날[   ]

58 다음 밑줄 친 단어를 발음할 때 'ㄴ'음이 첨가되지 <u>않는</u> 것은?
① <u>담요</u>를 덮다.
② <u>한여름</u>의 무더위
③ <u>꽃잎</u>이 떨어지다.
④ 고된 <u>막일</u>로 살아가다.
⑤ 신춘문예는 작가들의 <u>등용문</u>이다.

59 사이시옷 뒤에 '이' 음이 결합하여 [ㄴㄴ]으로 발음되지 <u>않</u>는 것은?
① 베갯잇   ② 툇마루
③ 깻잎   ④ 나뭇잎
⑤ 도리깻열

4. 남한과 북한의 언어 차이

1) 남한과 북한의 언어: 남한은 서울말을 공통어로 정한 '표준어'를, 북한은 평양말을 공통어로 정한 '문화어'를 사용하고 있다.

유형		남한	북한
소리	두음 법칙	노인, 여자, 양심, 노동 등	로인, 녀자, 량심, 로동 등
	자음 동화	십리[심니], 협력[혐녁] 등	십리[심리], 협력[협력] 등
	억양과 어조	대체로 낮은 억양으로 부드럽게 흘러가듯 말함.	높은 데서 낮은 데로 떨어지는 억양을 반복하며 단어를 끊어서 말함.
어휘	한자어 수용	냉면, 분유, 출입문 등	찬국수, 가루소젖, 나들문 등
	외래어 수용	외래어를 그대로 사용함. → 도넛, 다이어트, 투피스, 주스 등	외래어를 우리말로 순화하여 사용함. → 가락지빵, 몸까기, 나뉜옷, 과일단물 등
표기	사이시옷	촛불, 뱃사공, 나뭇가지 등	초불, 배사공, 나무가지 등
띄어쓰기		먹고 싶다, 떨어진 곳, 최영 장군 등	먹고싶다, 떨어진곳, 최영장군 등

① 남한은 두음 법칙, 자음 동화를 인정하지만, 북한은 모두 인정하지 않는다.
② 남한은 대체로 낮은 억양으로 부드럽게 흘러가듯 말하지만, 북한은 높은 데서 낮은 데로 떨어지는 억양을 반복하며 단어를 끊어서 말한다.
③ 남한은 한자어나 외래어를 수용하여 그대로 사용하지만, 북한은 한자어나 외래어를 고유어로 순화하여 사용한다.
④ 남한은 사이시옷을 인정하고 표기에 반영하지만, 북한은 사이시옷을 인정하지 않는다.
⑤ 남한에 비해 북한은 띄어쓰기를 많이 하지 않는다.

2) 남한과 북한의 언어 차이의 원인과 해결책
(1) 원인: 남한과 북한이 분단된 후 교류 없이 반세기가 지났고, 이념과 정치 체제가 다르다. 그리고 남한에서는 '표준어'를, 북한에서는 '문화어'를 제정하고 말다듬기를 서로 다르게 진행하면서 언어 차이가 발생했다.
(2) 해결책: 남한과 북한의 언어 차이를 이해하는 것이 먼저 필요하다. 그리고 2005년 '겨레말 큰사전' 편찬 작업을 함께 시작한 것처럼 남북한 학자들의 노력이 우선 필요하다. 또한 남북의 교류를 꾸준히 이어 가야 한다.

핵심 콕

✿ 표준어
① 조선어 학회에서 '한글 맞춤법 통일안'을 1933년에 제정했다.
② 이에 맞춰 조선어 학회에서 1936년에 약 9,000단어를 표준어로 정해 공표했다.
③ 현행 표준어 규정은 '한글 맞춤법 통일안'을 부분적으로 수정하여 1988년에 문교부에서 고시하고, 1989년 3월 1일부터 시행되고 있다.

✿ 문화어
① 북한에서 언어생활의 기준으로 삼기 위해 규범화한 언어이다.
② 북한은 1933년에 제정된 '한글 맞춤법 통일안'을 계속 사용하다가 1954년 '조선어 철자법'을 정하였다.
③ 김일성이 1966년 교시에서 처음으로 문화어라는 용어를 사용하였으며, '조선말 규범집'을 펴냈다.

개념 쏙쏙

60 남한과 북한의 언어 차이에 대해 잘못 설명한 것은?

① 남북이 분단된 것이 언어 차이의 원인이다.
② 남한과 북한은 서로 다르게 말다듬기를 진행하였다.
③ 남한과 북한의 언어 차이를 이해하는 것이 가장 먼저 필요하다.
④ 남북의 교류를 꾸준히 이어 나가면서 남한과 북한의 언어 차이를 줄여 가야 한다.
⑤ 2005년에 '겨레말 큰사전'을 함께 편찬한 것처럼 남북한 학자들에게 언어 차이의 해결책을 맡겨야 한다.

[61~64] 다음 설명이 맞으면 ○표, 틀리면 ×표 하시오.

61 남북의 언어 가운데 발음의 차이는 없다. ( )

62 북한은 낮은 억양으로 부드럽게 흘러가듯 말한다. ( )

63 남한은 서울말을 공통어로 정한 '표준어'를, 북한은 평양말을 공통어로 정한 '문화어'를 사용한다. ( )

64 북한은 외래어를 그대로 사용한다. ( )

01 어문 규범에 대한 설명으로 알맞지 <u>않은</u> 것은?

① 원활한 의사소통을 위해 필요하다.
② 우리말과 글에서 지켜야 할 약속이다.
③ 말할 때는 굳이 어문 규범을 따를 필요가 없다.
④ 세계화 시대에 외국인을 위해 로마자 표기법도 필요하다.
⑤ 다른 나라에서 들어온 외래어도 규범에 따라 적어야 한다.

**02** 다음은 초등학교 1학년의 받아쓰기 답안지이다. 어문 규범에 맞는 것은?

① 내일 준비물 있슴.
② 친구야, 가치 가자.
③ 우리는 여덜 살이다.
④ 점심시간에 함께 밥을 먹는다.
⑤ 우리는 모두 교실에 드러갔다.

03 ▌보기▌의 한글 맞춤법에 <u>어긋난</u> 것은?

┌──▌보기▌────────────────────┐
제2항
문장의 각 단어는 띄어 씀을 원칙으로 한다.
└───────────────────────────┘

① 오늘은 날씨가 맑다.
② 동생은 다섯 살이다.
③ 어제 본것은 장미꽃이다.
④ 친구와 함께 게임을 했다.
⑤ 상우가 떠난 지 꽤 되었다.

04 다음 문장의 밑줄 친 단어가 표준어에 해당하지 <u>않는</u> 것은?

① 유리는 <u>강낭콩</u>을 싫어한다.
② 언니는 <u>김치찌개</u>를 좋아한다.
③ 내 동생은 정말 <u>개구쟁이</u>이다.
④ <u>웃어른</u>을 만나면 인사를 해야 한다.
⑤ 엄마가 시장에서 <u>무우</u>를 두 개 샀다.

05 다음 문장에서 띄어 써야 할 곳에 ∨표를 하시오.

┌───────────────────────────┐
그집까지가는데한시간이걸렸다.
└───────────────────────────┘

🖐 내신 필수

06 다음 중 띄어쓰기가 <u>잘못된</u> 것은?

① 차 한 대   ② 소 한 마리
③ 사과 열 개   ④ 장미꽃 백 송이
⑤ 연필 열 두 자루

🖐 내신 필수

07 다음과 같은 문제 상황을 해결하기 위해 참고해야 하는 어문 규범으로 바른 것은?

┌───────────────────────────┐
어떤 사람은 '의사'를 [으사]로 발음하고, 또 어떤 사람은 [의씨]로 발음하는 것을 보고 서영이는 어떤 발음이 맞는지 궁금했다.
└───────────────────────────┘

① 표준 발음법   ② 외래어 표기법
③ 한글 맞춤법   ④ 로마자 표기법
⑤ 표준어 규정

08 다음 표준 발음법에 대한 설명으로 알맞지 <u>않은</u> 것은?

① 표준어의 실제 발음을 따른다.
② 국어의 전통성과 합리성을 고려하여 정한다.
③ 표준어의 발음법에 대한 대원칙을 정한 것이다.
④ 표준 발음법은 표준어의 규정과 직접적인 관련이 없다.
⑤ 사람마다 각기 다른 발음의 차이에서 오는 혼란을 방지하기 위하여 정해 놓은 약속이다.

내신 필수

09 한글 맞춤법에 대한 다음 설명 가운데 알맞지 <u>않은</u> 것은?

① 각 단어는 띄어 씀을 원칙으로 한다.
② 한글 맞춤법은 표준어를 소리대로 적되, 어법에 맞도록 적는다.
③ 한자음 '녀', '뇨' 등이 단어 첫머리에 올 적에는 '여', '요'로 적는다.
④ 한 단어 안에서 까닭 없이 나는 된소리는 다음 음절의 첫소리를 된소리로 적는다.
⑤ 한자음 '라', '래' 등은 단어의 첫머리 이외의 경우에도 두음 법칙에 따라 '나', '내' 등으로 적는다.

10 남한과 북한의 언어 차이에 대한 다음 설명 가운데 알맞지 <u>않은</u> 것은?

① 북한은 사이시옷을 인정하지 않는다.
② 북한은 외래어를 우리말로 순화하여 쓴다.
③ 남한은 외래어를 대체로 그대로 받아들인다.
④ 북한의 억양은 낮은 억양으로 부드럽게 말한다.
⑤ 남한은 북한에 비해 띄어쓰기를 많이 하고 있다.

11 다음 중 소리가 나는 대로 적은 것은?

① 얼음   ② 날개   ③ 맑다
④ 오뚝이   ⑤ 떨어지다

중요 12 다음 중 표준어의 사용이 바르지 <u>않은</u> 문장은?

① 선생님께서 직접 만듬.
② 암탉 한 마리와 수탉 두 마리.
③ 할머니는 아직도 허리가 꼿꼿하다.
④ 봄이 되니 아지랑이가 피어오른다.
⑤ 초등학교 시절 너무 말라서 별명이 홀쭉이였다.

내신 필수

13 다음 밑줄 친 부분에 해당하는 예로 알맞은 것은?

> 한글 맞춤법은 ㉠표준어를 소리대로 적되, ㉡어법에 맞도록 함을 원칙으로 한다.

① ㉠: 가벼운   ② ㉠: 발걸음
③ ㉠: 시작해요   ④ ㉡: 하루
⑤ ㉡: 사랑하다

주관식 14 다음 빈칸에 들어갈 알맞은 말을 쓰시오.

> (   )은 원활한 의사소통을 위해서 말과 글에서 지켜야 할 약속이다.

15 |보기|의 밑줄 친 부분의 한글 맞춤법 규정에 따라 고쳐서 적어야 할 것은?

┃보기┃
제11항
　한자음 '랴, 려, 례, 료, 류, 리'가 단어의 첫머리에 올 적에는, 두음 법칙에 따라 '야, 여, 예, 요, 유, 이'로 적는다. 다만, <u>모음이나 'ㄴ' 받침 뒤에 이어지는 '렬', '률'은 '열', '율'로 적는다.</u>

① 법률
② 행렬
③ 성공률
④ 백분률
⑤ 외형률

내신 필수

16 다음 모음의 발음에 대한 설명으로 알맞지 <u>않은</u> 것은?
① '예, 례' 이외의 'ㅖ'는 [ㅔ]로도 발음한다.
② '다쳐'의 'ㅕ'는 이중 모음이므로 [다쳐]로 발음한다.
③ 'ㅏ ㅐ ㅓ ㅔ ㅗ ㅚ ㅜ ㅟ ㅡ ㅣ'는 단모음으로 발음한다.
④ 'ㅑ ㅒ ㅕ ㅖ ㅘ ㅙ ㅛ ㅝ ㅞ ㅠ ㅢ'는 이중 모음으로 발음한다.
⑤ 자음을 첫소리로 가지고 있는 음절의 'ㅢ'는 [ㅣ]로 발음한다.

주관식

17 다음 표준 발음법 제1항의 빈칸에 들어갈 알맞은 말을 쓰시오.

제1항
　표준 발음법은 표준어의 실제 발음을 따르되, 국어의 (　　　)와/과 (　　　)을/를 고려하여 정함을 원칙으로 한다.

18 다음 표준어 규정에 대한 설명 중 알맞지 <u>않은</u> 것은?
① '웃-' 및 '윗-'은 '윗-'으로 통일한다.
② 수컷을 이르는 접두사는 '수-'로 통일한다.
③ 준말이 널리 쓰여도 본말을 표준어로 삼는다.
④ '아래, 위'의 대립이 없는 단어는 '웃-'을 표준어로 삼는다.
⑤ 기술자에게는 '-장이', 그 외에는 '-쟁이'를 표준어로 삼는다.

중요
19 |보기|의 한글 맞춤법을 바탕으로 할 때 다음 중 바르지 <u>않은</u> 것은?

┃보기┃
제5항
　한 단어 안에서 뚜렷한 까닭 없이 나는 된소리는 다음 음절의 첫소리를 된소리로 적는다. 다만, 'ㄱ, ㅂ' 받침 뒤에서 나는 된소리는, 같은 음절이나 비슷한 음절이 겹쳐 나는 경우가 아니면 된소리로 적지 아니한다.

① 싹둑, 법석
② 깍뚜기, 색씨
③ 거꾸로, 으뜸
④ 소쩍새, 어깨
⑤ 해쓱하다, 국수

주관식

20 다음은 남한과 북한의 언어에 대한 설명이다. 빈칸에 들어갈 알맞은 말을 쓰시오.

　남한에서는 서울말을 중심으로 하는 (　　　)을/를, 북한에서는 평양말을 중심으로 하는 (　　　)을/를 공통어로 제정하여 사용하고 있다.

21 다음 단어 가운데 북한에서 쓰는 말이 <u>아닌</u> 것은?

① 로인
② 녀자
③ 량심
④ 노동
⑤ 리용

내신 필수

22 다음 중 표준 발음으로 알맞은 것은?

① 다쳐[다쳐]
② 지혜[지혜]
③ 밟고[발꼬]
④ 혜택[해택]
⑤ 여덟[여덥]

23 다음 중 표준 발음으로 옳은 것끼리 묶은 것은?

① 넋[넉], 맑게[말께]
② 앉다[안따], 넓다[넙따]
③ 외곬[외골], 맑다[말따]
④ 없다[업:따], 읊고[을꼬]
⑤ 밟다[발:따], 넓죽하다[넙쭈카다]

주관식

24 다음 표준 발음법에서 빈칸에 들어갈 자음을 모두 쓰시오.

> 제8항
> 　받침소리로는 '(　), (　), (　), (　), (　), (　), (　)'의 7개 자음만 발음한다.
> 제9항
> 　받침 'ㄲ, ㅋ', 'ㅅ, ㅆ, ㅈ, ㅊ, ㅌ', 'ㅍ'은 어말 또는 자음 앞에서 각각 대표음 [(　), (　), (　)]으로 발음한다.

25 |보기|의 표준 발음법을 바탕으로 할 때 다음 중 표준 발음이 <u>아닌</u> 것은?

|보기|

> 　겹받침 'ㄺ, ㄻ, ㄿ'은 어말 또는 자음 앞에서 각각 [ㄱ, ㅁ, ㅂ]으로 발음한다.
> 　다만, 용언의 어간 말음 'ㄺ'은 'ㄱ' 앞에서 [ㄹ]로 발음한다.

① 닭[닥]
② 삶[삼:]
③ 읊다[읍따]
④ 묽고[묵꼬]
⑤ 얽거나[얼거나]

중요

26 다음 밑줄 친 말 중 표준 발음법에 따라 올바르게 발음하지 <u>못한</u> 것은?

① <u>옷이</u>[오시] 날개다.
② 물건의 <u>값을</u>[갑쓸] 매겼다.
③ 아빠가 <u>통닭을</u>[통닥을] 사 오셨다.
④ 기가 막혀 <u>헛웃음</u>[허두슴]만 지었다.
⑤ 이 물건은 제법 <u>값어치</u>[가버치]가 나간다.

27 서울에서 쓰는 말을 표준어로 제정한 이유에 대해 가장 바르게 말한 것은?

① 지리적으로 중심지이기 때문이다.
② 사람들이 가장 많이 살기 때문이다.
③ 부드럽고 낮은 억양으로 말하기 때문이다.
④ 통일이 될 경우 한반도의 중심이기 때문이다.
⑤ 정치, 경제, 문화, 교통의 중심지이기 때문이다.

28 다음 중 한글 맞춤법에 맞게 표기한 것에 밑줄 친 것은?

① 태풍에 나무가 (쓰러졌다, 쓸어졌다).

② 이것은 (책이요, 책이오), 저것은 공책이다.

③ 아버지께서는 (깍뚜기, 깍두기)를 좋아하신다.

④ 우리 반 아이들이 교실 바닥을 (깨끗이, 깨끗히) 청소했다.

⑤ 국어의 (띄어쓰기, 띠어쓰기)를 잘못해서 문제를 틀리고 말았다.

중요
29 우리 일상생활에서 쓰고 있는 잘못된 표기를 바르게 고친 것으로 알맞지 <u>않은</u> 것은?

① 핑게를 대다.   → 핑계를 대다.

② 할인률이 높다.   → 할인늏이 높다.

③ 꾸준이 노력한다. → 꾸준히 노력한다.

④ 내일 일찍 갈께요. → 내일 일찍 갈게요.

⑤ 차가운 어름물이다. → 차가운 얼음물이다.

주관식
30 |보기|의 문장에서 ㉠과 ㉡의 밑줄 친 '큰집'의 의미를 구별하여 쓰시오.

|보기|
㉠ 어제는 큰집에서 할머니를 모시고 왔다.
㉡ 우리는 이제 큰 집으로 이사를 간다.

31 다음 규정에 따른 표준어가 <u>아닌</u> 것은?

제12항
'웃-' 및 '윗-'은 명사 '위'에 맞추어 '윗-'으로 통일한다.
다만 1. 된소리나 거센소리 앞에서는 '위-'로 한다.

① 윗니   ② 윗층

③ 위쪽   ④ 윗넓이

⑤ 윗마을

32 다음 받침의 발음에 대한 설명으로 알맞지 <u>않은</u> 것은?

① 받침소리로는 'ㄱ, ㄴ, ㄷ, ㄹ, ㅁ, ㅂ, ㅇ'의 7개 자음만 발음한다.

② 겹받침 'ㄾ'은 'ㄱ' 앞에서 [ㄹ]로 발음하므로 '읇고'[을꼬]'로 발음한다.

③ '밟-'은 자음 앞에서 [밥]으로 발음하고, '넓-'은 다음과 같은 경우에 [넙]으로 발음한다.

④ 겹받침 'ㄳ', 'ㄵ', 'ㄼ, ㄽ, ㄾ', 'ㅄ'은 어말 또는 자음 앞에서 각각 [ㄱ, ㄴ, ㄹ, ㅂ]으로 발음한다.

⑤ 받침 'ㄲ, ㅋ', 'ㅅ, ㅆ, ㅈ, ㅊ, ㅌ', 'ㅍ'은 어말 또는 자음 앞에서 각각 대표음 [ㄱ, ㄷ, ㅂ]으로 발음한다.

내신 필수
33 다음 남한과 북한의 외래어에 대한 비교가 알맞지 <u>않은</u> 것은?

	남한	북한
①	프리 킥	벌차기
②	볼펜	원주필
③	주스	찬단물
④	노크	손기척
⑤	도넛	가락지빵

34 다음 중 겹받침 'ㄹㄱ'의 발음이 다른 것은?

① 닭
② 흙과
③ 늙지
④ 맑고
⑤ 맑다

주관식

35 |보기|를 바탕으로 다음 단어의 표준 발음을 쓰시오.

|보기|

제15항
　받침 뒤에 모음 'ㅏ, ㅓ, ㅗ, ㅜ, ㅟ'들로 시작되는 실질 형태소가 연결되는 경우에는, 대표음으로 바꾸어서 뒤 음절 첫소리로 옮겨 발음한다.

(1) 겉옷[　　　]
(2) 늪 앞[　　　]
(3) 맛없다[　　　]

내신 필수

36 |보기|와 공통된 음이 첨가되어 발음되는 단어가 아닌 것은?

|보기|

솜이불, 막일, 한여름, 직행열차

① 콩엿
② 색연필
③ 식용유
④ 등용문
⑤ 영업용

37 다음 중 표기와 표준 발음이 바르지 않은 것은?

① 꽃잎 — [꼰닙]
② 솔잎 — [솔닙]
③ 물약 — [물략]
④ 불여우 — [불려우]
⑤ 서른여섯 — [서른녀섣]

38 다음 표준어 규정에 어긋나는 단어는?

제7항
　수컷을 이르는 접두사는 '수-'로 통일한다.
다만 1. 다음 단어에서는 접두사 다음에서 나는 거센소리를 인정한다. 접두사 '암-'이 결합되는 경우에도 이에 준한다.

표준어	비표준어
수놈, 수캐, 수탉, 수퇘지, 수평아리	숫놈, 숫개, 숫닭, 숫돼지, 숫병아리

① 수꿩
② 암캐
③ 수소
④ 암퇘지
⑤ 숫당나귀

주관식

39 다음 표준 발음법의 ㉠, ㉡, ㉢에 들어갈 발음을 쓰시오.

제30항
　사이시옷이 붙은 단어는 다음과 같이 발음한다.

1. 'ㄱ, ㄷ, ㅂ, ㅅ, ㅈ'으로 시작하는 단어 앞에 사이시옷이 올 때는 이들 자음만을 된소리로 발음하는 것을 원칙으로 하되, 사이시옷을 [ㄷ]으로 발음하는 것도 허용한다.

햇살[㉠]

2. 사이시옷 뒤에 'ㄴ, ㅁ'이 결합되는 경우에는 [ㄴ]으로 발음한다.

콧날[㉡]

3. 사이시옷 뒤에 '이' 음이 결합되는 경우에는 [ㄴㄴ]으로 발음한다.

나뭇잎[㉢]

01 다음 중 설명이 알맞은 것은?

① 한글 맞춤법은 우리말을 한글로 적을 때 지켜야 할 약속을 정한 것이다.

② 표준어 규정은 국어를 국제적인 표기법에 맞추어 쓰도록 정한 약속이다.

③ 어문 규범은 원활한 의사소통을 위해 글을 쓸 때 지켜야 하는 것들만 규정한 것이다.

④ 로마자 표기법은 외래어를 국어의 표기 규칙에 맞게 한글로 적을 때 지켜야 할 약속이다.

⑤ 외래어 표기법은 우리말을 외국인들이 알아볼 수 있도록 로마자로 바꾸어 표기할 때 지켜야 할 약속이다.

중요
02 어문 규범에 대한 설명으로 알맞지 <u>않은</u> 것은?

① 문자 언어의 표기법에만 적용한다.

② 외래어나 로마자도 규범을 정해서 쓴다.

③ 표준어를 따로 정해서 공용어로 쓰도록 한다.

④ 공식적인 자리에서는 사투리보다 표준어를 사용해야 한다.

⑤ 어법에 맞는 언어생활을 하는 것은 국민으로서 지켜야 할 의무이기도 하다.

고난도 ◀
03 다음 중 어문 규범을 잘 지켜 쓴 것은?

① 철수야, 항상 웃기를 바래.

② 수업 중에 핸폰을 사용하고 있다.

③ 빨간색과 파란색을 섞어서 사용하자.

④ 이곳에 이사온지 얼마나 되었습니까?

⑤ 꿈을 이루기 위해 그만큼 댓가를 치러야 한다.

04 다음 중 ▌보기▐의 맞춤법에 맞는 표현은?

┌─**보기**─────────────────────┐
제10항
　한자음 '녀, 뇨, 뉴, 니'가 단어 첫머리에 올 적에는, 두음 법칙에 따라 '여, 요, 유, 이'로 적는다.
[붙임 1] 단어의 첫머리 이외의 경우에는 본음대로 적는다.
└──────────────────────────┘

① 남여(男女)　　　　② 당요(糖尿)

③ 녀성(女性)　　　　④ 년세(年歲)

⑤ 내년(來年)

05 다음 중 바르게 표기된 단어끼리 묶인 것은?

┌──────────────────────────┐
㉠ 쓱싹쓱싹　　㉡ 돐　　㉢ 딱다구리　　㉣ 짭짤하다
└──────────────────────────┘

① ㉠, ㉡　　　　② ㉡, ㉢　　　　③ ㉢, ㉣

④ ㉠, ㉣　　　　⑤ ㉡, ㉣

내신 필수
06 사이시옷이 붙은 단어의 발음으로 알맞지 <u>않은</u> 것은?

① 콧등[코뜽]　　　　② 뱃속[밷쏙]

③ 햇살[해쌀]　　　　④ 냇가[내:까]

⑤ 나뭇잎[나묻닙]

서술형
07 다음 두 가지의 표기 방식을 비교하여 어법에 맞게 적어야 하는 이유를 쓰시오.

┌──────────────────────────┐
㉠ 옷, 옷을, 옷만
㉡ 옫, 오슬, 온만
└──────────────────────────┘

08 띄어쓰기 원칙에 대한 설명으로 알맞지 <u>않은</u> 것은?

① 각 단어는 띄어 씀을 원칙으로 한다.

② 보조 용언은 띄어 씀을 원칙으로 한다.

③ 단어 가운데 조사는 그 앞말에 붙여 쓴다.

④ 수를 적을 때는 '만(萬)' 단위로 띄어 쓴다.

⑤ 단위를 나타내는 명사는 그 앞말에 붙여 쓴다.

09 다음 문장 부호에 대한 설명 중 <u>잘못된</u> 것은?

	문장 부호	사용법
①	온점(.)	서술, 명령, 청유 등을 나타내는 문장의 끝에 쓴다.
②	반점(,)	문장 안에서 짧은 휴지를 나타낸다.
③	쌍점(:)	소표제 뒤에 간단한 설명이 붙을 때 사용한다.
④	느낌표(!)	감탄이나 놀람, 부르짖음, 명령 등 강한 느낌을 나타낸다.
⑤	작은따옴표(' ')	대화, 인용 등을 나타낼 때 사용한다.

중요
10 다음 중 띄어쓰기를 바르게 한 문장은?

① 그것은 나도 할 수 있다.

② 우리 반은 여기 부터 시작한다.

③ 저는 지금 중학교 3학년 입니다.

④ 옛날에 흔했던 제비, 부엉이등이 사라졌다.

⑤ 나의 동생은 이제 열한살이 된 초등학생이다.

11 다음 중 표준어를 맞게 고른 것은?

ㄱ. 상추	ㄴ. 알타리무	ㄷ. 삭월세
ㄹ. 무우	ㅁ. 아지랑이	ㅂ. 윗사람

① ㄱ, ㄴ, ㄷ　　　② ㄱ, ㅁ, ㅂ

③ ㄱ, ㄷ, ㄹ　　　④ ㄴ, ㄷ, ㅁ

⑤ ㄴ, ㅁ, ㅂ

고난도
12 다음에서 설명하는 맞춤법 규정에 알맞지 <u>않은</u> 것은?

> 제19항
> 어간에 '-이'나 '-음/-ㅁ'이 붙어서 명사로 된 것과 '-이'나 '-히'가 붙어서 부사로 된 것은 그 어간의 원형을 밝히어 적는다.

① 묶음　　　② 길이

③ 만듦　　　④ 많이

⑤ 익히

내신 필수
13 다음 밑줄 친 단어 중 'ㄴㄴ' 음이 첨가되지 <u>않는</u> 것은?

① <u>뱃머리</u>를 돌려라.

② <u>나뭇잎</u>이 떨어집니다.

③ <u>뒷일</u>은 걱정하지 마세요.

④ 눈물이 <u>베갯잇</u>을 적셨다.

⑤ 고기를 <u>깻잎</u>에 싸서 먹어요.

서술형
14 표준어 규정의 원칙을 하나의 문장으로 서술하시오.

15 표준어에 대한 설명으로 알맞은 것은?

① 남한과 북한 모두 써야 한다.

② 표준 발음에 중점을 두고 있다.

③ 학교 교육을 통해서만 익힐 수 있다.

④ 개인적인 자리에서는 사투리를 사용할 수도 있다.

⑤ 방송이나 영화에서는 반드시 표준어를 사용해야만 한다.

16 다음은 초등학교 1학년 학생의 받아쓰기 답안지이다. 한 문제에 10점씩 채점했을 때 이 초등학생이 받은 점수는?

> 1. 뻐꾹이가 울었다.
> 2. 연필 두자루가 있다.
> 3. 내일은 일찍 갈께요.
> 4. 혼자 다 갖으면 안 된다.
> 5. 철수가 전혀 다른 사람이 됐다.

① 10점   ② 20점   ③ 30점

④ 40점   ⑤ 50점

고난도

17 ┃보기┃에서 밑줄 친 부분에 해당하는 단어는?

> ┃보기┃
>
> 제23항
>
> '─하다'나 '─거리다'가 붙는 어근에 '─이'가 붙어서 명사가 된 것은 그 원형을 밝히어 적는다.
> [붙임] '─하다'나 '─거리다'가 붙을 수 없는 어근에 '─이'나 또는 다른 모음으로 시작되는 접미사가 붙어서 명사가 된 것은 그 원형을 밝히어 적지 아니한다.

① 오뚝이   ② 뻐꾸기

③ 홀쭉이   ④ 꿀꿀이

⑤ 배불뚝이

18 다음 중 북한의 문화어에 대해 **잘못** 설명하고 있는 것은?

① 두음 법칙을 인정하고 있다.

② 자음 동화를 인정하지 않는다.

③ 평양말을 공통어로 정하여 사용하고 있다.

④ 단어나 어절을 끊어서 말하는 경향이 있다.

⑤ 높은 데서 낮은 데로 떨어지는 억양을 반복한다.

내신 필수

19 남한과 북한의 언어 차이를 극복하기 위한 방안으로 알맞지 **않은** 것은?

① 남북한이 공통으로 사용할 표준어를 정한다.

② 서로의 체제를 지킬 수 있는 말은 인정해야 한다.

③ 남북한 언어학자들의 언어 이론을 교환하고 토론해야 한다.

④ 남북한의 교류를 통해 편지를 교환하거나 방송을 청취하도록 한다.

⑤ 가장 심하게 차이를 보이는 부분에 대해 공동으로 연구하는 연구 기관을 만든다.

주관식

20 남북 사회·문화 협력 사업의 일환으로 지난 2005년부터 남북 공동으로 집필하기로 한 사전의 이름을 쓰시오.

서술형

21 단모음과 이중 모음이 어떻게 다른지 서술하시오.

22 다음 중 맞춤법에 맞게 수정된 표기가 <u>잘못된</u> 것은?

① 몇일 후 → 며칠 후
② 옷을 달이다. → 옷을 다리다.
③ 가던지 말던지 → 가든지 말든지
④ 김치를 담갔다. → 김치를 담궜다.
⑤ 금새 바뀌었다. → 금세 바뀌었다.

중요
23 모음의 발음에 대한 설명으로 잘못된 것은?

① 'ㅚ, ㅟ'는 이중 모음으로 발음할 수 있다.
② 'ㅑ ㅐ ㅕ ㅔ ㅘ ㅙ ㅛ ㅝ ㅞ ㅠ ㅢ'는 이중 모음으로 발음한다.
③ 'ㅏ ㅐ ㅓ ㅔ ㅗ ㅚ ㅜ ㅟ ㅡ ㅣ'는 단모음(單母音)으로 발음한다.
④ '무늬'처럼 자음을 첫소리로 가지고 있는 음절의 'ㅢ'는 [ㅣ]로 발음한다.
⑤ 발음하는 과정에서 혀의 위치나 높이, 입술의 모양이 변하는 모음을 단모음이라고 한다.

내신 필수
24 다음 중 표기가 올바르지 <u>않은</u> 것은?

① 국내산 살코기
② 어서 오십시오.
③ 육개장, 갈비탕
④ 윗층에 방 있음.
⑤ 호텔 출신 주방장이 직접 만듦.

25 다음 밑줄 친 단어 가운데 표준어가 <u>아닌</u> 것은?

① 토끼가 <u>깡총깡총</u> 뛰고 있다.
② 엄마는 <u>상추</u>를 정말 좋아하신다.
③ <u>쇠고기</u>보다 닭고기가 더 맛있다.
④ 소녀 가장이 사는 모습이 <u>애달프다</u>.
⑤ 축구 국가 대표 한일전을 보는 동안 <u>안절부절못했다</u>.

26 다음 중 문장 부호의 쓰임이 <u>어색한</u> 것은?

① "지금 출발합니다."
② 우리에게 필요한 것은 '사랑'입니다.
③ 우리나라가 일본을 2 : 0으로 이겼습니다.
④ 서영이는 모네, 피카소의 그림을 좋아한다.
⑤ 지환이는 "아, 가을은 낙엽의 계절이구나."라고 생각했다.

고난도
27 다음 대화에서 표준 발음이 <u>아닌</u> 것은?

> 수지: 계곡물이 참 ㉠<u>맑다</u>[막따].
> 정국: 자연에 오니 절로 시를 ㉡<u>읊고</u>[읍꼬] 싶어져.
> 수지: 하하! 시집이라도 한 권 ㉢<u>가져</u>[가저]오지 그랬니?
> 정국: 맛있는 ㉣<u>통닭을</u>[통달글] 사 오느라 미처 생각을 못 했어.
> 수지: 뭐라고? ㉤<u>헛웃음</u>[허두슴]밖에 안 나온다.

① ㉠   ② ㉡
③ ㉢   ④ ㉣
⑤ ㉤

28 다음 중 표준 발음법에 따라 읽은 것으로 올바른 것은?

① 늙지[늘찌]
② 흙과[흘꽈]
③ 읊다[읍따]
④ 맑다[말따]
⑤ 묽고[묵꼬]

고난도 ◀

29 다음 표준 발음법 규정에 비추어 볼 때, 밑줄 친 단어의 표준 발음이 옳지 <u>않은</u> 것은?

제5항

'ㅑ ㅒ ㅕ ㅖ ㅘ ㅙ ㅛ ㅝ ㅞ ㅠ ㅢ'는 이중 모음으로 발음한다.

다만 1. 용언의 활용형에 나타나는 '져, 쪄, 쳐'는 [저, 쩌, 처]로 발음한다.

다만 2. '예, 례' 이외의 'ㅖ'는 [ㅔ]로도 발음한다.

다만 3. 자음을 첫소리로 가지고 있는 음절의 'ㅢ'는 [ㅣ]로 발음한다.

다만 4. 단어의 첫음절 이외의 '의'는 [ㅣ]로, 조사 '의'는 [ㅔ]로 발음함도 허용한다.

① 영희가 학교에 꽃을 <u>가져</u>[가저]왔다.
② <u>시계</u>[시게]를 보니 벌써 아홉 시가 넘었다.
③ 지우는 <u>공예</u>[공에]에 뛰어난 소질이 보였다.
④ 친구는 내게 아무런 <u>귀띔</u>[귀띰]도 하지 않았다.
⑤ 우리 선조들은 피와 땀으로 <u>민주주의</u>[민주주이]를 실현했다.

내신 필수

30 다음 문장 가운데 소리 나는 대로 표기한 단어만 사용한 것은?

① 머리를 살짝 흔든다.
② 잔디밭에 들어가지 마시오.
③ 아빠는 꼬치 요리를 좋아한다.
④ 선생님께서 꽃을 선물로 받았다.
⑤ 꽃보다 나뭇잎이 먼저 돋아났다.

31 다음 중 표준어로만 이루어진 것은?

① 수꿩, 멋장이
② 부추, 웃도리
③ 웃어른, 미장이
④ 풋내기, 담배꽁추
⑤ 아지랑이, 개구장이

중요
32 다음 중 두 단어를 모두 표준어로 인정하는 것이 <u>아닌</u> 것은?

① 넝쿨, 덩굴
② 딴전, 딴청
③ 쇠고기, 소고기
④ 옥수수, 강냉이
⑤ 쌍둥이, 쌍동이

서술형

33 다음은 표준어에 새로 추가된 단어들이다. 이와 같이 표준어를 추가로 등재한 이유를 서술하시오.

그동안 '자장면'으로 표기됐던 '짜장면'이 표준어로 인정받았다. 국립국어원은 31일 실생활에서 자주 사용되지만 표준어 대접을 받지 못한 '짜장면' 등 39개 단어를 표준어로 인정하고 이를 인터넷 '표준국어대사전'에 반영했다고 밝혔다.

34 다음 중 띄어쓰기 여부에 따라 의미가 달라지는 문장이 <u>아닌</u> 것은?

① 나는 큰집에 갔다.
② 작은형이 웃고 있다.
③ 오늘 밤나무를 심었다.
④ 친구의 가방에 있었다.
⑤ 여기가 방이 깨끗하다.

내신 필수

35 다음 단어를 통해 알 수 있는 '문화어'의 특징으로 알맞지 <u>않은</u> 것은?

	문화어	특징
①	협력	발음이 [협력]으로, 자음 동화를 인정하지 않음.
②	로동신문	두음 법칙을 인정하지 않음.
③	독풀이약	'해독제'의 한자어를 순화함.
④	꽂아넣기	외래어 '덩크 슛'을 고유어로 바꾸어 사용함.
⑤	일없습네다.	맞춤법에 맞지 않는 표현을 사용함.

서술형

36 다음은 북한의 축구 경기 중계방송의 한 부분이다. 이를 통해 알 수 있는 '문화어'의 특징 두 가지를 하나의 문장으로 서술하시오.

> 해설자: 빨리 린접해 있는 선수에게 연락을 해서 중간지대를 장악해야 합네다.
> 진행자: 맞습네다. 현대 축구는 중간지대 력량을 강화하면서 공격을 하면서 차넣기를 시도해야 합네다.

37 다음 중 문맥에 맞게 쓴 단어에 ○표 하시오.
(1) 그를 보니 (웬지, 왠지) 가슴이 두근거린다.
(2) (웬, 왠) 소란이냐!

중요
38 다음은 인터넷에서 사람들이 가장 많이 틀리는 한글 맞춤법을 조사한 자료이다. 표기를 잘못 고친 것은?

① 어의없다 → 어이없다
② 들어나다 → 드러나다
③ 오랫만에 → 오래만에
④ 들어나다 → 드러나다
⑤ 병이 낳다 → 병이 낫다

39 ㉠~㉢에 들어갈 알맞은 발음끼리 바르게 묶은 것은?

> · 한여름[㉠] 밤의 꿈이었다.
> · 농부가 들일[㉡]을 나간다.
> · 백화점에 가서 눈요기[㉢]만 하다 왔다.

	㉠	㉡	㉢
①	한녀름	들·닐	눈요기
②	한녀름	들·릴	눈뇨기
③	한녀름	들·릴	눈요기
④	한열음	들·닐	눈뇨기
⑤	한열음	들·릴	눈요기

[40~42] 다음 사이시옷에 대한 규정을 읽고 물음에 답하시오.

제30항

1. 순우리말로 된 합성어로서 앞말이 모음으로 끝난 경우 사이시옷을 받치어 적는다.
   (1) 뒷말의 첫소리가 된소리로 나는 것: 나룻배, 나뭇가지, 바닷가
   (2) 뒷말의 첫소리 'ㄴ, ㅁ' 앞에서 'ㄴ' 소리가 덧나는 것: 아랫니, 뒷머리
   (3) 뒷말의 첫소리 모음 앞에서 'ㄴㄴ' 소리가 덧나는 것: 베갯잇, 댓잎

2. 순우리말과 한자어로 된 합성어로서 앞말이 모음으로 끝난 경우 사이시옷을 받치어 적는다.
   (1) 뒷말의 첫소리가 된소리로 나는 것: 귓병, 샛강, 아랫방
   (2) 뒷말의 첫소리 'ㄴ, ㅁ' 앞에서 'ㄴ' 소리가 덧나는 것: 곗날, 제삿날, 훗날
   (3) 뒷말의 첫소리 모음 앞에서 'ㄴㄴ' 소리가 덧나는 것: 예삿일, 가욋일

고난도

40 위의 내용을 바탕으로 사이시옷을 표기하는 단어를 다음과 같이 정리하였다. 해당 사례로 알맞지 <u>않은</u> 것은?

순우리말로 된 합성어	①	바닷가, 뱃길
	②	빗물, 아랫마을
	③	깻잎, 나뭇잎
순우리말과 한자어로 된 합성어	④	자릿세, 전셋집
	⑤	뒷일, 잇몸

41 이 규정을 참고하여 표기 중에서 올바른 것을 골라 ○표를 하시오.
(1) 행사가 끝난 뒤에는 (뒤풀이 / 뒷풀이)가 있겠습니다.
(2) 입안에 (혀바늘 / 혓바늘)이 빨갛게 돋았다.
(3) 그 마을 사람들은 (터세 / 텃세)가 심했다.

42 이 규정에 따른 사이시옷의 표기가 <u>잘못된</u> 것은?
① 소녀는 냇가에 앉았다.
② 빗방울이 얼굴에 떨어진다.
③ 동원이가 뒷쪽에서 걸어 나왔다.
④ 그가 떠난 것은 예삿일이 아니다.
⑤ 수영이가 등굣길에 교통사고를 당했다.

내신 필수

43 다음 중 어문 규범에 맞게 표기되지 <u>않은</u> 것은?
① 버스가 멈춘 뒤에 일어나시요.
② 이것은 책이요, 저것은 연필이오.
③ 말로써 천 냥 빚을 갚을 수 있습니다.
④ 학생으로서 공부를 열심히 해야 한다.
⑤ 어렸을 때 요술쟁이가 있다고 생각했다.

주관식

44 다음 빈칸에 알맞은 문장 부호의 이름을 쓰시오.
(1) 1945( ) 8. 15.
(2) 그 친구 이름이 뭐야( )

주관식

45 두 음절로 된 한자어에 사이시옷을 표기해야 하는 여섯 단어를 쓰시오.

46 다음 규정에 맞는 표준어가 <u>아닌</u> 것은?

> 제9항
> 'ㅣ' 역행 동화 현상에 의한 발음은 원칙적으로 표준 발음으로 인정하지 아니하되, 다만 다음 단어들은 그러한 동화가 적용된 형태를 표준어로 삼는다.
> [붙임 1] '아지랑이'는 'ㅣ' 역행 동화가 일어나지 아니한 형태를 표준어로 삼는다.
> [붙임 2] 기술자에게는 '-장이', 그 외에는 '-쟁이'가 붙는 형태를 표준어로 삼는다.

① 미장이   ② 멋장이
③ 개구쟁이   ④ 욕심쟁이
⑤ 담쟁이덩굴

중요
47 다음 중 표준어만을 사용하여 의사소통을 하고 있는 문장은?

① 여기 짜장면 곱빼기요.
② 봄에 심은 상치가 잘 자란다.
③ 저의 오랜 바램은 교사가 되는 거예요.
④ 누가 방구를 뀌었니? 냄새가 너무 심하다.
⑤ 태어난 지 얼마 안 된 숫강아지가 눈을 떴다.

서술형
48 다음은 한글 맞춤법 총칙 제1항이다. 여기에서 알 수 있는 한글의 특징은 무엇인지 서술하시오.

> 한글 맞춤법은 표준어를 소리대로 적되, 어법에 맞도록 함을 원칙으로 한다.

49 다음 실생활에서 볼 수 있는 간판 가운데 맞춤법에 맞게 표기한 것은?

① 교복 마춤   ② 어름 있음
③ 암돼지 찌개   ④ 매콤달콤 떡볶기
⑤ 한약 다려 드립니다.

 내신 필수

50 다음 중 표준어가 <u>아닌</u> 것은?

① 생쥐   ② 돗자리
③ 뱀장어   ④ 또아리
⑤ 귀이개

51 다음은 축구 용어에 대한 남한과 북한의 언어 차이를 정리한 것이다. 알맞지 <u>않은</u> 것은?

	남한	북한
①	골키퍼	문지기
②	태클	다리걸기
③	핸들링	손다침
④	헤딩	간접벌차기
⑤	코너킥	구석차기

52 표준 발음법의 기본 원칙을 한 문장으로 서술하시오.

10 음운의 변동

성취기준 • 음운 변동을 탐구하여 발음과 표기에 올바르게 적용한다. ◆ 고1학년

✦ **음운**

말의 뜻을 구별해 주는 가장 작은 말소리의 단위

철수가 공을 찼다.
철수가 곰을 찼다.
철수가 감을 땄다.

위 문장에서 '공'과 '곰'은 'ㅇ'과 'ㅁ'의 차이, '곰'과 '감'은 'ㅗ'와 'ㅏ'의 차이로 인해 의미가 달라진다. 여기에서 'ㅇ, ㅁ, ㅗ, ㅏ' 등이 음운이다. 국어에서는 자음과 모음이 대표적인 음운에 해당한다.

✦ **음운의 변동이 일어나는 이유**

모든 언어는 표기와 달리 실제 발음될 때 좀 더 쉽게 발음하려는 언어의 경제성 원리에 따라 특정한 음운 환경에서 음운의 변동이 일어난다. 이러한 현상은 다른 언어에서도 발견된다.

• **음운의 변동**: 음운이 서로 만나 발음될 때 서로 영향을 주고받아 발음하기 쉽게 변하는 현상

독립 기념관에 같이 가자.

표기	독립 기념관에 같이 가자.
발음	[동닙 기념과네 가치 가자]
바뀐 음운	• ㄱ+ㄹ → ㅇ+ㄴ • ㅌ+ㅣ → ㅊ+ㅣ

'독립'에서 'ㄱ'과 'ㄹ'을 각각 살려 발음하기 불편하므로 서로 어울려 쉽게 발음할 수 있는 'ㅇ'과 'ㄴ'으로 발음된다. 그리고 '같이'에서 'ㅌ'은 'ㅣ'를 만나서 'ㅣ'와 혀 위치가 비슷한 'ㅊ'으로 발음된다. 이처럼 음운이 특정 환경에서 변하는 현상을 '음운의 변동'이라고 한다.

1. 음절의 끝소리 규칙

우리말에서는 음절의 끝소리에 'ㄱ, ㄴ, ㄷ, ㄹ, ㅁ, ㅂ, ㅇ'의 일곱 자음 외의 다른 자음이 올 경우 일곱 자음 가운데 하나로 바꾸어 발음한다.

1) 홑받침의 발음

받침(표기)	발음	예
ㄱ, ㄲ, ㅋ	[ㄱ]	박[박], 밖[박], 부엌[부억]
ㄴ	[ㄴ]	산[산], 단추[단추]
ㄷ, ㅌ, ㅅ, ㅆ, ㅈ, ㅊ, ㅎ	[ㄷ]	닫[닫], 낱[낟], 낫[낟], 났[낟], 낮[낟], 낯[낟], 낳[낟]
ㄹ	[ㄹ]	달[달], 벌레[벌레]
ㅁ	[ㅁ]	곰[곰], 가뭄[가뭄]
ㅂ, ㅍ	[ㅂ]	답[답], 수업[수업]
ㅇ	[ㅇ]	방[방], 공부[공부]

개념 쏙쏙

[1~3] 다음 설명이 맞으면 ○표, 틀리면 ×표를 하시오.

1 음운은 고정되어 있어서 변하지 않는다. (   )

2 자음과 모음이 만나면 반드시 음운의 변동이 일어난다. (   )

3 음운의 변동은 좀 더 쉽게 발음하려는 언어의 특성 때문이다. (   )

[4~7] 다음 자음이 음절의 끝에서 어떻게 발음되는지 알맞게 연결하시오.

4 ㄱ, ㄲ, ㅋ •

• ㉠ ㄱ

5 ㄷ, ㅌ •

• ㉡ ㄷ

6 ㅂ, ㅍ •

• ㉢ ㅂ

7 ㅅ, ㅆ •

• 홑받침 뒤에 이어지는 음절이 모음으로 시작하는 경우의 발음

① 모음으로 시작하는 조사나 어미, 접사 등의 형식 형태소와 결합할 때 끝소리 자음을 뒤 음절의 첫소리로 옮겨 발음한다. 예 옷이[오시], 낮에[나제], 꽃을[꼬츨], 밭에[바테], 앞으로[아프로]

② 'ㅏ, ㅓ, ㅗ, ㅜ, ㅟ'로 시작하는 실질 형태소와 결합할 때 끝소리 규칙의 대표음으로 바뀐 뒤 음절 첫소리로 옮겨서 발음한다. 예 겉옷[거돋], 헛웃음[허두슴], 옷 안[오단], 밭 아래[바다래]

2) 겹받침의 발음: 겹받침도 음절의 끝소리에서 하나의 자음만 발음한다.

겹받침	발음	예
ㄳ, ㄵ, ㄼ, ㄽ, ㄾ, ㅄ	어말 또는 자음 앞에서 앞 자음인 [ㄱ, ㄴ, ㄹ, ㅂ]으로 발음함.	넋[넉], 앉다[안따], 여덟[여덜], 외곬[외골], 핥다[할따], 값[갑]
	다만, '밟-'은 자음 앞에서 [밥]으로, '넓-'은 [넙]으로 발음함. 예 밟다[밥따], 밟소[밥쏘], 밟지[밥찌] / 넓죽하다[넙쭈카다], 넓둥글다[넙뚱글다]	
ㄺ, ㄻ, ㄿ	어말 또는 자음 앞에서 뒤 자음인 [ㄱ, ㅁ, ㅂ]으로 발음함.	닭[닥], 읽다[익따], 젊다[점따], 삶[삼], 읊다[읍따]
	다만, 용언의 어간 말음 'ㄺ'은 'ㄱ' 앞에서 [ㄹ]로 발음함. 예 읽고[일꼬], 맑게[말께], 얽거나[얼꺼나]	

• 겹받침 뒤에 이어지는 음절이 모음으로 시작하는 경우의 발음

① 모음으로 시작하는 조사나 어미, 접사 등 형식 형태소와 결합할 때 끝소리 자음을 뒤 음절의 첫소리로 옮겨 발음한다. 단, 끝 자음이 'ㅅ'일 경우 된소리로 발음한다.
예 닭이[달기], 앉아[안자], 읊어[을퍼], 넋이[넉씨], 값을[갑쓸]

② 'ㅏ, ㅓ, ㅗ, ㅜ, ㅟ'로 시작하는 실질 형태소와 결합할 때 겹받침 가운데 하나만 뒤 음절의 첫소리로 옮겨 발음한다.
예 값어치[가버치], 닭 앞에[다가페], 삶 앞에[사마페]

핵심 콕

✿ 형식 형태소와 실질 형태소

① 형식 형태소: 문법적인 뜻을 지닌 형태소로 실질 형태소에 붙어 주로 말과 말 사이의 관계를 표시한다. 조사, 어미 따위가 있다.

② 실질 형태소: 실질적인 뜻을 지닌 형태소로 구체적인 대상이나 동작, 상태를 표시한다. '철수가 책을 읽었다.'에서 '철수', '책', '읽-' 등이 해당된다.

개념 쏙쏙

[8~10] 다음 설명이 맞으면 ○표, 틀리면 ×표를 하시오.

8 국어의 끝소리에서는 'ㅅ'이 발음된다. (　　)

9 겹받침도 끝소리에서는 하나의 자음만 발음된다. (　　)

10 겹받침 'ㄺ, ㄻ, ㄿ'은 각각 [ㄱ, ㅁ, ㅂ]으로 발음된다. (　　)

[11~14] 단어들의 받침에 쓰인 자음에서 공통으로 소리가 나는 자음을 쓰시오.

11 닭, 몫, 밖 (　　　　)

12 빛, 빗, 빚 (　　　　)

13 옆, 답, 기업 (　　　　)

14 짧다, 여덟, 외곬 (　　　　)

 **10** 음운의 변동

✿ 자음 동화의 방향에 따라

① 순행 동화: 앞 자음의 영향을 받아 뒤에 오는 자음이 변한다.
예 왕릉[왕능], 동래[동내]
② 역행 동화: 뒤에 오는 자음의 영향을 받아 앞 자음이 변한다.
예 닫는[단는], 앞마당[암마당]
③ 상호 동화: 앞 자음과 뒤에 오는 자음이 서로 영향을 주고받아 둘 다 변한다.
예 백로[뱅노], 속리산[송니산]

✿ 자음 동화의 정도에 따라

① 완전 동화: 두 자음이 같은 음운으로 변한다.
예 밤물[밤물], 전라도[절라도]
② 불완전 동화: 두 자음이 다른 음운으로 변한다.
예 급류[금뉴], 대통령[대통녕]

2. 자음 동화

음절의 끝 자음과 그 뒤에 이어지는 자음이 만나 서로 영향을 주고받아 한쪽이나 양쪽 모두 비슷하거나 같은 소리로 바뀌는 현상

1) 자음 동화의 유형

(1) 비음화: 비음이 아닌 음운이 비음 'ㄴ, ㅁ'과 만나 비음 'ㄴ, ㅁ, ㅇ'으로 바뀐다.
　① 'ㄱ, ㄷ, ㅂ'이 'ㄴ, ㅁ'의 앞에서 각각 'ㅇ, ㄴ, ㅁ'으로 발음된다.
　　예 국물[궁물], 닫는[단는], 잡는[잠는]
　② 'ㄱ, ㄷ, ㅂ'과 'ㄹ'이 만나면 'ㄹ'은 'ㄴ'으로 발음되고, 이렇게 변한 'ㄴ'의 영향으로 'ㄱ, ㄷ, ㅂ'은 'ㅇ, ㄴ, ㅁ'으로 발음된다.
　　예 독립[독닙 → 동닙], 몇 리[멷리 → 멷니 → 면니], 협력[협녁 → 혐녁]
　③ 'ㅁ, ㅇ' 뒤에 'ㄹ'이 이어지면 'ㄹ'은 'ㄴ'으로 발음된다.
　　예 담력[담녁], 종로[종노]

(2) 유음화: 유음이 아닌 음운 'ㄴ'이 유음 'ㄹ'의 앞이나 뒤에서 유음 'ㄹ'로 바뀐다.
　① 'ㄴ'이 'ㄹ'의 앞에서 'ㄹ'로 발음된다.
　　예 신라[실라], 난로[날로], 광한루[광할루]
　② 'ㄹ'의 뒤에 'ㄴ'이 이어지면 'ㄴ'은 'ㄹ'로 발음된다.
　　예 칼날[칼랄], 물난리[물랄리], 줄넘기[줄럼끼]

2) 다른 음운의 변동과 자음 동화가 함께 일어나는 경우

음운의 변동은 한 가지만 일어나는 경우도 있지만 두 가지 이상이 함께 일어나는 경우도 있다.

 깎는 → 음절의 끝소리 규칙 → [깍는] → 자음 동화(비음화) → [깡는]

개념 쏙쏙

[15~17] 다음 설명이 맞으면 ○표, 틀리면 ×표를 하시오.

15 비음은 'ㄴ, ㅁ, ㅇ'이고 유음은 'ㄹ'이다.　　　(　　)

16 '국물'이 [궁물]로 발음되는 현상은 유음화에 해당한다.　　　(　　)

17 음운의 변동은 대부분 한 가지만 일어난다.　　　(　　)

[18~20] 다음 단어를 발음할 때 나타나는 자음 동화의 방향을 ▮보기▮에서 찾아 알맞은 기호를 쓰시오.

▮보기▮
ㄱ 순행 동화　　　ㄴ 역행 동화　　　ㄷ 상호 동화

18 앞마당[암마당]　　　(　　)

19 협력[혐녁]　　　(　　)

20 종로[종노]　　　(　　)

3. 구개음화

잇몸소리 'ㄷ, ㅌ'이 모음 'ㅣ'를 만나 구개음(센입천장소리) 'ㅈ, ㅊ'으로 변하는 현상

1) 구개음화의 유형

유형	예
ㄷ+ㅣ → [지]	굳이[구디 → 구지], 해돋이[해도디 → 해도지]
ㅌ+ㅣ → [치]	같이[가티 → 가치], 붙이다[부티다 → 부치다]
ㄷ+히 → [티] → [치]	굳히다[구티다 → 구치다], 닫히다[다티다 → 다치다]

2) 구개음화의 특징

① 구개음화는 음운의 동화 현상이다. 아래 그림처럼 'ㄷ, ㅌ'은 'ㅣ'를 발음할 때 혀의 위치와 거리가 멀고, 'ㅈ, ㅊ'은 'ㅣ'를 발음할 때 혀의 위치와 거리가 가깝다. 즉 'ㄷ, ㅌ'이 모음 'ㅣ'에 동화되어 'ㅈ, ㅊ'으로 발음된다.

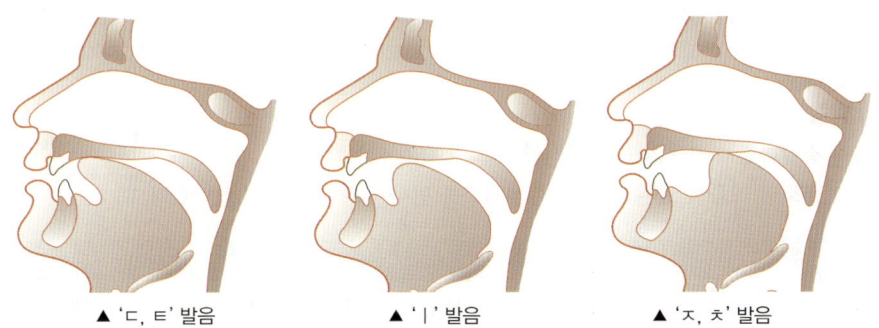

▲ 'ㄷ, ㅌ' 발음　　　▲ 'ㅣ' 발음　　　▲ 'ㅈ, ㅊ' 발음

② 구개음화는 한 형태소 안에서 일어나지 않는다. '굳-이, 같-이, 붙-이다' 처럼 형태소와 형태소가 만나는 자리에서 일어난다.
예 느티나무[느티나무(○), 느치나무(×)], 잔디[잔디(○), 잔지(×)]

✿ **음운의 축약과 구개음화가 함께 일어나는 경우**

① '붙여'의 경우 음운의 축약이 일어나기 전 원래 형태는 '붙이어'이다. 어간 '붙-'과 어미 '-이'가 결합하여 구개음화가 적용되는 단어이다.

② '닫히다'의 경우 'ㄷ'과 'ㅎ'이 만나 'ㅌ'으로 축약이 먼저 일어난다. 그리고 축약된 'ㅌ'은 'ㅣ'를 만나 구개음화가 적용되어 'ㅊ'으로 발음된다.

개념 쏙쏙

[21~22] 다음 설명에 해당하는 단어를 ▌보기▐에서 찾아 기호를 쓰시오.

▌보기▐
　ㄱ 굳이　　　ㄴ 잔디　　　ㄷ 닫히다

21 구개음화가 적용되는 단어　　　　　(　　)

22 구개음화가 적용되지 않는 단어　　　(　　)

[23~25] 다음 설명이 맞으면 ○표, 틀리면 ×표를 하시오.

23 구개음화는 음운의 동화 현상이다. 　　　　　(　　)

24 구개음화는 모음 'ㅣ'로 인해 'ㄷ, ㅌ'이 'ㅈ, ㅊ'으로 변하는 현상이다. 　　　　　(　　)

25 'ㅈ, ㅊ'을 발음할 때 혀의 위치보다 'ㄷ, ㅌ'을 발음할 때 혀의 위치가 'ㅣ'를 발음할 때 위치에 가깝다. 　　(　　)

10 음운의 변동

핵심 콕

✿ 음운의 축약이 일어날 때 음운의 수

준다	표기	ㅈ, ㅜ, ㄴ, ㄷ, ㅏ (5개)
	발음	ㅈ, ㅜ, ㄴ, ㄷ, ㅏ (5개)
좋다	표기	ㅈ, ㅗ, ㅎ, ㄷ, ㅏ (5개)
	발음	ㅈ, ㅗ, ㅌ, ㅏ (4개)

'준다'는 축약 현상이 일어나지 않아 표기의 수와 발음의 수가 일치하지만, '좋다'는 축약 현상이 일어나기 때문에 표기의 수와 발음의 수가 차이가 난다.

4. 음운의 축약

두 음운이 결합하면서 하나의 음운으로 줄어 소리가 나는 현상이다.

1) 자음 축약: 자음 'ㄱ, ㄷ, ㅂ, ㅈ'이 'ㅎ'과 만나 'ㅋ, ㅌ, ㅍ, ㅊ'으로 발음한다.

유형	예
ㄱ+ㅎ → ㅋ	막히다[마키다], 국화[구콰], 좋고[조코]
ㄷ+ㅎ → ㅌ	맏형[마텽], 묻히다[무티다], 넣다[너타]
ㅂ+ㅎ → ㅍ	좁히다[조피다], 밟혀[발펴], 입학[이팍]
ㅈ+ㅎ → ㅊ	젖히다[저치다], 맞히다[마치다], 좋지[조치]

2) 모음 축약: 앞뒤 형태소의 두 모음이 합쳐져 하나의 모음으로 줄어들어 발음한다.

유형	예
ㅣ+ㅓ → ㅕ	그리-+-어 → 그려, 잡히-+-어 → 잡혀
ㅗ+ㅏ → ㅘ	보-+-아라 → 봐라, 오-+-아라 → 와라
ㅚ+ㅓ → ㅙ	되-+-었다 → 됐다
ㅜ+ㅓ → ㅝ	맞추-+-어 → 맞춰, 키우-+-어 → 키워

5. 음운의 탈락

두 음운이 결합하면서 하나의 음운이 사라져 소리 나지 않는 현상

1) 자음 탈락: 끝소리 자음이 있는 말이 다른 형태소를 만나 하나의 자음이 탈락한다.

유형	예
'ㄹ' 탈락	솔+나무 → 소나무, 딸+-님 → 따님, 바늘+-질 → 바느질
'ㅅ' 탈락	긋-+-어 → 그어, 젓-+-어 → 저어, 낫-+-아 → 나아
'ㅎ' 탈락	좋-+-아 → [조아], 잃-+-어 → [이러], 낳-+-아 → [나아]

개념 쏙쏙

[26~28] 다음 설명이 맞으면 ○표, 틀리면 ×표를 하시오.

26 음운의 축약은 자음에서만 일어난다. (   )

27 두 개의 음운이 만나 하나의 음운으로 줄어드는 것을 '음운의 탈락'이라 한다. (   )

28 음운의 축약이 일어나면 표기된 음운의 수보다 발음되는 음운의 수가 적다. (   )

[29~32] 다음 음운 축약의 유형에 알맞은 예를 보기에서 골라 쓰시오.

보기

잡혀	국화	좋지	하얗다

29 ㄱ+ㅎ → ㅋ (   )

30 ㄷ+ㅎ → ㅌ (   )

31 ㅂ+ㅎ → ㅍ (   )

32 ㅈ+ㅎ → ㅊ (   )

2) 모음 탈락: 두 개의 모음이 만나 하나의 음운이 탈락한다.

유형	예
'ㅡ' 탈락	예쁘ㅡ＋ㅡ어 → 예뻐, 고프ㅡ＋ㅡ아 → 고파, 담그ㅡ＋ㅡ아 → 담가
'ㅏ' 탈락	가ㅡ＋ㅡ아서 → 가서, 차ㅡ＋ㅡ았다 → 찼다. 사ㅡ＋ㅡ았다 → 샀다
'ㅓ' 탈락	서ㅡ＋ㅡ어서→서서, 켜ㅡ＋ㅡ었다 → 켰다

6. 음운의 첨가

① 형태소가 결합하여 합성어나 파생어를 이룰 때 'ㄴ' 음을 첨가하여 발음한다. **예** 솜이불[솜니불]

② 자음으로 끝난 단어나 접두사 뒤에 '이, 야, 여, 요, 유' 등이 이어질 경우 'ㄴ' 음을 첨가하여 [니, 냐, 녀, 뇨, 뉴]로 발음한다.

담요	[담뇨]	두통약	[두통냑]
맨입	[맨닙]	식용유	[시공뉴]
한여름	[한녀름]	물약	[물냑('ㄴ' 첨가) → 물략(유음화)]
서울역	[서울녁('ㄴ' 첨가) → 서울력(유음화)]	색연필	[색년필('ㄴ' 첨가) → 생년필(비음화)]
풀잎	[풀닢('ㄴ' 첨가) → 풀맆(유음화) → 풀립 (음절의 끝소리 규칙)]	콩엿	[콩녓('ㄴ' 첨가) → 콩년(음절의 끝소리 규칙)]

③ 두 단어를 이어서 한 마디로 발음하는 경우에도 'ㄴ' 음을 첨가하여 발음한다.

한 일	[한닐]	옷 입다	[온닙따]	서른여섯	[서른녀섣]
할 일	[할닐('ㄴ' 첨가) → 할 릴(유음화)]	잘 입다	[잘닙따('ㄴ' 첨가) → 잘립따(유음화)]	스물여섯	[스물녀섣('ㄴ' 첨가) → 스물려섣(유음화)]

✱ 'ㄴ' 음을 첨가하여 발음하되, 표기대로 발음할 수도 있는 예

- 이죽이죽[이중니죽/이주기죽]
- 야금야금[야금냐금/야그먀금]
- 검열[검녈/거멸]
- 욜랑욜랑[욜랑뇰랑/욜랑욜랑]
- 금융[금늉/그뮹]

✱ 두 단어를 이어서 한 마디로 발음하지만 'ㄴ' 음을 첨가 하지 않는 경우

- 6·25[유기오]
- 3·1절[사밀쩔]
- 송별연[송벼련]
- 등용문[등용문]

개념 쏙쏙

[33~35] 다음 설명이 맞으면 ○표, 틀리면 ×표를 하시오.

33 음운이 첨가되면 단어의 뜻이 바뀐다.　　　　(　　)

34 음운 첨가는 형태소가 결합할 때 나타나는 현상이다. (　　)

35 '서울역[서울력]'은 음운의 첨가와 유음화가 모두 일어나는 단어이다.　　　　(　　)

[36~38] 다음 설명에 해당하는 단어를 ▌보기 ▌에서 찾아 쓰시오.

▌보기▌
| 담요 | 등용문 | 금융 |

36 'ㄴ' 음을 첨가하여 발음해야만 하는 것 (　　　　)

37 'ㄴ' 음을 첨가하여 발음하되, 표기대로 발음할 수도 있는 것
(　　　　)

38 'ㄴ' 음을 첨가하여 발음하지 않는 것 (　　　　)

01 음운의 변동에 대한 설명으로 옳지 <u>않은</u> 것은?

① 발음하기 쉬운 형태로 변화가 일어난다.

② 두 개의 음운 가운데 하나가 사라지기도 한다.

③ 두 모음 사이에서는 음운의 변동이 일어나지 않는다.

④ 두 자음이 만나 서로 영향을 주고받아 동화되기도 한다.

⑤ 자음은 자음끼리 모음은 모음끼리 서로 만나서 하나로 줄어들기도 한다.

02 다음 중 단어의 발음이 옳지 <u>않은</u> 것은?

① 꽃[꼳]　　② 앞[압]　　③ 밖[박]

④ 낱[낟]　　⑤ 곰[곰]

03 다음 중 끝소리의 발음이 나머지와 <u>다른</u> 것은?

① 흙　　② 넋　　③ 학

④ 부엌　　⑤ 읽고

주관식

04 음절의 끝소리로 발음되는 자음을 모두 쓰시오.

05 다음 중 표기와 발음이 일치하는 것은?

① 삶　　② 삽　　③ 낱말

④ 담요　　⑤ 광한루

06 다음 중 단어의 발음이 올바른 것은?

① 값을[가블]　　② 닭이[다기]

③ 읊다[읖따]　　④ 넓둥글다[널뚱글다]

⑤ 넓죽하다[넙쭈카다]

내신 필수

07 다음 중 자음 동화가 일어나지 <u>않는</u> 것은?

① 학문　　② 신라　　③ 종로

④ 심는　　⑤ 잡는

08 다음 단어들의 끝소리에서 공통으로 발음되는 자음은?

히읗　　웃다　　빗다　　티읕

① ㄱ　　② ㄷ　　③ ㅅ　　④ ㅈ　　⑤ ㅊ

09 음운의 변동이 일어나는 이유로 가장 알맞은 것은?

① 표기를 쉽게 하기 위해

② 단어의 형태를 유지하기 위해

③ 발음을 쉽고 편하게 하기 위해

④ 표기와 발음을 일치시키기 위해

⑤ 표준어와 방언의 차이를 없애기 위해

10 다음 문장의 밑줄 친 단어 중 동화의 방향이 다른 것은?

① 대관령에 눈이 내린다.

② 담력이 약해서 기절했다.

③ 신라에는 왕릉이 많이 있다.

④ 철수가 종로에서 구두를 샀다.

⑤ 칼날처럼 날카로운 패스를 했다.

중요
11 다음 중 역행 동화가 일어나는 단어는?

① 동래   ② 섭리   ③ 강릉

④ 줄넘기   ⑤ 국민

👆 내신 필수
12 다음 중 단어의 발음이 바르지 않은 것은?

① 독립[동립]   ② 백록담[뱅녹땀]

③ 한라산[할라산]   ④ 전라도[절라도]

⑤ 무령왕릉[무령왕능]

13 다음 중 구개음화 현상이 나타나는 것은?

① 잔디   ② 굳이   ③ 끝에

④ 밭을   ⑤ 꽃밭

중요
14 구개음화가 일어나는 단어를 사용하지 않은 문장은?

① 밭이 넓다.

② 형과 같이 간다.

③ 바람에 꽃이 진다.

④ 어제 해돋이를 보고 왔다.

⑤ 그 절에 있는 솥이 정말 크다.

주관식
15 다음에서 자음 동화가 일어나는 단어를 모두 찾아 쓰시오.

> 나는 어제 신라의 수도였던 경주에 다녀왔다. 많은 문화재를 관람하면서 우리 민족의 빛나는 문화재의 소중함을 느낄 수 있는 기회였다.

주관식
16 다음 단어 중 앞 자음과 뒤에 오는 자음이 둘 다 변하는 단어를 모두 고르시오.

> 막는   급류   담력   왕십리

17 다음 밑줄 친 부분 중 구개음화가 일어나는 것은?

① <u>잔디밭</u>에 들어가지 마시오.
② <u>태양빛이</u> 정말 눈부시구나.
③ <u>겉이</u> 검다고 속까지 검을쏘냐?
④ <u>밭을</u> 가는 농부의 모습이 정겹다.
⑤ <u>옷이</u> 너무 더러워져서 세탁을 했다.

18 다음 중 자음 동화와 구개음화가 일어나는 단어가 순서 대로 연결된 것은?

① 천리 – 꽃밭
② 국화 – 국물
③ 난로 – 피붙이
④ 맏이 – 아드님
⑤ 협력 – 입히다

주관식

19 ┃보기┃의 문장에 사용된 단어 가운데 구개음화가 일어나 는 단어를 찾아 쓰시오.

┃보기┃
가을 들판에서 농부들의 가을걷이가 한창이다.

주관식

20 다음 빈칸에 들어갈 말을 순서대로 쓰시오.

'해돋이'는 모음 '☐'의 영향을 받아서 자음 '☐'이/가 '☐'(으)로 소리가 나는 ☐☐☐☐ 이/가 일어나는 단어이다.

21 음운의 축약 형태를 잘못 정리한 것은?

① 잡히면: [ㅂ + ㅎ] → [ㅍ]
② 막히고: [ㄱ + ㅎ] → [ㅋ]
③ 좁히다: [ㅂ + ㅎ] → [ㅍ]
④ 하얗지: [ㅎ + ㅈ] → [ㅊ]
⑤ 말갛게: [ㄹ + ㄱ] → [ㅋ]

중요 22 ┃보기┃의 단어와 그 발음에 대해 잘못 설명한 것은?

┃보기┃
좋다[조타]

① 음운의 탈락에 해당한다.
② 표기하는 음운의 수는 5개이다.
③ 발음되는 음운의 수는 4개이다.
④ '하얗다'와 같은 음운의 변동이 일어난다.
⑤ 발음을 쉽게 하기 위해 일어나는 현상이다.

내신 필수

23 다음 중 음운의 축약이 일어나는 것은?

① 미닫이
② 좁히다
③ 끝으로
④ 백록담
⑤ 대통령

24 다음 중 음운의 축약이 일어나지 <u>않는</u> 것은?

① 놓다
② 놓고
③ 놓아
④ 놓지
⑤ 놓자

25 음운의 축약과 탈락에 대해 잘못 설명하고 있는 것은?

① '모여서'는 음운의 축약이 일어난 형태이다.
② 자음과 모음에서 모두 음운 탈락이 일어난다.
③ '아들'과 '님'이 만나면 음운 탈락이 일어난다.
④ 음운의 축약은 두 음운이 하나로 줄어서 발음된다.
⑤ '보−+−아라'를 표기할 때 음운의 탈락이 일어난다.

26 다음 밑줄 친 단어 중 음운의 탈락이 일어난 것은?

① 음식을 <u>남겼다</u>.
② 꼼꼼히 확인해 <u>봐라</u>.
③ 성격이 정말 <u>급하다</u>.
④ 어렸을 때 정말 <u>예뻤다</u>.
⑤ 편지 봉투에 우표를 <u>붙인다</u>.

내신 필수

27 다음 중 음운의 탈락이 일어난 것끼리 묶인 것은?

① 그려, 남겨
② 봐라, 띄다
③ 따님, 소나무
④ 마소, 빨갛고
⑤ 해돋이, 막히다

28 밑줄 친 단어 중 음운의 변동이 일어나지 <u>않는</u> 것은?

① 실력이 <u>나날이</u> 늘고 있다.
② 동생이 초등학교에 <u>입학한다</u>.
③ 명절에는 친척들이 많이 <u>모인다</u>.
④ 이른 봄 개나리가 <u>노랗게</u> 피었다.
⑤ 여름에는 음식을 <u>가려</u> 먹어야 한다.

29 |보기|의 밑줄 친 단어와 같은 음운의 변동이 일어나는 단어가 쓰인 문장은?

|보기|

학생들이 모두 <u>모여</u> 출발했다.

① 선을 그었다.
② 둥글게 앉다.
③ 커피를 끓이다.
④ 바느질은 어렵다.
⑤ 그림으로 그려 보았다.

중요
30 다음 중 밑줄 친 단어의 발음이 바르게 된 것은?

① 친구에게 <u>색연필</u>을 빌렸다.[새견필]
② 겨울에는 <u>솜이불</u>을 덮는다.[솜니불]
③ 엄마 심부름으로 <u>식용유</u>를 샀다.[식용유]
④ <u>한여름</u>의 무더위에 사람들이 지쳤다.[하녀름]
⑤ 게으른 사람들이 <u>집안일</u>을 미루는 것이다.[지반일]

31 다음 중 발음할 때 음운의 첨가가 일어나는 단어는?

① 칼날
② 왕릉
③ 국력
④ 담요
⑤ 국화

주관식
32 다음 빈칸에 들어갈 말을 순서대로 쓰시오.

두 개의 음운이 서로 만나 발음을 쉽고 편하게 하기 위해 하나로 줄어드는 현상을 음운의 ▢▢ (이)라고 한다. 그리고 두 음운이 결합하면서 하나의 음운이 아예 사라져 소리가 나지 않는 현상을 음운의 ▢▢ (이)라고 한다.

실력 쑥쑥

01 음운의 변동에 대한 설명으로 옳지 <u>않은</u> 것은?
① 음운의 변동은 다른 언어에서도 나타난다.
② 음운의 변동이 표기에 반영되는 경우도 있다.
③ 자음과 자음이 만날 때만 나타나는 현상이다.
④ 국어 음절의 끝소리에서 발음되는 자음은 정해져 있다.
⑤ 좀 더 쉽게 발음하려는 언어 경제성의 원리에 따라 일어나는 현상이다.

02 다음 중 단어의 발음이 잘못된 것은?
① 닭[닥]
② 않다[안타]
③ 짧다[짭따]
④ 앉다[안따]
⑤ 밟다[밥따]

03 다음 중 음절의 끝소리가 <u>다른</u> 하나는?
① 몫
② 낚시
③ 맑게
④ 부엌
⑤ 넋이

중요
04 다음 단어의 밑줄 친 음절에서 끝소리 발음이 나머지와 <u>다른</u> 하나는?
① 닦다
② 히읗
③ 밤낮
④ 민낯
⑤ 찾다

05 다음 밑줄 친 겹받침의 발음이 '여덟'과 <u>다른</u> 것은?
① <u>넓</u>다
② <u>닳</u>다
③ <u>맑</u>고
④ <u>흙</u>이
⑤ <u>읽</u>다

고난도
06 다음 중 밑줄 친 단어의 발음을 바르게 적은 것은?
① <u>빛이</u> 없다.[비디]
② <u>낫을</u> 들고 있다.[나츨]
③ <u>빛 없이</u> 살고 있다.[빋업시]
④ <u>옷 아래</u> 책이 있다.[오다래]
⑤ <u>부엌을</u> 깨끗이 청소했다.[부어글]

07 다음 대화에 나타나는 발음으로 알맞지 <u>않은</u> 것은?

> 연경: 이 정원에는 ㉠꽃과 나무가 정말 많구나.
> 기정: 저 ㉡꽃 정말 예쁘다. ㉢꽃잎이 정말 화려해.
> 연경: 저 ㉣꽃으로 손톱에 ㉤꽃물을 들이면 좋겠어.

① ㉠: [꼳꽈]
② ㉡: [꼳]
③ ㉢: [꼰니피]
④ ㉣: [꼬스로]
⑤ ㉤: [꼰무를]

서술형
08 음운의 변동이 일어나는 이유를 서술하시오.

09 다음 중 음절의 끝소리 발음이 알맞지 <u>않은</u> 것은?

① 히읗[히읃]　　　② 있다[읻따]
③ 낮과[낟꽈]　　　④ 얽거나[얼꺼나]
⑤ 넓죽하다[넙쭈카다]

10 다음 중 자음 동화가 일어난 단어의 발음이 알맞지 <u>않은</u> 것은?

① 달님[달림]　　　② 곤란[골란]
③ 협력[혐력]　　　④ 칼눈[칼룬]
⑤ 잡는다[잠는다]

11 다음 중 두 자음이 같은 음운으로 동화되는 단어는?

① 닫는　　　② 낱말　　　③ 입력
④ 백로　　　⑤ 심리

📝 **내신 필수**

12 | 보기 |에서 일어난 음운의 변동을 바르게 설명한 것은?

┌─| 보기 |─────────────────┐
│　　　　　　신라 → [실라]　　　　　　│
└──────────────────────┘

① 두 음운이 만나 한 음운이 사라진다.
② 두 음운이 만나 한 음운으로 줄어든다.
③ 자음 'ㄴ'이 'ㅣ'를 만나서 'ㄹ'로 발음된다.
④ 자음과 자음이 서로 만나 영향을 주고받아 비슷하거나 같은 소리로 발음된다.
⑤ 음절의 끝소리에 'ㄱ, ㄴ, ㄷ, ㄹ, ㅁ, ㅂ, ㅇ' 이외의 자음이 와서 이 일곱 자음 중 하나로 발음된다.

13 앞 자음의 영향을 받아 뒤에 오는 자음이 변하는 단어끼리 묶인 것은?

① 국민, 식물　　　② 입는, 국립
③ 침략, 대통령　　　④ 국력, 속리산
⑤ 난로, 전라도

⭐ 중요 **14** 다음 중 자음 동화가 일어나는 단어가 포함된 문장은?

① 옷이 예쁘다.
② 옷만 챙겨 입으세요.
③ 값보다 맛이 중요해요.
④ 멋있게 보이기 위해 노력한다.
⑤ 겨울철에는 낮보다 밤이 더 길다.

15 | 보기 |의 자음 동화에 대한 설명 중 밑줄 친 부분의 예로 볼 수 있는 단어는?

┌─| 보기 |─────────────────┐
│　자음 동화가 일어날 때 어느 한쪽이 다른 쪽의 영향을 받아 변화가 일어나거나 <u>양쪽이 서로 영향을 주어 서로 비슷하거나 같은 소리로 바뀌는 경우도</u> 있다. │
└──────────────────────┘

① 국물　　　② 먹는　　　③ 잡는
④ 법률　　　⑤ 남루

주관식 **16** '낱낱이'를 소리가 나는 대로 쓰고, 여기에 적용된 음운의 변동을 모두 쓰시오.

17 다음 중 '음절의 끝소리 규칙'과 '자음 동화'가 함께 일어나는 단어가 쓰이지 <u>않은</u> 것은?

① 빛나는 문화유산을 보존하자.
② 눈이 쌓인 앞마당을 쓸고 있다.
③ 휴일에 집에 있는 사람이 드물다.
④ 작년에 비해 생산량이 급격하게 감소했다.
⑤ 부엌문을 열어 두었더니 고양이가 들어왔다.

18 다음 중 표기와 발음이 바르게 연결되지 <u>않은</u> 것은?

	표기	발음
①	백마	뱅마
②	넉넉히	넝너기
③	국화꽃	구콰꼳
④	쇠붙이	쇠부치
⑤	깨끗이	깨끄시

<u>고난도</u>

19 다음 밑줄 친 단어 중 |보기|의 설명에 해당하는 음운의 변동이 일어나는 단어는?

---|보기|---
• 음운의 변동이 표기에 반영되어 있다.
• 두 개의 음운이 만나서 하나로 줄어드는 현상에 해당한다.
---

① 눈을 잠깐 <u>붙이고</u> 출발하자.
② 그는 <u>박하사탕</u>을 매우 좋아한다.
③ 모래 바람이 앞을 <u>가려</u> 걷기 어렵다.
④ 웃는 모습이 다른 사람들보다 <u>예뻐</u> 보인다.
⑤ 수학을 처음 배우는 사람은 <u>집합</u>을 어려워한다.

20 다음 밑줄 친 단어 중 음운 변동의 종류가 <u>다른</u> 하나는?

① <u>미닫이</u> 문을 열어라.
② 집 안을 <u>샅샅이</u> 뒤지다.
③ 그는 마음을 <u>굳히고</u> 있다.
④ <u>솥이</u> 작아서 밥을 많이 할 수 없다.
⑤ 혼자서 모든 문제를 다 <u>맞히고</u> 있다.

21 다음 중 구개음화가 일어나지 <u>않은</u> 것은?

① <u>피붙이</u>　　　② <u>설거지</u>
③ <u>굳히다</u>　　　④ <u>붙이다</u>
⑤ <u>턱받이</u>

👉 내신 필수

22 다음 단어를 표기할 때 축약이 일어나는 과정을 <u>잘못</u> 설명한 것은?

	축약의 과정		축약의 결과
①	보-＋-아라	⇨	봐라
②	접히-＋-어	⇨	접혀
③	오-＋-아서	⇨	와서
④	잡히-＋-어	⇨	잡혀
⑤	되-＋-었다	⇨	됐다

서술형

23 구개음화 현상이 일어나는 원인에 대해 모음 'ㅣ'와 관련지어 서술하시오.

24 다음 대화에서 ㉠~㉢의 발음을 알맞게 고른 것은?

	㉠	㉡	㉢
①	[해돈이]	[같이]	[굳이]
②	[해도지]	[가티]	[구지]
③	[해도디]	[가치]	[구디]
④	[해도지]	[가치]	[구지]
⑤	[해도디]	[가치]	[구지]

25 다음 단어의 표기와 발음을 통해 확인할 수 있는 음운의 변동을 잘못 파악한 것은?

① 맨입[맨닙]: 비음화
② 국화[구콰]: 자음 축약
③ 광한루[광할루]: 유음화
④ 미닫이[미다지]: 구개음화
⑤ 빛[빋]: 음절의 끝소리 규칙

26 다음 밑줄 친 단어에 음운 변동의 결과를 반영하여 표기하고, 나타난 음운 변동의 양상을 서술하시오.

> 요즘에는 김치를 담그−+−아 먹는 집이 드물다.

(1) 표기:
(2) 음운 변동의 양상:

27 구개음화가 일어나는 단어가 쓰인 문장은?

① 꽃밭에 나비가 있다.
② 가마솥에 누룽지가 맛있다.
③ 우표를 붙여 우체통에 넣어라.
④ 잔디밭에 들어가서 메뚜기를 잡았다.
⑤ 할머니께서는 낮이면 밭에서 일을 하신다.

중요 28 다음 ㉠과 ㉡에 들어갈 말로 알맞은 것은?

> 닫히다 → [㉠] → [다치다]
> ⋮   ⋮
> 음운의 축약   (㉡)

	㉠	㉡
①	다티다	구개음화
②	다티다	자음 동화
③	다히다	자음 동화
④	닫이다	음운의 축약
⑤	닫이다	음운의 탈락

중요 29 다음은 음운의 축약을 표로 정리한 것이다. 빈칸에 들어갈 음운으로 알맞지 않은 것은?

단어	발음		음운의 축약
놓고	노코	⇨	(㉠)+ㄱ=ㅋ
잡혀	자펴	⇨	(㉡)+ㅎ=ㅍ
맞혀	마처	⇨	ㅈ+ㅎ=(㉢)
이겨	이겨	⇨	ㅣ+ㅓ=(㉣)
봐요	봐요	⇨	ㅗ+ㅏ=(㉤)

① ㉠: ㅎ   ② ㉡: ㅂ   ③ ㉢: ㅊ
④ ㉣: ㅕ   ⑤ ㉤: ㅙ

30 음운의 축약이 일어난 단어와 음운의 탈락이 일어난 단어를 모두 포함하는 문장은?

① 여러분, 줄을 맞춰요.
② 고소한 냄새에 끌려 주방으로 갔다.
③ 마주 잡은 두 손으로 사랑을 키워요.
④ 호랑이가 사람을 노려보는 그림을 그려요.
⑤ 우리들이 방학 동안 그린 작품이 완성됐다.

31 다음 밑줄 친 단어 중 음운의 변동 현상이 나머지와 <u>다른</u> 것은?

① 실력이 <u>나날이</u> 늘어간다.
② 자다가 일어나 전등을 <u>껐다</u>.
③ 고개를 <u>젖히고</u> 웃는 모습이 예쁘다.
④ 배가 <u>고파서</u> 정신없이 밥을 먹었다.
⑤ <u>소나무</u> 그늘이 마당까지 내려왔구나.

내신 필수

32 |보기|의 지하철 노선도에 나타난 역 이름에 대한 설명이 옳지 <u>않은</u> 것은?

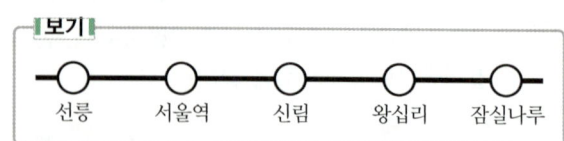

|보기|
선릉 ─ 서울역 ─ 신림 ─ 왕십리 ─ 잠실나루

① 선릉: 자음 동화가 일어나서 [설릉]으로 발음된다.
② 서울역: 'ㄴ' 음이 첨가되어 [서울력]으로 발음된다.
③ 신림: [신림]으로 발음되므로 발음과 표기가 일치한다.
④ 왕십리: [왕심니]로 소리가 나는 자음 동화에 해당한다.
⑤ 잠실나루: 자음 동화에 의해 [잠실라루]로 발음하게 된다.

33 음운의 축약이 일어난 단어로 알맞은 것은?

① 독립   ② 오죽헌
③ 광한루   ④ 한라산
⑤ 무열왕릉

중요

34 다음은 음운의 탈락 현상을 표로 정리한 것이다. 탈락한 음운을 <u>잘못</u> 찾은 것은?

	탈락 과정		탈락한 음운
①	말+소	⇨	ㄹ
②	쓰-+-어라	⇨	ㅡ
③	바늘+-질	⇨	ㄹ
④	서-+-었다	⇨	ㅓ
⑤	고프-+-아	⇨	ㅏ

35 다음 중 표기하는 음운의 수와 발음되는 음운의 수가 다른 단어가 <u>아닌</u> 것은?

① 낙화   ② 특히   ③ 학교
④ 좋은   ⑤ 식혜

주관식

36 다음 단어에서 일어나는 음운의 변동 세 가지를 쓰시오.

풀잎

37 ▎보기▎의 단어에서 공통적으로 일어나는 음운의 변동에 대한 설명으로 알맞은 것은?

┃보기┃
| 물약 | 콩엿 | 서울역 |

① 두 음운이 만났을 때 한 음운이 사라진다.
② 두 음운이 합해져서 하나의 음운으로 줄어든다.
③ 형태소가 서로 만날 때 없던 음운이 새로이 첨가된다.
④ 'ㄷ, ㅌ'이 모음 'ㅣ'를 만나서 'ㅈ, ㅊ'으로 소리가 난다.
⑤ 자음과 자음이 만나 영향을 주고받아 같거나 비슷한 소리로 바뀐다.

고난도 ◀
38 다음은 자기 소개서의 일부이다. 밑줄 친 단어 중 음운 변동의 종류가 같은 것끼리 묶은 것은?

저는 ㉠박나래입니다. 날개를 펴고 훨훨 제 꿈을 펼치며 살기를 바라는 부모님께서 ㉡지어 주신 이름입니다. 저는 피부가 ㉢하얗기 때문에 별명이 백설기입니다. 중학교에 ㉣입학했으니 이제 열심히 ㉤공부를 해야겠다고 마음먹었습니다.

① ㉠, ㉢　　　　② ㉡, ㉢　　　　③ ㉢, ㉣
④ ㉠, ㉤　　　　⑤ ㉡, ㉣

✍ 내신 필수
39 형태소가 서로 만날 때 음운의 첨가가 일어나는 단어를 두 가지 고르시오.

① 두통약　　　② 속리산　　　③ 달나라
④ 한여름　　　⑤ 버드나무

40 밑줄 친 단어 중 음운의 탈락이 일어나지 않는 것은?

① 돈을 많이 모았다.
② 모두 모여서 함께 가자.
③ 할머니께서 김치를 담갔다.
④ 댁의 아드님이 정말 훌륭합니다.
⑤ 도서관에 가서 열심히 공부했다.

고난도 ◀
41 (가)의 설명에 해당하는 단어를 (나)에서 바르게 찾은 것은?

(가) 형태소가 서로 만날 때 원래 없던 소리가 추가되는 현상을 음운의 첨가라고 한다.

(나) ㉠ 냇가　　㉡ 훈련　　㉢ 색연필
　　　 ㉣ 월요일　㉤ 솜이불

① ㉠, ㉡　　　　② ㉡, ㉢　　　　③ ㉡, ㉤
④ ㉢, ㉤　　　　⑤ ㉢, ㉣

서술형
42 (가)의 설명과 (나)의 사례를 보고 음운의 변동을 표기에 반영하지 않는 이유를 서술하시오.

(가) • 부치다: 사람이 편지나 물건, 돈을 다른 사람에게 일꾼이나 체신, 운송 수단을 통하여 보내다.
　　 • 붙이다: 사람이 무엇을 어떤 물체나 재료로 맞대어 서로 떨어지지 않는 상태로 만들다.

(나) 문제를 다 맞힌 사람은 집에 가도 된다는 말을 들은 짱구는 반절을 틀렸지만 집에 갔다. 문제를 다 마친 사람으로 오해를 했던 것이다.

11 문법 요소

핵심 쏙

✿ 어말 어미와 선어말 어미

어미는 어말 어미와 선어말 어미로 나뉘고, 어말 어미는 다시 문장을 끝맺는 종결 어미와 그렇지 않은 비종결 어미로 나뉜다. 선어말 어미는 어말 어미 앞에 쓰여 높임, 시간, 사동, 피동 등의 의미를 나타낸다.
예 나는 도시락을 맛있게 먹었다.
• 어말 어미: -다
• 선어말 어미: -었-(과거)

✿ 주체와 객체

① 주체: 문장에서 서술어가 의미하는 동작을 하거나 상태를 나타내는 대상을 가리킨다. 서술어에 걸리는 '누가/무엇이'에 해당하는 사람이나 사물이다.
② 객체: 문장에서 서술어의 행위가 미치는 대상을 서술어의 객체라고 한다. 우리말에서 객체는 목적어나 부사어의 꼴로 나타난다.

1. 문법 요소

문법적 의미를 실현하기 위해서 사용되는 것으로, 문법적 기능을 담당한다. 우리말에서는 높임, 시간, 부정 표현, 피동·사동 등이 주요 문법 요소이다. 이 문법 요소를 잘 알고 상황에 맞는 정확한 문장 표현 능력을 기르는 것은 바르고 효과적인 국어 생활에 도움을 준다.

1) 높임 표현

말하는 이가 말하는 대상이나 듣는 이의 높고 낮은 정도에 따라 말할 때 구별하여 표현하는 방법이다.

(1) 주체 높임법: 서술의 주체(주어)를 높이는 방법이다.
① 서술어의 어간 다음에 선어말 어미 '-(으)시-'를 넣는다.
예 선생님께서 가신다.
('-시-'를 넣어 걸어가는 주체인 선생님을 높였다.)
② 주격 조사 '이/가' 대신에 '께서'를 사용한다.
예 어머니께서 요리를 하신다.
('-께서'를 넣어 주체인 어머니를 높였다.)
③ 높임 표현의 어휘를 사용한다.
예 할아버지께서 주무신다.
('자다' 대신에 '주무시다'를 사용하여 주체인 할아버지를 높였다.)

(2) 객체 높임법: 서술의 객체(목적어나 부사어)를 높이는 방법이다.
① 부사어에 조사 '에게' 대신에 '께'를 사용한다.
예 민경이가 어머니께 인사를 하였다.
('께'를 넣어 객체인 어머니를 높였다.)
② 높임 표현의 어휘를 사용한다.
예 선우가 선생님께 숙제를 여쭈었다.
('묻다' 대신에 '여쭈다'를 사용하여 객체인 선생님을 높였다.)

 개념 쏙쏙

1 다음에 해당하는 문법 요소가 무엇인지 쓰시오.

> 말하는 이가 말하는 대상이나 듣는 이의 높고 낮은 정도에 따라 말할 때 구별하여 표현하는 방법이다.

[2~3] '주체 높임법'에 대한 설명을 읽고 옳으면 ○표, 옳지 않으면 ×표를 하시오.

2 서술어의 어간 다음에 선어말 어미 '-(으)시-'를 넣는다.
(   )

3 높임 표현의 어휘를 사용할 수 없다.
(   )

[4~7] 다음 중에서 알맞은 높임 표현을 골라 ○표를 하시오.

4 아버지(가/께서) 방에 계시다.

5 할아버지께서 국수를 (먹는다/잡수신다).

6 나는 숙제를 선생님(에게/께) 드렸다.

7 재민이가 할머니를 (데리고/모시고) 집에 왔다.

(3) 상대 높임법: 말하는 이가 듣는 이에 따라 높임의 표현을 달리하는 방법이다.
  ① 대상에 따라 높임을 달리한다.

→ 그림에서 여학생은 상대에 따라 높임을 다르게 하고 있다. 친구에게는 '좋아!'라고 말을 낮추었지만, 선생님께는 '좋아요.'라고 높여서 말하고 있다.

  ② 상대 높임법은 격식체와 비격식체가 있다.
  • 격식체: 격식을 차리는 경우에 사용되며, '합쇼체, 하오체, 하게체, 해라체'가 있다.

합쇼체 (아주 높임)	이 책을 읽으십시오.
하오체 (예사 높임)	이 책을 읽으시오.
하게체 (예사 낮춤)	이 책을 읽게.
해라체 (아주 낮춤)	이 책을 읽어라.

  • 비격식체: 격식을 갖출 필요가 없거나 친근한 경우에 사용되며, '해요체, 해체'가 있다.

해요체 (두루 높임)	이 책을 읽어요.
해체 (두루 낮춤)	이 책을 읽어.

핵심 콕

✽ 상대
  말하는 이가 마주하고 있는 대상, 즉 듣는 이를 상대라고 한다.

✽ 압존법
  문장의 주체가 말하는 이보다는 높지만 듣는 이보다는 낮아, 그 주체를 높이지 못하는 어법이다.
  예 할아버지, 아버지가 아직 안 왔습니다.

 개념 쏙쏙

[8~9] 다음에 해당하는 높임법을 │보기│에서 골라 쓰시오.

│보기│
  ㉠ 주체 높임법   ㉡ 객체 높임법   ㉢ 상대 높임법

8 말하는 이가 듣는 이에 따라 높이거나 낮추어 말하는 방식이다.   (   )

9 어떤 동작이나 상태의 주체를 높이는 방식이다.   (   )

[10~13] │보기│를 알맞은 격식체로 바꾸어 쓰시오.

│보기│
  신문을 읽다.

10 합쇼체   (   )

11 하오체   (   )

12 하게체   (   )

13 해라체   (   )

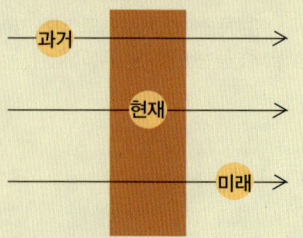

✿ 시간 표현

과거 →

현재 →

미래 →

■ : 발화시 – 말하는 이가 말하는 시점
● : 사건시 – 사건(동작이나 상태)이 일어나는 시점

✿ 특별한 의미를 더해 주는 시간 표현

① '-더-': 과거 회상과 직접 경험의 의미를 드러낸다.
예 재민이가 노래를 부르더라.
② '-겠-': 추측이나 의지를 나타낸다.
예 제가 꼭 하겠습니다.
③ '-리-': 자신의 의지를 드러낸다.
예 반드시 찾으리라.

2) 시간 표현

(1) 뜻: 시제의 말하는 시간을 기준으로 그 사건이 현재 일어나고 있는 것인지, 이미 과거에 일어난 것인지, 아니면 미래에 일어날 것인지를 나타내는 시간 표현을 시제라고 한다.

예 • 선우는 물을 마셨다.(과거에 일어난 일)
　• 선우는 물을 마신다.(현재에 일어나고 있는 일)
　• 선우는 물을 마실 것이다.(미래에 일어날 일)

(2) 시제의 종류

① 과거 시제: 사건이 일어나는 시점이 말하는 시점보다 앞서는 시제이다.
② 현재 시제: 사건이 일어나는 시점과 말하는 시점이 일치하는 시제이다.
③ 미래 시제: 사건이 일어나는 시점이 말하는 시점보다 나중에 일어나는 시제이다.

(3) 시제의 표현: 시제는 시간을 나타내는 부사와 어미로 표현된다.

예 • 선우는 <u>어제</u> 운동장을 달렸다.(과거)
　• 선우는 <u>지금</u> 운동장을 달린다.(현재)
　• 선우는 <u>내일</u> 운동장을 달릴 것이다.(미래)

형태	부사	어미
과거	어제, 옛날, 방금, 이미, 아까	-았-/-었-, -았었-/-었었-, -더-
현재	지금, 현재	-는-/ -ㄴ-
미래	내일, 모레, 곧, 훗날	-겠-, -(으)ㄹ-, -리-

(4) 동작상: 시간의 흐름 속에서 사건의 양상을 표현하는 방법이다.

① 진행상: 사건이 그 시점에서 계속 일어나고 있음을 나타내는 동작상. 예 민채는 밥을 다 먹어 간다.
② 완료상: 사건이 그 시점에서 끝나 버렸음을 나타내는 동작상. 예 민채는 밥을 다 먹어 버렸다.

개념 쏙쏙

14 다음 빈칸에 들어갈 알맞은 말을 쓰시오.

> 말하는 시간을 기준으로 그 사건이 현재 일어나고 있는 것인지, 이미 과거에 일어난 것인지, 아니면 미래에 일어날 것인지를 나타내는 문법 요소를 (　　　)(이)라고 한다.

15 사건이 일어나는 시점과 말하는 시점이 같은 시간 표현을 무엇이라고 하는지 쓰시오. (　　　)

16 사건이 일어나는 시점이 말하는 시점보다 앞서는 시간 표현을 무엇이라고 하는지 쓰시오. (　　　)

[17~19] 보기에서 다음 문장에 해당하는 시간 표현을 골라 쓰시오.

보기
㉠ 과거　　㉡ 현재　　㉢ 미래

17 민채는 노래를 불렀다. (　　　)

18 재민이는 훗날 과학자가 될 것이다. (　　　)

19 우리는 지금 영화를 본다. (　　　)

3) 부정 표현

(1) 뜻: 어떠한 사실이나 생각 등의 서술 내용에 대해 부정의 뜻을 나타내는 것을 말한다.

> 예 • 나는 숙제를 <u>안</u> 했다. / 나는 숙제를 하지 <u>않았다</u>.
> • 나는 숙제를 <u>못</u> 했다. / 나는 숙제를 하지 <u>못했다</u>.

(2) 종류

① 짧은 부정문

개념	부정을 나타내는 부사 '안(아니)'이나 '못'을 쓴 부정문
예	• 잠을 <u>안</u> 잤다. • 전화를 <u>아니</u> 받았다. • 게임을 <u>못</u> 했다.

② 긴 부정문

개념	부정을 나타내는 용언 '-지 않다(아니하다)'나 '-지 못하다'를 쓴 부정문
예	• 잠을 자지 <u>않았다</u>. • 전화를 받지 <u>아니하였다</u>. • 게임을 하지 <u>못했다</u>.

(3) '안' 부정문과 '못' 부정문의 의미 차이

① '안' 부정문(의도 부정): '이/가 아니다', '-지 아니하다'와 같이 '안'에 의해서 성립하는 부정문이다. 주로 단순한 부정이나 주체의 의도 때문에 그 행위가 일어나지 않는 것을 표현한다.

> 예 희령이는 전화를 받지 <u>않았다</u>.

② '못' 부정문(능력 부정): '못', '-지 못하다'와 같이 '못'에 의해서 성립하는 부정문이다. 주로 주체의 무능력이나 외부의 원인 때문에 그 행위가 일어나지 못하는 것을 표현한다.

> 예 희령이는 전화를 받지 <u>못했다</u>.

핵심 콕

✤ 긍정문

부정 표현이 사용되지 않은 문장을 말한다.

✤ 부정문

부정 표현이 사용된 문장을 말한다.

✤ 청유형과 명령문의 부정

'아니하다', '못하다' 대신에 '-지 말자', '-지 마라'를 사용한다.

> 예 • 위험한 곳에 가<u>지 말자</u>.
> • 위험한 곳에 가<u>지 마라</u>.

개념 쏙쏙

20 다음 빈칸에 들어갈 알맞은 말을 쓰시오.

> 부정 표현이란 어떠한 사실이나 생각 등의 서술 내용에 대해 (   )의 뜻을 나타내는 것을 말한다.

[21~22] 다음 문장과 부정문을 바르게 연결하시오.

21 도서관에 가지 않았다.   •   • ㉠ 짧은 부정문

22 도서관에 안 갔다.   •   • ㉡ 긴 부정문

[23~24] 다음 문장이 의도에 의한 부정이면 ○표, 그렇지 않으면 ×표를 하시오.

23 철수는 책을 안 읽는다.   (   )

24 문희가 민희를 만나지 못했다.   (   )

25 다음 문장이 청유형의 부정 표현이 되도록 빈칸에 들어갈 알맞은 말을 쓰시오.

> 민희야, 쓰레기를 버리지 (   ).

성취기준 ・피동 표현과 인용 표현의 의도와 효과를 분석하고 상황에 맞게 활용한다. ○ 2학년

핵심 국

✿ 능동
주어가 어떤 동작이나 행위를 자발적으로 하는 것을 말한다.

✿ 피동
① 주어가 다른 주체에 의해서 동작이나 행동을 당하게 되는 것을 말한다.
② 능동 표현의 주어가 불분명하거나 행위를 하지 못하는 대상일 때도 피동 표현을 사용한다.
예 ・날씨가 풀렸다.
・친구가 감기에 걸렸다.

✿ 피동 접사
피동사를 만들 때 용언에 붙는 '-이-, -히-, -리-, -기-'와 같은 접사를 피동 접사라고 한다.

✿ 피동 표현의 의미적 특성
피동 표현은 동작을 입은 사람이나 사물에 초점을 두고, 행동을 당함을 강조하고자 하는 말하는 이의 심리가 반영되어 있다.

---

4) 피동 표현

(1) 뜻: 주어가 다른 주체에 의해서 동작을 당하게 되는 것을 나타내는 표현을 말한다.

그림에서 남학생은 주어 '경찰'이 동작을 스스로 행한 것으로 보고 능동 표현을 사용한 반면, 여학생은 '도둑'이 경찰의 행위로 인해 동작을 입은 것으로 보고 피동 표현을 사용했다.

능동문: 경찰이 도둑을 잡았다.
　　　　(주어)　(목적어)　(서술어)

피동문: 도둑이 경찰에게 잡혔다.
　　　　(주어)　(부사어)　(서술어)

(2) 피동 표현을 만드는 방법
① 용언의 어간에 접사 '-이-, -히-, -리-, -기-'를 붙인다.
　예 ・쌀과 콩이 섞이다.
　　　・토끼가 사냥꾼에게 잡히다.
　　　・재민이가 금상을 받았다는 소문이 들리다.
　　　・아기가 어머니에게 안기다.
② 용언의 어간에 '-아/어지다'를 붙인다.
　예 남학생과 여학생이 나누어지다.
③ 명사에 피동의 뜻을 더하는 '-되다'를 붙인다.
　예 나뭇가지가 젓가락으로 사용되다.

 **개념 쏙쏙**

26 다음 빈칸에 들어갈 알맞은 말을 쓰시오.

(　　　　)(이)란 주어가 다른 주체에 의해서 동작을 당하게 표현하는 것을 말한다.

[27~28] 다음 문장의 주어에 ○표를 하시오.

27 동생이 개에게 물렸다.

28 언니가 동생을 업었다.

[29~30] 다음 문장을 피동문으로 바꾸어 쓰시오.

29 못을 나무에 박다.
　　　　　(　　　　　　　　　)

30 친구들이 화영이를 반장으로 뽑았다.
　　　　　(　　　　　　　　　)

31 다음 빈칸에 공통적으로 들어갈 말의 기본형을 쓰시오.

・강당이 음악실로 사용(　).
・그 일로 학급 회의가 개최(　).

5) 사동 표현

(1) 뜻: 주어가 다른 사람에게 어떤 동작이나 행동을 하도록 시키는 것을 나타내는 표현을 말한다.

그림에서 어머니는 '앉다'라는 동작을 하는 '아기'의 행동에 초점을 맞추는 반면, 철수는 아기가 의자에 앉도록 행동을 한 '영희'에 초점을 맞추고 있다.

주동문: <u>아기가</u> <u>의자에</u> <u>앉았다</u>.
    (주어) (부사어) (서술어)

사동문: <u>영희가</u> <u>아기를</u> <u>의자에</u> <u>앉혔다</u>.
    (주어) (목적어) (부사어) (서술어)

(2) 사동 표현을 만드는 방법

① 용언의 어간에 접사 '-이-, -히-, -리-, -기-, -우-, -구-, -추-'를 붙인다.

 예 • 새에게 모이를 먹<u>이</u>다.
   • 엄마가 희령이에게 옷을 입<u>히</u>다.
   • 나무꾼이 사슴을 나무 뒤에 숨<u>기</u>다.
   • 어머니가 아이를 재<u>우</u>다.

② 용언에 '-게 하다'를 붙인다.

 예 현이가 새를 날<u>게 하</u>였다.

③ 명사에 사동의 뜻을 더하는 '-시키다'를 붙인다.

 예 의사가 민경이를 입원<u>시켰다</u>.

 **개념 쏙쏙**

32 다음 빈칸에 들어갈 알맞은 말을 쓰시오.

> (　　　　　　)은/는 주어가 다른 사람에게 어떤 동작이나 행동을 하도록 시키는 것을 나타내는 표현을 말한다.

[33~34] 다음 문장의 주어에 ○표를 하시오.

33 햇빛이 눈을 녹였다.

34 민희가 종이비행기를 날린다.

[35~36] 다음 문장을 사동문으로 바꾸어 쓰시오.

35 토끼가 풀을 먹는다.
       (　　　　　　　　　　)

36 자세가 낮다.
       (　　　　　　　　　　)

37 다음 빈칸에 공통적으로 들어갈 말의 기본형을 쓰시오.

> • 쓰레기가 환경을 오염(　　　).
> • 아버지가 동생과 나를 화해(　　　).

11 문법 요소

✿ 인용 부호의 종류

① 큰따옴표(" "): 말이나 글을 직접 인용할 때 쓴다.
② 작은따옴표(' '): 인용한 말 안에 있는 인용한 말을 나타낼 때 쓴다.
예 그는 "여러분! '시작이 반'이라는 말 들어 보셨죠?"라고 말하며 강연을 시작했다.

✿ '라고'와 '하고'의 차이

① '–라고' 대신에 '하고'로 표현할 수 있다.
예 인호는 "도서관이 어디에 있습니까?" 하고 물었다.
② '라고'는 조사이므로 앞말에 붙여서 쓰고, '하고'는 동사 '하다'의 활용형이므로 앞말과 띄어 쓴다.
③ 의성어를 인용할 때는 '라고'를 쓰지 않고 '하고'만을 쓴다.
예 점순이네 수탉이 "꼬끼오!" 하고 울었다.

6) 인용 표현

(1) 뜻: 다른 사람의 말이나 글을 자신의 말이나 글에 끌어와 쓰는 표현을 말한다.

(2) 인용 표현의 효과
① 전문가나 유명인의 말을 인용하여 신뢰성을 높일 수 있다.
② 다른 사람의 경험이나 감정을 인용하여 생동감을 불어넣을 수 있고, 독자의 관심과 흥미를 유발할 수 있다.
③ 다양한 관점을 제시함으로써 논의를 풍부하게 만들고 객관성을 확보할 수 있다.
④ 복잡한 내용을 간결하게 요약하거나 특정 내용을 강조할 수 있다.

(3) 인용 표현의 종류
① 직접 인용 표현

뜻	다른 사람의 말이나 글을 원래의 내용과 형식을 그대로 유지한 채 인용하는 방법이다.
실현 방법	해당 인용절에 큰따옴표("")를 사용하여 표시하고, 인용격 조사 '–라고'를 써서 표현한다.
효과	직접 말을 전하는 듯한 생생한 느낌을 준다.
표현의 예	• 인호는 "도서관에 가자."라고 말했다. • 히포크라테스는 "인생은 짧고 예술은 길다."라고 말했다. • 지호는 나에게 "네가 최고야."라고 말했다.

② 간접 인용 표현

뜻	다른 사람의 말이나 글을 원래의 형식은 유지하지 않고 내용만 끌어다가 자신의 말로 바꾸어 인용하는 방법이다.
실현 방법	① 문장 부호를 사용하지 않으며, 간접 인용절 다음에 조사 '고'를 쓴다. ② 인용절의 시간 표현, 높임 표현, 지시어, 종결 어미 등을 문장에 맞도록 적절히 바꾸어야 한다.
효과	현장감과 생동감은 덜하지만, 직접 인용 표현보다 매끄럽고 간결한 느낌을 준다.
표현의 예	• 인호가 도서관에 가자고 말했다. • 히포크라테스는 인생은 짧고 예술은 길다고 말했다. • 지호는 나에게 오늘까지 하던 일을 끝내자고 말했다.

개념 쏙쏙

38 다음 빈칸에 들어갈 알맞은 말을 쓰시오.

> □□ □□(이)란 다른 사람의 말이나 글을 자신의 말이나 글에 끌어와 쓰는 것을 말한다.

[39~40] '인용 표현'에 대한 설명을 읽고 옳으면 ○표, 옳지 않으면 ✕표를 하시오.

39 직접 인용은 다른 사람의 말이나 글을 원래의 내용과 형식을 그대로 유지한 채 인용하는 방법이다. ( )

40 간접 인용을 사용하면 직접 말을 전하는 듯한 생생한 느낌을 준다. ( )

[41~44] 다음 문장이 직접 인용 표현이면 '직접', 간접 인용 표현이면 '간접'이라고 쓰시오.

41 소크라테스는 "너 자신을 알라."라고 말했다. ( )

42 찬호는 이번 중간고사에서 국어와 수학이 가장 쉬웠다고 말했다. ( )

43 안중근 의사는 "세월을 헛되이 보내지 마라. 청춘은 다시 돌아오지 않는다."라고 말했다. ( )

44 그녀는 어느 날 수줍은 표정으로 다가오더니 사랑한다고 말했다. ( )

(4) 직접 인용 표현을 간접 인용 표현으로 바꾸는 방법

	명사	동사	형용사	서술격 조사
평서문		–다	–다	–(이)라
의문문		–(느)냐	–(으)냐	
명령문		–라		
청유문		–자		

(표 우측에 `+고`)

① 평서문
　　예 창호는 "나 먼저 학교에 갈게."라고 말했다.
　　→ 창호는 자기가 먼저 학교에 간다고 말했다.
② 의문문
　　예 "거기는 비가 많이 옵니까?"라고 현우가 물었다.
　　→ 현우가 여기는 비가 많이 오냐고 물었다.
③ 명령문
　　예 지호가 "어서 집에 가세요."라고 말했다.
　　→ 지호가 어서 집에 가시라고 말했다.
④ 청유문
　　예 영희가 "함께 놀자!"라고 말했다.
　　→ 영희가 함께 놀자고 말했다.

(5) 인용 표현을 사용할 때 주의할 점
　① 원작자의 의도를 손상시키지 않아야 한다.
　② 글이나 말을 인용할 때에는 반드시 정확한 출처를 밝혀 표절 시비를 방지해야 한다.
　③ 직접 인용과 간접 인용을 구분하여 사용하고, 필요에 따라 주석이나 각주를 활용해야 한다.
　④ 원문의 일부만 뽑아서 원작자의 의도와 다르게 인용하거나, 출처를 밝히지 않고 원문을 사용하는 행위 등은 인용의 윤리에 어긋날 뿐만 아니라 저작권 침해에 해당한다.
　⑤ 인용한 내용이 글의 맥락과 관련 있어야 하며, 주장의 뒷받침 자료로 적절하게 활용되어야 한다.

개념 쏙쏙

45 다음 빈칸에 들어갈 알맞은 말을 쓰시오.

　　직접 인용을 할 때는 조사 '(　　　　　)'을/를, 간접 인용을 할 때에는 조사 '(　　　　　)'을/를 사용한다.

[46~47] 직접 인용을 간접 인용으로 바꿀 때 나타나는 현상으로 옳으면 ○표, 옳지 않으면 ×표를 하시오.

46 큰따옴표가 사라지고 인용격 조사 '–라고'가 '–고'로 바뀐다.
　　　　　　　　　　　　　　　　　　(　　)

47 문장 종결 어미는 평서문에서 '–다'로, 의문문은 '–(으)라'로, 명령문은 '–냐'로 바뀐다.　　(　　)

[48~50] 다음 문장을 간접 인용문으로 고쳐 쓰시오.

48 소녀는 "나무에 꽃이 피었어."라고 말했다.
　　→ (　　　　　　　　　　　　　　　　　　　)

49 어린 왕자는 나에게 "어떤 꽃을 가장 좋아하니?"라고 물었다.
　　→ (　　　　　　　　　　　　　　　　　　　)

50 선생님께서는 "멀리 보려면 높이 뛰어."라고 말씀하셨다.
　　→ (　　　　　　　　　　　　　　　　　　　)

01 다음 중 문법적 기능을 담당하는 문법 요소로 알맞지 않은 것은?

① 높임 표현
② 시간 표현
③ 부정 표현
④ 피동 표현
⑤ 완곡 표현

02 다음 중 높임법의 종류가 나머지와 <u>다른</u> 문장은?

① 선생님께서 오신다.
② 선생님께서 교실에 계시다.
③ 선생님께서 꽃을 심으신다.
④ 선생님께서 학생들을 부르셨다.
⑤ 선우가 선생님께 숙제를 여쭈었다.

중요
03 다음 중 주체 높임법이 나타난 문장으로 알맞은 것은?

① 철수도 지금 오고 있습니다.
② 할머니, 영수는 어디에 갔습니까?
③ 선생님, 선생님께서도 노래하시는군요.
④ 숙제를 다 해서 영어 선생님께 드렸다.
⑤ 아저씨께 말씀드려서 그 일을 처리했다.

04 다음 중 높임법의 종류가 나머지와 <u>다른</u> 것은?

① 할아버지께서 주무신다.
② 어머니께서 도서관에 계신다.
③ 할머니께서 맛있는 국수를 잡수신다.
④ 동생이 할머니를 모시고 집으로 왔다.
⑤ 할아버지께서는 할머니보다 연세가 많으시다.

05 다음 중 높임법이 잘못 쓰인 문장은?

① 재민이가 이모께 꽃을 드렸다.
② 나는 선생님의 성함을 여쭈었다.
③ 소라가 동생을 모시고 학교에 갔다.
④ 이것은 삼촌이 내게 주신 선물이다.
⑤ 할아버지께서는 할머니와 시골에 사신다.

내신 필수
06 다음 중 서술어의 객체를 높여서 표현한 것은?

① 여러분, 여기에 앉으십시오.
② 할아버지는 시력이 좋으시다.
③ 나는 언니가 쓴 편지를 삼촌께 드렸다.
④ 그 문제는 김 선생님께서 말씀해 주셨다.
⑤ 변변치 못하오나 선물을 보내오니 받아 주십시오.

07 다음 문장에서 잘못된 부분을 바르게 고친 것은?

① 아버지 자니? → 아버지께서 잡니까?
② 호진아, 선생님께서 오시래. → 호진아, 선생님이 오시래.
③ 어머니가 형에게 용돈을 드렸어. → 어머니가 형께 용돈을 드렸어.
④ 할머니는 요즘도 밥을 잘 먹는다. → 할머니는 요즘도 진지를 잘 먹는다.
⑤ 이어서 교장 선생님의 훈화 말씀이 계시겠습니다. → 이어서 교장 선생님의 훈화 말씀이 있으시겠습니다.

주관식
08 ㉠~㉡에 들어갈 알맞은 말을 쓰시오.

> 국어에서의 객체는 부사어와 목적어이며, 이러한 객체를 높임 대상으로 삼는 높임법이 객체 높임법이다. '나는 그 책을 선생님께 드렸다'에서 '(㉠)'을/를 '드리다'로, '(㉡)'을/를 '께'로 바꾸어 부사어 '선생님'을 높이고 있다.

09 다음 문장 중에서 높임의 단계가 가장 높은 것은?

① 김 군, 여기에 앉아.
② 여러분, 여기에 앉아요.
③ 선희야, 여기에 앉아라.
④ 학생들, 여기에 앉으시오.
⑤ 선생님, 여기에 앉으십시오.

📌 내신 필수

10 보기의 문장과 높임이 같은 문장으로 알맞은 것은?

┃보기┃
이 책을 읽으십시오.

① 이리 와서 앉게.
② 어서 서둘러 가오.
③ 자세히 보셨습니까?
④ 사과 좀 깎아 주세요.
⑤ 선생님, 저랑 같이 가요.

11 다음 중 상대 높임의 격식체가 바르게 연결된 것은?

① 박 군, 여기에 앉게. – 합쇼체
② 화영아, 여기에 앉아. – 하게체
③ 학생, 여기에 앉으시오. – 해라체
④ 문희 씨, 여기에 앉아요. – 해요체
⑤ 선생님, 여기에 앉으십시오. – 해체

⭐**12** 다음의 설명 중 알맞지 <u>않은</u> 것은?

㉠ 사건시: 사건이 일어나는 시점이다.
㉡ 발화시: 말하는 이가 말하는 시점이다.
㉢ 발화시와 사건시는 서로 일치할 수 없다.
㉣ 시간 표현은 과거, 현재, 미래로 나눌 수 있다.
㉤ 시제: 어떤 사건이나 사실이 일어난 시점을 알려 주는 문법 요소이다.

① ㉠   ② ㉡   ③ ㉢
④ ㉣   ⑤ ㉤

13 다음 중 과거 시제를 나타낸 문장으로 알맞은 것은?

① 화영은 학생이다.
② 영희는 참 아름답다.
③ 어머니는 음식 솜씨가 좋으시다.
④ 선우는 어제 도서관에서 공부하더라.
⑤ 사람들이 공원에 모여 체육 대회를 하고 있다.

14 다음 중 '미래 시제'와 '의지'를 모두 표현하고 있는 문장으로 알맞은 것은?

① 그는 내일 올 거야.
② 은주는 벌써 도착했겠다.
③ 훗날 문희는 선생님이 되겠다.
④ 민채는 내일 놀이공원에 갈 거야.
⑤ 우리는 그 일을 꼭 이루어 내겠습니다.

15 다음 중 동작이 완료된 문장으로 알맞은 것은?

① 문희는 지금 오고 있습니다.
② 산에는 진달래꽃이 피고 있다.
③ 희령이는 여전히 게임을 하고 있다.
④ 그때 민경이는 의자에 앉아 있었다.
⑤ 언니는 졸업 과제를 준비하느라 바쁘다.

[16~17] 다음 문장에 쓰인 시제 표현의 방법을 찾아 쓰시오.

주관식
16 우리는 어제 그 영화를 보았다.

주관식
17 그 일은 제가 내일 꼭 하겠습니다.

18 다음에서 설명한 '동작상'의 예를 바르게 정리한 것은?

> 우리말의 시간 표현 중에서 시간의 흐름 속에서 어떤 동작이 진행되고 있는지, 완결된 것인지 등 동작의 양상을 표현하는 것을 '동작상'이라고 하는데, 여기에는 '진행상', '완료상' 등이 있다.
> '진행상'은 발화시를 기준으로 동작이 계속 이어지는 모습이고, '완료상'은 발화시를 기준으로 동작이 끝난 모습이다.
> 예 • 빨래가 다 ㉠말라 간다.
> • 바람이 세게 ㉡불고 있다.
> • 선우는 밥을 다 ㉢먹어 버렸다.

	진행상	완료상
①	㉠, ㉡	㉢
②	㉠, ㉢	㉡
③	㉡, ㉢	㉠
④	㉠	㉡, ㉢
⑤	㉢	㉠, ㉡

중요
19 ★ |보기|를 이용한 우리말의 시제에 관한 내용 중 알맞지 않은 것은?

> ┤보기├
> ㉠ 재민이가 열심히 수박을 먹는다.
> ㉡ 민경이는 조만간 동생을 보겠군.
> ㉢ 문희가 오페라를 보고 꽤 좋아하겠군.
> ㉣ 화영은 어제 학교 앞에서 초등학교 동창을 만났다.

① ㉠의 '먹는다'의 '-는-'은 현재 시제를 나타내는 어미이다.
② ㉡의 '보겠군'과 ㉢의 '좋아하겠군'의 '-겠-'은 미래 시제를 나타내는 기능을 한다.
③ ㉣의 '만났다'의 '-았-'은 과거 시제를 나타내는 어미이다.
④ ㉣의 '어제'나 ㉡의 '조만간'과 같은 부사도 시제를 나타내는 기능을 한다.
⑤ 위의 예문을 통해 우리말은 어미와 부사를 이용하여 시제를 나타낸다는 것을 알 수 있다.

20 다음 중에서 짧은 부정문으로 알맞은 것은?

① 희령이 밥을 먹지 않는다.
② 선우가 다리를 다쳐서 안타까웠다.
③ 현이는 날씨가 더우면 잠을 이루지 못한다.
④ 민경이는 준비물을 안 가져와서 벌을 섰다.
⑤ 화영이가 늦잠을 자는 바람에 약속을 지키지 못했다.

21 다음 부정 표현 중 가장 자연스러운 것은?

① 지금 학교 운동장은 못 깨끗하다.
② 민희는 그 사실을 깨닫지 않았다.
③ 일요일에 눈이 오지 못했으면 좋겠다.
④ 희령이는 도서관에서 책을 안 빌렸다.
⑤ 문희는 공부해야 하니 놀러 가지 않아라.

내신 필수
22 다음 문장 중에서 주체의 의도에 의한 부정문이 아닌 것은?

① 민경이는 공부를 안 한다.
② 현이는 아파서 숙제를 하지 못했다.
③ 문희는 고향에 가기 싫어서 가지 않았다.
④ 은주는 그들의 은혜를 평생 잊지 않겠다고 다짐했다.
⑤ 화영은 나를 무척 만나고 싶어 했지만, 나는 만나지 않기로 했다.

주관식
23 '희령이는 도서관에 갔다.'라는 문장을 |보기|의 부정문의 형태로 바꿔 쓰시오.

> ┤보기├
> 현이는 아침 일찍 출발하지 않았다.

24 다음 중 '안' 부정문이나 '못' 부정문으로 바꿀 수 없는 문장은?

① 날씨가 덥다.
② 우리는 집에 간다.
③ 재민이는 정말 학생답다.
④ 선우야, 오늘은 공부를 하여라.
⑤ 문희는 오늘 하루 종일 공부했지?

25 다음 중 피동 표현이 쓰인 문장으로 알맞은 것은?

① 도둑이 경찰에게 쫓긴다.
② 문희가 아기를 의자에 앉혔다.
③ 희령이가 방을 깨끗하게 청소한다.
④ 석수장이가 바위에 구멍을 뚫었다.
⑤ 은주가 연필을 책상 서랍에 숨겼다.

26 ┃보기┃의 밑줄 친 부분과 쓰임이 같은 동사로 알맞은 것은?

┃보기┃

> 아기가 어머니에게 <u>안긴다.</u>

① 손에 먼지를 <u>묻혔다.</u>
② 아저씨가 담장을 <u>높였다.</u>
③ 나비가 꼬마들에게 <u>잡혔다.</u>
④ 비둘기를 지붕 위로 <u>날렸다.</u>
⑤ 현이가 허수아비에게 모자를 <u>씌웠다.</u>

내신 필수

27 다음의 피동문에 대응하는 능동문을 만들 수 <u>없는</u> 것은?

① 나무에 못이 박히다.
② 배나무 열매가 열렸다.
③ 화영이 재민에게 밀리었다.
④ 그 말소리가 민수에게 들렸다.
⑤ 큰 나무가 벌목꾼에 의해 베어졌다.

28 다음 중 주동문을 사동문으로 <u>잘못</u> 바꾼 것은?

① 나는 짐을 들었다. → 형은 나에게 짐을 들렸다.
② 손에 먼지가 묻었다. → 나는 손에 먼지를 묻혔다.
③ 아이가 종이를 잘랐다. → 엄마가 아이에게 종이를 잘렸다.
④ 연이 하늘 높이 날았다. → 우리는 연을 하늘 높이 날렸다.
⑤ 항아리에 물이 가득 찼다. → 문희는 항아리에 물을 가득 채웠다.

내신 필수

29 다음 중 피동문으로 알맞은 것은?

① 닭에게 모이를 먹이다.
② 화영이 옷에 물감을 묻혔다.
③ 그는 문희에게 약점을 잡혔다.
④ 어머니가 아이에게 옷을 입히다.
⑤ 할머니께서 손자에게 밥을 먹이셨다.

주관식

30 '새로운 사실이 김 박사에 의해 밝혀졌다.'를 능동문으로 바꾸시오.

주관식

31 '영희가 아기를 의자에 앉혔다.'를 주동문으로 바꾸시오.

32 다음 중 다른 사람의 말을 직접 인용한 문장은?

① 그녀는 춤을 잘 춘다.

② 그는 책을 열심히 읽었다.

③ 우리는 내일 소풍을 갈 것이다.

④ 그는 내일 점심 약속이 있다고 말했다.

⑤ 철수가 "나는 치킨을 좋아해."라고 말했다.

33 인용 표현에 대한 설명으로 옳지 <u>않은</u> 것은?

① 간접 인용은 매끄럽고 간결한 느낌을 준다.

② 직접 인용을 할 때는 인용절에 큰따옴표를 사용하여 표시한다.

③ 직접 인용을 하면 직접 말을 전하는 듯한 생생한 느낌을 준다.

④ 간접 인용을 할 때는 간접 인용절 다음에 인용격 조사 '-라고'를 쓴다.

⑤ 직접 인용은 다른 사람의 말이나 글을 내용과 형식 그대로 인용하는 방법이다.

34 다음 문장 중 다른 사람의 말을 직접 인용한 문장은?

① 그는 늦었다고 사과했다.

② 그는 매우 행복하다고 말했다.

③ "내일 봐요!"라고 그는 말했다.

④ 그는 내일 시험이 있다고 말했다.

⑤ 그는 숙제를 다 했다고 주장했다.

35 다음 글에서 인용 표현이 잘못 사용된 부분은?

> 철수가 '난 오후에 야구장에 갈 거야.'라고 말하자 영희는 "나도 갈래."라고 말했다.

① 철수가   ② '난 오후에 야구장에 갈 거야.'

③ 라고   ④ 영희는

⑤ "나도 갈래."

36 다음 글에서 인용 표현을 사용한 이유로 알맞은 것은?

> 영국의 철학자 베이컨은 "아는 것이 힘이다."라고 말했다.

① 베이컨을 비판하기 위해

② 베이컨의 삶을 소개하기 위해

③ 베이컨의 책을 홍보하기 위해

④ 베이컨의 국적을 소개하기 위해

⑤ 베이컨의 말을 인용하여 신뢰성을 높이기 위해

37 다음 중 밑줄 친 표현 대신에 '하고'를 사용해야 하는 문장은?

① 수탉이 "꼬끼오"<u>라고</u> 울었다.

② 민지는 사과를 좋아한<u>다고</u> 말했다.

③ 윤서는 "책을 읽자"<u>라고</u> 제안했다.

④ 태우가 여기는 비가 오<u>냐고</u> 물었다.

⑤ 영수는 "내일 시험이 있다."<u>라고</u> 말했다.

38 다음 문장에서 '라고'를 사용해야 하는 이유는?

> "나는 내일 도서관에 갈 거야."라고 태주가 말했다.

① 말하는 장소를 나타내기 위해

② 말하는 행위를 강조하기 위해

③ 말하는 내용을 직접 인용하기 위해

④ 말하는 사람의 감정을 나타내기 위해

⑤ 말하는 내용을 간결하게 표현하기 위해

39 다음 중 인용 표현을 사용한 문장은?

① 소녀는 노래를 잘 부른다.

② 책 읽는 재미가 쏠쏠하다.

③ 밤하늘에는 별이 반짝인다.

④ 여우가 "날 잊지 마."라고 말했다.

⑤ 가을 언덕에 비바람이 세차게 불어온다.

01 다음 중 높임 표현이 잘못 사용된 것은?

① 희령은 선생님께 성함을 여쭈었다.
② 어머니께서는 현재 미국 여행 중이시다.
③ 교장 선생님의 훈화 말씀이 계시겠습니다.
④ 나는 할머니의 여윈 어깨를 주물러 드렸다.
⑤ 할아버지께서는 작년에 병환으로 돌아가셨다.

02 중요

다음 문장을 바탕으로 이야기한 내용으로 알맞지 않은 것은?

> ㉠ 여러분, 안녕하세요?
> ㉡ 할머니께서는 편찮으시다.
> ㉢ 어머니께 물을 떠다 드렸다.
> ㉣ 할머니, 아버지가 지금 왔습니다.
> ㉤ 할아버지께서는 다리가 아프십니다.

① ㉠은 듣는 이가 나이가 어리더라도 집단이면 높임의 표현을 사용할 수 있다.
② ㉡에서는 조사 '께서'와 서술어 '편찮으시다'를 통해 주어인 '할머니'를 직접 높이고 있다.
③ ㉢은 조사 '께'와 서술어 '드렸다'를 통해 행동의 주체인 '어머니'를 높이고 있다.
④ ㉣은 문장의 주체가 말하는 이보다는 높지만, 듣는 이보다는 낮아 그 주체를 높이지 못하는 경우이다.
⑤ ㉤은 '할아버지'가 높임의 대상이므로, '아프시다'를 사용하여 '할아버지'의 신체 일부인 '다리'를 간접적으로 높이고 있다.

03 다음 높임의 표현 중 가장 자연스러운 것은?

① 아버지께서는 집에 있으시다.
② 할아버지께서는 귀가 밝으시다.
③ 어머니 어깨에 나비가 앉으셨다.
④ 선생님의 연구 발표가 계시겠습니다.
⑤ 아버지께서는 내일 낚시를 갈 예정이다.

04 다음 중 높임의 표현으로 잘못된 것은?

① 아버지께서는 시력이 좋으시다.
② 어머니께서 형에게 용돈을 주셨다.
③ 나는 할머니를 모시고 경로당에 갔다.
④ 선생님께서도 그 이야기를 좋아하신다.
⑤ 할아버지께서 어디가 편찮으신지 물어 보아라.

05 고난도

다음은 '주체 높임법'에 대한 글을 쓰기 위해 이야기한 내용이다. 알맞지 않은 것은?

① 민경: 주체 높임법에서는 문장의 서술어에 대한 주체를 찾는 것이 중요한 것 같아.
② 선우: '문희야, 어머니께서 밥 빨리 먹으래.'의 경우 '먹다'의 주체가 '문희'이기 때문에 예사 표현인 '먹으래'가 옳은 표현이지.
③ 민경: 주어와 실제로 행동하는 주체를 구분하는 것도 필요해. '교장 선생님의 말씀이 타당하십니다.'의 경우 '타당하다'의 주어는 '말씀'이지만 높임의 실제 주체는 '교장 선생님'이잖아.
④ 선우: 또한 '선생님, 책을 좋아하시는군요.'라는 문장에서처럼 주체를 높이는 선어말 어미 '-시-'를 넣어 주체 높임을 표현하기도 해.
⑤ 민경: 주체 높임을 표현하는 다양한 방법이 존재하는데, 한 문장에 모든 방법을 사용하면 높임의 의도가 보다 잘 드러날 것 같아. '선생님이 오신다.'는 표현보다는 '선생님께서 오신다.'는 표현이 높임의 의도를 더 잘 드러내잖아.

06 서술형

다음 문장에서 사용된 높임법을 쓰시오.

> 어머니, 지금 뭐하세요?

07 다음은 문법 요소 중에서 높임 표현과 관련된 용어들이다. 각각의 용어에 대한 뜻풀이가 바르지 <u>않은</u> 것은?

	용어	뜻풀이
①	주체 높임법	선어말 어미 '-(으)시-'를 사용하여 서술의 주체를 높이는 방법
②	상대 높임법	말하는 이가 듣는 이에 대하여 나이, 사회적 지위나 친근감에 따라 높이거나 낮추어 표현하는 방법
③	압존법	말하는 이가 문장의 목적이나 부사어에 해당하는 대상, 즉 서술의 객체를 높여 표현하는 방법
④	격식체	공식적이고 직접적이며, 딱딱하고 거리감을 나타내는 상대 높임법
⑤	비격식체	부드럽고 친근하며, 격식을 덜 차리는 느낌의 상대 높임법

고난도

08 다음의 자료를 본 학생들의 반응으로 <u>잘못된</u> 것은?

> • 어머니가 집에 간다. → 어머니께서 집에 가신다.
> • 어머니가 밥을 먹었다. → 어머니께서 진지를 드셨다.
> • 할아버지께서는 농담을 진지 먹듯 하십니다. → 할아버지께서는 농담을 밥 먹듯 하십니다.

① 화영: '께서'와 '-시-'는 주체 높임법의 문법적 장치야.

② 현이: '진지', '드시다'와 같이 특수한 어휘에 의한 높임법도 있어.

③ 민채: '밥 먹듯'은 '떡 먹듯'이나 '국 먹듯'으로 바꿔 표현할 수 있겠어.

④ 재민: '밥 먹듯 하다'와 실제로 밥을 먹는 행위인 '밥을 먹다'는 의미가 달라.

⑤ 선우: 관용 표현은 주체가 높임의 대상이라도 높임법을 사용하지 않는다는 특징이 있어.

09 다음에서 설명하고 있는 높임 표현에 해당하는 것은?

> 우리말의 높임법은 매우 복잡하다. 그중 많은 사람들이 혼란을 겪는 것이 '압존법'이다. 압존법은 문장의 주체가 화자보다는 높지만 청자보다는 낮아, 그 주체를 높이지 못하는 높임의 표현법을 말한다.

① 아버지, 피곤하실 텐데 일찍 주무십시오.

② 할머니, 아프시던 치아는 좀 어떠신지요?

③ 선생님께 여쭐 말이 있어서 이렇게 찾아왔습니다.

④ 박사님께서는 학술 연구회에 대한 새로운 계획이 있으십니까?

⑤ 할아버지, 손자 재민입니다. 아버지가 지금 정류장에 도착했습니다.

내신 필수

10 보기의 문장과 상대 높임의 등급이 같은 것은?

> **보기**
>
> 이 음악을 들어보십시오.

① 어서 서둘러 가오.

② 문희야, 학교에 가라.

③ 이리와 앉게. 혼자 왔는가?

④ 식탁에 접시 좀 놓아주세요.

⑤ 반달곰을 자세히 보았습니까?

중요

11 다음 중 상대 높임법의 단계를 <u>잘못</u> 연결한 것은?

① 빨리 교무실에 가 봐. – 해체

② 어제는 비가 많이 왔지요? – 해요체

③ 도착하는 대로 편지 보내마. – 해라체

④ 내가 너무 흥분하였던 것 같네. – 하오체

⑤ 선생님, 산책 나온 셈 치십시오. – 합쇼체

주관식

12 '바다가 매우 아름답소.'에 쓰인 격식체의 종류를 쓰시오.

13 |보기|의 ㉠~㉤ 중 듣는 이에 대한 높임을 실현하는 것끼리 묶인 것은?

> |보기|
> • ㉠아버님, 이건 어디에 둘까요?
> • 할아버지, 지금 아버지가 ㉡왔습니다.
> • 이걸 ㉢어머니께 가져다 드려야겠지?
> • 할머니는 연세에 비해 귀가 ㉣밝으셨다.
> • 큰어머니께서는 ㉤진지를 천천히 잡수셨다.

① ㉠, ㉡   ② ㉠, ㉣   ③ ㉡, ㉢
④ ㉢, ㉣   ⑤ ㉢, ㉤

14 다음 중 문장의 시간 표현이 알맞지 <u>않은</u> 것은?

① 내일은 꽃이 피리라. – 미래
② 곧 그 일을 모두 알 것입니다. – 현재
③ 지구는 태양의 주위를 공전한다. – 현재
④ 철수는 운동장에서 농구를 하더라. – 과거
⑤ 우리가 그저께 심은 것은 장미였다. – 과거

고난도 ◀

15 다음을 읽고 ㉠~㉢에 대한 설명으로 알맞지 <u>않은</u> 것은?

> 말하는 이가 말을 하는 시점을 (㉠)라 하고, 동작이나 상태가 일어나는 시점을 (㉡)라고 한다. 그리고 발화시를 기준으로 사건시의 시간적 위치를 나타내는 것을 (㉢)라고 한다.

① ㉠과 ㉡이 일치하는 것은 현재 시제이다.
② ㉠이 ㉡보다 앞서는 것은 미래 시제이다.
③ ㉠보다 ㉡이 늦을 경우 어미 '–겠–', '–리–'를 사용한다.
④ ㉡보다 ㉠이 앞설 경우 어미 '–았–/–었–'을 사용한다.
⑤ ㉢으로는 과거 시제, 현재 시제, 미래 시제가 있다.

16 다음 중 시제를 나타내는 부사 '아까'를 쓸 수 <u>없는</u> 문장은?

① 선우도 가더라.
② 문희도 갔겠지.
③ 나는 밥을 먹었다.
④ 그는 큰 인물이 되리라.
⑤ 민채도 도착했을 것이다.

17 다음 중 시간 표현이 알맞지 <u>않은</u> 것은?

① 한국은 지금 새벽 3시일 것이다.
② 선수들이 현재 운동장에 도착하겠습니다.
③ 그는 열심히 노력하지 않았던 것을 후회했다.
④ 우리가 잠들어 있는 순간에도 지구는 돈다.
⑤ 우리 회사의 판매량이 더 오를 것으로 예상된다.

고난도 ◀

18 다음을 분석한 내용으로 알맞지 <u>않은</u> 것은?

> ㉠ 철수가 어제 도서관에서 공부하더라.
> ㉡ 그해 겨울밤은 정말 포근하게 느껴졌었지.
> ㉢ 그렇게 예뻤던 문희가 지금 이렇게 변하다니.
> ㉣ 당시 학생이던 사람들이 이제는 성인이 되었다.
> ㉤ 아까 네가 먹은 우유는 유통 기한을 넘긴 것이었다.

① ㉠: '–더–'를 사용하여 '어제'라는 시간의 일을 돌이켜서 말하고 있다.
② ㉡: '–었었–'을 사용하여 발화시보다 훨씬 앞에 일어난 사건임을 나타내고 있다.
③ ㉢: '–았–/–었–' 없이 '–던'만 사용하여 가까운 과거의 의미를 나타내고 있다.
④ ㉣: '–았–/–었–' 외에 '–던'을 사용하여 과거 회상의 의미를 더하고 있다.
⑤ ㉤: '–았–/–었–' 외에 '–은'도 발화시보다 과거의 의미를 나타내고 있다.

주관식

19 다음 문장의 시제와 동작상을 쓰시오.

> 기차가 떠나 버렸다.

20 다음은 **보기**를 참고하여 ㉠~㉤의 문장에 대해 설명한 내용이다. 그 내용이 바르지 <u>않은</u> 것은?

보기

미래 시제는 사건시가 발화시보다 늦은 시제로, 미래 시제 선어말 어미 '-겠-', '-(으)리-', 관형사형 어미 '-(으)ㄹ', 관형사형 어미와 의존 명사의 결합형 '-(으)ㄹ 것' 등을 통해 실현된다. 그런데 이러한 선어말 어미는 '미래'의 의미 외에도 '추측, 의지, 가능성이나 능력, 확신'의 의미를 나타낸다.

㉠ 어서 가자. 학교에 늦겠다.
㉡ 나도 그 정도의 문제는 풀겠다.
㉢ 출발은 언제나 새로운 것이리라.
㉣ 바로 떠날 사람이 무슨 고민을 하니?
㉤ 이 극장은 관객이 2천 명은 들어갈 것이다.

① ㉠의 '-겠-'은 '미래, 추측'의 의미를 나타낸다.
② ㉡의 '-겠-'은 '미래'보다 '능력'의 의미가 강하다.
③ ㉢의 '-리-'는 '미래'보다 '확신'의 의미가 강하다.
④ ㉣의 '-ㄹ'은 '미래'보다 '의지'의 의미가 강하다.
⑤ ㉤의 '-ㄹ'은 '미래'보다 '추측'의 의미가 강하다.

중요
21 다음 문장에 쓰인 '-겠-'의 의미가 잘못 연결된 것은?

① 내일은 비가 오겠다. – 추측
② 이 문제는 나도 풀겠다. – 추측
③ 준수는 내년에 중학생이 되겠네. – 의지
④ 다음에는 꼭 합격하고야 말겠다. – 의지
⑤ 나는 이번 일요일에 성묘를 가겠다. – 의지

22 다음 문장의 관형절에 쓰인 어미 중 시제가 <u>다른</u> 것은?

① 선우가 바쁜 것은 시험 때문이다.
② 도망치는 토끼를 호랑이가 쫓는다.
③ 서점은 책을 고르는 학생들로 붐빈다.
④ 문희와 민희는 그곳에서 만날 예정이다.
⑤ 노래를 잘 부르는 재민이는 목청이 좋다.

23 다음 중 짧은 부정문으로 알맞은 것은?

① 민채는 편식을 하지 않는다.
② 선우가 인사를 안 해서 화가 났다.
③ 나는 몸살이 나서 학교에 가지 못했다.
④ 민경이 시험에 통과하지 못해서 안타까웠다.
⑤ 화영이 이사를 가는 바람에 선물을 주지 못했다.

24 다음 중 부정 표현이 알맞게 쓰인 문장은?

① 내일 비가 오지 못했으면 좋겠다.
② 문희는 고향에 가기 싫어서 가지 못했다.
③ 서울로 가지 못하고 친구 집에 잠깐 들렀다 가자.
④ 그들의 은혜를 언제까지나 잊지 말겠다고 속으로 다짐했다.
⑤ 나는 그를 만나지 못했다. 왜냐하면 그는 이미 이민을 갔기 때문이다.

25 다음 중 부정 표현이 알맞게 쓰인 문장은?

① 민희는 용돈이 넉넉하지 못하다.
② 선우는 잠시의 어려움을 안 견딘다.
③ 애국심만은 무슨 일이 있어도 못 변한다.
④ 희령이는 그 도서관의 위치를 안 모른다.
⑤ 민경이는 지금도 그때의 잘못을 안 깨닫는다.

내신 필수
26 **보기**에 대한 설명으로 알맞지 <u>않은</u> 것은?

보기

㉠ 그는 하루 종일 밥도 <u>못</u> 먹었다.
㉡ 그는 하루 종일 밥도 <u>안</u> 먹었다.
㉢ 민희는 길을 걷다가 넘어져서 일어나지 <u>못했다</u>.
㉣ 민희는 길을 걷다가 넘어져서 일어나지 <u>않았다</u>.

① ㉠은 몸이 아프거나 하여 밥을 먹을 수가 없었다는 의미이다.
② ㉠은 '그는 하루 종일 밥도 먹지 않았다.'와 같이 긴 부정문으로 바꿀 수 있다.
③ ㉡의 '안'과 ㉣의 '않-'은 의도 부정을 나타낸다.
④ ㉡의 '안'은 '아니'의 준말이고, ㉣의 '않-'은 '아니하-'의 준말이다.
⑤ ㉢은 '민희는 길을 걷다가 넘어져서 못 일어났다'처럼 짧은 부정문으로 고칠 수 있다.

서술형
27 '우리, 산으로 가자.'를 부정 표현으로 바꾸어 쓰시오.

28 다음 중 주체의 의지에 의한 부정을 나타내고 있는 부정문으로 알맞은 것은?

① 날씨가 춥지 않다.

② 민희는 보통 사람이 아니다.

③ 현이야, 게임을 너무 많이 하지 말자.

④ 문희는 병원에 가기 싫어서 가지 않았다.

⑤ 선우는 100미터를 10초 이내에 달리지 못한다.

고난도

29 |보기|에 대한 설명으로 알맞지 <u>않은</u> 것은?

┌─보기─────────────────────
│ ㉠ 그녀는 추어탕을 못 먹는다.
│ ㉡ 아무도 그녀를 얕보지 않는다.
│ ㉢ 너무 내놓고 기뻐하지는 말자.
└──────────────────────────

① ㉠에서 '못'을 '안'으로 바꾸면 자신의 의도에 의한 행위임을 드러난다.

② ㉠을 '먹지 못한다.'로 바꾸면 긴 부정문이 된다.

③ ㉡을 짧은 부정문으로 바꾸면 어색한 문장이 된다.

④ ㉡을 '못' 부정문으로 바꾸면 부정의 정도가 더 강해진다.

⑤ ㉢으로 미루어 볼 때 '말자'는 청유문의 긴 부정문에서 '아니하다, 못하다' 대신 사용될 수 있는 말이다.

고난도

30 다음은 부정 표현의 실현에 대한 설명이다. 밑줄 친 ㉠에 해당하는 예가 <u>아닌</u> 것은?

┌──────────────────────────
│ 부정 표현을 실현하는 방법에는 용언 앞에 부사 '안'이나 '못'을 놓아 만드는 짧은 부정과 용언 뒤에 '-지 않다', '-지 못하다'나 '-지 말다'를 놓아 만드는 긴 부정이 있다. 긴 부정에 의한 부정문 구성은 용언에 따른 제약을 받지 않지만, ㉠<u>짧은 부정에 의한 부정문 구성은 용언에 따라 제약을 받는다.</u>
└──────────────────────────

① 바닷물이 안 출렁거린다.

② 새로 산 옷이 안 화려하다

③ 옆집 아기가 안 사랑스럽다.

④ 눈 없는 겨울은 안 아름답다.

⑤ 나는 졸업 시험공부를 안 했다.

31 다음 문장을 능동 표현으로 바꿀 경우 자연스럽지 <u>않은</u> 것은?

① 아기가 엄마에게 안겼다.

② 도둑이 시민들에게 붙잡혔다.

③ 탐사대가 모기에게 피를 빨렸다.

④ 수건이 길가의 나뭇가지에 걸렸다.

⑤ 시위대에 의해 고속도로가 막혔다.

32 다음 중 대응하는 능동문이 있는 피동문으로 알맞은 것은?

① 문희는 감기에 걸렸다.

② 내일은 날씨가 풀리겠다.

③ 여기서 아름다운 산이 보인다.

④ 아침에 사거리는 항상 차가 밀린다.

⑤ 사과나무에 탐스러운 사과가 열렸다.

내신 필수

33 다음과 같은 문법 기능을 나타낼 수 있는 동사가 <u>아닌</u> 것은?

┌──────────────────────────
│ 피동 표현은 다른 주체에 의해서 동작을 당하게 되는 문법 표현으로, 주어가 제 힘으로 하는 동작을 나타내는 능동 표현과 대응된다. 피동 표현은 능동 표현과 근본적으로 그 의미가 같지만, 보통 피동의 대상을 더 강조하고자 할 때 사용한다.
└──────────────────────────

① 보이다   ② 끊기다   ③ 잡히다

④ 들리다   ⑤ 낮추다

서술형

34 다음 ㉠, ㉡에 알맞은 답을 쓰시오.

┌──────────────────────────
│ 주어가 스스로의 힘으로 행하는 동작을 능동이라고 하고, 주어가 다른 주체에 의해서 동작이나 행동을 당하는 것을 (㉠)(이)라고 한다.
│ 능동 표현 '경찰이 도둑을 잡았다.'를 피동 표현으로 바꾸면 '(㉡)'이/가 된다.
└──────────────────────────

35 다음 중 용언을 피동사로 잘못 만든 것은?

① 비다 → 비우다
② 쫓다 → 쫓기다
③ 박다 → 박히다
④ 잡다 → 잡히다
⑤ 빼앗다 → 빼앗기다

36 다음 중 접미사에 의한 사동 표현을 만들 수 없는 것끼리 짝지어진 것은?

① 입다 – 날다
② 먹다 – 남다
③ 줄다 – 눕다
④ 보다 – 좁다
⑤ 오다 – 깨닫다

중요
37 ┃보기┃의 ㉠~㉤에 대한 설명으로 알맞지 않은 것은?

┃보기┃
㉠ 형이 어머니를 울렸다.
㉡ 선생님이 종을 울렸다.
㉢ 어머니께서 형 때문에 우셨다.
㉣ 문희는 많은 사람들에게 잊혀진 배우이다.
㉤ 애완동물이 사람들에 의해 길거리에 버려지고 있다.
㉥ 그 할아버지는 몇십 년 전에 명성을 날리던 기업가였다.

① ㉡에 대응하는 주동문은 성립하지 않는다.
② ㉢은 주동문이고, ㉠은 이를 사동문으로 바꾼 것이다.
③ ㉣은 '잊다'에 정확한 피동 표현으로 문장이 올바른 문장이다.
④ ㉤을 능동문으로 바꾸면 '사람들이 애완동물을 길거리에 버렸다.'가 된다.
⑤ ㉥의 '날렸다'는 사동 형태이지만 사동의 뜻이 아닌 '명성을 떨쳤다'의 의미로 사용된 것이다.

38 다음 중 주동문을 만들 수 없는 사동문은?

① 강아지를 혼자 남겼다.
② 동생이 편지를 태웠다.
③ 비둘기를 지붕 위로 날렸다.
④ 그 집에서도 돼지를 먹이나요?
⑤ 어머니께서 아기에게 옷을 입히셨다.

고난도
39 다음 중 사동문에 대응하는 주동문을 만들기 어려운 것은?

① 그의 익살스러운 표정이 우리를 웃겼다.
② 희령이는 지난 달 수영장에서 배영을 익혔다.
③ 그녀는 소녀를 푹신하고 편안한 의자에 앉혔다.
④ 선생님은 나에게 교실을 청소할 수밖에 없도록 만드셨다.
⑤ 부모님께서는 우리에게 좋은 책들만을 골라 읽게 하셨다.

고난도
40 다음 중 직접 사동과 간접 사동의 의미를 모두 포함하는 문장은?

① 어머니가 동생에게 약을 먹이셨다.
② 나는 동생에게 운동화를 신게 했다.
③ 농부가 허수아비에게 모자를 씌웠다.
④ 할머니가 갓난아기에게 옷을 거꾸로 입히셨다.
⑤ 담임 선생님은 학생들에게 체육복을 입게 하셨다.

서술형
41 ┃보기┃에서 잘못된 피동 표현을 찾아 바르게 고쳐 쓰시오.

┃보기┃
재미있게 읽혀지는 책들이 많다.

42 다음 중 직접 인용문이 바르게 쓰인 것은?

① 로버트 엘리어트는 피할 수 없으면 즐기라고 말했다.

② 최영 장군은 '황금 보기를 돌같이 하라.'라고 말했다.

③ 윌리엄 클라크는 "소년이여, 야망을 가져라."라고 말했다.

④ 이순신 장군은 "죽고자 하면 살고, 살고자 하면 죽는다."고 했다.

⑤ 괴테는 '꿈을 간직하고 있으면 반드시 실현할 때가 온다.'고 말했다.

43 직접 인용을 간접 인용으로 바꿀 때 나타나는 현상이 아닌 것은?

① 큰따옴표가 사라진다.

② 조사 '라고'가 '고'로 바뀐다.

③ 문장 종결 어미는 평서문에서 '-다'로 바뀐다.

④ 문장 종결 어미는 의문문은 '-(으)라'로 바뀐다.

⑤ 상대 높임 표현과 인칭 대명사, 지시 대명사 등이 달라진다.

44 ▌보기▐와 같이 직접 인용문을 간접 인용문으로 바꿀 때 빈칸에 들어갈 말이 바르게 짝지어진 것은?

┃보기┃
다은이는 "내 크레파스를 같이 쓰자."라고 말했다.
→ 다은이는 (   ) 크레파스를 같이 (   ) 말했다.

① 내 – 쓰자고   ② 내 – 쓰자라고

③ 자기 – 쓰자고   ④ 자기 – 쓰냐고

⑤ 자기 – 쓰자라고

45 다음 중 인용 표현을 사용할 때 주의해야 할 내용으로 알맞지 않은 것은?

① 반드시 정확한 출처를 밝힌다.

② 원작자의 의도가 손상되지 않게 사용한다.

③ 직접 인용과 간접 인용을 구분하여 사용한다.

④ 인용한 내용이 글의 맥락과 관련 있어야 한다.

⑤ 원문의 일부만 뽑아서 원작자의 의도와 다르게 인용한다.

46 ▌보기▐의 문장을 간접 인용으로 바꾸는 방법을 알맞게 말한 사람끼리 묶은 것은?

┃보기┃
현우가 "거기는 비가 많이 옵니까?"라고 물었다.

나영: 큰따옴표를 없애야 해.
영균: '라고'를 '고'로 바꿔야 해.
우정: '거기'를 '여기'로 바꿔야 해.
민주: '물었다'를 '묻는다'로 바꿔야 해.
상우: '옵니까?'를 '옵니다'로 바꿔야 해.

① 나영, 영균, 우정   ② 나영, 영균, 민주

③ 나영, 우정, 상우   ④ 영균, 우정, 민주

⑤ 우정, 민주, 상우

주관식

47 다음 문장을 간접 인용으로 바꾸시오.

서울에 도착한 시골 쥐는 "나는 이곳이 마음에 들어."라고 말했다.

서술형

48 다음 문장에서 '하고'가 사용된 이유를 쓰시오.

세탁기가 덜컹덜컹 하고 소리를 냈다.

서술형

49 다음 문장에서 직접 인용과 간접 인용을 각각 찾아 쓰고, 그 차이점을 서술하시오.

은주가 "나는 딸기를 좋아해."라고 말하자, 민호는 바나나를 좋아한다고 말했다.

부록

중·고등학교 전 학년 문법 성취기준

성취기준	주요 학습 내용	학습 학년	이 책의 해당 단원
[9국04-01] 국어의 음운 체계와 문자 체계를 이해하고 국어생활에 활용한다.	• 음운의 개념과 특성 • 음운과 음절 • 음운의 종류	중 2	7. 음운의 체계와 특성 6. 한글의 창제 원리
[9국04-02] 단어의 짜임을 분석하여 새말 형성의 원리를 이해한다.	• 형태소와 단어 • 단어의 짜임 • 새말의 형성 원리	중 1	4. 단어 형성법
[9국04-03] 품사의 종류와 특성을 이해하고 국어 자료를 분석한다.	• 품사의 개념 • 품사의 분류와 특성	중 1	2. 품사의 종류와 특성
[9국04-04] 문장의 짜임을 이해하고 표현 효과를 고려하여 문장을 구성한다.	• 문장의 짜임 • 홑문장과 겹문장 • 이어진문장과 안은문장	중 3	8. 문장의 짜임
[9국04-05] 피동 표현과 인용 표현의 의도와 효과를 분석하고 상황에 맞게 활용한다.	• 피동 표현, 인용 표현 • 높임 표현, 시간 표현	중 2	11. 문법 요소
[9국04-06] 한글 맞춤법의 기본 원리와 내용을 이해하고 국어생활에 적용한다.	• 한글 맞춤법의 원리 • 표준어 규정, 표준 발음법 • 남북한의 언어 차이	중 3	9. 어문 규범
[9국04-07] 세대·분야·매체에 따른 어휘의 양상과 쓰임을 분석하고 다양한 집단과 사회의 언어에 관용적 태도를 지닌다.	• 어휘의 개념 • 어휘의 특성 • 단어의 의미 관계	중 1	3. 어휘의 체계와 양상 1. 언어의 본질
[9국04-08] 자신과 주변의 다양한 국어 실천 양상을 비판적으로 분석하여 언어와 자아 및 세계 사이의 관계를 인식한다.	• 담화의 개념과 특성 • 담화의 맥락	중 3	5. 담화의 개념과 특성
[10공국1-04-01] 언어 공동체가 다변화함에 따라 다양해진 언어 실천 양상을 분석하고 언어 주체로서 책임감을 가지며 국어생활을 한다.	• 담화의 개념과 특성 • 담화의 맥락 • 남북한의 언어 차이	고 1	5. 담화의 개념과 특성 9. 어문 규범
[10공국1-04-02] 음운 변동을 탐구하여 발음과 표기에 올바르게 적용한다.	• 비음화, 유음화, 경음화 • 구개음화, 두음 법칙, 모음 탈락 • 음운의 첨가	고 1	10. 음운의 변동
[10공국1-04-03] 다양한 분야의 글과 담화에 나타난 문법 요소 및 어휘의 표현 효과를 평가하고 적절한 표현을 생성한다.	• 피동 표현, 인용 표현 • 높임 표현, 시간 표현	고 1	11. 문법 요소
[10공국2-04-01] 과거 및 현재의 국어생활에 나타나는 국어의 변화를 이해하고 국어 문화 발전에 참여한다.	• 한글 이전의 문자 생활 • 훈민정음의 창제 원리 • 한글의 우수성과 가치	고 1	6. 한글의 창제 원리
[10공국2-04-02] 한글 맞춤법의 원리를 적용하여 국어생활을 성찰하고 문제를 해결한다.	• 한글 맞춤법 • 표준어 규정 • 표준 발음법 • 남한 북한의 언어 차이	고 1	9. 어문 규범

개념 쏙쏙
중학 국어 문법

정답과
해설

01 언어의 본질

01 언어는 사회 구성원들 사이의 약속이므로 사회적으로 받아들여지면 개인이 마음대로 바꾸어 쓸 수 없다. 하지만 언어는 시간의 흐름에 따라 새롭게 만들어지기도 하고 그 소리나 의미가 변하기도 하며, 완전히 없어지기도 한다.

02 언어는 사회적인 약속 체계이며, 개인이 마음대로 바꾸어 쓸 수 없다. 이러한 언어의 본질을 사회성이라고 한다.

03 |보기|는 언어의 역사성에 대해 설명하고 있다. 언어의 표현 기호나 의미는 시간의 흐름에 따라 변화한다.

04 |보기|는 언어 사회마다 언어의 내용과 형식이 다르다는 것을 통해 언어의 자의성을 설명하고 있다.

05 |보기|의 문장이 잘못된 이유는 국어의 규칙을 제대로 지키지 않았기 때문이다.

06 이 글은 속담이 형성되는 과정에서 사회 구성원의 합의가 필요하다고 설명하고 있다. 이는 언어의 사회성이 전제되어야 한다는 것이다.

오답 피하기 ② 기호성은 언어가 기호로 되어 있다는 것이다. ③ 자의성은 내용과 형식 사이에는 필연적 관계가 없다는 것이다. ④ 규칙성은 언어에는 지켜야 할 일정한 규칙이 있다는 것이다. ⑤ 창조성은 새로운 말을 무한히 만들어 낼 수 있다는 것이다.

07 언어는 시간의 흐름에 따라 의미(내용)나 형식(기호)이 달라진다. 이를 언어의 역사성이라고 한다. |보기|는 '어리다'의 의미가 변한 예이다.

08 |보기|는 현대 사회에 들어서 새로운 사물과 개념이 생기면서 새로 만들어진 단어이다.

09 언어는 시간의 흐름에 따라 새롭게 만들어지기도 하고, 소리나 의미가 변하기도 한다. 또한 완전히 없어지기도 하는데, 이러한 것을 언어의 역사성이라고 한다.

오답 피하기 ① 과거에는 '나모, 곶, 불휘'였지만 현대에는 '나무, 꽃, 뿌리'로 소리가 변하여 사용되고 있다. ⑤ '어리다'는 과거에 '어리석다'는 의미로 쓰였지만 오늘날엔 '나이가 적다'는 의미로 쓰인다.

10 이 글은 일정한 규칙에 따라 단어와 문장을 만드는 언어의 규칙성에 대한 설명이다. 언어의 규칙을 지키지 않은 ⊙을 ©으로 고쳐야 한다. 국어에는 꾸미는 말이 꾸밈을 받는 말보다 앞에 온다는 규칙이 있어서 '피었다 꽃이 예쁜'은 옳지 않은 문장이 된다.

11 모든 언어에는 지켜야 할 일정한 규칙이 존재한다. 이것을 제대로 지키지 않을 경우 언어생활에 혼란이 올 수 있으며, 그 언어를 사용하는 사람들과 의사소통이 이루어지지 않게 된다.

12 언어에서 뜻과 소리의 결합은 그 언어를 사용하는 사람들이 임의로 정한 것이다.

13 몸짓, 표정, 눈짓 등은 언어 표현과는 독립적으로 의미를 나타내는 비언어적 표현을 말한다.

14 일기 예보는 언어의 정보적 기능이 좀 더 뚜렷하게 드러나는 예이다.

15 언어는 우리 주변의 사물이나 개념을 가리킨다. 이 기능 덕분에 우리는 일일이 해당하는 사물을 들어 보이지 않고서도 말로써 그 의미를 주고받을 수 있는 것이다.

16 |보기|는 어떤 대상에 대한 다양한 정보와 지식을 전달하는 정보적 기능이 두드러지는 예이다.

17 |보기|는 언어의 친교적 기능에 대한 설명이다.

오답 피하기 ①과 ②는 명령적 기능, ④는 정서적 기능, ⑤는 지시적 기능이 드러난다.

18 |보기|는 언어의 정서적 기능에 대한 설명이다. 정서적 기능은 '이런, 여보, 얼씨구, 어이쿠, 아야' 등과 같은 감탄사에 잘 드러난다.

19 지식이나 정보 이외에 말하는 이의 감정이나 태도 등을 드러내는 언어의 기능을 '정서적 기능'이라고 한다.

20 ②는 언어의 정보적 기능이 두드러지는 예이다.

오답 피하기 ④ 교통 표지판의 '천천히'에는 과속하지 말라는 명령적 기능이 담겨 있다. ⑤ '발 없는 말이 천 리 간다.'는 '말(言)에는 발이 없지만 천 리 밖까지도 순식간에 퍼진다.'는 뜻으로, 말을 삼가야 한다는 설득적 의미가 담겨 있다.

21 창가에서 "날씨가 좋구나."라고 말하는 것은 "외출하자."는

의도를 담고 있으며, 상대방이 이 말을 듣고 함께 밖으로 나갈 것을 기대하고 한 말이므로 명령적 기능을 수행한다.

22 속담, 격언 등은 대개 교훈적 의미를 지닌다. 즉 간접적인 명령의 방식이다. 예를 들어 '침묵은 금이다.'는 상대에게 조용히 하라는 명령의 표현임을 알 수 있다.

23 언어의 지시적 기능은 특정 대상이나 개념을 가리키는 것으로 '이, 그, 저'와 같은 지시어에서 잘 나타난다.

> **오답 피하기** ㉡과 ㉣은 친교적 기능에 관한 설명이고, ㉢은 명령적 기능에 대한 설명이다.

24 '즐거운 주말 보내세요.'는 상대방에게 즐거운 주말을 보내라고 명령한다기보다는 상대방과의 친밀한 관계를 다지는 데에 그 목적을 둔 친교적 기능이 두드러지는 인사말이다.

25 사물이나 개념을 가리키는 기능은 지시적 기능이고, 여러 가지 정보나 지식을 전달하는 기능은 정보적 기능이다.

실력 쑥쑥 p. 14~19

01 ③ 02 ③ 03 ② 04 ⑤ 05 ① 06 ③
07 (1) 언어의 사회성 (2) 언어는 그 언어를 사용하는 사회 구성원들 사이의 약속이므로 사회적으로 받아들여지면 개인이 마음대로 바꾸어 쓸 수 없다.
08 '가람'이 '강'으로 변한 것처럼 시간이 지나면서 언어의 모습이나 의미가 바뀌는 것을 언어의 역사성이라 한다. 09 ⑤ 10 다른 사람과 의사소통이 제대로 되지 않아 혼란스러울 것이다. 11 ④
12 ④ 13 의사소통에 혼란이 생겨 원활한 언어생활을 할 수 없을 것이다. 14 ④ 15 ⑤ 16 ⑤ 17 ① 18 ⑤
19 (가)에는 명령적 기능과 정보적 기능이 두드러지게 나타나고, (나)에는 친교적 기능과 정서적 기능이 두드러지게 나타난다. 20 ③ 21 ③
22 ⑤ 23 ④ 24 ⑤ 25 ② 26 ① 27 ④
28 ④ 29 ① 30 ⑤ 31 '노랗다'는 색깔에 대한 개념을 가리키면서 동시에 그에 관한 정보를 나타내기도 하므로 언어의 지시적 기능과 정보적 기능을 함께 지닌다고 할 수 있다. 32 ② 33 ④
34 ⑤ 35 ② 36 ④

01 인간은 상황에 따라 무한히 많은 문장을 만들어 낼 수 있으며, 이러한 언어의 본질을 창조성이라 한다.

02 꿀벌들도 춤이라는 의사소통 수단을 지니고 있지만 정해진 표현만을 할 수 있을 뿐, 새로운 표현을 창조해 낼 수는 없다. 창조성은 인간의 언어에서만 볼 수 있는 특성이다.

03 ②의 '뫼, 즈믄'은 우리말이 사라지면서 그 자리를 한자말이 대신하게 된 경우이다.

> **오답 피하기** ④의 '진사'는 지칭하던 대상이 사라져 단어까지 사라지게 된 경우이고, '어리다'는 단어의 의미가 변한 경우이다. ⑤의 '누리집'은 새로운 사물이나 개념을 지시하기 위

해 새 단어가 생긴 경우이다.

04 언어는 시간의 흐름에 따라 변화하는데, 의미와 형태 모두 변화의 대상이 된다.

05 ②, ③, ④, ⑤는 언어의 역사성과 관련이 있지만 ①은 언어의 뜻과 소리의 결합이 언어 사회마다 다르게 나타난다는 언어의 자의성과 관련이 있는 예이다.

06 '지갑'은 원래 '종이로 만든 갑'을 이르던 말이었으나 현재는 종이가 아니라 가죽이나 천으로 만든 제품도 모두 '지갑'이라고 하게 되었다.

07 담당 공무원은 지명을 바꾸자는 시민의 의견에 대해 언어는 언중들의 사회적 약속이므로 임의로 바꿀 수 없다는 견해를 내세워 반대하고 있다. 이는 언어의 사회성과 관련된다.

08 언어는 시간의 흐름에 따라 새롭게 만들어지기도 하고 그 소리나 의미가 변하기도 하며, 완전히 없어지기도 한다.

09 |보기|의 글에서 은희는 자기 마음대로 언어를 바꾸어 쓰고 있다. 그러므로 동생에게는 혼란과 불쾌감을 줄 수 있다. ⑤는 언어의 역사성에 대한 설명으로, 은희의 말하기와는 관련이 없다.

10 언어는 내용과 형식의 결합이 필연적이지 않으므로 자의성을 가지고 있다. 그러나 그것이 정해지고 사회적으로 받아들여지면 개인이 마음대로 바꾸어 쓸 수 없다. 개인이 저마다 다른 말을 쓴다면 의사소통은 불가능하고 언어는 그 기능을 발휘하지 못할 것이다.

11 선생님은 언어는 사회적 약속에 의해 정해진다는 언어의 사회성을 설명했다. 또한 하나의 대상을 표현하는 말소리가 나라마다 다르다는 설명을 통해 언어의 자의성 또한 알 수 있다.

12 (가)는 언어의 창조성에 대한 설명이다. 언어는 한정된 음운이나 어휘를 가지고 새로운 사물이나 상황이 생기면 그에 알맞은 새로운 단어와 문장을 만들 수 있다. 이것은 인간의 언어만이 지닌 특성이다. (나)는 단어와 문장을 만들 때 일정한 규칙(문법)에 따라야 한다는 언어의 규칙성에 대한 설명이다.

13 언어마다 원활한 언어생활을 위하여 정해 놓은 규칙이 있다. 이것을 제대로 지키지 않을 경우 언어생활에 혼란이 올 수 있다.

14 시간이 흐름에 따라 과거에는 없었던 새로운 대상이 생겨나면서, 이를 나타낼 새로운 언어가 생겨난 예를 찾는 것이므로 '햇과일'은 이에 해당되지 않는다.

15 '다슬기'는 지역에 따라 '고둥, 민물고둥, 올갱이, 고디'라고도 불린다. 즉 '다슬기'의 다양한 명칭을 통해 언어는 그 언어를 사용하는 사람들 간의 약속에 의해 형성된다는 것을 알 수 있다.

16 ㉢은 언중들 사이에서 사용되면서 경쟁을 통해 하나가 사라지고 점차 다른 말만 주로 쓰이는 경우이다. ⑤의 '옥수수-강냉이'는 복수 표준어로 둘 다 사용되고 있는 예이며, '위생실-화장실'은 북한과 남한에서 같은 대상을 다르게 부르는 예이다.

17 |보기|는 언어의 규칙성과 관련된 설명이다.

오답 피하기 ②는 자의성, ③은 역사성, ④는 창조성, ⑤는 기호성에 대한 설명이다.

18 언어는 사회 구성원들 사이의 약속이라는 언어의 사회성에 관한 내용이다.

19 (가)는 동준이에게 수학 경시대회에 대한 정보를 전달하고 수학 경시대회에 참가 신청을 하라는 명령적 기능이 나타난다. (나)는 자신의 기분에 대한 정서적 표현이 드러나고, 다음 주에 만나자는 친교적 표현이 나타난다.

20 ③은 어머니에게 밥을 달라고 요청하는 명령적 기능이다.

오답 피하기 ①은 지시적 기능, ②는 친교적 기능, ④는 정보적 기능, ⑤는 정서적 기능이다.

21 언어의 친교적 기능은 화자와 청자 사이의 우호적인 유대 관계를 유지하기 위하여 상호 의사소통의 통로를 열어 주는 기능이다. 무슨 말을 했는지가 중요한 것이 아니라 말을 한 사실 그 자체가 중요하게 작용한다. 인사말이나 위로의 말, 취임사나 고별사 등에서 잘 드러난다.

22 동생이 형에게 '춥다'라고 표현한 것은 문을 닫아 달라는 간접 명령에 해당한다.

23 공부하고 있는 철수에게 다과를 들고 가서 격려하는 철수 어머니의 입장을 생각해 보아야 한다. 이는 친밀감을 형성하고 격려하는 모습으로 이해해야 한다.

24 자신에게는 입을 만한 옷이 없다는 것과 친구가 옷을 샀다는 말을 종합해 볼 때, 딸의 말은 엄마에게 옷을 사 달라는 간접 명령의 표현으로 볼 수 있다. 단순한 정보 전달이 아님에 유의해야 한다.

25 |보기|는 인공위성 개발에 관한 정보를 알려 주는 내용이므로 언어의 정보적 기능이 두드러지게 나타난다.

26 음식이 나왔다는 정보를 제공하면서 동시에 식사하라는 의미의 간접 명령 기능을 하고 있다.

27 '잔디도 밟으면 아파요.'는 밟지 말라는 간접 명령의 의미를 담고 있고 속담, 격언도 간접 명령의 기능을 가지고 있다.

28 똑같이 "어디 가?" 하고 물은 경우에도 상황에 따라 나타나는 언어적 기능은 차이가 있다. ㉠은 어떤 정보를 요구하기보다는 상대방과의 친교를 다지는 데에 그 목적이 있고, ㉡은 상대방의 목적지에 대한 정보를 알아내는 데에 그 목적이 있다.

29 지식이나 정보 이외에 화자 나름대로 자신의 의도를 강조하기 위해 말소리의 높낮이나 길이 등을 달리하여 나타내는 경우도 언어의 정서적 기능에 해당한다.

30 |보기|와 같은 속담은 대개 교훈적 의미를 전달한다. 듣는 이에게 간접적으로 명령하는 기능을 가진다.

31 언어는 지시적 기능과 정보적 기능을 함께 지니는 경우가 많다. '노랗다'라는 말에는 개념을 가리키는 지시적 기능과 색깔에 대한 정보를 나타내는 정보적 기능이 함께 있다고 할 수 있다.

32 ㉠은 상대방에게 자신의 위치에 대한 정보를 알려 주고 있으므로 언어의 정보적 기능이 두드러진다고 할 수 있다. ②는 언어의 친교적 기능이 나타나는 예이다.

33 '넌 참 예쁘구나.'는 상대와 친밀한 관계를 맺기 위해 건네는 말이므로 친교적 기능이 드러난다. 그리고 대상에 대한 감탄의 의미도 포함하고 있기 때문에 정서적 기능도 나타난다고 볼 수 있다.

34 |보기|는 언어의 친교적 기능에 대한 설명이다.

오답 피하기 ①은 정서적 기능, ②와 ④는 명령적 기능, ③은 정보적 기능이 두드러지게 나타난 예이다.

35 (가)는 지시적 기능, (나)는 친교적 기능, (다)는 명령적 기능에 대한 설명이다.

36 ④는 정보를 전달하기보다는 은아의 생각이나 감정을 움직여 공부를 하도록 설득하려는 목적(명령적 기능)이 두드러지는 말이다. 은아의 감정을 배려하여 '은아야, 공부해.'와 같이 직접적인 명령을 하기보다는 간접적인 명령의 표현을 사용했다.

02 품사의 종류와 특성

개념 쏙쏙 p. 20~27

01 분류, 품사 **02** 점심 **03** 고양이, 을지문덕, 칼, 백두산
04 것, 켤레 **05** 을지문덕, 백두산 **06** 고양이, 칼
07 ㉡ **08** ㉠ **09** 너, 자네(너희, 당신, 그대, 여러분 등) **10** ×
11 ○ **12** ○ **13** × **14** 달리다, 읽다, 합격하다 **15** 높다, 가날프다, 예쁘다 **16** 입었다 **17** 예쁘다 **18** ④ **19** ○
20 × **21** ○ **22** 밥을 먹어라. **23** 밥을 먹자.
24 달리다 **25** ○ **26** × **27** ○ **28** × **29** 무척 **30** 수식언 **31** ㉠ **32** ㉡ **33** ㉠ **34** ㉡
35 몰래 **36** 이리저리 **37** 분명히 **38** 울긋불긋 **39** ㉠ **40** ㉣
41 ㉡ **42** ㉢ **43** × **44** ○ **45** ○ **46** ×
47 독립적 **48** 네/예 **49** 아이쿠/어머나 **50** 경아야 **51** 아니요

p. 28~31

기본 탄탄

01 ①	02 ⑤	03 ⑤	04 ③	05 ③	06 ④
07 ②	08 형태, 기능, 의미	09 ③	10 ①	11 ③
12 ②	13 ⑤	14 ④	15 ⑤	16 ㉠: 대명사 ㉡: 명사
17 ③	18 ②	19 ④	20 ①	21 ②
22 ⑤	23 ⑤	24 2개	25 ①	26 ③	27 ②
28 ④	29 ②	30 ⑤	31 야, 아이쿠, 깜짝이야

01 단어는 형태 변화 여부에 따라 가변어와 불변어로 나눌 수 있고, 이 중 동사, 형용사, 서술격 조사 '이다'와 같은 가변어는 활용하여 형태가 변한다.

02 분류란 대상을 일정한 기준에 따라 나누는 것으로, 대상에 대한 이해와 기억을 도와준다.

03 관계언은 문장에 쓰인 단어들의 관계를 나타내는 말로서 조사가 이에 해당하며, 그중 서술격 조사 '이다'는 활용하여 그 형태가 변한다.

04 체언, 수식언, 독립언, 관계언은 단어를 문장에서의 '기능'에 따라 분류한 것이고, 형용사는 단어를 '의미'에 따라 분류한 것이다.

05 ㉠과 ㉡은 형태에 따른 분류이다. ㉠은 '눈 – 명사, 이 – 조사, 날 – 명사, 에 – 조사, 눈물 – 명사, 이 – 조사'이므로 모두 불변어이다. ㉡은 동사로 가변어이다.

06 체언은 주로 관형사의 수식을 받는다.

07 용언은 조사와 결합할 수 있다. '먹어만 봐.'에서 동사 '먹어'에 보조사 '만'이 결합하여 의미를 더해 준 것이 그 예이다.

08 품사 분류 기준은 형태, 기능, 의미이다.

09 수식언은 부속 성분으로, 문장에서 주체가 되는 역할이 아니라 다른 말을 꾸며 주는 역할을 한다.

10 ①은 동사, ②~⑤는 형용사이다. 동사는 움직임, 즉 시간의 흐름을 나타내는 것이고, 형용사는 성질이나 상태로 시간의 정지를 나타내는 것이다. '늙다'는 시간의 흐름 속에서 '점점 나이가 들어간다.'라는 의미를 움직임의 개념으로 파악하여 동사로 본다. 그러므로 현재 시제 선어말 어미 '–는–'과 결합하여 '늙는다'와 같은 표현이 가능하다. 이에 비해 '젊다(나이가 적고 혈기가 왕성하다)'는 어떤 성질, 상태를 표현한 것이므로 형용사이다.

11 ①, ②는 형용사, ④, ⑤는 동사로 쓰임에 따라 형태가 변하는 가변어이다. ③의 '잘'은 부사로 형태가 변하지 않는 불변어이다.

12 |보기|는 용언에 대한 설명이다. 용언은 주어의 동작, 상태, 성질 등을 서술하는 단어로 문장에서 주로 서술어로 쓰이지만 어미의 활용에 따라 다른 문장 성분으로도 쓰인다.

13 ①~④는 보통 명사이고 ⑤는 고유 명사이다.

14 ①~③, ⑤는 명사이고 ④는 대명사이다.

15 문장에 나타날 때에 조사가 결합될 수 있으면 수사이고, 그렇지 않으면 관형사이다. ⑤ '하나'는 주격 조사 '가'와 결합하였으므로 수사이다.

> **오답 피하기** ① '이틀'은 명사, ② '그것'은 대명사, ③ '한', ④ '두'는 뒤따르는 의존 명사를 수식해 주는 수 관형사이다.

16 '그녀'는 어떤 사람을 대신하여 가리키는 대명사이고, '적'은 자립성이 없어 관형어의 꾸밈을 받아야만 쓰일 수 있는 의존 명사이다.

17 '받은'은 동사로 목적어 '책을'을 서술한다. '받–+–은'은 동사 어간에 관형사형 어미를 결합한 형태이므로 관형사가 아니다. 관형사형 어미가 결합했다고 관형사가 아님에 유의해야 한다.

18 '상진이', '일'은 명사, '에게', '이'는 조사, '무슨'은 관형사, '생겼을까'는 동사이다.

19 ④의 '세'는 단위성 의존 명사 '통'을 꾸며 주는 수 관형사이다.

20 ㉠의 '갔다'는 동사이고, ㉡의 '이다'는 서술격 조사이다. 그러나 ㉠의 '갔다'도 활용하고, ㉡의 '이다'도 활용한다는 공통점이 있다.

21 '저'는 관형사, '꼭'은 부사이다.

> **오답 피하기** ① '그'는 관형사이다. ③ '그래'는 감탄사, '일찍'은 부사이다. ④ '우리'는 대명사, '나날이'는 부사이다. ⑤ '하루', '동안'은 명사, '열'은 관형사이다.

22 ㉠은 용언인 '좋다'를 꾸며 주는 부사이다.

> **오답 피하기** ①, ②는 용언에 해당하는 설명이다. ③은 체언에 해당하는 설명이다.

23 '돌아나다'는 동사이다.

24 관형사는 체언을 수식하는 품사이다. '새'는 '모자'라는 명사를 수식하고, '두'는 '눈'이라는 명사를 수식하고 있다.

> **오답 피하기** '병든'은 명사인 '기색'을 수식하지만, 동사 어간 '병들–'에 관형사형 어미 '–ㄴ'이 결합한 것이므로 관형사로 볼 수 없다.

25 조사는 주로 체언 뒤에 붙는다. 하지만 동사 뒤(예 먹어만 보자.), 형용사 뒤(예 그 사탕은 달지도 않다.), 부사 뒤(예 난 너무도 놀랐다.)에 붙기도 하고 다른 조사와 결합하기도(예 거기까지는 됐다.) 한다.

26 ㉠의 '와'는 비교되는 대상을 나타내는 부사격 조사이고, ㉡의 '와'는 앞말과 동등하게 이어 주는 접속 조사이다.

27 ①은 시작, ③은 역시·동일, ④는 첨가, ⑤는 대조의 뜻을 지닌 보조사이다.

정답과 해설

28 '돌아오는'에서 '-는'은 활용하는 동사 '돌아오다'의 어미이다.

29 독립언은 조사가 붙지 않으며, 활용하지 않고, 문장에서 비교적 자유롭게 위치한다는 특징을 가지고 있다.

오답 피하기 ①, ③은 체언, ④는 용언, ⑤는 수식언의 특징이다.

30 '아니요'는 감탄사이다. 문장 안에서 다른 성분과 직접적인 관련 없이 독립적으로 쓰이는 감탄사는 활용하지 않으며, 조사와 결합할 수 없다는 특징이 있다.

오답 피하기 ① '명진아'는 명사와 호격 조사가 결합한 것이다. ④ 문장의 첫머리에 놓인 '돈'은 명사이다.

31 '야'는 부름을 나타내고, '아이쿠'는 느낌(감정)을, '깜짝이야'는 놀라움을 나타내는 감탄사이다. '웬일아'는 '웬일'이라는 명사와 '아'라는 호격 조사가 결합된 것이다.

실력 쑥쑥   p. 32~37

01 ③	02 ②	03 ①	04 ④	05 ③	06 ⑤
07 ③	08 ⑤	09 ②	10 ④	11 ③	12 ②

13 ① **14** ⊙과 ⓒ은 용언이고, 문장에서 주로 서술어로 쓰이며, 어미의 활용에 따라 그 형태가 바뀔 수 있다. **15** ② **16** ④
17 ④ **18** ④ **19** ② **20** ③ **21** ② **22** ②
23 ④ **24** ① **25** ② **26** ③ **27** ⑤ **28** ④
29 관형사 '첫'이 동사 '방문하다'를 꾸몄기 때문에 잘못된 문장이다.
30 ② **31** ⑤ **32** ③ **33** ③ **34** ② **35** ⓒ이 더 구체적인 뜻을 나타낸다. 왜냐하면 다른 단어를 꾸며서 그 뜻을 더 분명하게 해 주는 수식언(관형사와 부사)을 사용하였기 때문이다. **36** ③
37 갑자기, 확 **38** ④ **39** ③ **40** ④ **41** ③
42 ③ **43** ⊙은 진희가 읽은 것이 신문뿐이라는 뜻이고, ⓒ은 진희가 신문 외에 다른 것도 읽었다는 뜻이다.

01 ⊙ 성질이 공통된 단어끼리 모아 분류한 갈래를 품사라 하며, 형태, 기능, 의미에 따라 분류할 수 있다. ⓒ 명사, 대명사, 수사는 문장에서 주체 자리에 나타나는 체언이다. ⓒ 수식언에는 관형사와 부사가 있다.

02 단어는 기능에 따라 체언, 용언, 수식언, 관계언, 독립언으로 나뉜다. '새, 열심히'는 수식언으로 다른 말을 꾸며 주거나 의미를 한정 짓는 기능을 한다.

오답 피하기 체언: 학기, 공부 / 용언: 해야지 / 관계언: 에는, 를

03 '바로'는 부사, '이'는 지시 관형사이다.

오답 피하기 이 문장에는 명사 (손맛, 전국, 손님, 비법), 동사(끌어모으는), 형용사(유일한), 관형사(이), 부사(바로), 조사(이, 에서, 을, 이다)가 사용되었으므로 총 6개의 품사가 나타난다고 할 수 있다.

04 '소중한'은 관형사가 아닌, 형용사 어간 '소중하-'에 관형사형 어미 '-ㄴ'이 결합한 것이다.

오답 피하기 ① 명사-가방, ② 조사-가, 을 ③ 대명사-내(1인칭 대명사 '나'에 주격 조사 '가'가 붙을 때의 형태임.) ⑤ 감탄사-아차

05 ①, ④는 형용사이고, ②, ③, ⑤는 동사이다.

06 '크다, 좋다, 달리다'는 문장에 쓰일 때 형태가 변하는 가변어이고, '새, 빨리, 하나, 오늘'은 문장에 쓰일 때 형태가 변하지 않는 불변어이다.

07 빈칸에 들어갈 알맞은 말은 '매우, 일찍, 꼭' 등으로, 모두 뒤에 오는 용언을 꾸며 주는 부사이다.

08 대명사는 자립성이 있는 말이다.

09 '은호'는 명사, '가'는 조사, '가방'은 '명사', '을'은 조사, '재빠르게'는 형용사, '내려놓았습니다'는 동사이다.

10 '거기'는 '체육관'을 가리키는 대명사이다.

11 형태가 고정되어 변하지 않는 불변어이며, 조사와 결합할 수 있고, 구체적인 사물이나 현상을 나타내는 명사를 대신하여 쓰는 단어는 '대명사'이다. ③의 '우리'는 사람을 대신해서 가리키는 1인칭 대명사이다.

12 ②는 명사(사람)를 꾸미는 관형사이다.

13 '피다, 묻다'는 동사, '높다, 어렵다'는 형용사이다. 동사와 형용사는 주로 서술어의 기능을 하며 활용을 한다.

14 ⊙은 동사, ⓒ은 형용사이다. 동사와 형용사는 용언으로 주어의 동작, 상태, 성질 등을 서술하는 단어이며, 문장에서 그 쓰임에 따라 형태가 변한다는 특징이 있다.

15 ②는 인칭 대명사, 나머지는 지시 대명사에 해당한다.

16 동사의 경우 현재형 선어말 어미 '-ㄴ-/-는-'이 쓰이지만, 형용사는 기본형이 그대로 현재형으로 쓰인다. 또 형용사는 명령형과 청유형을 쓸 수 없다. |보기|의 '읽다'는 동사가 활용하는 모습을 보여 준다. ④의 '아름답다'는 형용사로, 현재를 나타낼 때 기본형이 그대로 쓰인다. 또 명령형[아름다워라(×)]과 청유형[아름답자(×)]으로 활용하지 않는다.

17 '잠들었다'는 동사이다.

오답 피하기 ①, ②, ③, ⑤는 형용사이다. 형용사는 명령이나 권유의 표현이 가능하지 않고, 현재를 나타낼 때 기본형이 그대로 쓰인다.

18 용언에는 동사와 형용사가 있으며, 문장 안에서 형태가 바뀐다는 특징이 있다. ⓐ, ⓒ, ⓔ는 동사, ⓑ는 형용사이다. ⓓ는 '삽시간'이라는 명사에 조사 '에'가 붙은 것이다.

19 |보기|는 형용사의 특징에 관한 설명이다. ② '바쁘시다'는

196 개념 쑥쑥 중학 국어 문법

'바쁘다'에 주체 높임 선어말 어미를 결합한 형용사이다. 나머지 문장에 쓰인 용언들은 모두 동사이다.

20 용언이 활용할 때 형태가 변하지 않는 부분을 '어간'이라고 하고, 변하는 부분을 '어미'라고 한다. 용언의 활용 형태 중 가장 기본이 되는 형태는 어간에 어미 '-다'가 붙은 것이다.

21 ②는 형용사이고, 나머지는 동사이다.

22 수식언은 다른 말을 꾸며 주거나 의미를 보충해 주는 말이다. '새'는 '책'을, '꼭'은 '필요한'을, '정말로'는 '기분이 좋았다.'를 꾸며 준다.

오답 피하기 ①은 대명사, ③은 용언, ④는 조사, ⑤는 명사이다.

23 빈칸에 들어갈 단어는 '높고', '넓다' 앞에 놓이므로 그 말을 자세하게 꾸며 주는 기능을 한다. 이렇게 용언을 꾸미는 단어를 부사라고 한다.

오답 피하기 ①은 명사, ②는 용언(동사, 형용사), ③은 대명사, ⑤는 조사에 대한 설명이다.

24 ②는 대명사, ③, ④, ⑤는 형용사에 관형사형 어미가 결합한 것이다.

25 다른 말을 꾸며 주는 역할을 하는 것은 수식언이고, 수식언에는 관형사와 부사가 있다. ②에는 수식언이 사용되지 않았다.

오답 피하기 ① '열심히', ③ '엉엉', ④ '매우', ⑤ '깜짝'은 부사이고, ⑤ '그'는 관형사이다.

26 관형사는 체언 앞에 놓여서, 그 체언의 내용을 자세히 꾸며 주는 품사로, 조사와 결합하지도 않고, 활용도 하지 않는다.

27 ㉠의 품사는 관형사이고, ㉡의 품사는 부사이다. ㉡은 문장 내에서 그 위치가 비교적 자유롭지만, ㉠은 꾸밈을 받는 체언의 앞에만 놓이므로 문장의 다른 자리로 옮길 수 없다.

28 '다'는 '먹었다'를 꾸미는 부사이다. 이와 같은 품사는 ④ '아주'이다.

오답 피하기 ① '거기', ② '여기', ③ '저기', ⑤ '무엇'은 대명사이다.

29 수식언인 관형사는 체언만을 꾸며 주는 단어이다. 올바른 문장이 되기 위해서는 부사를 사용하여 '세계적인 영화감독이 한국을 처음으로 방문한다.'와 같이 고쳐야 한다.

30 ④의 '께서'는 대상을 높임과 동시에 그 대상이 문장의 주어임을 나타내는 주격 조사이다.

오답 피하기 ①은 보조사, ②는 관형격 조사, ③은 서술격 조사, ⑤는 부사격 조사이다.

31 ㉠은 관형사, ㉡은 대명사, ㉢은 동사 '그러다'의 활용이다.

오답 피하기 ④ ㉢은 문장에서의 쓰임에 따라 '그러다, 그러다가, 그러네' 등과 같이 형태가 바뀔 수 있다.

32 '에게'는 서술어의 행동이 미치는 상대를 나타내는 부사격 조사이다. 이와 같은 부사격 조사는 ③ '한테'이다. '에게'는 구어에서 '한테'로 쓰이기도 한다.

오답 피하기 ①과 ②는 보격 조사이다. ④와 ⑤는 보조사이다.

33 |보기|는 조사에 대한 설명이다. ① 2개(주격 조사 '가', 목적격 조사 '을'), ② 1개(주격 조사 '가'), ③ 2개(접속 조사 '랑', 보조사 '는'), ④ 2개(보조사 '는', 보격 조사 '가'), ⑤ 3개(보조사 '는', 목적격 조사 '을', 부사격 조사 '에')이므로 ②의 수가 가장 적다.

34 ㉡은 어울리지 않는 조사가 사용되었다. '물을 주었다'의 부사어가 되기 위해서는 부사격 조사 '에'가 사용되어야 한다.

35 관형사와 부사는 수식언으로, 문장에서 다른 말을 꾸며서 그 뜻을 더 분명하게 해 준다. '웬'은 관형사, '몰래, 꼭꼭, 몽땅'은 부사이다.

36 |보기|는 독립언에 대한 설명으로, 제시된 글에서는 '어이'가 사용되었다.

37 부사는 주로 용언을 꾸며서 그 뜻을 더 분명하게 해 주는 단어이다. '갑자기'는 '잠이 확 달아났다.'를 꾸며 주는 문장 부사이고, '확'은 '달아났다'를 꾸며 주는 성분 부사이다.

38 '아니요'는 감탄사이다. ④의 '얼른'은 부사이다. 단독으로 쓰였지만 감탄사가 아니다. 나머지는 모두 감탄사이다.

39 감탄사는 조사나 다른 말의 도움 없이 독립적으로 쓰이고, 체언을 수식하는 기능은 전혀 없다.

40 ①, ②, ④, ⑤는 보조사이고 ③은 격조사이다.

41 조사는 단어로 인정하지만 자립성이 없기 때문에 항상 앞말에 기대어 쓴다. 따라서 위치가 자유롭다고 할 수 없다.

오답 피하기 ④ 서술격 조사 '이다'는 어미 활용이 가능하기 때문에 단어 형태가 바뀔 수 있다.(-이고, -이지, -이면서 등)

42 ③에서 '태웅아'는 '명사+호격 조사'이므로 감탄사가 아니다.

43 ㉠의 보조사 '만'은 '한정, 단독'의 의미를 더해 주고, ㉡의 보조사 '도'는 '동일, 역시'의 의미를 더해 준다. 보조사는 앞에 오는 말에 특별한 뜻을 더해 주기 때문에 보조사에 따라 문장의 의미가 달라지게 된다.

03 어휘의 체계와 양상

01 단어를 유래(어원)에 따라 분류하면 고유어, 한자어, 외래어로 나눌 수 있다.

02 |보기|는 고유어에 대한 설명이다. '휴가'는 '休(쉴 휴)+暇(겨를 가)'로 이루어진 '한자어'이다.

> **오답 피하기** ⑤ '하늬바람'은 '서쪽에서 부는 바람'이라는 의미를 가진 고유어이다.

03 오늘날 한자어는 우리말 어휘의 절반 이상을 차지하고 있으므로 고유어보다 그 수가 많다.

> **오답 피하기** ③ 우리나라에서 자생적으로 만들어진 한자어로 식구(食口), 편지(便紙), 감기(感氣), 고생(苦生), 사돈(査頓) 등이 있다.

04 외래어는 우리말로 대체하기 어려운 경우가 많다. 그래서 국어의 체계에 동화되어 사회적으로 통용이 허용된다.

05 ①, ②, ④는 한자어이고, ⑤는 외래어이다.

06 통속적으로 쓰이는 저속한 말로 듣는 이에게 불쾌감을 주는 말은 '비속어'이다.

07 두렵거나 불쾌한 느낌을 주어 입 밖에 내기를 꺼리는 '금기어'를 피하여 달리 부드럽게 부르는 말을 '완곡어'라고 한다. '마마'는 '천연두'를 대신하여 부르던 완곡어이다.

08 외래어는 다른 나라 말에서 빌려 와서 우리말처럼 쓰는 말로, 국어의 체계에 동화되어 사회적으로 사용이 허용된 말이다. '고무'는 프랑스어인 'gomme'에서 온 외래어이다.

> **오답 피하기** ①, ⑤는 고유어, ③, ④는 한자어이다.

09 은어는 어떤 부류의 사람들이 자신들의 비밀을 유지하기 위해 사용하는 말이다. 그러므로 그 말을 사용하는 집단 구성원들에게 동료의식과 결속력을 가지게 해 주는 장점이 있다.

> **오답 피하기** ① 관용어, ② 새말, ⑤ 전문어의 장점이다. ④ 은어가 외래어를 바탕으로 만들어지는 경우가 있다고 하더라도 말의 일부분만 결합하여 사용하는 경우가 많기 때문에 외국어 습득에 도움이 된다고 보기는 어렵다.

10 비속어는 대상을 얕잡아 보고 경멸하는 태도로 쓰는 말이다. 그러므로 듣는 이에게 불쾌감을 주어 마음을 상하게 할 수 있다.

> **오답 피하기** ①, ②는 은어, ③은 속담 ④는 금기어의 특성이다.

11 무분별하게 사용했을 때 우리말을 점차 사라지게 만드는 것은 '외래어'이다.

12 '새말'은 얼마 동안 쓰이다가 대부분 사라지기는 하지만, '왕따'처럼 일부는 국어 단어로 정착되어 사용되기도 한다. 만일 새말이 국어사전에 등재가 되는 경우가 없다면 국어의 어휘는 벌써 모두 사라졌을 것이다.

13 밑줄 친 단어들은 의료 분야에서 사용하는 '전문어'이다. '에크모'는 이동 가능한 인공 심폐기, '랩 차트'는 의사들이 환자의 상태를 체크할 때 쓰는 도표, '바이털 사인'은 활력 징후를 의미한다.

14 특정한 시기에 집중적으로 사용되다 없어지는 것은 '유행어'의 특성이다.

15 |보기|에 제시된 단어들은 비교적 짧은 시기에 걸쳐 여러 사람의 입에 오르내리는 '유행어'이다. ④ 특정 집단 안에서 비밀을 유지하기 위한 목적으로 사용되는 것은 '은어'이다.

16 금기어는 두렵거나 불쾌한 느낌을 주어 입 밖에 내기를 꺼리는 말이고, 완곡어는 금기어를 대신해 부드럽게 쓰는 말이다. 예전에는 호랑이가 무서운 존재였기 때문에 직접 이름을 부르는 대신 '산신령'이라고 부르기도 하였다. 그러므로 '호랑이'가 금기어, '산신령'이 완곡어가 되어야 한다.

17 관용어를 구성하는 각 단어들은 기존의 뜻과 전혀 다른 새로운 의미로 사용된다.

18 그 말이 누구에게서 유래되었는지 알 수 있는 말은 '명언'이다. 명언은 대부분 특정인이 한 말이므로 우리 민족의 생활 속에서 자연스럽게 생겨난 속담이나 관용어와는 다르다.

19 '조부'는 '할아버지'를 한자어로 나타낸 것이기 때문에 '할아버지'와 유의 관계이다. '할머니'는 '사람', '노인', '친족' 등의 공통점을 가지면서 성별에서만 상반된 의미를 가지고 있기 때

문에 '할아버지'와 '반의 관계', '할아버지'는 '친할아버지'와 '외할아버지'를 모두 포함하기 때문에 상하 관계에 있다.

20 첫 번째 문장의 '배'는 신체의 일부분을 가리키는 말이고, 두 번째 문장의 '배'는 과일의 한 종류를 가리키는 말이다. 이 두 단어는 동음이의 관계에 있다.

21 |보기|의 두 단어는 '유의 관계'에 있다. 유의 관계는 의미상 비슷하면서도 약간씩 의미 차이가 있기 때문에 비슷한 말이지만 잘 가려 써야 한다.

22 '반의 관계'는 둘 이상의 단어가 상반된 의미를 갖는 것을 말하는데, 반의 관계에 있는 두 단어는 서로 공통되는 의미 요소가 있으면서 동시에 서로 다른 한 개의 의미 요소가 있어야 한다.

23 하나의 단어가 두 가지 이상의 뜻을 가지고 있다면 이것은 '다의어'이다. 다의어를 사전에서 찾으면 한 단어 안에 담겨진 의미들이 「1」, 「2」, 「3」의 순서로 나타난다.

24 동음이의어는 소리는 같지만 의미는 전혀 다른 별개의 단어로 취급한다. 그러므로 사전에 서로 다른 단어로 나뉘어 실린다.

25 두 단어 중 한 단어가 다른 단어의 의미를 포함하는 관계를 '상하 관계'라고 하는데, 이때 포함되는 단어를 '하위어', 포함하는 단어를 '상위어'라고 한다.

실력 쑥쑥
p. 48~53

01 ③ **02** ④ **03** ⑤ **04** ③ **05** ⑤ **06** ②
07 비속어와 은어는 그 어휘를 사용하는 집단 구성원의 결속력을 강화한다는 공통점이 있다. **08** ③ **09** ④ **10** ② **11** ④
12 ⑤ **13** (1) 금기어 (2) 두려운 느낌을 연상시키기 때문에 입 밖에 내기를 꺼린다. **14** ③ **15** ④ **16** ⑤ **17** ②
18 ③ **19** (1) 잘 아는 일이라도 세심하게 주의를 하라.(매사에 신중하라.) (2) ⓒ **20** ② **21** ④ **22** ⑤ **23** ① **24** ②
25 ③ **26** (무엇이) 잊히지 않고 자꾸 눈에 떠오르다. **27** ②
28 ④ **29** ① **30** ① **31** ③ **32** 단어의 소리가 우연히 같을 뿐 의미의 유사성은 없는 관계이기 때문에 '동음이의어'이다.
33 ② **34** ① **35** ② **36** ③ **37** ① **38** ⓐ: 진찰하다. ⓑ: (대상을) 맡아서 보살피거나 지키다.

01 단어를 유래(어원)에 따라 분류하면 고유어, 한자어, 외래어로 나눌 수 있다. '빵'은 포르투갈어인 'pão'에서 온 외래어이고, '담배'는 에스파냐어인 'tabacco'에서 온 외래어이다. '옷', '얼굴', '바람'은 고유어이다. '미래(未來)'와 '행복(幸福)'은 한자어이다.

02 '음악'은 한자어이고, '빵, 커피, 리듬, 핸드백'은 외래어이다.

03 통속적으로 쓰이는 저속한 말은 '비속어'이다. '주둥이'는 '입'을 속되게 이르는 말이다.

🎯 오답 피하기 ① 고유어, ② 유행어, ③, ④는 외래어이다.

04 비교적 짧은 시기에 걸쳐 여러 사람의 입에 오르내리는 말은 '유행어'이다. |보기|의 단어 중에서 '완소남(완전 소중한 남자)'과 '당근이지(당연하지)'가 유행어에 속한다. ⓒ과 ⓗ은 '비속어'이다.

05 외래어가 우리말의 어휘를 풍요롭게 해 주는 장점이 있지만 무분별하게 받아들이면 고유어를 점점 사라지게 만들기 때문에 대체할 수 있는 고유어나 한자어가 있는지 살펴보려는 자세가 필요하다.

06 '우동'은 일본어인 'udon[饂飩]'에서 온 '외래어'이다.

07 은어와 비속어는 그 어휘를 사용하는 집단 내부의 사람들에게 소속감과 동질감을 느끼게 해 주기 때문에 집단 구성원들의 결속력을 강화하는 공통점이 있다.

08 '아나운서'는 고유어에 대체할 말이 없어 다른 나라 말에서 빌려 와서 우리말처럼 쓰는 '외래어'이다. 고유어와 외국어가 결합된 예라고 할 수 없다.

09 '버스비'는 외래어 '버스(bus)'에 '소비하다'의 의미를 가진 한자어 '비(費)'를 결합하여 만든 말이므로 |보기|의 캥거루족과 만들어진 방식이 유사하다.

🎯 오답 피하기 ① 고유어 '몸'에 한자어 '치(痴)'가 결합, ② 외래어 '빵'에 고유어 '집'이 결합, ③ 세상을 예스럽게 이르는 말인 고유어 '누리'에 고유어 접미사 '-꾼'이 결합, ⑤ 고유어 '몰래'에 외래어 '카메라'가 결합하였다.

10 유행어는 그 시대의 사회상을 반영하기 때문에 '시대의 거울'이라고도 한다.

11 |보기|에서 설명하고 있는 어휘는 '유행어'이다. 유행어는 지나치게 사용하면 예의 없고 가벼운 사람이라는 느낌을 줄 수 있다는 문제점이 있다.

🎯 오답 피하기 ① 비속어의 문제점, ② 외래어나 은어, 비속어 등의 문제점, ③ 은어, 전문어 등의 문제점, ⑤ 금기어의 특징이다.

12 |보기|의 특성을 가진 말은 '전문어'이다. '항소'와 '집행 유예'는 법조계에서 사용하는 전문어이다.

🎯 오답 피하기 ① 외래어, ② 은어, ③ 외래어, ④ 비속어의 예이다.

13 밑줄 친 '호랑이'는 두렵거나 불쾌하여 입 밖에 내기를 꺼리는 말인 '금기어'에 속한다. 이러한 말을 직접 부르는 것을 피하여 달리 부드럽게 이르는 말을 '완곡어'라 하며, '호랑이'의 완곡어는 '산신령'이다.

14 '유행어'는 특정 시기에 사용되다 사라지는 말로, 그 시대나 사회의 모습을 반영한다. 또한 해학성과 풍자성을 띠고 재미가 있어 사람들의 입에 쉽게 오르내린다.

15 |보기|의 밑줄 친 단어들은 상인들이 사용하는 '은어'이다. 비속하고 천박한 표현은 '비속어'이다.

16 상대방과 공감대를 형성하여 친근한 관계를 유지할 수 있게 하는 어휘로는 '은어'나 '유행어'가 있다.

17 밑줄 친 내용은 '완곡어'에 대한 설명이다. 완곡어는 불쾌한 감정을 불러일으키지 않기 위해, 직접적이거나 노골적인 말 대신에 부드럽고 우회적으로 표현한 말이다. '돌아가다'는 '죽다'의 완곡어이다.

> **오답 피하기** ① '천연두' 대신 '마마, 손님', ③ '감옥' 대신 '교도소', ④ '변소' 대신 '화장실', ⑤ '오줌' 대신 '소변'을 완곡어로 사용할 수 있다.

18 |보기|의 밑줄 친 말은 관용어로 오랜 시간 동안 사용하며 굳어진 말이다. 그러므로 상황에 맞게 사용한다면 명확한 뜻을 전달할 수 있는 효과적인 표현 방법이 된다.

19 '돌다리도 두들겨 보고 건너라.'는 모든 일에 후회가 없도록 신중하게 행동하라는 의미의 속담이며, 이와 같은 의미를 가진 것은 ㉡ '아는 길도 물어 가랬다.'이다.

> **오답 피하기** ㉠ 한 가지 일을 하여 두 가지 이상의 이익을 보게 됨을 비유적으로 이르는 말, ㉢ 일이 이미 잘못된 뒤에는 손을 써도 소용이 없음을 비꼬는 말이다.

20 ②의 '손을 내밀다'는 과자를 받기 위해 손을 앞으로 내미는 동작을 직설적으로 표현하였기 때문에 관용어로 볼 수 없다.

> **오답 피하기** ① 교제나 거래 따위를 중단하다. ③ 하던 일을 그만두다. ④ 아슬아슬하여 마음이 조마조마하도록 몹시 애달다. ⑤ 도움, 간섭 따위의 행위가 어떤 곳에 미치게 하다.

21 |보기|의 엄마는 문제집을 가지고만 있지 말고 풀어 보라고 하였으므로 아무리 좋은 솜씨와 훌륭한 일이라도 끝을 마쳐야 쓸모가 있다는 의미의 ④가 알맞다.

> **오답 피하기** ① 무슨 일에든 정성을 다하면 아주 어려운 일도 순조롭게 풀리어 좋은 결과를 맺는다는 말, ② 쉬운 일이라도 협력하여 하면 훨씬 쉽다는 말, ③ 주관하는 사람 없이 여러 사람이 자기주장만 내세우면 일이 제대로 되기 어려움을 비유적으로 이르는 말, ⑤ 자식을 많이 둔 어버이에게는 근심, 걱정이 끊일 날이 없음을 비유적으로 이르는 말이다.

22 '소설'은 '문학'의 하위어이므로 ⑤의 밑줄 친 단어들은 상하 관계에 있다고 할 수 있다.

23 '맘마'는 '밥'의 의미를 가진 어린아이의 말 또는 어린아이를 대상으로 하는 말로 고유어이다. '밥'도 고유어이므로 '맘마 – 밥'의 유형은 '고유어 – 고유어'로 볼 수 있다.

24 |보기|의 두 단어인 '살갗'과 '피부'는 모두 '몸을 둘러싸고 있는 겉면'의 의미를 가진 단어이므로 유의 관계이다.

> **오답 피하기** ①, ③은 반의 관계이고, ②, ⑤는 상하 관계이다.

25 '반의 관계'에 있는 두 단어 사이에 중간 항이 존재하는 것을 '반대 관계'라고 한다. ③의 '상과 하'는 그 사이에 '중'이라는 중간 항이 존재하므로 반대 관계에 있다고 할 수 있다.

26 '눈에 밟히다'는 대상이 잊히지 않고 눈에 선하여 사라지지 않는다는 의미로 강한 그리움을 나타내는 관용어이다.

27 '벗다'가 ㉠의 의미로 사용되는 경우는 '옷', '모자', '신' 등으로 구분할 수 있는데, '옷을 벗다'일 경우에는 '입다'가, '모자를 벗다'일 경우에는 '쓰다'가, '신을 벗다'일 경우에는 '신다'가 반의어가 된다.

28 '간혹'과 '더러'는 '어쩌다가 드물게'의 의미를 가진 유의어이다.

29 (가)의 '오르다'는 '(물체가) 위쪽으로 움직이다'의 뜻을, (나)의 '오르다'는 '(산 등의) 높은 곳으로 움직이다'의 뜻을 가지고 있다. 이 두 의미에는 '높은 곳으로 향하다, 움직이다'라는 공통점이 있으므로 '다의 관계'라고 할 수 있다. 다의 관계에 있는 단어들은 사전에서 하나의 단어로 취급된다.

30 '껍질'은 물체의 겉을 싸고 있는 단단하지 않은 물질, '껍데기'는 달걀이나 조개 따위의 겉을 싸고 있는 단단한 물질을 뜻한다. 그러므로 조개는 껍질이 아니라 껍데기라고 해야 한다.

31 ③의 '발(簾)'은 햇빛을 가리는 데 사용되는 물건을 의미하는 단어이므로 '발³'에 해당한다. 나머지 '발'은 모두 '발'의 의미를 가진 '다의어'이고, ③의 '발'은 다른 말과 동음이의의 관계에 있는 '동음이의어'이다.

> **오답 피하기** ①은 '발¹–「1」', ②는 '발¹–「3」', ④는 '발¹–「2」', ⑤는 '발¹–「3」'의 의미를 갖는다.

32 사전에서 '발¹, 발², 발³'으로 표시한 것은 별개의 단어로 처리한 것이므로 '동음이의어'를 나타내는 것이다.

33 '생각할 수 있는 범위 안에서 가장 완전하다고 여겨지는 상태'의 의미로 사용된 것은 ㉣이다.

> **오답 피하기** ① 사람 이름인 이상(李箱), ② 일정한 기준보다 낫거나 앞선다는 의미의 이상(以上), ③ 신체나 정신 등의 기능이나 활동이 원활하지 못한다는 의미의 이상(異常), ⑤ 이제까지 앞에서 말하거나 이야기한 내용의 의미를 가진 이상(以上)이다.

34 |보기|의 '차다'는 '일정한 공간에 사람, 사물, 냄새 따위가 더 들어갈 수 없이 가득하게 되다.'의 의미이다. ①, ②, ③, ④는 |보기|와 의미상의 공통점을 가지고 있기 때문에 다의 관계에 있다고 할 수 있다. 하지만 ⑤의 '차다'는 '발로 내어 지르다.'의 의미를 가지고 있기 때문에 동음이의 관계에 있는 말이다.

35 '머리'의 중심 의미는 '사람이나 동물의 목 윗부분에서 머리털이 나 있는 부분'이다.

오답 피하기 ① '사물의 앞이나 윗부분', ③ '생각하고 판단하는 지적인 능력', ④ '음표의 희거나 검은 둥근 부분', ⑤ '머리에 난 털'을 의미한다.

36 빈칸에 공통으로 들어갈 수 있는 단어는 '가사'이다. ㉠ 살림살이에 관한 일(家事), ㉡ 노랫말(歌詞), ㉢ 생리적 기능이 약화되어 죽은 것처럼 보이는 상태(假死), ㉣ 승려가 장삼 위에 걸쳐 입는 법의(袈裟), ㉤ 조선 초기에 나타난, 시가와 산문 중간의 형태 문학(歌辭)이다.

37 ①의 '머리'는 '두뇌'와 '머리카락'의 의미로 목 위의 신체 부분을 의미하는 '머리'의 기본 의미에서 파생된 '다의어'이다. 나머지는 형태와 소리는 같지만 공통된 의미가 없는 '동음이의어'이다.

38 ㉠과 ㉡의 '보다'는 '(대상을) 눈으로 인식하다'라는 의미상의 공통점을 가진 다의어이다. 의사가 환자를 진찰하는 것은 상대방을 눈으로 확인하는 행위이고, 집을 보는 것은 집에 특별한 변동이 없음을 눈으로 확인하는 행위이다.

04 단어 형성법

개념 쏙쏙
p. 54~59

01 (1) ㉡ (2) ㉠ (3) ㉠ (4) ㉡ 02 (1) 1개 (2) 2개 (3) 1개
(4) 2개 (5) 2개 03 ⑤ 04 ④ 05 ③ 06 7개
07 (1) 우리, 강아지, 는, 밥, 을, 잘, 먹-, -는-, -다 (2) 우리, 강아지, 밥, 잘 (3) 우리, 강아지, 밥, 잘 08 ⑤ 09 ③ 10 미래, 를, 보-, -다 11 어간: 보-, 어미: -다 12 보- 13 ⑤
14 ① 15 대 16 융 17 종 18 대 19 종
20 ○ 21 ○ 22 × 23 × 24 ④ 25 ⑤
26 ③ 27 ⑤ 28 ④ 29 어묵 30 누리집 31 갓
길 32 길도우미 33 짬짜면 34 안습

기본 탄탄
p. 60~65

01 ② 02 ① 03 ⑤ 04 ② 05 ④ 06 ③
07 (1) 책+가방 (2) 꽃+나무 (3) 높(다)+푸르(다) 혹은 높-+푸르-
08 ④ 09 ⑤ 10 ③ 11 ③ 12 ① 13 ⑤
14 ④ 15 (1) 개-, 살구, 접사, 어근 (2) 돌, 다리, 어근, 어근 16 ④
17 ④ 18 ④ 19 ⑤ 20 ③ 21 ④ 22 (1)
털옷 (2) 선생님 23 ③ 24 ④ 25 ④ 26 ②
27 ② 28 ④ 29 ① 30 ⑤ 31 ④ 32 ①
33 (1) 종소리, 강물 (2) 풋과일, 날개, 울보 34 ① 35 ④
36 ④ 37 ④ 38 ① 39 ⑤ 40 ④ 41 ④
42 ② 43 ⑤ 44 ①

01 형태소는 '문법적 의미를 지닌 최소의 단위', 단어는 '한 개 또는 그 이상의 형태소로 이루어지는 홀로 설 수 있는 말이나 그 옆에 붙어 문법적 기능을 하는 말', 어절은 '문장을 구성하고 있는 각각의 마디로, 띄어쓰기의 단위', 문장은 '생각이나 감정을 말로 표현할 때 완결된 내용을 나타내는 최소의 단위'이다.

02 형태소는 문법적 의미를 가진 최소의 단위로, 이를 더 나눌 경우 본래의 의미를 잃게 된다.

오답 피하기 ①은 어절에 대한 설명이다.

03 형태소는 의미를 가진 최소의 단위이다. 이 문장을 형태소로 나누면 다음과 같다. 봄(명사), 에(조사), 는(조사), 꽃(명사), 이(조사), 활짝(부사), 피-(동사의 어간), -ㄴ-(동사의 선어말 어미), -다(동사의 종결 어미)

04 '날짐승'은 '날-(어근, 동사 '날다'의 어간)+짐승(어근, 명사)'으로 분석해야 한다. '짐승'을 '짐'과 '승'으로 나눌 경우 본래의 의미가 사라지므로 하나의 형태소로 보아야 맞다.

05 형식 형태소는 실질 형태소에 붙어서 주로 말과 말 사이의 관계를 표시하는 형태소로 조사, 용언의 어미, 접사 등이 해당한다.

오답 피하기 ① 자립 형태소: 산, 들, 꽃, ② 실질 형태소: 산, 들, 꽃, 피-, ③ 의존 형태소: 과, 에, 이, 피-, -었-, -다, ⑤ 형태소: 산, 과, 들, 에, 꽃, 이, 피-, -었-, -다

06 '저고리'는 하나의 실질 형태소로 이루어진 단일어이다.

오답 피하기 ① 덧-(접사)+버선(어근), ② 물(어근)+안개(어근), ④ 햇-(접사)+곡식(어근), ⑤ 밀-(어근)+닫-(어근)+-이(접사)+문(어근)

07 '높푸르다'의 경우 용언의 어간 '높푸르-'를 어근으로 나누면 '높-'과 '푸르-'가 된다.

08 '들쥐'는 '들-(접두사: '야생으로 자라는'의 의미)+쥐(어근, 명사)'로 분석해야 한다.

오답 피하기 ①, ②, ③, ⑤는 모두 하나의 실질 형태소로 이루어진 단일어이다.

09 '치솟다'는 '치-(접사)+솟-(어근, 동사의 어간)+-다(어미)'로 분석할 수 있다.

오답 피하기 ①은 '먹-+-다', ②는 '늦-+가을', ③은 '밤+나무', ④는 '노랗-+-다'로 분석한다.

10 '매우'는 부사이며, 하나의 실질 형태소로 이루어진 단일어이다.

오답 피하기 ① 넓-(실질 형태소)+-이(형식 형태소), ② 군-(형식 형태소)+침(실질 형태소), ④ 사냥(실질 형태소)+-꾼(형식 형태소), ⑤ 길(실질 형태소)+거리(실질 형태소)

11 '뛰놀다'는 '뛰-+놀-+-다'(3개)로, '검붉다'는 '검-+붉-+-다'(3개)로 분석한다.

🐱 오답 피하기 ① 밤+낮(2개), 헝겊(1개), ② 고양이(1개), 밤+나무(2개), ④ 소나기(1개), 유리+창(2개), ⑤ 그리고(1개), 햇-+병아리(2개)

12 '치닫다'는 '치-+닫-+-다'로 분석해야 한다.

13 '먹었다'는 '먹-(동사의 어간)+-었-(동사의 선어말 어미)+-다(동사의 어미)'로 이루어진 단어로, 모두 의존 형태소로 이루어져 있다.

🐱 오답 피하기 ① 나(자립 형태소, 명사), 는(의존 형태소, 조사), ② 어제(자립 형태소, 부사), ③ 동생(자립 형태소, 명사), 과(의존 형태소, 조사), ④ 밥(자립 형태소, 명사), 을(의존 형태소, 조사)

14 제시된 문장을 형태소로 분석하면 '산/에/는/별/이/참/많-/-다'가 된다.

15 '개살구'는 접사 '개-'와 어근 '살구'로 이루어진 파생어이며, '돌다리'는 어근 '돌'과 어근 '다리'로 이루어진 합성어이다.

16 파생어는 어근과 접사의 결합으로 이루어진 단어이다.

17 합성어는 두 개 이상의 어근이 결합하여 이루어진 단어로, |보기| 전체에서 합성어는 '돌다리' 하나이다.

🐱 오답 피하기 ① '가는, 말'의 두 개이다. ② '많으면, 쓸, 말, 적다'의 네 개이다. ③ '두드려, 보고, 건너라'의 세 개이다. ⑤ 파생어는 '채찍질, 군말' 두 개이다.

18 모든 단어는 하나 이상의 어근을 가지며, 뜻을 가진 가장 작은 말의 단위는 형태소이다. 어근과 어근이 결합하여 이루어진 단어는 합성어이다.

19 단어는 자립할 수 있는 단위로 '홀로 설 수 있는 말 또는 홀로 설 수 있는 말 옆에 붙어 쓰이는 말(조사)'이다. '-었-'은 형태소 단위가 될 수 없을뿐더러 단어가 될 수 있는 조건 역시 성립하지 않는다.

20 홀로 설 수 없는 의존 형태소는 '이, 로, 솟-, -았-, -다'이다.

🐱 오답 피하기 ① 7개의 단어로 이루어졌다.(드디어, 물, 이, 땅, 위, 로, 솟았다) ② 9개의 형태소로 이루어졌다.(드디어, 물, 이, 땅, 위, 로, 솟-, -았-, -다) ④ 실질 형태소는 '드디어, 물, 땅, 위, 솟-'의 5개이다. ⑤ 자립 형태소이면서 단어인 것은 '드디어, 물, 땅, 위'의 4개이다.

21 '비/가/아침/부터/세차게/내린다'로 분석해야 한다.

22 '털옷'은 '털(어근)+옷(어근)'으로 된 합성어이고, '선생님'은 '선생(어근)+-님(접사)'으로 이루어진 파생어이다.

23 형태소는 의미를 가진 최소의 단위이다. '먹었다'에서 '먹-', '-었-', '-다'는 홀로 설 수 없으나 각각 하나의 형태

소이다.

24 '윤호, 는, 그림, 을, 참, 잘, 그린다'의 7개이다. 단어의 개수는 품사의 개수와 일치한다.

🐱 오답 피하기 ① 영희, 는, 어제, 공부, 를, 했다(6개), ② 겨울, 이, 되니, 손, 이, 시리다(6개), ③ 철수, 의, 집, 으로, 놀러, 오너라(6개), ⑤ 컴퓨터, 를, 익히는, 훈련, 이, 필요하다(6개)

25 형태소는 '철수, 는, 영희, 에게, 책, 을, 받-, -았-, -다'의 9개이고, 단어는 '철수(명사), 는(조사), 영희(명사), 에게(조사), 책(명사), 을(조사), 받았다(동사)'의 7개이다.

26 '나, 는, 이제, 집, 으로, 갈래'의 6개의 단어로 이루어졌다.

🐱 오답 피하기 ①, ③, ④, ⑤는 모두 5개의 단어로 이루어진 문장이다. ① 오늘, 도, 가게, 를, 열었다, ③ 경찰, 에서, 범인, 을, 잡았다, ④ 봄날, 새싹, 이, 돋아나고, 있다, ⑤ 어머니, 가, 학교, 로, 찾아오셨다

27 '들깨'는 '들-(접사, '야생으로 자라는'의 의미)+깨(어근)'로 분석해야 한다.

🐱 오답 피하기 ① 물(어근)+병(어근), ③ 돌(어근)+담(어근), ④ 고무(어근)+신(어근), ⑤ 손(어근)+수건(어근)

28 ① 산/에/진눈깨비/가/내린다, ② 아침/부터/까치/가/우는구나, ③ 발/이/아프니/억지로/걷지/마라, ⑤ 날/이/추우니/옷/을/따뜻하게/입도록/해라

29 파생어에 대해 설명하고 있으나, 예로 든 '물병'은 '물(어근)+병(어근)'의 합성어이다.

🐱 오답 피하기 ② 자립 형태소, ③ 단일어, ④ 대등 합성어, ⑤ 종속 합성어

30 '송이'는 실질적인 의미를 가지고 있는 어근이므로 '밤송이'는 어근과 어근이 결합하여 이루어진 단어이다.

31 '비옷'은 어근 '비'와 어근 '옷'이 결합된 합성어이다.

🐱 오답 피하기 ①은 접사 '-이', ③은 접사 '덧-', ④는 접사 '군-', ⑤는 접사 '-롭다'가 결합된 파생어이다.

32 '선무당'에서 '선-'은 '서툰' 또는 '충분치 않은'의 뜻을 더하는 접사이다.

33 (1) 종(어근)+소리(어근), 강(어근)+물(어근), (2) 풋-(접사)+과일(어근), 날-(어근)+-개(접사), 울-(어근)+-보(접사)

34 '비+구름, 값+싸다, 눈+사람'은 모두 합성어이다.

🐱 오답 피하기 ② '밤나무, 손발'은 합성어, '먹다, 바람'은 단일어, ③ '안개꽃'은 합성어, '고기, 사랑'은 단일어, '덮개'는 파생어, ④ '엿보다'는 파생어, '작은아버지, 오가다'는 합성

어, ⑤ '소리, 가까이'는 단일어, '날고기, 누리꾼'은 파생어이다.

35 '사과나무'는 '사과(어근)'와 '나무(어근)'가 결합한 합성어이다. '배추밭'은 '배추(어근)'와 '밭(어근)'이 결합한 합성어이다.

> **오답 피하기** ①, ②, ③, ⑤는 어근과 접사가 결합한 파생어이다. ① 접사 '-개', ② 접사 '-꾼', ③ 접사 '-님', ⑤ 접사 '-꾸러기'가 각각 어근과 결합하였다.

36 '풋-(접사)+고추(어근)'로 결합한 파생어이다.

> **오답 피하기** ① 손(어근)+수레(어근), ② 바늘(어근)+-질(접사), ③ 눈(어근)+사람(어근), ⑤ 감(어근)+나무(어근)

37 '선무당(선-+무당)'과 '먹보(먹-+-보)'는 모두 파생어이다.

> **오답 피하기** ① 소나무(합성어), 먹보(파생어), ② 먼지(단일어), 군소리(파생어), ③ 마소(합성어), 아버지(단일어), ⑤ 비바람(합성어), 군소리(파생어)

38 '먹다'는 하나의 어근으로 이루어진 단일어이다. 용언은 어간 부분만을 분석하여 단일어인지 복합어인지 구분한다.

39 제시된 단어는 '화살: 활+살', '소나무: 솔+나무', '부삽: 불+삽'으로 모두 어근과 어근이 결합하여 이루어진 합성어이다. 또한 단어를 형성할 때 모두 'ㄹ'이 생략되었다는 공통점이 있다.

40 '바늘(어근)+방석(어근)'으로 결합하여 새로운 의미를 나타내고 있다.

41 '시골내기'는 본래 명사인 '시골'에 접사인 '-내기'가 결합하여 명사가 된 경우로 단어의 품사가 바뀌지 않았다.

42 새로운 말을 만들 때에는 다른 사람들이 이해하고 공감하며 단어 형성법에 맞게 만드는 것에 중점을 두어야 한다.

43 외래어를 사용하여 새말을 만든다고 해도, 우리의 방식으로 만든 새말이므로 세계 문화를 이해하는 데 도움을 주는 것과는 관련이 없다.

44 '대리운전: 대리(어근)+운전(어근)', '컴(어근)+맹(어근)', '팝업(어근)+창(어근)', '피시(어근)+방(어근)'으로 모두 합성법으로 만들어진 새말이다.

---

01 ④	**02** ④	**03** ①	**04** ①, ③	**05** ⑤	**06** ②

07 사람 / 은 / 멀- / -ㄴ / 미래 / 를 / 보- / -ㄹ 줄 / 알- / -아야 / 하- / -ㄴ- / -다　**08** ③　　**09** ⑤　　**10** (1) 철수, 헌, 책, 학교 (2) 는, 을, 가지-, -고, 에, 가-, -았-, -다 (3) 철수, 헌, 책, 가지-, 학교, 가- (4) 는, 을, -고, -에, -았-, -다　**11** ⑤　　**12** ④

13 형태소는 뜻을 지닌 가장 작은 말의 단위이며, 단어는 뜻을 지니고 자립할 수 있는 말, 또는 그 말의 뒤에 붙어서 문법적 기능을 나타내는 말이다. 단어는 하나 이상의 형태소로 이루어진다.　**14** ④　　**15** ①

16 ②	**17** ①	**18** ①	**19** ④	**20** ②	**21** ①
22 ④	**23** ②	**24** ②	**25** 단일어, 복합어(파생어, 합성어)		
26 ④	**27** ⑤	**28** ④	**29** ⑤	**30** ④	**31** ①
32 ⑤	**33** ②	**34** ④	**35** ②	**36** 새로 생긴 사물이	

나 개념을 표현하기 위해서 생긴다. 이미 있던 말에 새로운 뜻을 더하여 표현하기 위해서 생긴다. 국어를 순화하기 위해서 새말을 만들어 낸다.

01 이 글은 융합 합성어에 대해 설명하고 있다. '비빔밥'은 '비비-+-ㅁ+밥'으로 이루어진 합성어지만 그 의미가 새롭게 쓰이지는 않는다.

> **오답 피하기** ① '바늘방석'은 앉아 있기에 아주 불안스러운 자리, ② '돌아가시다'는 '죽다'의 높임말, ③ '큰손'은 증권 시장이나 부동산 시장에서, 대규모의 거래를 하는 개인이나 기관, ⑤ '피땀'은 노력과 정성을 의미한다.

02 '국물'은 '국+물'이므로 두 개의 형태소로 이루어진 합성어이다.

03 단어로 분류하면 '감나무, 가, 가을, 하늘, 을, 보고, 있었다'로 나눌 수 있다.

> **오답 피하기** ②는 형식 형태소, ③은 의존 형태소이자 실질 형태소, ④는 실질 형태소, ⑤는 자립 형태소이자 실질 형태소이다.

04 홀로 쓰일 수 없는 형태소는 의존 형태소로, 의존 형태소 중에서 단어로 인정하는 것은 조사밖에 없다.

05 단일어는 하나의 어근으로 이루어진 단어이다.

> **오답 피하기** ① 봄비(봄+비), ② 베개(베-+-개), ③ 옷자락(옷+자락), 생고기(생-+고기), ④ 샛노랗다(샛-+노랗다), 봄나물(봄+나물)

06 '오가다'는 '오-+가-+-다'로 분석한다.

> **오답 피하기** ③의 '-았-', ④의 '-시-'는 선어말 어미, ⑤의 '-하-'는 접사이다.

07 '먼: 멀-(어간)+-ㄴ(어미)', '볼: 보-(어간)+-ㄹ(어미)', '알아야: 알-(어간)+-아야(어미)', '한다: 하-(어간)+-ㄴ-(어미)+-다(어미)'로 분석한다.

08 '화살'은 '활'과 '살'이 결합하면서 'ㄹ'이 탈락되었으며, '좁쌀'은 '조'와 '쌀'이 결합하면서 'ㅂ'이 첨가되었다. '우짖다'는 '울다'와 '짖다'가 결합하면서 'ㄹ'이 탈락되었다.

> **오답 피하기** ② 초+불 → 촛불('ㅅ' 첨가), ④ 말+소 → 마소('ㄹ' 탈락), 열다+닫다 → 여닫다('ㄹ' 탈락), ⑤ 솔+나무 → 소나무('ㄹ' 탈락)

09 '가리-+-개', '노랗-+-다', '밤+하늘', '헛-+수고' 중에서 실질 형태소는 '가리-, 노랗-, 밤, 하늘, 수고'이다.

> **오답 피하기** '-개, -다, 헛-'은 형식 형태소이다.

10 자립 형태소에서 용언의 어간을 포함하면 실질 형태소이고, 의존 형태소에서 용언의 어간을 빼면 형식 형태소이다.

11 ① 산/이/매우/푸르-/-다, ② 어제/는/친구/와/학교/에/가-/-았-/-다, ③ 소년/은/소녀/에게/호두/를/주-/-었-/-다, ④ 아기/가/엄마/를/닮-/-아서/예쁘-/-다

12 '들고: 들-(어간)+-고(연결 어미)', '왔다: 오-(어간)+-았-(선어말 어미)+-다(종결 어미)'로 분석할 수 있다.

13 생략

14 '피땀'은 '무엇을 이루기 위하여 애쓰는 노력과 정성'을, '강산'은 '자연의 경치, 나라의 영토'를, '바늘방석'은 '앉아 있기에 아주 불안스러운 자리'를 뜻한다. 이는 모두 어근과 어근이 결합하여 새로운 의미를 만드는 융합 합성어이다.

15 '촐랑촐랑(어근, 부사)+-대다(접사)'는 어근이 접사와 결합하면서 부사가 동사로 바뀐 파생어이다.

> **오답 피하기** ②, ⑤는 어근과 접사가 결합한 파생어이지만 어근 본래의 품사가 바뀌지 않았다. ③, ④는 어근과 어근이 결합한 합성어이다. ② 새-(접사)+까맣다(어근), ③ 찾다(어근)+보다(어근), ④ 굳다(어근)+세다(어근), ⑤ 드-(접사)+높다(어근)

16 '개꿈'에서 '개-'는 '헛된', '쓸데없는'의 뜻을 더하는 접두사이다.

17 '논밭', '앞뒤' 모두 어근과 어근이 결합하여 만들어진 단어이다.

> **오답 피하기** ② 배꽃(어근+어근), 덮개(어근+접사), ③ 맨발(접사+어근), 물고기(어근+어근), ④ 지우개(어근+접사), 소나무(어근+어근), ⑤ 치솟다(접사+어근), 눈사람(어근+어근)

18 '낮잡다'는 '낮다'와 '잡다'가 결합한 합성어로, '실제로 지닌 값보다 낮게 치다', '사람을 만만히 여기고 함부로 낮추어 대하다'의 의미로 사용된다.

> **오답 피하기** ②, ③, ④, ⑤는 각각 접사 '엿-', '헛-', '짓-', '빗-'과 결합한 파생어이다.

19 '-개'는 어근에 결합하여 그 뜻을 제한하는 접사로, '간단한 도구'라는 의미를 지닌다.

> **오답 피하기** ② 단어에서 주변적 의미로, 어근에 붙어 그 뜻을 제한한다. ③ 어근에 접사가 결합하여 만들어지는 단어는 파생어이다.

20 ㉠은 어근, ㉡은 합성어, ㉢은 접사, ㉣은 파생어, ㉤은 어근, ㉥은 접사이다.

21 '오리, 바구니'는 단일어이며, '눈꽃(눈+꽃), 마소(말+소)'는 합성어, '들깨(들-+깨), 울보(울-+-보), 엄지족(엄지+-족)'은 파생어이다.

22 ㉠ '꽃잎'은 '꽃(어근)+잎(어근)'으로 이루어진 합성어이다. ㉢ 단어의 개수와 품사의 개수는 일치한다. ㉣ 어근끼리의 결합으로 이루어진 단어는 합성어이다. 파생어는 어근과 접사의 결합으로 이루어진다.

23 단어는 홀로 설 수 있는 말 또는 그 옆에 붙어 쓰이는 말(조사)이다. 제시된 문장은 '철수(명사), 는(조사), 밥(명사), 을(조사), 먹으면서(동사), 전화(명사), 를(조사), 받았다(동사)'의 8개의 단어로 이루어져 있다.

24 단일어는 ㉠ 바퀴, ㉢ 어머니, 파생어는 ㉢ 넓이(넓-+-이), ㉣ 지우개(지우-+-개), ㉤ 치솟다(치-+솟-+-다), 합성어는 ㉡ 손맛(손+맛), ㉥ 힘들다(힘+들-+-다), ㉦ 소금물(소금+물)이다.

25 단어는 하나의 어근으로 이루어진 단일어와 어근과 어근이 결합하거나 어근과 접사가 결합하여 이루어진 복합어로 나뉜다. 복합어는 둘 이상의 어근이 결합하여 만들어진 합성어와 어근과 접사가 결합하여 만들어진 파생어로 다시 나뉜다.

26 '고양이'는 단일어인데 더 쪼갤 경우 어떤 뜻도 파악할 수 없다.

> **오답 피하기** ① 강(어근)+물(어근), ② 맨-(접사)+발(어근), ③ 겁(어근)+-쟁이(접사), ⑤ 밤(어근)+나무(어근)

27 '회덮밥'은 '회'와 '덮밥'으로 분석할 수 있으며, '덮밥'은 다시 '덮-'과 '밥'으로 분석할 수 있다. '덮-'은 동사 '덮다'의 어근이고 명사 '밥' 또한 어근에 해당하므로, '덮밥'은 합성어이다. 따라서 '회덮밥'을 파생어가 다른 어근과 결합했다고 파악한 ⑤는 적절하지 않다. ㉤과 같은 예로 '병따개'가 있다. '따개'는 '따-(어근)+-개(접사)'의 구조를 가진 파생어로, 새로운 어근인 '병'과 결합하여 합성어가 된다.

28 다른 단어는 모두 파생어인 반면 ④ '오가다'는 '오(다)+가(다)'로 어근과 어근이 결합된 합성어이다.

29 ① '눈(어근)+사람(어근)', ② '바늘(어근)+-질(접사)', ③ '손(어근)+수레(어근)', ④ '높-(어근)+푸르-(어근)', ⑤ '행복

(어근)+−하다(접사)'로 이루어진 단어이다.

30 우리말을 지나치게 줄여 쓰면 처음 듣는 사람이 무슨 뜻인지 알기 어렵고, 원래 뜻이 무엇인지 모르기 때문에 삼가야 할 내용이다.

31 '밤, 걸레(어근)'에 결합한 '햇−, −질'은 모두 접사이므로 이 단어들은 파생어이다.

32 제시된 단어들은 '비'라는 단어(어근)에 여러 가지의 말이 결합하여 새로운 말을 쉽게 만들어 내는 것을 보여 준다. 이와 같이 국어는 단어 형성법이 발달하였다.

33 단어는 홀로 쓰일 수 있는 말과 그 말의 뒤에 붙어서 문법적 기능을 나타내는 말(조사)을 의미한다. '꾸는'에서 '−는'은 어미이기 때문에 단어가 아니다. ㉠ 명사, ㉢ 조사, ㉣ 명사, ㉤ 서술격 조사이다.

34 합성어는 한 단어이므로 띄어쓰기를 하지 않고, 구(句)는 한 단어가 아니므로 띄어 쓴다. ④는 띄어쓰기가 되어 있으므로 둘 이상의 단어가 모인 구(句)이다. 따라서 사전에는 실리지 않는다.

35 '새−(접사)+빨갛−(형용사 어간)+−ㄴ(관형사형 어미)'이므로 파생어이다. ①, ③, ④, ⑤는 합성어이다.

오답 피하기 ① 밤(어근)+하늘(어근), ③ 풀(어근)+밭(어근), ④ 노랗−(어근, 형용사 어간)+−ㄴ(관형사형 어미)+색(어근), ⑤ 샘(어근)+물(어근)

36 '새말'은 사회의 변화와 발달로 인해 새로 만든 말, 혹은 원래부터 가지고 있는 사물이나 개념에 대해 새로운 표현이나 의미를 부여한 말이다.

05 담화의 개념과 특성

개념 쏙쏙   p. 72~75

01 담화   **02** ⑤   **03** 통일성   **04** 발화   **05** 상황 맥락
06 응집성   **07** ○   **08** ×   **09** ×   **10** ○   **11** ×
12 사적인 자리에서의 대화 상황과 공식적인 자리에서의 대화 상황
13 상하 관계에서 처음 본 상황과 친해지고 난 다음의 상황   **14** 평
소의 상황과 잘못한 일이 있을 때의 상황   **15** ○   **16** ○
17 ○   **18** 지역(방언) **19** 세대

기본 탄탄   p. 76~79

01 ①   **02** ①   **03** ②   **04** ③   **05** ④   **06** ㉢
−㉠−㉡ **07** ④   **08** ①   **09** 발을 다쳐서 축구를 함께 할 수
없다. **10** ④   **11** ③   **12** ⑤   **13** ⑤   **14** (1)
늦었으니 빨리 자라. (2) 약 먹을 시간이 되었으니 약을 먹어야 한다. (3)
아랫집을 위해 뛰지 말아야 한다. (4) 공연에 방해되지 않도록 휴대 전화
를 꺼야 한다.   **15** ④   **16** ⑤   **17** ②   **18** 세
대에 따른 언어 차이 때문이다. 부모님은 '생선, 문상'의 뜻을 모르고, '나'
는 '주전부리'의 뜻을 모르기 때문이다. **19** 아파요. 제발 밟지 말아 주세요.
잔디 올림. / 잔디를 보호합시다. / 우리도 생명이 있어요! 등

01 담화는 하나의 주제로 통일성을 갖추어 짜임새 있게 구성해야 한다.

02 담화는 구체적인 맥락에서 말하는 이와 듣는 이 간의 발화(언어)들이 모여서 이루어진 것을 의미한다.

03 세 사람의 발화가 하나의 담화가 되기 위해서는 하나의 주제로 통일되어야 한다. 즉 친구들의 장점(좋은 점)이라는 주제로 통일하면 자연스러워진다.

04 여러 발화들이 모여 하나의 담화가 되기 위해서는 각 발화들이 응집성 있게 연결되어야 한다. 코끼리를 냉장고에 넣는 과정을 설명하고 있으므로 시간 순서를 나타내는 접속어를 넣어야 한다.

05 이 글은 인류 역사에서 불의 유용성과 이점에 대해 말하고 있다. ④는 이러한 주제에서 벗어나 있다.

06 '그래서'는 앞의 내용이 뒤의 내용의 원인이나 근거, 조건 따위가 될 때, '왜냐하면'은 어떤 일의 이유를 밝힐 때, '그런데'는 내용 전환을 나타낼 때 쓰는 접속어이다.

07 어머니가 시끄럽게 청소를 하여 경민이의 공부를 방해하고 있는 상황이다. 이런 맥락에서 ㉠은 공부할 수 있도록 조용히 해 달라는 요청의 의미라고 할 수 있다.

08 지영은 민지에게 단순히 빵을 보았는지 여부를 묻는 것이 아니다. '여기 있던 빵 못 봤어?'는 빵의 위치를 물어보는 것(③, ⑤)일 수도 있고, 혹시나 민지가 먹은 것은 아닌지 물어보는 것(④)일 수도 있으며, 민지가 먹은 것을 확신하고 나서 물어보는 것(②)일 수도 있다.

09 ㉠은 "축구 할래?"에 대한 대답으로, '축구를 할 수 없다.'는 의도를 가지고 한 말이다.

10 구어 담화에서는 말하는 이와 듣는 이 사이에 정보를 공유하고 있기 때문에, 불필요한 부분을 생략하여 나타나기도 한다. ㉣은 '누구랑?'에 대한 대답이므로 영화를 같이 보러 갈 사람을 결정하지 않았다는 뜻이다.

11 남학생의 '조심해서 걸어.'라는 대답은 여학생이 말하는 의도를 제대로 파악하지 못하고, 표면적인 의미 그대로 이해한 것이다.

12 이와 같은 상황에서 담화의 의미가 달라지는 것은 상황 맥락이 영향을 미치기 때문이다.

13 미국인이 '머리를 깎다.'라는 우리말을 제대로 이해하지 못하고 있다. 표면적으로는 스스로 머리를 깎는다는 의미이지만, 우리말의 특성상 헤어 디자이너에게 머리를 맡긴다는 의미이다. 하지만 언어문화의 차이로 인해 미국인이 제대로 이해하지 못하고 있다.

14 담화의 의도를 파악하기 위해서는 상황 맥락을 고려해야 한다. 주어진 상황을 바탕으로 말하는 이의 의도를 파악한다.

15 회사에 막 입사한 신입 사원에게 윗사람인 박 과장이 높임말을 사용하여 예의를 갖추고 있다. 하지만 어느 정도 친분이 쌓인 후 박 과장은 부하 직원에게 낮춤말로 대화하고 있다. 따라서 친소 관계에 따라 높임법이 달라지는 담화 상황을 보여 준다.

16 글씨가 잘 안 보인다는 학생의 말에 선생님은 학생의 시력을 궁금해 하고 있다. 하지만 학생은 처음에 '몇'을 신체의 일부인 눈이 몇 개인지 묻는 것으로 이해했으며, 두 번째에는 '얼마'를 가격을 묻는 것으로 이해했다. 이 담화는 맥락을 제대로 파악하지 못한 학생의 대답으로 웃음을 유발하고 있다.

17 '콩지름'은 '콩나물'의 경상도와 제주도 방언이다. 이 담화는 방언 때문에 의사소통이 원활하지 않은 상황이다. 따라서 지역에 따른 언어 차이를 고려해야 자연스러운 담화가 될 수 있다.

18 '생선'은 '생일 선물', '문상'은 '문화 상품권'을 줄여서 부르는 청소년 세대의 은어이다. '주전부리'는 '군것질을 할 거리 혹은 심심풀이로 먹는 음식'을 뜻하는 고유어이다.

19 같은 표현이라도 상대방을 배려하여 완곡하게 표현해야 한다. '출입 금지!'는 명령하는 말이므로 완곡한 표현으로 고치는 것이 바람직하다.

실력 쑥쑥
p. 80~83

01 ②	**02** ②	**03** 응집성, 통일성	**04** ③	**05** ⑤

06 (1) 공부해야 되니. 음악 소리 좀 줄여 줄래?(음악 좀 꺼 줄래?) (2) 나는 농구하러 가지 않을래.(난 그냥 집에 있을 테니 너희들끼리 해.)

07 거기	**08** ④	**09** ②	**10** ②	**11** ②	**12** ②

13 ③   **14** ④   **15** ①   **16** ③   **17** 내일 오후에 비가 오기 때문에 놀이공원에 갈 수 없다. / 놀이공원에 가더라도 제대로 놀 수 없다. / 놀이공원에 갈 때 꼭 우산을 챙겨 가야 한다.   **18** ②   **19** ②
20 ⑤   **21** ⑤

01 구어 담화에서는 반복을 통해 강조하거나 이미 알고 있는 말은 생략하기도 한다.

02 글의 내용이 긴밀하게 연결되기 위해서 적절한 접속어를 사용해야 한다. '그래서'는 앞의 내용이 뒤의 내용의 원인이나 근거, 조건 등이 될 때 쓰이며, '그런데'는 화제를 앞의 내용과 관련시키면서 다른 방향으로 이끌어 나갈 때 쓰는 접속어이다.

03 통일성은 담화의 내용이 하나의 주제를 향해 밀접하게 연결되는 것이고, 응집성은 지시어나 접속어 등을 적절하게 사용하여 담화를 이루는 각각의 발화들을 긴밀하게 연결하는 것이다.

04 화자는 만수산의 드렁칡처럼 우리도 함께 잘 어울리자고 제안하고 있다.

05 공연장에 입장하는 상황 맥락을 파악한다면, 공연 관람에 방해되지 않게 휴대 전화를 꺼 달라는 의도로 해석할 수 있다.

06 상대방을 고려하여 간접적으로 자신의 의견을 전달하는 상황이다. 상황 맥락을 고려했을 때, ㉠은 공부를 방해하는 상황이고, ㉡은 친구들이 함께 어울리자고 하는 상황이다.

07 리모컨이 화자(동생)와는 멀고 청자(언니)에게는 가까이 있으므로, '거기'가 가장 적절하다.

08 지시어 ⓐ, ⓑ, ⓒ, ⓕ는 동생이 가지고 싶어하는 형의 물건이고, ⓓ, ⓔ는 형이 동생에게 주려는 물건을 의미한다.

09 형과 동생의 발화 모두 표면적 발화와 그 의도가 일치하고 있다.

10 상대방의 제안을 ㉠은 간접적으로 ㉡은 직접적으로 거절하고 있다. 하지만 거절 방법으로 친밀감을 구체적으로 파악할 수는 없다.

11 ㉠은 국이 너무 짜기 때문에, 국이 짜지 않도록 어떤 조치가 필요하다는 뜻이다. 또 앞으로 국을 짜지 않게 하자는 의미를 가지고 있다. 따라서 '소금 좀 아껴 써요.'는 이 발화에 담긴 의미가 아니다.

12 이 담화의 상황 맥락을 고려했을 때, 어머니가 존댓말을 쓴 것은 의도적으로 아들을 칭찬하는 의미라고 할 수 있다.

13 할머니는 민수가 말하는 '인터넷 카페', '정모'의 의미를 정확하게 알지 못하고 있다. 즉 민수가 쓴 인터넷 용어나 은어를 어른 세대인 할머니가 이해하지 못하는, 세대 간의 언어 차이가 드러난다.

14 ⓐ는 여진의 '맞아요', 이숙의 '좋아요' 등을 통해 알 수 있다. ⓒ는 여진이 '정말 정말'과 같이 수식이 많고 반복되는 표현을 하는 데 비해 남일과 이남은 군더더기 말이나 반복 표현을 쓰지 않는 것에서 알 수 있다. ⓓ는 여진과 이숙이 비격식체인 '해요체'를 쓰는 데 비해 남일과 이남이 격식체인 '하십시오

체'를 쓰는 것을 통해 알 수 있다.

15 ㉠은 말하는 이와 듣는 이의 위치에 따른 상황 맥락을 파악해야 한다.

16 여학생은 자신의 집에 갈 수 없다는 것을 간접적으로 말하고 있다.

17 여학생은 '비가 오기 때문에 놀이공원에 가는 것은 좋지 않다.'는 말을 하고 있다.

18 (가)는 주로 격식체인 '하게체'를, (나)는 비격식체인 '해체'를 사용하고 있다.

19 '좀'을 사용하여 상대방의 감정을 고려하여 부드럽게 말하고 있다. '좀'을 생략하면 명령 또는 강한 요청의 의미가 된다.

20 민수의 두 번째 발화는 '커피는 중독성이 강해 끊기 어렵다.'는 의미이다. 그런데 민수의 이 말에 대답하는 지민이의 세 번째 발화를 통해 지민이가 끊었다는 것은 '독서실에 가는 것'임을 알 수 있다. 따라서 이 담화에서 고려해야 하는 것은 담화가 이루어지는 상황이다. 즉 담화의 상황에서 '끊었다'는 대상이 무엇인지 정확하게 이해해야 한다.

21 담화는 하나의 통일된 주제를 담아야 한다. 여러 주제로 담화를 한다면 의사소통에 혼란을 가져올 수 있어 오히려 방해가 된다.

06 한글의 창제 원리

개념 쏙쏙
p. 84~89

01 ×	02 ○	03 ×	04 ×	05 표의 문자 06 표
음 문자	07 그림 문자 08 ×		09 ○	10 ○	11 ○
12 구결	13 향찰	14 이두	15 실용 정신	16 애민 정신17 자
주 정신	18 창조 정신 19 ○		20 ㄴ	21 ㄱ	22 ㅅ
23 ㅁ	24 ○	25 ㄱ, ㄴ, ㅁ, ㅅ, ○		26 상형	27 나
란히 쓰기(병서)		28 ㅿ	29 아래아	30 ㉢	31 ㉠
32 ㉡	33 상형, 재출34 ×		35 ○	36 ×	37 ○
38 실용성 39 독창성	40 경제성	41 정보화 시대		42 과학성

기본 탄탄
p. 90~93

01 ②	02 ④	03 ①	04 ⑤	05 이두, 향찰, 구결
06 ⑤	07 ⑤	08 ②	09 ⑤	10 ⑤	11 실
용 정신	12 ①	13 ①	14 ④	15 ①	16 ③
17 ㅌ, ㅍ, ㅊ, ㆆ		18 ②	19 ①	20 ④	21 ④
22 ⑤	23 ④	24 ①	25 백성을 가르치는 바른 소리	

01 선사 시대에는 그림으로 문자를 기록하였는데, 이 그림에는 자신의 바람을 기원하는 의미가 들어 있다.

오답 피하기 ③에서 암각화 그림의 내용이 동물 등인 것으로 보아 사냥, 어로, 채집의 생활을 하였을 것이다.

02 '임신서기석'은 이두로 표현한 것이다. 이두는 한자를 국어의 문장 구성법에 따라 배열하므로 우리말 어순과 일치한다.

오답 피하기 ②는 구결을, ⑤는 향찰을 설명하고 있다.

03 |보기|는 고유 명사를 표기하는 방법을 보여 준다. ㉠은 사람의 이름인 '소나'를 한자의 음을 빌려 표기한 것이다.

오답 피하기 ② ㉡은 '소나' 혹은 '금천'이라고 읽는다. ③ |보기|는 한글이 창제되기 이전에 쓰이던 문자이다. ④ |보기|는 같은 이름을 음을 빌려 표기하는 방법과 뜻을 빌려 표기하는 방법으로 쓴 것이다. ⑤ |보기|는 한자를 빌려 표기하는 방법이므로 우리말을 제대로 표기하기 어렵다.

04 향찰은 향가를 표기하는 데 사용된 것으로 신라에서만 사용되었다.

05 이두는 한자를 우리말의 어순대로 고쳐 쓰는 방법이다. 구결은 한문으로 된 책을 우리말로 풀어 읽을 수 있도록 한문의 원문 사이사이에 한자로 토를 달아서 읽기 편하게 만든 것이다. 반면 향찰은 한자의 음과 뜻을 빌려 우리말의 형태와 의미를 기록하는 표기 방법으로, 국어 문장 전체를 우리말 어순대로 읽고 쓴다.

06 제목에서 한글의 창제 당시 이름이 '훈민정음'이었음을 알 수 있다. 이는 '백성을 가르치는 바른 소리'라는 뜻이다.

오답 피하기 ①훈민정음을 만든 이유를 설명하고 있다. ② '훈민정음언해'는 원래 한문본인 것을 세조 때 한글로 번역한 책이다. ③ 제목을 통해 세종 대왕이 직접 쓴 글임을 알 수 있다. '어제'는 임금이 쓴 글을 말한다. ④ 한글과 한문의 차이점을 구체적으로 언급하지 않았다.

07 훈민정음에는 백성들을 깨우치고자 하는 계몽 정신은 들어 있지 않다.

08 지금은 사용하지 않는 '· , ㆆ, ㆅ' 등이 사용되고 있다.

오답 피하기 ① :말·ᄊᆞ·미, ·ᄠᅳ·들, ·노·미' 등에서와 같이 소리 나는 대로 적는 이어 적기를 하고 있다. ③ '·ᄠᅳ들, ·ᄲᅮ·메, ·ᄹᆞ·미니·라' 등에서 볼 수 있는 것처럼 'ᄠ, ᄡ, ᄹ' 등과 같은 합용 병서가 사용되었다. ④ 글자 왼쪽에 방점을 찍어 소리의 높낮이를 표시하였다. ⑤'世·솅宗종御·엉製·졩訓·훈民민正·졍音흠'에서 볼 수 있는 것처럼 받침이 없는 한자음에는 음가가 없는 'ㅇ' 받침을 넣어 삼성(초성 – 중성 – 종성)을 갖추고 있다.

09 '새로'는 현대 국어에서도 같은 형태와 뜻으로 쓰이고 있다.

오답 피하기 ① 한글 창제 당시에는 '·(아래아)'가 사용되었다. ② 한글 창제 당시에는 어두 자음군 'ㅳ'이 사용되었다. ③ 한글 창제 당시 구개음화가 이루어지지 않았음을 알 수 있다. 현재는 '펴지'로 쓰인다. ⑤ 한글 창제 당시에는 'ㅭ'이 받침으로 사용되었다.

10 모음은 상형의 원리로 기본자인 '·, ─, ㅣ'를 만들었다.

오답 피하기 ① 자음 17자와 모음 11자로 구성되어 있다. ② 자음은 상형, 가획, 이체의 원리로 글자를 만들었다. ③ 모음은 하늘, 땅, 사람을 상형하여 기본자를 만들었다. ④ 자음은 상형의 원리로 'ㄱ, ㄴ, ㅁ, ㅅ, ㅇ'의 5개 기본자를 만들었다.

11 모든 백성이 쉽게 익혀서 날마다 쓰는 데 편안하게 하고자 하는 것은 한글의 실용 정신을 보여 준다.

12 자음의 기본자는 발음 기관을 상형하여 만들었다.

13 초성의 기본자는 'ㄱ, ㄴ, ㅁ, ㅅ, ㅇ'의 다섯 글자이다.

14 'ㅃ'은 나란히 쓰는 원리에 의한 글자로 초성 17자에는 포함되지 않는다.

15 'ㅋ'은 한 획을 가획한 글자이고 나머지는 두 획을 가획한 글자이다.

16 나머지는 기본자와 초출자 또는 재출자를 합성하여 만든 합용자이다.

17 기본자 'ㄴ, ㅁ, ㅅ, ㅇ'에 두 획을 더하여 만든 가획자는 'ㅌ, ㅍ, ㅊ, ㅎ'이다.

18 초출자는 'ㅗ, ㅏ, ㅜ, ㅓ'이다.

19 훈민정음의 모음은 11자로 '·, ─, ㅣ, ㅗ, ㅏ, ㅜ, ㅓ, ㅛ, ㅑ, ㅠ, ㅕ'이다.

20 한글은 읽고 쓰기에 편리한 실용적인 글자이다.

21 한글의 우수한 점은 발음 기관과 천, 지, 인을 본떠 만든 점(과학성), 적은 문자로 많은 소리를 표현한다는 점(경제성), 세종 대왕이 새롭게 창제한 점(독창성), 누구나 쉽게 읽고 쓸 수 있다는 점(실용성) 등이다.

22 백성들은 한글이 나오기 이전에 어려운 한자를 몰라 억울한 일을 당하는 등 큰 고충을 겪었다.

23 '밤고개'라는 지명을 우리말로 부를 때 '밤고개', 글로 쓸 때 '栗峴'이라고 하여 두 개의 이름을 지니고 있었다.

오답 피하기 ① 읽을 때는 '밤고개'로 읽었다. ② 이런 고유 명사 표기 방법이 '향찰'에 영향을 주었을 것이다. ③ '밤고개'를 '栗峴'으로 표기한 것은 뜻만을 빌려와서 쓴 것이다. ⑤ 한자는 우리말과 일치하지 않아 문자 생활이 불편하였다. 그래서 한글을 창제하게 된 것이다.

24 훈민정음은 글자 수도 적고 원리가 간단하여 배우기가 무척 쉬웠다는 것을 알 수 있다.

25 훈민정음은 '訓民正音'이라는 한자 그대로 '백성을 가르치는 바른 소리'라는 뜻이다.

실력 쑥쑥
p. 94~99

01 ③ 02 ① 03 ① 04 ④ 05 나는 너를 사랑한다. 06 (가)는 우리말 어순에 따라 한자를 나열하여 표기하는 데 반해, (나)는 한자의 음과 뜻을 빌려 우리말 문장 전체를 우리말 어순대로 표기하였다. 07 ④ 08 ③ 09 ③ 10 ③ 11 ⑤ 12 ② 13 ④ 14 ④ 15 ⑤ 16 ② 17 ② 18 ④ 19 ① 20 상형 21 ① 22 ③ 23 ③ 24 ⑤ 25 ③ 26 (1) ·+─ (2) ㅣ+· (3) ─+· (4) ·+ㅣ 27 (1) 하늘의 둥근 모양을 본떠 만들었다. (2) 땅의 평평한 모양을 본떠 만들었다. (3) 사람이 서 있는 모양을 본떠 만들었다. 28 ⑤ 29 ⑤ 30 ② 31 ⑤ 32 ㄱ, ㅋ, ㆁ, ㄴ, ㄷ, ㅌ, ㄹ, ㅁ, ㅂ, ㅍ, ㅅ, ㅈ, ㅊ, ㅿ, ㅇ, ㆆ, ㅎ 33 ⑤ 34 ⑤ 35 ⑤ 36 로마자는 풀어쓰기 방식이지만, 한글은 모아쓰기를 하기 때문에 한눈에 의미를 파악하고 발음하기 편하다. 37 ④ 38 ③ 39 ③

01 '임신서기석'은 이두를 사용해 표기하였다. 이두는 한자를 빌려 쓴 글자지만 국어의 문장 구성법에 따라 고쳐 썼다. 따라서 우리말 어순과 일치한다.

오답 피하기 ① 한글이 만들어지기 이전에 사용된 표기법이다. ② 우리말 어순으로 바꾸어 표현하였다. ④ 한자는 표의 문자로, 글자마다 뜻을 가지고 있다. 이두는 한자의 음과 뜻을 빌려 표기하였다. ⑤ 구나 절은 한문을 그대로 표기하면서 한자의 음과 뜻을 빌려 토를 단 것은 구결이다.

02 외국어를 우리말 어순에 맞게 표기한 것은 ①이다.

03 향찰은 한자의 음과 뜻을 빌려서 표기한 방식일 뿐, 향찰 자체가 문자로서의 자격은 얻지 못했다.

04 ㄹ만 뜻을 빌려 표기한 한자이고 나머지 한자는 모두 음을 빌려 표기한 것이다.

05 실질 형태소는 뜻을 빌리고 형식 형태소는 음을 빌린 표기를 해야 한다. 실질 형태소인 '吾, 汝, 愛'는 뜻으로 읽고, 형식 형태소인 '隱, 乙, 如'는 음으로 읽는다. 형식 형태소들은 (나)의 첫째 줄, 셋째 줄, 마지막 줄에서 확인할 수 있다.

06 (가)는 우리말 어순에 따라 한자를 나열하여 표기하는 데 반해, (나)는 한자의 음과 뜻을 빌려 우리말 문장 전체를 우리말 어순대로 표기하였다.

07 이 당시에는 우리말을 나타낼 고유 문자가 없었기 때문에 한자를 빌려 썼다.

08 지금까지 전해지고 있는 문헌 자료가 부족하고, 한자의 음과 뜻을 빌려 사용하였기 때문에 해독을 정확하게 하기 어렵다.

09 훈민정음은 발음 기관 또는 천, 지, 인을 상형하여 기본자를 만들고 가획, 병서, 연서, 초출, 재출 등의 제자 원리를 밝히고 있어서 그 가치가 더 높다.

10 'ㄱ, ㄴ, ㅣ, ㅡ'는 상형의 원리로 만든 기본자이고 'ㅿ'은 이체자이다.

11 자음 중에서 이체자는 'ㆁ, ㄹ, ㅿ'의 세 개이다.

> 오답 피하기 ① 상형의 원리로 만든 것이다. ② 'ㄱ, ㄴ, ㅁ, ㅅ, ㅇ'의 다섯 글자이다. ③ 'ㅌ, ㅍ, ㅊ, ㆆ'의 네 글자이다. ④ 상형이나 가획의 원리를 적용하지 않고 별도로 만드는 방법을 말한다.

12 혓소리는 혀끝이 윗잇몸에 닿는 모양을 본뜬 것이다.

13 잇소리는 'ㅅ, ㅈ, ㅊ, ㅿ'이 있다.

> 오답 피하기 ① 'ㄴ'은 혓소리이다. ② 'ㆁ'은 어금닛소리이다. ③ 'ㆆ'은 목소리이다. ⑤ 'ㄷ'은 혓소리이다.

14 'ㅇ'의 가획자는 'ㆆ, ㅎ'이고, 'ㆁ'은 'ㄱ'의 이체자이다.

15 'ㅈ'은 'ㅅ'에 가획하여 만든 글자이다.

16 모양을 달리하여 만든 글자를 '이체자'라고 하는데 'ㆁ, ㄹ, ㅿ'이 여기에 포함된다.

17 소리의 세기에 따라 획을 더하는 원리는 '가획의 원리'이다.

> 오답 피하기 ③ ㅂ계열로 'ㅳ, ㅄ, ㅶ' 등이 있고, ㅅ계열로 'ㅺ, ㅼ, ㅽ' 등이 있다. ㅄ계열로는 'ㅴ, ㅵ, ㅴ' 등이 있다. ⑤ 각자 병서는 'ㄲ, ㄸ, ㅃ, ㅆ, ㅉ' 등이 있다.

18 'ㆁ, ㄹ, ㅿ'은 이체자이다.

> 오답 피하기 'ㄱ, ㄴ, ㅁ, ㅅ, ㅇ'은 기본자, 'ㅋ, ㄷ, ㅂ, ㅈ, ㆆ'은 한 획을 더한 가획자, 'ㅌ, ㅍ, ㅊ, ㅎ'은 두 획을 더한 가획자이다.

19 'ㄱ'은 혀 뒤가 올라가 목구멍을 막고 혀의 앞부분이 내려오는 모양을 본뜬 것이다.

20 ㉠의 바로 뒤에 '자음자 가운데 다섯 개의 글자를 발음 기관의 모양을 본떠서 만들었다.'라는 부분을 통해 발음 기관을 상형한 원리라는 것을 알 수 있다.

21 'ㅋ'은 'ㄱ'에서 한 획을 가획한 글자이다.

22 ㉠은 'ㄴ'을 두 번 가획한 'ㅌ'이 들어가야 하고, ㉡은 'ㅁ'을 두 번 가획한 'ㅍ'이 들어가야 하고, ㉢은 'ㅇ'을 한 번 가획한 'ㆆ'이 들어가야 한다.

23 기본자는 'ㄱ, ㄴ, ㅁ, ㅅ, ㅇ' 다섯 글자인데 |보기|에서는 이 중 'ㄱ'이 들어 있지 않다.

> 오답 피하기 ① 'ㆁ'이 쓰였다. ④ 한 번 가획한 글자는 'ㅋ, ㄷ, ㅂ, ㅈ, ㆆ'이며, '죵, 젱, 졍, 흠'에서 4번 쓰였다. ⑤ 'ㅎ'은 두 번 가획한 글자이다.

24 재출자는 'ㅣ'로 시작하는 이중 모음으로 발음 도중에 입의 모양과 혀의 위치가 변한다.

> 오답 피하기 ① 재출자 중에서 원순 모음은 'ㅛ, ㅠ'이다. ② 초출자는 기본자를 더하여 만든 것이므로, 기본자인 'ㆍ'가 없으면 만들 수 없다. ③ 재출자는 기본자와 초출자를 결합하여 만든 것이다. ④ 'ㆍ'는 상형의 원리로, 'ㅗ, ㅏ'는 기본자끼리 결합하여, 'ㅛ, ㅑ'는 기본자와 초출자를 결합하여 만든 것이다.

25 천지인(天地人)을 상형하여 만든 것은 모음의 기본자에 대한 설명이다.

26 초출자는 기본자끼리 결합하여 만든 글자이다.

27 기본자의 창제 원리는 '상형'이므로, 각각 무엇을 상형했는지 서술하도록 한다.

28 'ㅸ'은 자음을 합한 글자로 그 소리는 있으나 훈민정음 스물여덟 글자에는 포함되지 않는다.

29 기본자를 합하여 만드는 원리를 '합성의 원리'라고 한다.

30 'ㄹㄹ'은 훈민정음 창제 당시 만들지 않은 글자이다.

31 위아래로 이어 써서 글자를 만드는 방식을 '연서'라고 한다.

32 훈민정음의 스물여덟 글자는 자음 17개와 모음 11개로 이루어져 있다. 모음은 'ㆍ, ㅡ, ㅣ, ㅏ, ㅗ, ㅓ, ㅜ, ㅑ, ㅛ, ㅕ, ㅠ'이다.

33 훈민정음의 모음에는 기본자, 초출자, 재출자 외에도 'ㅘ, ㅝ' 등과 같은 합용자가 있다.

34 'ㅞ'는 'ㅡ+ㆍ+ㅓ+ㅣ'가 결합한 것이다. 'ㅡ+ㆍ'가 결합하여 'ㅜ'가 된 것이므로 'ㅜ+ㅓ+ㅣ'라고 쓸 수도 있다.

35 'ㆆ'은 주로 한자어 표기에 사용되다가 사라졌다.

> 오답 피하기 ① 16세기 말경까지 쓰이다가 사라진 글자이다. ② 창제 당시 'ㅏ'와 음이 다른 글자였으며, 18세기에 음이 소실되어 현재는 'ㅏ'와 구분하고 있지 않다. ③ 첫소리와 끝소리에 쓰였다. ④ 초출자인 'ㅗ'와 'ㅏ'를 결합하여 만든 글자이다.

36 한글은 모아쓰기를 하기 때문에 한눈에 파악하기 쉽고, 발음하기 편하다. 또 가로쓰기와 세로쓰기가 모두 가능한 것도 모아쓰기를 하기 때문이다.

37 한글이 창제되었다고 해서 우리나라가 중국의 문화로부터 완전히 벗어난 것은 아니다.

38 많은 내용을 줄여서 입력하는 것은 한글의 우수성에서 기인하는 것이 아니라, 상황에 따라 전달 내용을 요약하는 개인의 역량에 의한 것이다.

39 한글을 발전시키기 위해서 새로운 어휘를 만들어 내는 것은 우리가 할 수 있는 일이라 보기 어렵다.

07 음운의 체계와 특성

개념 쏙쏙
p. 100~105

01 ㉠	02 ㉢	03 ㉡	04 ○	05 ×	06 ○
07 ×	08 발음	09 음운	10 가운뎃소리		11 네
12 ㉢	13 ㉡	14 ㉣	15 ㉠	16 ㉡	17 ㉣
18 ×	19 ○	20 ○	21 ㉠, ㉣	22 ㉡, ㉣	23 ㉢,
㉥	24 ㉢	25 ㉠	26 ㉡	27 ③	28 ④
29 ②	30 ③	31 ①	32 ⑤	33 ③, ④, ⑤	34 ①

35 단어의 뜻을 구별해 주기 때문이다. 36 (1) 짧, 긴 (2) 짧, 긴 (3) 긴, 짧 (4) 긴, 짧 (5) 짧, 긴 (6) 짧, 긴

기본 탄탄
p. 106~109

01 ⑤	02 ⑤	03 ⑤	04 ③	05 ③	06 ②
07 (1) 3 (2) 3 (3) 6		08 ③	09 ④	10 ③	11 ④
12 ③	13 ⑤	14 ②	15 ⑤	16 ④	17 ②
18 ②	19 ㅏ, ㅐ, ㅓ, ㅔ, ㅗ, ㅚ, ㅜ, ㅟ, ㅡ, ㅣ		20 ①	21 ④
22 전설, 후설		23 ⑤	24 ②	25 ⑤	26 ③
27 ④	28 ④	29 ④	30 ③	31 ③	32 ⑤

33 ④   34 (1) 제주도에는 들판을 뛰어다니는 말이 많다. (2) '발 없는 말이 천 리 간다.'라는 말이 있다.

01 ①은 형태소, ②는 음절, ③은 단어, ④는 음성이다.

02 사람의 발음 기관을 통해 실제로 발음되는 구체적인 소리를 통틀어 '음성'이라고 한다.

03 음운은 그 언어를 사용하는 사람들의 머릿속에 기억되어 동일한 소릿값을 가졌다고 인식되는 추상적이고 관념적인 소리이다.

> **오답 피하기** ① 각 언어마다 음운의 수는 다르다. ② 음운은 추상적이고 관념적인 소리이다. ③ 비분절 음운도 있다. 국어에서는 소리의 길이가 이에 해당한다. 다른 언어의 경우 소리의 높낮이나 음절의 강세, 빠르기도 음운에 해당한다. ④ 표현하는 소리와 실제 표기는 같지 않은 경우도 있다.

04 ①, ④, ⑤는 음운의 특징이고, ②는 음성의 특징이다.

05 '줄'은 'ㅈ+ㅜ+ㄹ'로 이루어진 단어이다. 즉 '자음+모음+자음'으로 이루어진 음절이다.

> **오답 피하기** ① '터'는 '자음+모음'으로 이루어졌다. ② '알'은 '모음+자음'으로 이루어졌다. ④ '안'은 '모음+자음'으로 이루어졌다. ⑤ '왕'은 '모음+자음'으로 이루어졌다.

06 ①, ③, ④, ⑤는 음운의 개수가 5개이나 ②는 4개이다. 첫소리의 'ㅇ'은 실제로는 발음되지 않기 때문에 음운의 개수에 포함되지 않는다.

07 '바위, 우리, 병아리'에서 첫소리의 'ㅇ'은 형식 자음이다. 즉 소리가 나지 않으므로 음운 개수에는 포함하지 않는다. '바위'는 'ㅂ, ㅏ, ㅟ'의 3개, '우리'는 'ㅜ, ㄹ, ㅣ'의 3개, '병아리'는 'ㅂ, ㅕ, ㅇ, ㅏ, ㄹ, ㅣ'의 6개로 이루어져 있다.

08 자음은 소리의 세기에 따라 예사소리, 된소리, 거센소리로 나누어진다.

> **오답 피하기** ①은 울림소리를 발음 방법에 따라 분류한 것이다. ②는 발음 방법에 따라 분류한 것이다. ④, ⑤는 발음 위치에 따라 분류한 것이다.

09 명칭에서 알 수 있듯이 소리 나는 위치에 따라 나눈 것이다.

10 'ㄱ, ㄷ, ㅂ, ㅅ, ㅈ'은 예사소리, 'ㄲ, ㄸ, ㅃ, ㅆ, ㅉ'은 된소리, 'ㅋ, ㅌ, ㅍ, ㅊ'은 거센소리이다.

11 자음은 발음할 때 소리의 세기에 따라 예사소리, 된소리, 거센소리로 나뉜다. ④는 발음할 때 거세고 거친 느낌을 주는 거센소리이다.

12 |보기|는 유음에 대해 설명하고 있다. 이에 해당하는 자음은 'ㄹ'이다.

13 'ㄱ, ㄷ, ㅂ, ㅌ'은 모두 파열음에 해당한다. 그러나 'ㅁ'은 비음이다.

14 'ㅅ'은 잇몸소리이다. 잇몸소리로는 'ㄷ, ㄸ, ㅌ, ㅅ, ㅆ, ㄴ, ㄹ'이 있다.

> **오답 피하기** ① 'ㄱ'은 여린입천장소리, ③ 'ㅂ'은 입술소리, ④ 'ㅈ'은 센입천장소리, ⑤ 'ㅎ'은 목청소리이다.

15 자음 중에서 울림소리는 'ㅁ, ㄴ, ㅇ, ㄹ'이다.

> **오답 피하기** ①~③은 파열음, ④는 파찰음으로 모두 안울림소리이다.

16 'ㅆ'은 혀끝과 윗잇몸에서 나는 잇몸소리이고, 나머지는 두 입술 사이에서 나는 입술소리이다.

17 '정책'에 사용된 자음은 'ㅈ, ㅇ, ㅊ, ㄱ'이다.

> **오답 피하기** ①, ③은 'ㅇ', ④는 'ㅈ, ㅊ', ⑤는 'ㄱ, ㅇ'이 해당된다.

18 단모음은 발음할 때 입술 모양이나 혀의 위치가 변하지 않는다. 발음할 때 입술 모양이나 혀의 위치가 변하는 모음을 이중 모음이라고 한다.

19 국어의 단모음은 'ㅏ, ㅐ, ㅓ, ㅔ, ㅗ, ㅚ, ㅜ, ㅟ, ㅡ, ㅣ'의 10 개이고, 이중 모음은 'ㅑ, ㅒ, ㅕ, ㅖ, ㅘ, ㅙ, ㅛ, ㅝ, ㅞ, ㅠ, ㅢ'의 11개이다.

20 전설 모음은 'ㅣ, ㅔ, ㅐ, ㅟ, ㅚ'의 5개이다.

오답 피하기 ②~⑤는 모두 후설 모음이다. 후설 모음으로 'ㅡ, ㅓ, ㅏ, ㅜ, ㅗ'의 5개가 있다.

21 후설 모음은 'ㅡ, ㅓ, ㅏ, ㅜ, ㅗ'이고, 고모음은 'ㅣ, ㅟ, ㅡ, ㅜ'이므로, 후설 모음이면서 고모음은 'ㅡ, ㅜ'이다.

오답 피하기 ① 'ㅚ'는 전설 모음이면서 중모음이다. ② 'ㅐ'는 전설 모음이면서 저모음이다. ③ 'ㅓ'는 후설 모음이면서 중모음이다. ⑤ 'ㅗ'는 후설 모음이면서 중모음이다.

22 혀의 앞뒤 위치에 따라 모음을 분류하면 전설 모음과 후설 모음으로 나눌 수 있다.

23 입술을 둥글게 하여 발음하는 원순 모음으로는 'ㅜ, ㅗ, ㅟ, ㅚ'가 있다.

오답 피하기 ① 'ㅣ'는 고모음, 'ㅔ'는 중모음, 'ㅐ'는 저모음이다. ② 'ㅡ, ㅓ, ㅏ, ㅜ, ㅗ'는 후설 모음이다. ③ 'ㅜ'는 원순 모음이다. ④ 'ㅗ'는 중모음, 'ㅜ'는 고모음이다.

24 발음할 때 입술이나 혀가 고정되어 움직이지 않는 모음은 단모음이다. 단모음은 'ㅏ, ㅐ, ㅓ, ㅔ, ㅗ, ㅚ, ㅜ, ㅟ, ㅡ, ㅣ'이다.

25 'ㅣ, ㅔ, ㅐ, ㅟ, ㅚ'는 전설 모음이고, 'ㅡ, ㅓ, ㅏ, ㅜ, ㅗ'는 후설 모음이다.

26 '애수'에는 단모음 'ㅐ, ㅜ'가, '위기'에는 단모음 'ㅟ, ㅣ'가 사용되었다.

오답 피하기 '야경'에는 이중 모음 'ㅑ, ㅕ', '광산'에는 이중 모음 'ㅘ', '우유'에는 이중 모음 'ㅠ'가 사용되었다.

27 'ㅏ'는 저모음이다. ①~④는 모두 고모음이다.

28 저모음에는 'ㅐ, ㅏ'가 있다. ④ '다리'에는 저모음 'ㅏ'가 포함되어 있다.

29 'ㅣ, ㅟ, ㅡ, ㅜ'는 고모음, 'ㅔ, ㅚ, ㅓ, ㅗ'는 중모음이다. 따라서 이 모음들은 혀의 높낮이에 따라 분류되어 있다.

30 입술을 둥글게 하여 발음하는 모음은 '원순 모음'이다. 원순 모음에는 'ㅟ, ㅚ, ㅜ, ㅗ'가 있다. ③ '미리내'는 평순 모음만이 사용되었다.

31 소리의 길이는 비분절 음운이기 때문에 일상생활에서 단어를 적을 때 표기하지 않는다.

32 사람의 신체 기관인 '눈'에서 나는 '눈물'은 짧게 발음해야 한다.

오답 피하기 [눈:물]로 발음하면 '눈이 녹아서 된 물'을 의미하게 된다.

33 ① [굴:], ② [별], ③ [성인], ④ [말다]로 발음한다.

34 [말]은 말과의 포유류를 의미하고, [말:]은 사람의 생각이나 느낌을 표현하고 전달하는 음성 기호를 말한다.

---

01 ②	02 ①	03 ④	04 ①	05 (1) 18개 (2) 10개
(3) 아, 요	06 ㉠-㉣-㉤-㉡-㉢-㉥		07 ①	08 ①
09 ㉢, ㉤, ㉥		10 (1) 혀의 앞뒤 위치 (2) 입술 모양 (3) 혀의 높		
낮이	11 ①	12 ③	13 ④	14 ④　15 ④
16 ①	17 ④	18 ①	19 ⑤	20 (1) ㅟ (2) ㅚ
21 (1) ㉠, ㉣ (2) ㉡, ㉢	22 ⑤	23 ②	24 '소리의 길이'는	

24 '소리의 길이'는 단어의 뜻을 구별해 주기 때문에 음운이라고 할 수 있다.

01 음운은 말의 뜻을 구별해 주는 소리의 가장 작은 단위로, 말을 쓰는 사람들의 머릿속에 기억되어 동일한 소릿값을 가졌다고 인식되는 추상적이고 관념적인 소리이다.

오답 피하기 ① 음운의 수는 언어마다 다르다. ③ 음성은 사람의 발음 기관에서 나는 소리만을 말한다. ④ 음성은 의미와 상관이 없지만, 음운은 의미를 지닌다. ⑤ 음성은 사람마다 다른 소리지만, 음운은 추상적이고 관념적인 소리로서 사람마다 같은 소리로 인식한다.

02 자음은 안울림소리와 울림소리로 이루어져 있다. 반면 모음은 모두 울림소리이다.

03 이중 모음은 혀의 위치나 입술 모양이 처음과 끝이 달라지는 모음이다.

오답 피하기 ① 자음과 상관없이 모음은 홀로 소리가 난다. '아, 야, 어, 여' 등에서 첫소리 자리에 있는 'ㅇ'은 형식 자음으로 소릿값이 없다.

04 음운은 서로 모여서 더 큰 소리의 단위인 음절을 형성하는데, 이때에는 반드시 모음이 필요하다. 모음은 홀로 음절이 될 수 있다.

오답 피하기 ② 자음은 홀로 소리 날 수 없다. ③ 음운은 말의 뜻을 구별해 주는 소리의 최소 단위이다. ④ 자음은 소리의 세기에 따라 예사소리, 된소리, 거센소리로 구분된다. ⑤ 모음은 모두 울림소리로 이루어져 있다.

05 (1) 이 문장에서 음운은 'ㅏ, ㄹ, ㅣ, ㄹ, ㅏ, ㅇ, ㅏ, ㄹ, ㅣ, ㄹ, ㅏ, ㅇ, ㅏ, ㄹ, ㅏ, ㄹ, ㅣ, ㅛ'의 18개로 이루어져 있다. (2) 이 문장은 '아, 리, 랑, 아, 리, 랑, 아, 라, 리, 요'의 10개의 음절로 이루어져 있다. (3) '아'와 '요'는 모두 하나의 음운이 하나의 음절이 되는 글자이다.

06 ㉠ 2개, ㉡ 6개, ㉢ 8개, ㉣ 5개, ㉤ 4개, ㉥ 7개이다.

07 ① '별'에는 입술소리이면서 예사소리인 자음 'ㅂ'이 포함되었다.

오답 피하기 ② 잇몸소리이자 비음인 자음은 'ㄴ'이다. ③ 센입천장소리이자 된소리인 자음은 'ㅉ'이다. ④ 여린입천

장소리이자 거센소리인 자음은 'ㅋ'이다. ⑤ 목청소리는 'ㅎ'이다.

08 ② (가)~(다)는 소리의 세기에 따라 분류한 것이다. ③ (가)는 예사소리, (나)는 된소리, (다)는 거센소리이다. ④ (가)는 약하게 나는 소리인데 비해, (나)는 강하고 단단한 소리이다. ⑤ (나)는 강하고 단단한 소리인데 비해, (다)는 크고 거친 소리이다.

09 ㉢, ㉤, ㉥은 자음 분류 기준이고 ㉠, ㉡, ㉣은 모음 분류 기준이다.

10 모음을 전설 모음과 후설 모음으로 나누는 것은 혀의 앞뒤 위치에 따른 것이며 평순 모음과 원순 모음으로 나누는 것은 입술 모양이다. 또 고모음, 중모음, 저모음은 모음을 혀의 높낮이에 따라 나눈 것이다.

11 'ㅣ, ㅔ, ㅐ'는 평순 모음이면서 전설 모음이고, 'ㅡ, ㅓ, ㅏ'는 평순 모음이면서 후설 모음이다.

12 발음할 때 혀의 위치나 입술의 모양이 달라지는 모음은 이중 모음이다. ③의 'ㅚ, ㅗ, ㅏ, ㅟ'는 단모음이다.

오답 피하기 ①의 'ㅕ, ㅙ', ②의 'ㅢ, ㅘ', ④의 'ㅠ, ㅝ', ⑤의 'ㅖ, ㅛ'는 모두 이중 모음이다.

13 'ㄹ'는 입술이다. 두 입술이 부딪혀서 소리 나는 입술소리를 찾는다.

14 '7'은 목젖이다. 목젖에서 나는 소리는 없다. 'ㅋ'은 '6'과 '10'에서 나는 여린입천장소리이고, 'ㅍ'은 '2'에서 나는 입술소리이다.

15 파찰음은 'ㅈ, ㅉ, ㅊ'이다.

16 'ㄹ'은 잇몸소리이자 유음이다. 잇몸소리이자 비음인 자음은 'ㄴ'이다.

오답 피하기 ② 'ㅍ'은 거세고 거친 느낌을 주는 거센소리이다. ③ 'ㅇ'은 공기가 코로 들어가도록 하여 내는 비음이기 때문에 코를 막으면 제대로 발음되지 않는다. ④ 'ㅑ'는 발음할 때 혀의 위치나 입술 모양이 처음과 나중이 달라지는 이중 모음이다. ⑤ 'ㅟ'는 발음할 때 입술이나 혀가 한 위치에 고정된 채 발음되는 단모음이다.

17 음절이 아니라 음운의 차이로 뜻이 달라지는 말의 예를 보여 주고 있다.

18 'ㅣ, ㅔ, ㅐ'는 단모음이므로 입술 모양은 변화가 없으며, 입은 점점 크게 벌어지고, 혀의 높이는 점점 낮아진다. 'ㅣ'는 고모음, 'ㅔ'는 중모음, 'ㅐ'는 저모음이다.

19 이 표에 나타난 모음들은 모두 단모음이다. 단모음은 발음할 때 입술이나 혀가 한 위치에 고정된 채 발음된다.

20 이 표에서 후설 모음의 'ㅜ, ㅗ'를 통해 ㉡이 원순 모음임을 알 수 있다. 따라서 원순 모음 중에서 (가)는 전설 모음이자 고모음인 'ㅟ'이고, (나)는 전설 모음이자 중모음인 'ㅚ'이다.

21 '눈'이 짧은소리일 경우 '사람 신체의 일부', 긴소리일 경우 '하늘에서 내리는 얼음의 결정체'를 의미한다. '밤'이 짧은소리일 경우 '해가 져서 어두워진 때부터 다음 날 해가 떠서 밝아지기 전까지의 동안'을 가리키고, 긴소리일 경우 '밤나무의 열매'를 나타낸다.

22 제시된 표는 자음을 '발음 위치'와 '발음 방법'에 따라 분류한 것이다.

23 [말:]은 인간의 의사소통 수단, [말]은 말과의 포유류에 해당하는 단어이다.

24 음운은 말의 뜻을 구별해 주는 소리의 가장 작은 단위이다. 따라서 소리의 길이도 음운에 포함된다.

 문장의 짜임

개념 쏙쏙
p. 114~119

01 어절 **02** 절 **03** 문장 **04** 넓은 바다가, 매우 푸르다 **05** 윤아는, 밥을 먹었다 **06** 소희는, 바보가 아니다 **07** 사랑스러운 아기가, 해맑게 웃는다 **08** 서술어 **09** 목적어 **10** 관형어 **11** 지우는 **12** 초등학생이 **13** 매우 **14** 정희야 **15** 아 **16** 응 **17** 어머나 **18** -다 **19** -니 **20** -아라 **21** -자 **22** -구나 **23** 홑 **24** 겹 **25** 겹 **26** 홑 **27** 해가 지고 달이 뜬다. **28** 바람이 불어서 나뭇잎이 떨어진다. **29** 소영이는 학교에 갔고, 민석이는 도서관에 갔다. **30** × **31** ○ **32** ○ **33** 명사절 **34** 서술절 **35** 관형절 **36** 부사절 **37** 인용절 **38** 중의적 **39** 문학 작품 **40** 어휘적 **41** 저기 내리는 눈을 보아라. **42** 친구의 잘생긴 동생을 만났다. **43** 꽃이 다 예쁘지는 않다.

기본 탄탄
p. 120~123

01 ④	**02** ③	**03** ②	**04** ①	**05** ①	**06** ②
07 ④	**08** 주어(나는), 부사어(병원에)			**09** ③	**10** ①
11 ①	**12** (1) 날씨가 무척 덥지? (2) 날씨가 무척 덥구나!				**13** ④
14 ③	**15** ③	**16** ①	**17** ②	**18** ②	**19** ④
20 ②	**21** 동수를 직접 본		**22** ⑤	**23** ④	**24** ⑤
25 ②	**26** ②	**27** ①	**28** 아름다운, 고향의 하늘		

01 문장은 크게 '주어부'와 '서술부'로 나눌 수 있다. 주어부는 문장에서 설명의 대상이 되는 부분이고, 서술부는 문장에서 주어부의 행동, 동작, 상태 등을 설명하는 부분이다. ④는 '할머니께서'를 '주어부'로, '선영이에게 노래를 불러 주셨다'를 서술부로 나눌 수 있다.

02 '부사어'는 주로 용언(동사, 형용사)을 꾸며 그 의미를 한정하는 문장 성분이다. 부사어는 문장 안에서 관형어나 다른 부사어를 꾸며 주기도 하고, 문장 전체를 꾸며 주기도 한다.

03 주성분은 문장을 이루는 필수적인 성분을 말하며 필수 성분이라고도 한다. 주어, 서술어, 목적어, 보어가 이에 속한다. ②는 주어(우리는), 목적어(봄을), 서술어(기다린다)로 이루어져 있다.

　오답 피하기 ① '다섯'은 관형어이다. ③ '예쁜'은 관형어이다. ④ '친구와, 함께'는 부사어이다. ⑤ '그가 떠난'은 관형절이며, '오래'는 부사어이다.

04 관형어는 문장에서 주성분을 꾸며 주는 역할을 하는 부속 성분으로, 체언(명사, 대명사, 수사)을 꾸며 주는 말이다.

05 '어젯밤에'는 부속 성분인 부사어이다.

　오답 피하기 ② '숙제를'은 목적어, ③ '구두가'는 주어, ④ '학생이'는 보어, ⑤ '읽었다'는 서술어로 모두 주성분이다.

06 '성적이'는 서술어 '아니다' 앞에 오는 '보어'이다.

　오답 피하기 ①의 '가죽을', ③의 '자를', ④의 '너를', ⑤의 '너희들을'이 목적어이다.

07 ④ '풍요로운'은 뒤따라오는 체언 '시대'를 꾸며 주는 관형어이다. 그리고 '아주'는 관형어인 '풍요로운'을 꾸며 주는 부사어이다.

　오답 피하기 ①, ②, ③, ⑤는 모두 서술어를 꾸며 주는 부사어이다.

08 '나는 오늘 병원에 갔다.'와 '나는 내일 병원에 또 가야 한다.'가 결합한 문장이다. 주어인 '나는'과 부사어인 '병원에'가 중복되었기 때문에 생략되었다.

09 말하는 이가 문장의 내용에 대해서 특별한 의도를 드러내지 않는 문장 종결 방식을 '평서형'이라고 한다. ③은 말하는 이가 듣는 이에게 어떤 행동을 하거나 하지 않도록 요구하는 명령문이다.

10 ①은 '-ㅂ시다'의 종결 어미가 쓰인 청유문이다. 청유문은 말하는 이가 듣는 이에게 어떤 행동을 함께 하도록 요청하는 문장이다.

11 문장에서 중복되는 주어와 서술어는 생략될 수 있으므로 주어

와 서술어의 개수가 항상 같지는 않다. 또, 서술절을 안고 있는 안은문장은 주어가 두 개인데 서술어는 한 개만 나타난다.

12 (1) 의문문은 '-느냐, -는가, -니, -(으)ㅂ니까, -오, -가' 등과 같은 의문형 어미를 사용한다. (2) 감탄문은 '-구나, -구려, -도다' 등과 같은 감탄형 어미를 사용한다.

13 ④는 두 문장 모두 홑문장이다.

　오답 피하기 ① 홑문장 / 종속적으로 이어진문장, ② 대등하게 이어진문장 / 홑문장, ③ 대등하게 이어진문장 / 관형절을 안고 있는 안은문장, ⑤ 관형절을 안고 있는 안은문장 / 종속적으로 이어진문장이다.

14 ③은 부모님은(주어), 진정으로(부사어), 우리를(목적어), 사랑하신다(서술어)로 이루어져 있다. 주어와 서술어의 관계가 한 번만 나타나는 홑문장이다.

　오답 피하기 ①은 서술절을 안고 있는 안은문장, ②와 ⑤는 대등하게 이어진문장, ④는 종속적으로 이어진문장이다.

15 부사절 '구름 한 점 없이'를 포함하는 겹문장이다.

16 ②는 홑문장이다.

　오답 피하기 ① '봄이 되다.'와 '들판이 파래졌다.'가 결합한 이어진문장이다. ③ '그는 그 소식을 기다렸다.'와 '눈이 빠지다.'가 결합한 안은문장이다. ④ '그녀가 그곳에 도착하다.'와 '그에게서 소식이 왔다.'가 결합한 이어진문장이다. ⑤ '가을이 오다'와 '나는 설악산을 좋아하다.', '나는 설악산에 갈 것이다.'의 세 문장이 결합하였다.

17 ②는 대등하게 이어진문장이다. ①, ③, ④, ⑤는 모두 종속적으로 이어진문장이다.

18 |보기|는 종속적으로 이어진문장이다. 이와 같은 종속적으로 이어진 문장은 ②이다.

　오답 피하기 ①은 서술절을 안고 있는 안은문장, ③은 명사절을 안고 있는 안은문장, ④는 관형절을 안고 있는 안은문장, ⑤는 인용절을 안고 있는 안은문장이다.

19 부사절은 문장 안에서 부사어로 쓰이고, 주로 서술어를 꾸며 주는 기능을 한다. '-게', '-이', '-도록', '-(아)서' 등의 부사형 전성 어미와 결합하여 이루어진다.

20 이 문장은 '소현이는 책을 빌린다.', '소현이는 도서관에 갔다.'인 두 개의 홑문장으로 나눌 수 있다. 이 문장들에 종속적 연결 어미 '-(으)러'가 결합되어 종속적으로 이어진문장이 되었다. 이때 중복되는 주어인 '소현이는'은 생략되었다.

21 중복되는 문장 성분인 주어를 생략하고 '동수를 직접 보았다'를 관형절로 만들어 빈칸을 완성하면 된다.

22 ⑤는 인용절을 안고 있는 안은문장이다. 이처럼 다른 사람의

말을 인용할 때는 안긴문장 뒤에 '고', '라고'와 같은 조사를 붙여 인용절임을 표시한다.

23 ㉢은 주어와 서술어의 결합이 한 번만 이루어진 홑문장이다.

오답 피하기 ㉠, ㉡, ㉣은 대등하게 이어진문장, ㉤은 관형절을 안은문장이다.

24 '풍성한 과일 수확을 비는'은 뒤에 오는 '풍속'을 꾸며 주는 관형절이다. ⑤에서는 '차마 잊을 수 없는'이 뒤에 오는 '고향 마을'을 꾸며 주는 관형절이므로 위의 문장과 형식이 같다.

25 |보기|의 문장에서 밑줄 친 부분은 부사절이다.

오답 피하기 ①은 서술절, ③과 ⑤는 관형절, ④는 인용절이다.

26 중의적 표현은 두 가지 이상의 의미로 해석될 수 있는 표현을 말한다. ②에서 중의적 표현은 전달하려는 의미가 분명하지 않기 때문에 의사소통을 방해할 수 있다.

27 ② 친구들이 한 명도 오지 않았다. / 친구들이 일부만 오고 전부 오지는 않았다. ③ 내가 형과 함께 아우를 찾아다녔다. / 내가 형과 아우, 두 사람을 찾아다녔다. ④ 어린 시절의 친구가 그립다. / 어린 시절이 그립다. ⑤ 수빈이는 음악을 좋아하는 정도가 나보다 더하다. / 수빈이는 나와 음악 중에서 음악을 더 좋아한다.

28 관형어의 꾸밈 때문에 생겨나는 중의성을 해소하기 위해서는 문장 부호를 사용하거나 어순을 바꿔 주면 된다.

실력 쑥쑥
p. 124~129

01 ②	02 ②	03 ②	04 ②	05 ①	06 ④

07 딸의 – 관형어, 혼을 – 목적어, 어떻게 – 부사어, 했나 – 서술어 **08** ②

09 ④	10 ④	11 ④	12 ④	13 ①	14 ⑤

15 (1) 정우는, 빵을, 먹었다 (2) 도서관에서, 맛있는 **16** ② **17** ①

18 ②	19 ④	20 ④	21 ③	22 ⑤	23 ④

24 ⑤   25 (1) 연희는 도서관에서 국어 공부를 하였다. / 단비는 도서관에서 사회 공부를 하였다. (2) 도서관에서   **26** ①   **27** ④

28 ①	29 ①	30 서영이는 밥을 먹으러 식당에 간다.	31 ④

32 ⑤	33 ②	34 ④	35 (1) 관형절 (2) 서술절	36 ①

37 ①	38 ②	39 ④	40 ③	41 ⑤	42 저

것이 우리 아버지께서 그리신 그림이다. / 저것이 우리 아버지를 그린 그림이다. / 저것이 우리 아버지 소유의 그림이다.

---

01 문장의 기본 구조는 서술어의 종류에 따라 '누가/무엇이＋어찌하다', '누가/무엇이＋어떠하다', '누가/무엇이＋무엇이다'의 세 가지 유형으로 분류할 수 있다. ②는 서술어가 형용사(어떠하다)이고 ①, ③, ④, ⑤는 서술어가 동사(어찌하다)이므로 ②는 서술어의 성격이 다르다.

02 '무엇이/누가＋어찌하다'의 문장 구조에서의 서술어는 대상의 움직임을 나타내는 '동사'이다.

오답 피하기 ①, ③, ④는 '무엇이/누가＋어떠하다'의 문장 구조로 이때의 서술어는 대상의 상태나 성질을 나타내는 '형용사'이다. ⑤는 '무엇이/누가＋무엇이다'의 문장 구조로 이때의 서술어는 대상을 지정하는 '명사＋서술격 조사'이다.

03 주어부는 문장에서 주어와 그에 딸린 부속 성분으로 이루어진 부분이고, 서술부는 문장에서 서술어, 목적어, 보어와 그들에 딸린 부속 성분으로 이루어진 부분이다. ②의 문장은 '언니와 동생의 얼굴이'(주어부)와 '다르다'(서술부)로 나눌 수 있다.

04 문장을 이루는 기본 성분은 '주성분'으로 '필수 성분'이라고도 한다.

오답 피하기 ③ 주어: 문장에서 설명하려는 대상, 서술어: 주어의 동작, 성질, 상태 등의 설명, 목적어: 서술어의 동작의 대상이 되는 성분, 보어: 서술어가 '되다 / 아니다'일 경우 '무엇이 / 누가'에 해당하는 말이다.

05 '매우'는 주로 용언을 꾸며 주는 부사어로서 부속 성분이다. 부사어는 문장에서 관형어나 다른 부사어를 꾸며 주기도 하고, 문장 전체를 꾸며 주기도 한다.

오답 피하기 ② '학생이'는 보어, ③ '아이가'는 주어, ④ '눈동자가'는 주어, ⑤ '노래를'은 목적어로 모두 문장을 이루는 데 꼭 필요한 성분인 주성분이다.

06 ④ '삽시간에'는 뒤에 오는 '주위가 보랏빛으로 변했다.'라는 문장 전체를 꾸며 주는 부사어이다.

07 이 문장은 홑문장으로, 관형어와 목적어, 부사어, 서술어로 이루어져 있다.

08 ② '물고기가'는 보어이다. 보어는 서술어가 '되다, 아니다'일 경우에 그 앞에 오는 '무엇이', '누가'에 해당하는 말이다.

09 보어는 문장의 주성분(필수 성분)으로 서술어 '되다 / 아니다' 앞에 나타난다. '국가대표 선수가'는 서술어 '되었다' 앞에 온 보어이다.

10 ④의 '매우'는 서술어 '좋아한다'를 꾸며 주는 부사어이다.

오답 피하기 ①, ②, ③, ⑤의 문장에서 각각 '맑은'은 '시냇물'을, '파란'은 '모자'를, '예쁜'은 '꽃'을, '맛있는'은 '김밥'을 꾸며 주는 관형어이다.

11 부속 성분은 주성분(주어, 서술어, 목적어, 보어)을 꾸며 주는 역할을 하는 성분을 말한다. ④의 문장을 분석해 보면 '바람이(주어), 나무를(목적어), 흔들고 있었다(서술어)'의 주성분으로만 이루어져 있음을 알 수 있다.

12 독립어는 문장의 어느 성분과도 관계가 없는 말로 주로 감탄, 부름, 응답 등을 나타낸다. ①의 '네', ②의 '영미야', ③의 '얘들아', ⑤의 '참'이 독립어에 해당한다.

13 제시된 문장은 참(독립어), 그(관형어), 일을(목적어), 깜빡(부사어), 있고 있었네(서술어)로 분석할 수 있다. 즉 주어와 보어는 문장에서 사용되지 않았다.

14 ⑤는 서술절을 안고 있는 안은문장이다. 서술절은 문장 안에서 서술어로 쓰이는 절을 말하며, 다른 안긴문장과 달리 어미나 조사가 붙지 않는 것이 특징이다.

15 정우는(주어), 도서관에서(부사어), 맛있는(관형어), 빵을(목적어), 먹었다(서술어)이다.

16 해당 문장은 청유문이다. 청유문은 '-자', '-세', '-ㅂ시다' 등의 종결 어미가 쓰인다.

> **오답 피하기** ①, ④는 평서문, ③은 의문문, ⑤는 감탄문이다.

17 명령문은 말하는 이가 듣는 이에게 어떤 행동을 하거나 하지 않도록 요구하는 문장으로 '-어라/-아라, -거라' 등의 종결 어미가 결합되어 이루어진다. ①을 명령문으로 고치면 '보영아, 책을 읽어라.'이다.

18 ②는 주어(나는)와 서술어(먹지 않았다)의 관계가 한 번만 맺어진 홑문장이다.

> **오답 피하기** ①은 대등하게 이어진문장, ③은 부사절을 안고 있는 안은문장, ④는 종속적으로 이어진문장, ⑤는 명사절을 안고 있는 안은문장으로 모두 겹문장이다.

19 이어진문장은 한 문장 안에서 두 개 이상의 홑문장이 연결 어미로 결합되어 이루어진 문장을 말한다.

> **오답 피하기** ① 이어진문장의 주어와 서술어는 2개이다. ② 앞뒤 문장의 의미 관계에 따라 연결 어미가 달라진다. ③ 대등하게 이어진문장과 종속적으로 이어진문장이 있다. ⑤ 연결 어미로 결합한 문장을 의미한다.

20 '(사람들이) 이 대학에 들어가기'는 명사절로, 주어 역할을 하고 있다. 따라서 이 문장은 명사절을 안고 있는 안은문장이다.

21 ③은 대등하게 이어진문장이다. 대등하게 이어진문장은 앞뒤 문장의 의미 관계가 대등하므로 앞뒤 문장의 순서를 바꾸어 써도 의미 차이가 거의 없다. ①, ②, ④, ⑤는 모두 종속적으로 이어진문장이다.

22 위의 문장에서 '비가 오듯이'는 서술어 '쏟아진다'를 꾸며 주는 부사절이다.

23 |보기|는 명사절을 안고 있는 안은문장이다. 명사절은 문장 안에서 주어, 목적어, 보어 등의 기능을 하는 절을 말한다. ④ '비가 오기'는 명사절로, 문장 안에서 목적어로 쓰였다.

24 안긴문장은 '좋은 일들이 생기기'이며, 이 문장은 원래 '좋은 일들이 생기다.'이다. 따라서 어미 '-기'가 결합하여 명사절이 되었으며, 목적어 역할을 한다. 다른 문장 성분을 꾸며 주는 말이라는 설명은 잘못된 것이다.

25 각각의 홑문장이 이어진문장이 되면서 중복되는 '도서관에서'가 생략되었음을 알 수 있다.

26 체언을 꾸며 주는 역할을 하는 절은 '관형절'이다. 관형절은 '-(으)ㄴ', '-는', '-(으)ㄹ' 등과 같은 관형사형 전성 어미가 결합되어 이루어진다.

27 '일이 이루어지기'는 조사 '를'과 결합하여 '빕니다'의 목적어로 쓰인 명사절이다.

28 ②는 부사절, ③은 명사절, ④는 관형절, ⑤는 인용절을 안고 있는 안은문장이다.

29 ①은 명사절을 안고 있는 안은문장, ②~⑤는 부사절을 안고 있는 안은문장이다.

30 '서영이는 밥을 먹는다.'와 '서영이는 식당에 간다.'는 문장이 결합한 이어진 문장이다. 식당에 가는 목적이 밥을 먹기 위한 것이므로 종속적으로 이어진문장으로 고쳐야 한다.

31 ④는 '영희가 노래하는'이 관형절로 쓰인 안은문장이다.

32 ⓜ은 얼핏 보면 주어와 서술어의 관계가 한 번만 이루어진 것 같으나 반복되는 주어가 생략되어 있으므로 홑문장이 아니다. 즉, '그는 이 고장에서 태어났고, 그는 평생 동안 이 고장을 떠나지 않고 살았다.'라는 문장에서 '그는'이 반복되었으므로 뒤에 오는 문장의 주어를 생략한 겹문장이며 대등하게 이어진문장이다.

33 ②는 주어(장미꽃이)와 서술어(피었다)가 하나씩 나오는 홑문장이다.

> **오답 피하기** ①과 ⑤는 종속적으로 이어진문장, ③은 인용절을 안고 있는 안은문장, ④는 대등하게 이어진문장이다.

34 '날씨가 갑자기 추워졌다.'는 '창밖에 얼음이 얼었다.'의 원인이 되는 문장이다. 그러므로 두 문장은 이유나 근거를 나타내는 연결 어미인 '-어서/아서'를 사용하여 연결해야 한다.

35 (1)에서 '눈이 맑은'은 체언 '사람'을 꾸며 주는 관형어 역할을 하므로 관형절이다. (2)에서 '눈이 맑다'는 전체 문장의 서술어 역할을 하는 서술절이다.

36 ②, ③은 명사절을 안고 있는 안은문장이고, ④, ⑤는 관형절

을 안고 있는 안은문장이다.

37 ⍜은 관형절을 안고 있는 안은문장으로, '뒷산에 곰이 산다는' 이 뒤에 오는 명사 '소문'을 꾸며 주고 있다.

38 |보기|의 문장은 겹문장으로 주어(상우는, 진영이가)와 서술어(돌아오다, 기다리다)가 각각 2개이다.

39 중의적 표현은 여러 가지 의미로 해석될 수 있는 표현으로 일상적인 의사소통에는 지장을 줄 수 있다. 하지만 의미의 다양성으로 인해 문학 작품의 표현 효과를 높일 수 있다.

40 ③은 조사 '는'을 사용하여 문장의 의미를 한정함으로써 상황을 분명하게 드러낸다. '학생들이 일부만 돌아갔다'는 의미로 해석할 수 있다.

41 '문희가 민희와 함께 희령이를 찾아다녔다.' 혹은 '문희가 민희도 찾아다녔고 희령이도 찾아다녔다.'처럼 고쳐 써야 한다.

42 조사 '의'의 모호성으로 인해 중의적 표현이 되었다. 따라서 조사 '의'가 갖는 '행동의 주체, 대상, 소유' 등의 의미가 드러나도록 문장을 고쳐 써야 한다.

09 어문 규범

개념 쏙쏙
p. 130~139

01 ×	02 ○	03 ○	04 ×	05 (1) 꼬츨 → 꽃을
(2) 만은 → 많은 (3) 재미읻따 → 재미있다				06 "지금 어디 가
니?"라고 친구가 물었다. 07 ×		08 ○	09 ×	10 ○
11 ⍞, ⍝	12 ⍜, ⍟	13 ⍝	14 ○	15 ○	16 ○
17 ①	18 친구가∨방에∨있다. 친구가 방에∨있다.			19 ×
20 ○	21 ○	22 ×	23 ⍟	24 ⍜	25 ⍝
26 ×	27 ×	28 ×	29 ×	30 대장장이	31 멋
쟁이	32 미장이	33 욕심쟁이	34 ○	35 ×	36 ×
37 ⑤	38 ①	39 전통성, 합리성		40 단모음, 이중 모음	
41 ○	42 ×	43 ×	44 ㄱ, ㄴ, ㄷ, ㄹ, ㅁ, ㅂ, ㅇ	45 음	
절 끝소리 규칙		46 ㄱ, ㅁ, ㅂ		47 ③	48 [ㄱ]
49 [ㄴ]	50 [ㅂ]	51 [ㄹ]	52 [솜:니불]	53 [생년필]	54 [솔
립]	55 [휘발류]	56 [서른녀섣]		57 [콘날]	58 ⑤
59 ②	60 ⑤	61 ×	62 ×	63 ○	64 ×

기본 탄탄
p. 140~145

01 ③	02 ④	03 ③	04 ⑤	05 그∨집까지∨가는
V데∨한∨시간이∨걸렸다. 06 ⑤		07 ①	08 ④	09 ⑤
10 ④	11 ②	12 ①	13 ①	14 어문 규범	15 ④
16 ②	17 전통성, 합리성		18 ①	19 ②	20 표
준어, 문화어		21 ④	22 ②	23 ①	24 ㄱ,
ㄴ, ㄷ, ㄹ, ㅁ, ㅂ, ㅇ / ㄱ, ㄷ, ㅂ			25 ④	26 ③	27 ⑤
28 ③	29 ②	30 ⍜: 큰아버지가 사는 집(큰댁) ⍝: 크기가 큰			
집	31 ②	32 ②	33 ③	34 ④	35 (1)
[거돔], (2) [느밥], (3) [마덥따]				36 ④	37 ②	38 ⑤
39 ⍜ [해쌀/핻쌀], ⍝ [콘날], ⍞ [나문닙]					

01 말을 할 때에도 표준 발음법에 따라 어문 규범을 지켜서 말을 해야 한다.

02 '점심시간에 함께 밥을 먹는다.'는 규범에 맞는 표현이다.

> **오답 피하기** ① '있슴'은 '있음'으로, ② '가치'는 '같이'로, ③ '여덜'은 '여덟'으로, ⑤ '드러갔다'는 '들어갔다'로 표기해야 맞는 표기이다.

03 '것'은 의존 명사이기 때문에 띄어 써야 한다. '어제 본 것은 장미꽃이다.'와 같이 써야 한다.

04 준말이 널리 쓰이고 본말이 잘 쓰이지 않는 경우 준말을 표준어로 삼기 때문에 '무'가 표준어이다.

05 단어는 띄어 쓰는 것을 원칙으로 한다. 꾸미는 말은 띄어 쓰고 조사는 그 앞말에 붙여 쓴다. 그리고 의존 명사는 띄어 쓰고 단위를 나타내는 명사는 띄어 쓴다.

06 단위를 나타내는 명사는 띄어 쓰고, 숫자를 나타내는 말은 만 단위로 띄어 쓰기 때문에 ⑤는 '연필 열두 자루'와 같이 써야 한다.

07 '의사'는 표준 발음법 제5항에서 'ㅑ ㅒ ㅕ ㅖ ㅘ ㅙ ㅛ ㅝ ㅞ ㅠ ㅢ'는 이중 모음으로 발음한다고 했으므로 [의사]로 발음한다. 올바른 발음을 알고 싶으면 사람마다 각기 다른 발음의 차이에서 오는 혼란을 방지하기 위하여 발음할 기준을 정해 놓은 표준 발음법을 참고해야 한다.

08 표준어 사정 원칙 제1장 제1항에서 "표준어는 교양 있는 사람들이 두루 쓰는 현대 서울말로 정함을 원칙으로 한다." 라고 규정하고 있다. 이에 따라 표준 발음법은 교양 있는 사람들이 두루 쓰는 현대 서울말의 발음을 표준어의 실제 발음으로 여기고서 일단 이를 따르도록 원칙을 정한 것이다.

09 한자어 '라', '래', '로' 등이 첫머리 이외에 쓰이는 경우에는 본음대로 적는다.

10 북한의 억양은 높은 데서 낮은 데로 떨어지는 억양이 반복되며 단어나 어절을 끊어서 말한다.

11 '날개'는 표기한 대로 소리가 나기 때문에 소리대로 적은 것에 해당한다.

> **오답 피하기** ① [어름], ③ [막따], ④ [오뚜기], ⑤ [떠러지다]로 각각 소리 난다.

12 '만듦'은 '만들다'라는 단어의 원래 형태를 밝혀 적어야 한다. 그러므로 '만듦'으로 표기해야 한다.

13 '가벼운'은 소리 나는 대로 적은 것에 해당한다.

> **오답 피하기** ② [발꺼름], ③ [시자캐요]는 ㉡의 경우이고, ④ [하루], ⑤ [사랑하다]는 소리 나는 대로 적은 것이므로 ㉠에 해당한다.

14 말과 글의 약속인 '어문 규범'을 지켜야 원활한 의사소통이 가능하다.

15 '백분율'의 경우 'ㄴ' 받침 뒤에 '률'이 이어지기 때문에 '율'로 적어야 한다.

16 용언의 활용형에 나타나는 '져, 쪄, 쳐'는 [저, 쩌, 처]로 발음한다.

17 표준 발음법 제1항은 '표준어의 실제 발음을 따른다.'라는 근본 원칙에 '국어의 전통성과 합리성을 고려하여 정한다.'는 조건이 붙어 있다.

18 준말이 널리 쓰이는 경우에는 준말을 표준어로 삼는다. 예를 들어 '무우'와 '무' 가운데 널리 쓰이는 준말인 '무'를 표준어로 삼는다.

19 '깍두기[깍뚜기]', '색시[색:씨]'는 'ㄱ' 받침 뒤에서 나는 된소리에 해당한다. 따라서 '깍두기, 색시'라고 적어야 한다.

20 남한에서는 1988년 표준어 사정 원칙에서 '표준어'를 정의하였고, 북한에서는 1966년 조선말 규범집에서 처음 '문화어'를 사용했다.

21 북한은 두음 법칙을 인정하지 않기 때문에 '노동'을 '로동'으로 적는다.

22 '예, 례' 이외의 'ㅖ'는 [ㅔ]로도 발음할 수 있으므로 [지혜/지혜] 모두 표준 발음이다.

> **오답 피하기** ① [다처], ③ [밥꼬], ④ [혜:택/헤:택], ⑤ [여덜]

23 겹받침 'ㄺ'은 어말 또는 자음 앞에서 [ㄱ]으로 발음한다.

> **오답 피하기** ② [널따], ③ [막따], ④ [읍꼬], ⑤ [밥:따]

24 제8항은 음절 말 위치에서 실현되는 자음으로는 'ㄱ, ㄴ, ㄷ, ㄹ, ㅁ, ㅂ, ㅇ'의 7개가 있음을 규정한 것이다. 받침 'ㄲ, ㅋ'은 받침 'ㄱ'과 같이 [ㄱ]으로 발음하고 받침 'ㅅ, ㅆ, ㅈ, ㅊ, ㅌ'은 받침 'ㄷ'과 같이 [ㄷ]으로 발음하며, 'ㅍ'은 받침 'ㅂ'과 같이 [ㅂ]으로 발음한다.

25 용언의 어간 말음 'ㄹ'은 'ㄱ' 앞에서 [ㄹ]로 발음하므로 [물꼬]로 발음한다.

26 겹받침이 모음으로 시작된 조사나 어미, 접미사와 결합되는 경우에는, 뒤엣것만을 뒤 음절 첫소리로 옮겨 발음한다. '통닭을[통달글]'로 발음한다.

27 서울은 우리나라의 수도로서 정치, 경제, 문화, 교통 등 모든 면에서 중심이기 때문에 서울에서 쓰는 말을 표준어로 정했다.

28 'ㄱ, ㅂ' 받침 뒤에 나는 된소리는 같은 음절이나 비슷한 음절이 이어지지 않으면 된소리로 적지 않는다.

> **오답 피하기** ② 종결형에서 사용되는 어미 '-오'는 '요'로 소리 나는 경우가 있더라도 그 원형을 밝혀 '오'로 적지만, 연결형에서 사용되는 '이요'는 '이요'로 적는다. ④ 부사의 끝음절이 분명히 '이'로만 나는 것은 '-이'로 적고, '히'로만 나거나 '이'나 '히'로 나는 것은 '-히'로 적는다. '깨끗이'는 '이'로만 나므로 '깨끗이'라고 적어야 한다.

29 '할인율'로 바꾸어야 한다. 모음이나 'ㄴ' 받침 뒤에 이어지는 '률'은 '율'로 적어야 한다.

30 ㉠과 같이 붙여 쓸 경우에는 '큰아버지가 사는 큰댁'을 뜻하고, ㉡과 같이 띄어 쓰게 되면 '크기가 큰 집'이라는 의미이다.

31 'ㅊ'은 거센소리에 해당하기 때문에 '위층'으로 표기해야 한다.

32 겹받침 'ㄺ, ㄻ, ㄿ'은 어말 또는 자음 앞에서 각각 [ㄱ, ㅁ, ㅂ]으로 발음하므로 '읊고[읍꼬]'로 발음한다.

33 '주스'의 북한 표기는 '과일단물'이다.

34 용언의 어간 말음 'ㄺ'은 'ㄱ' 앞에서 [ㄹ]로 발음하므로 ④의 '맑고'는 [말꼬]로 발음한다.

> **오답 피하기** ① 닭[닥], ② 흙과[흑꽈], ③ 늙지[늑찌], ⑤ 맑다[막따]

35 표준 발음법 제15항은 받침 있는 단어(또는 접두사)와 모음으로 시작된 단어와의 결합에서 발음되는 받침의 소리와 연음에 대한 것이다. 예컨대 '밭 아래'는 '밭'을 일단 독립형인 [받]으로 발음하고 다시 모음 앞에서 그 받침 소리 [ㄷ]을 연음하여 결국 [바다래]로 발음한다는 것이다.

36 솜이불[솜:니불], 막일[망닐], 한여름[한녀름], 직행열차[지캥녈차]는 모두 'ㄴ' 음을 첨가하여 발음하는 단어이다. '등용문[등용문]'은 음의 첨가가 이루어지지 않는다.

> **오답 피하기** ① [콩년], ② [생년필], ③ [시공뉴], ⑤ [영엄농]

37 'ㄹ' 받침 뒤에 첨가되는 'ㄴ' 음은 [ㄹ]로 발음해야 하므로 ②는 솔입[솔립]이 표준 발음이다.

38 '수탕나귀'로 표기해야 한다.

39 'ㄴ, ㅁ' 같은 비음 앞에 사이시옷이 들어간 경우에는 'ㅅ→ㄷ→ㄴ'의 과정에 따라 사이시옷을 [ㄴ]으로 발음한다. 즉 '콧날'은 [콛날]→[콘날]의 과정에 따라 [콘날]로 발음된다.

실력 쑥쑥
p. 146~153

01 ①	02 ①	03 ③	04 ⑤	05 ④	06 ⑤

07 ㉠과 같이 단어의 원래 형태에 따라 어법에 맞게 적어야 단어의 뜻을 정확하게 알 수 있다.

08 ⑤	09 ⑤	10 ①	11 ②
12 ③	13 ①		

14 표준어는 교양 있는 사람들이 두루 쓰는 현대 서울말로 정함을 원칙으로 한다.

15 ④	16 ①	17 ②
18 ①	19 ②	20 겨레말 큰사전

21 발음하는 동안 혀의 위치가 바뀌지 않는 모음을 단모음이라고 하고, 발음하는 과정에서 혀나 입술의 위치나 모양이 달라지는 모음을 이중 모음이라고 한다.

22 ④			
23 ⑤	24 ④	25 ①	26 ⑤	27 ③	28 ⑤
29 ③	30 ①	31 ③	32 ⑤		

33 표준어는 아니지만 실제 언어생활에서 많이 사용됨에 따라 혼란과 불편함을 해소하기 위해 표준어로 등재했다.

34 ④	35 ⑤	

36 두음 법칙을 인정하지 않으며, 외래어를 순우리말로 순화하여 사용하고 있다.

37 (1) 왠지 (2) 웬

38 ③	39 ②	40 ⑤	

41 (1) 뒤풀이 (2) 혓바늘 (3) 텃세

42 ③	43 ①	

44 (1) 온점 (2) 물음표

45 숫자, 곳간, 횟수, 셋방, 찻간, 툇간

46 ②	47 ①	

48 한글은 소리 나는 대로 적는 표음 문자이면서, 소리 나는 대로 적을 경우 의미를 분명하게 전달할 수 없는 경우가 있으므로 어법에 맞게 적어야 한다.

49 ③	50 ④	51 ④	

52 표준어의 실제 발음을 따르되, 국어의 전통성과 합리성을 고려하여 정함을 원칙으로 한다.

---

01 한글 맞춤법은 우리말을 한글로 적을 때 지켜야 할 약속이다.

(오답 피하기) ② 표준어 규정은 국가에서 공용으로 쓰기로 정한 말을 규정한 약속이다. ③ 어문 규범은 원활한 의사소통을 위해서 말과 글에서 지켜야 할 약속이다. ④ 외래어 표기법에 대한 설명이다. ⑤ 로마자 표기법에 대한 설명이다.

02 어문 규범은 표기법뿐만 아니라 표준 발음법에도 적용한다.

03 '빨간색과 파란색을 섞어서 사용하자.'는 잘못된 부분이 없다.

(오답 피하기) ① '바래'가 아니고 '바랄게'라고 표기해야 한

다. ② '핸폰'을 '휴대 전화'라고 해야 바른 표기이다. ④ '이사 온지'는 '이사 온 지'로 띄어 써야 한다. ⑤ '댓가'가 아닌 '대가'로 표기해야 한다.

04 '년(年)'의 경우 단어 첫머리에서는 '연'으로, 이외의 경우에는 본음대로 적는다.

(오답 피하기) ① '남녀', ② '당뇨', ③ '여성', ④ '연세'라고 적는다.

05 한 단어 안에서 같은 음절이나 비슷한 음절이 겹쳐 나는 부분은 같은 글자로 적는다.

(오답 피하기) ㉡ '돌', ㉢ '딱따구리'로 표기해야 한다.

06 사이시옷 뒤에 '이' 음이 결합되는 경우에는 [ㄴㄴ]으로 발음한다. [나문닙]이 표준 발음이다.

07 ㉡처럼 소리 나는 대로 적으면 정확한 의미를 파악하기 어렵다.

08 단위를 나타내는 명사는 '한 개, 차 한 대, 옷 한 벌'처럼 띄어 쓴다.

09 대화, 인용 등을 나타낼 때는 큰따옴표(" ")를 사용한다. 작은따옴표는 따온 말 가운데 다시 따온 말이 있을 때, 마음속으로 한 말을 적을 때 사용한다.

10 의존 명사 '수'는 띄어 써야 한다.

(오답 피하기) ② '여기부터', ③ '3학년입니다', ④ '부엉이 등이', ⑤ '열한 살이'와 같이 띄어쓰기를 해야 한다.

11 '상추', '아지랑이', '윗사람'은 표준어이다.

(오답 피하기) '알타리무'는 '총각무', '삭월세'는 '사글세', '무우'는 '무'가 표준어이다.

12 '만듬'의 어간의 원형이 '만들-'이므로 '만듦'으로 표기해야 한다.

13 사이시옷 뒤에 '이' 음이 결합되는 경우에 [ㄴㄴ]으로 발음한다. '뱃머리'는 사이시옷 뒤에 'ㅁ'이 결합되는 경우이므로 [밴머리]로 발음한다.

(오답 피하기) ② [나문닙], ③ 뒷일[뒨ː닐], ④ 베갯잇[베갠닏], ⑤ 깻잎[깬닙]

14 표준어 사정 원칙 총칙 제1항을 통해 표준어 사정 원칙을 규정하고 있다.

15 표준어를 사용하는 것이 원칙이지만 동창회와 같은 개인적인 자리에서는 사투리를 사용할 수도 있다.

16 5번만 맞춤법에 맞게 썼다.

(오답 피하기) 1. '뻐꾹이 → 뻐꾸기', 2. '두자루 → 두 자루', 3. '갈께요 → 갈게요', 4. '갖으면 → 가지면'으로 표기해야 한다.

17 뻐꾸기는 '-하다'나 '-거리다'가 붙을 수 없기 때문에 '뻐꾹

이'로 표기하지 않는다.

18 북한의 문화어에서는 두음 법칙을 인정하지 않고 있다. 예를 들어 '노인(老人)'을 '로인'이라고 표기한다.

19 서로의 체제를 지키는 말을 인정하게 되면 오히려 남북한의 언어 차이가 심화된다.

20 '겨레말 큰사전'은 통일을 대비하여 남북의 언어적 차이를 극복하기 위해 남과 북이 공동으로 추진하여 편찬하기로 한 사전이다.

21 단모음은 소리를 내는 도중에 입술 모양이나 혀의 위치가 달라지지 않는 모음이고, 이중 모음은 입술 모양이나 혀의 위치를 처음과 나중이 서로 달라지게 하여 내는 모음이다. 'ㅏ ㅐ ㅓ ㅔ ㅗ ㅚ ㅜ ㅟ ㅡ ㅣ'는 단모음으로 발음하고, 'ㅑ ㅒ ㅕ ㅖ ㅘ ㅙ ㅛ ㅝ ㅞ ㅠ ㅢ'는 이중 모음으로 발음한다.

22 '담그다'는 활용할 때 기본형 어간 '담그-'에 어미 '-아'가 결합할 경우 'ㅡ'가 탈락하기 때문에 '담갔다'로 표기해야 한다.

① '몇일'은 '며칠'의 잘못된 표현이다. ② '달이다'는 '약이나 액체를 끓여 진하게 만들다.'의 의미로, '다리다'는 '옷이나 천의 구김을 펴다.'의 의미로 사용한다. ③ '-든지'는 어느 것이 선택되더라도 아무런 상관이 없을 때 사용하고, '-던지'는 지난 일을 나타내는 '-더-'에 어미 '-ㄴ지'가 결합된 어미로서 막연한 의문이 있는 채로 그것을 뒤의 절의 사실이나 판단과 관련시킬 때 사용한다. ⑤ '지금 바로'의 의미일 경우에는 '금세'가 바른 표기이다.

23 발음하는 과정에서 혀의 위치나 높이, 입술의 모양이 변하는 모음은 이중 모음이다.

24 '윗층'의 바른 표기는 '위층'이다. 위와 아래를 나타내는 말은 '윗-'으로 표기하지만 거센소리(ㅋ, ㅌ, ㅍ, ㅊ)나 된소리(ㄲ, ㄸ, ㅃ, ㅆ, ㅉ)가 이어질 경우 '위-'로 표기한다.

25 '깡충깡충' 대신에 모음 조화가 파괴된 형태인 '깡충깡충'을 표준어로 삼는다.

② '상치'가 아닌 '상추', ④ '애닯다'가 아닌 '애달프다', ⑤ '안절부절하다'가 아닌 '안절부절못하다'를 표준어로 삼는다. ③ '쇠고기', '소고기'는 둘 다 표준어이다.

26 마음속의 생각은 작은따옴표(' ')로 나타낸다.

27 용언의 활용형에 나타나는 '저, 쪄, 쳐'는 [저, 쩌, 처]로 발음한다. 예 가져[가저], 쪄[쩌], 다쳐[다처]

28 겹받침 'ㄺ, ㄻ, ㄿ'은 어말 또는 자음 앞에서 각각 [ㄱ, ㅁ, ㅂ]으로 발음한다. 다만, 용언의 어간 말음 'ㄺ'은 'ㄱ' 앞에서 [ㄹ]로 발음한다.

① 늙지[늑찌], ② 흙과[흑꽈], ④ 맑다[막따], ⑤ 묽고[물꼬]

29 '예, 례' 이외의 'ㅖ'는 현실 발음을 고려하여 [ㅔ]로도 발음하는 것을 허용한다. 그러나 '예, 례'는 '공예[공예]', '곡예[고계]', '혼례[홀례]'처럼 반드시 이중 모음으로 발음해야 한다.

30 ①은 표기와 발음이 일치한다.

② 잔디밭에[잔디바테], ③ 좋아한다[조아한다], ④ 꽃을[꼬츨], 받았다[바닫따], ⑤ 꽃보다[꼳뽀다], 나뭇잎이[나문니피], 돋아났다[도다낟따]로 발음한다.

31 위와 아래의 구분이 없으면 '웃-'으로 표기하고, 전문적인 기술을 가진 사람을 나타낼 때는 '-장이'로 표기한다.

① 멋장이 → 멋쟁이 ② 웃도리 → 윗도리, ④ 담배꽁추 → 담배꽁초, ⑤ 개구장이 → 개구쟁이

32 '쌍둥이'만 표준어에 해당한다. ①~④에 제시된 단어들은 모두 복수 표준어이다.

33 표준어라 해도 실제 언어생활에서 자주 사용되지 않는 것이 있고, 표준어가 아니지만 많이 사용되는 것이 있는데 이로 인한 언어생활의 불편함을 해소하기 위해서이다.

34 '친구의 가방에 있었다.'는 띄어쓰기와 관계없이 하나의 의미만 가진다.

① 큰집: 큰아버지 댁, 큰 집: 크기가 큰 집, ② 작은형: 맏형이 아닌 형, 작은 형: 키가 작은 형, ③ 오늘밤나무를 심었다., 오늘밤 나무를 심었다., ⑤ 여기가 방이 깨끗하다., 여기 가방이 깨끗하다.

35 '일없습네다.'는 괜찮다는 뜻이다. 이는 같은 상황을 나타내는 말을 다르게 쓰는 경우이지 맞춤법에 맞지 않는 표현은 아니다.

36 '린접, 력량'은 두음 법칙을 따르지 않은 표기이며, '중간지대'는 '미드필드'를, '차넣기'는 '슛'을 뜻하는 외래어를 우리말로 표기한 것이다.

37 '웬지'는 의문사 '왜'와 어미 '-(이)ㄴ지'로 분석되는 말로 '왜 그런지 모르게'의 뜻인 '왜인지'의 준말이다. 반면 이유를 묻는다기보다 어떻게 된 일인지, 어떻게 생긴 일인지를 물을 때에는 '웬'을 사용한다.

38 '오랫만에'는 '오랜만에'라고 표기해야 한다.

39 합성어 및 파생어에서, 앞 단어나 접두사의 끝이 자음이고 뒤 단어나 접미사의 첫음절이 '이, 야, 여, 요, 유'인 경우에는, 'ㄴ' 음을 첨가하여 [니, 냐, 녀, 뇨, 뉴]로 발음한다. ㉠ 한여름[한녀름], ㉢ 눈요기[눈뇨기]. 'ㄹ' 받침 뒤에 첨가되는 'ㄴ' 음은 [ㄹ]로 발음한다. ㉡ 들일[들:릴]

40 '뒷일, 잇몸'은 모두 순우리말이다. '뒷일'은 모음 앞에서 'ㄴㄴ' 소리가 덧나는 경우이고, '잇몸'은 'ㅁ' 앞에서 'ㄴ' 소리가

덧나는 것이다.

41 거센소리나 된소리가 이어질 경우 사이시옷을 쓰지 않으므로 '뒤풀이'로 표기해야 한다. '혓바늘'은 순우리말로 된 합성어로서 앞말이 모음으로 끝난 경우이고, '텃세'는 순우리말과 한자어로 된 합성어로서 앞말이 모음으로 끝난 경우이므로 사이시옷을 받치어 적는다.

42 거센소리나 된소리가 이어질 경우 사이시옷을 쓰지 않는다. 그러므로 '뒤쪽'으로 표기해야 한다.

43 종결형에서 사용되는 어미 '-오'는 '요'로 소리 나는 경우가 있더라도 그 원형을 밝혀 '오'로 적고, 연결형에서 사용되는 '이요'는 '이요'로 적는다. '-(으)로서'는 '어떤 지위나 신분이나 자격을 가진 입장에서'란 뜻을 나타내며, '-(으)로써'는 '재료, 수단, 방법'을 나타낸다.

44 아라비아 숫자만으로 연월일을 표시할 적에는 온점(.)을 사용하고, 의심이나 물음을 나타낼 때는 물음표(?)를 사용한다.

45 두 음절의 한자어에는 사이시옷을 쓰지 않지만 의미를 구분하기 위해 '숫자, 곳간, 횟수, 셋방, 찻간, 툇간'에는 사이시옷을 표기한다.

46 '멋쟁이'로 표기해야 한다. 전문적인 기술자가 아닌 경우 '-쟁이'로 표기한다.

47 '짜장면'과 '곱빼기' 모두 표준어에 해당한다.

오답 피하기 ② '상치 → 상추', ③ '바램 → 바람', ④ '방구 → 방귀', ⑤ '숫강아지 → 수캉아지'로 표기해야 한다.

48 한글은 소리 나는 대로 적는 표음 문자이면서, 소리 나는 대로 적을 경우 의미를 분명하게 전달할 수 없는 경우가 있으므로 어법에 맞게 적어야 한다.

49 암수를 나타내는 표기는 제7항에 따르며, '암퇘지'가 맞는 표현이다. '찌개'도 '찌게'가 잘못된 표현이므로 '암퇘지 찌개'가 맞다.

오답 피하기 ① 마춤 → 맞춤, ② 어름 → 얼음, ④ 떡볶기 → 떡볶이, ⑤ 다려 → 달여

50 '또아리'의 준말인 '똬리'가 널리 쓰이고 있기 때문에 '똬리'가 표준어이다.

51 '헤딩'을 일컫는 북한 말은 '머리받기'이다.

52 표준 발음법은 사람마다 각기 다른 발음의 차이에서 오는 혼란을 방지하기 위하여 발음할 기준을 정해 놓은 약속이다.

10  음운의 변동

개념 쏙쏙
p. 154~159

01 ×	02 ×	03 ○	04 ㉠	05 ㉡	06 ㉢
07 ㉡	08 ×	09 ○	10 ○	11 ㄱ	12 ㄷ
13 ㅂ	14 ㄹ	15 ○	16 ×	17 ×	18 ㉡
19 ㉢	20 ㉠	21 ㉠, ㉢	22 ㉡	23 ○	24 ○
25 ×	26 ×	27 ×	28 ○	29 국화	30 하
얕다	31 잡혀	32 좋지	33 ×	34 ○	35 ○
36 담요	37 금융	38 등용문			

기본 탄탄
p. 160~163

01 ③	02 ②	03 ⑤	04 ㄱ, ㄴ, ㄷ, ㄹ, ㅁ, ㅂ, ㅇ		05 ②
06 ⑤	07 ④	08 ②	09 ③	10 ①	11 ⑤
12 ①	13 ③	14 ③	15 신라, 관람, 빛나는, 있는		16 급
류, 왕십리 17 ③	18 ③	19 가을걷이	20 ㅣ, ㄷ, ㅈ, 구개		
음화	21 ⑤	22 ①	23 ②	24 ③	25 ⑤
26 ④	27 ③	28 ③	29 ⑤	30 ②	31 ④
32 축약, 탈락					

01 두 개의 모음이 만나서 축약이나 탈락 등이 일어나기도 한다.

02 '앞'은 음절의 끝소리 규칙에 따라 [압]으로 소리가 난다.

03 어간 말음 'ㄺ'은 'ㄱ' 앞에서 [ㄹ]로 발음되므로 '읽고'는 [일꼬]로 발음된다.

오답 피하기 ① [흑], ② [녁], ③ [학], ④ [부억]은 모두 'ㄱ'으로 발음된다.

04 국어 음절의 끝소리에서 발음되는 자음은 'ㄱ, ㄴ, ㄷ, ㄹ, ㅁ, ㅂ, ㅇ' 일곱 자음뿐이다.

05 '삽'은 [삽]으로 발음되어 표기와 발음이 일치한다.

오답 피하기 ① [삼], ③ [난말], ④ [담뇨], ⑤ [광할루]로 발음되어 표기와 발음이 다르다.

06 '넓죽하다'의 올바른 발음은 [넙쭈카다]이다.

오답 피하기 ① 값을[갑쓸], ② 닭이[달기], ③ 읊다[읍따], ④ 넓둥글다[넙뚱글다]로 발음된다.

07 '심는'은 소리와 표기가 일치하기 때문에 음운의 변동이 일어나지 않는다.

오답 피하기 ① [항문], ② [실라], ③ [종노], ⑤ [잠는]으로 소리 난다.

08 해당 단어들은 각각 '히읗[히은]', '웃다[욷따]', '빛다[빋따]', '티읕[티은]'으로 발음된다. 끝소리에 오는 'ㅎ', 'ㅅ', 'ㅈ',

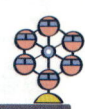

'ㅌ' 등은 모두 음절의 끝소리 규칙에 따라 'ㄷ'으로 발음된다.

09 음운의 변동은 말을 쉽고 편하게 하려는 언어의 경제성 원리에 따라 일어나는 현상이다.

10 대관령은 [대괄령]으로 발음이 되므로 뒤에 오는 자음의 영향을 받아 앞 자음이 변한 역행 동화이다.

오답 피하기 ② [담녁], ③ [왕능], ④ [종노], ⑤ [칼랄]은 모두 앞 자음의 영향을 받아 뒤에 오는 자음이 변한 순행 동화이다.

11 '국민'은 [궁민]으로 발음된다. 뒤에 오는 'ㅁ'의 영향을 받아 앞에 있는 'ㄱ'이 'ㅇ'으로 소리가 나는 역행 동화에 해당한다.

오답 피하기 ① [동내], ③ [강능], ④ [줄럼끼]는 순행 동화, ② [섬니]는 상호 동화에 해당한다.

12 '독립'은 [동닙]으로 발음되어 앞뒤 자음이 모두 변하는 상호 동화이다.

13 '굳이'는 [구지]로 발음된다.

14 '꽃이'는 [꼬치]로 소리 나기 때문에 구개음화로 볼 수 없다.

오답 피하기 ① 밭이[바치], ② 같이[가치], ④ 해돋이[해도지], ⑤ 솥이[소치]

15 '신라'는 [실라], '관람'은 [괄람], '빛나는'은 [빈나는], '있는'은 [인는]으로 발음된다.

16 '급류'는 [금뉴], '왕십리'는 [왕심니]로 각각 발음이 되어 둘 다 변하는 상호 동화에 해당한다.

17 '겉이'는 [거치]로 소리가 나는 구개음화에 해당한다.

오답 피하기 ① '잔디밭에'는 [잔디바테], ② '태양빛이'는 [태양비치], ④ '밭을'은 [바틀], ⑤ '옷이'는 [오시]로 모두 끝소리가 이어서 발음된 형태이다.

18 '난로[날로]'는 자음 동화 중 유음화가 일어나고, '피붙이[피부치]'는 구개음화가 일어난다.

오답 피하기 ① '천리[철리]'는 자음 동화, '꽃밭[꼳빧]'은 음절의 끝소리 규칙, ② '국화[구콰]'는 음운의 축약, '국물[궁물]'은 자음 동화, ④ '맏이[마지]'는 구개음화, '아드님(아들+-님)'은 음운의 탈락, ⑤ '협력[혐녁]'은 자음 동화, '입히다[이피다]'는 음운의 축약이 일어난다.

19 '가을걷이'에서 'ㄷ'이 'ㅣ'를 만나 'ㅈ'으로 변하여 [가을거지]로 발음되는 구개음화가 일어난다.

20 구개음화에 대한 설명으로 구개음화는 모음 'ㅣ'의 영향으로 자음 'ㄷ, ㅌ'이 'ㅈ, ㅊ'으로 변하는 현상이다.

21 '말갛게'는 [ㅎ+ㄱ]이 [ㅋ]으로 줄어든 형태이다.

22 '좋다'는 'ㅎ'과 'ㄷ'이 만나서 'ㅌ'으로 줄어드는 음운의 축약에 해당한다. 이와 같은 음운의 변동은 더 쉽게 발음하기 위해

일어난다. '하얗다'는 [하야타]로 발음되어 음운의 축약이 나타난다.

23 '좁히다'는 'ㅂ'과 'ㅎ'이 만나서 'ㅍ'으로 줄어든 음운의 축약이 일어난 단어이다.

오답 피하기 ① [미다지]는 구개음화, ④ [뱅녹땀]과 ⑤ [대통녕]은 자음 동화가 일어난 예이다.

24 '놓아'는 [노아]로 발음이 되면서 'ㅎ'이 탈락하므로 음운의 탈락에 해당한다. 다른 단어들은 모두 음운의 축약에 해당한다.

25 '보-+-아라'가 만나면 '봐라'로 표기하게 되어 음운의 축약이 일어나게 된다.

26 '예뻤다'는 '예쁘-'와 '-었다'가 만나서 어간의 '_'가 탈락된 형태이다.

오답 피하기 ① '남기-+-었다' → 음운의 축약, ② '보-+-아라' → 음운의 축약, ③ [그파다] → 음운의 축약, ⑤ [부친다] → 구개음화

27 '따님'은 '딸+-님'에서 'ㄹ'이 탈락되었고, '소나무'도 '솔+나무'에서 'ㄹ'이 탈락된 형태이다.

오답 피하기 ①, ②는 음운의 축약, ④ '마소'는 '말+소'에서 'ㄹ'이 탈락한 음운의 탈락, '빨갛고[빨가코]'는 음운의 축약, ⑤ '해돋이[해도지]'는 구개음화, '막히다[마키다]'는 음운의 축약이다.

28 '모인다'는 표기와 발음의 변화가 없다.

오답 피하기 ① '나날이(날+날+-이)'는 'ㄹ' 탈락, ② '입학[이팍]'과 ④ '노랗게[노라케]'는 자음 축약이 일어나고, ⑤ '가려(가리-+-어)'는 모음 축약에 해당한다.

29 |보기|의 '모여'는 '모이-+-어'가 줄어든 형태이다. '그려'도 '그리-+-어'가 줄어든 형태이다.

오답 피하기 ① '그었다'는 음운의 탈락, ② '앉대[안따]'는 음절의 끝소리 규칙, ③ '끓이다'와 ④ '바느질'은 음운의 탈락이 일어난 예이다.

30 '솜이불'은 'ㄴ' 음이 첨가되어 [솜니불]로 발음한다.

오답 피하기 ① [생년필], ③ [시공뉴], ④ [한녀름], ⑤ [지반닐]

31 '담요'는 [담뇨]로 발음이 되어 'ㄴ' 음의 첨가가 일어나는 단어이다.

오답 피하기 ① [칼랄], ② [왕능], ③ [궁녁]은 자음 동화, ⑤ [구콰]는 음운 축약이 일어난 단어이다.

32 두 개의 음운이 만나 하나의 음운으로 줄어드는 것은 '음운의 축약'이고, 하나의 음운이 사라지는 것은 '음운의 탈락'이다.

실력 쑥쑥   p. 164~169

01 ③	02 ③	03 ③	04 ①	05 ⑤	06 ④
07 ④	08 음운의 변동은 발음을 쉽고 편하게 하기 위해서 일어난다.				
09 ①	10 ③	11 ①	12 ④	13 ④	14 ②
15 ④	16 [난나치], 음절의 끝소리 규칙, 자음 동화, 구개음화				17 ④
18 ②	19 ③	20 ⑤	21 ②	22 ⑤	23 'ㅣ'

모음을 발음할 때 혀의 위치는 'ㄷ, ㅌ'을 발음할 때보다 'ㅈ, ㅊ'을 발음할 때 더 가까우므로 혀를 조금만 움직여 쉽게 발음하려는 의도 때문이다.

24 ④	25 ①	26 (1) 담가 (2) '담그-'와 '-아'가 만나서 'ㅡ'가 탈락된다.	27 ③	28 ①
29 ④	30 ②	31 ③		
32 ③	33 ②	34 ⑤	35 ③	36 음절의 끝소리 규칙, 음운의 첨가, 자음 동화
37 ③	38 ③	39 ①, ④		
40 ②	41 ④	42 발음은 같지만 표기에 따라 뜻		

이 다른 단어들의 의미를 구분하기 위해서이다.

01 음운의 변동은 자음과 자음, 자음과 모음, 모음과 모음이 만날 때도 일어난다.

02 '짧다'는 [짤따]로 발음한다.

03 ① '몫[목]', ② '낚시[낙씨]', ④ '부엌[부억]', ⑤ '넋이[넉씨]'는 모두 음절의 끝소리가 'ㄱ'으로 소리 나는 데에 비해 ③ '맑게'는 [말께]로 발음되어 음절의 끝소리가 'ㄹ'이다.

04 ①은 '닭다[닥따]'로 끝소리 발음이 [ㄱ]으로 소리가 나고 나머지는 모두 끝소리 발음이 [ㄷ]으로 소리가 난다.

05 '여덟[여덜]'은 겹받침이 'ㄹ'로 발음된다. 그러나 '읽다[익따]'는 겹받침이 'ㄱ'으로 발음된다.

> **오답 피하기** ① [널따], ② [달타], ③ [말꼬], ④ [흘기]는 모두 겹받침이 'ㄹ'로 발음된다.

06 '옷 아래'는 받침 'ㅅ'이 모음으로 시작하는 실질 형태소와 결합하면서 음절 끝소리 규칙의 적용을 받아 'ㄷ'으로 바뀐 후 뒤 음절의 첫소리로 옮겨 [오다래]로 발음한다.

> **오답 피하기** ① [비지], ② [나슬], ③ [비텁씨], ⑤ [부어클]로 각각 발음해야 한다.

07 '꽃으로'는 [꼬츠로]로 소리가 난다.

08 표기된 대로 발음을 하려면 어색하고 발음이 어렵다. 그러므로 경제성의 원리에 따라 발음을 좀 더 쉽게 하기 위해 음운의 변동이 일어난다.

09 '히읗'은 [히읃]으로 소리가 나는 단어이다.

10 '협력'은 서로 영향을 주고받아 앞뒤 자음이 둘 다 변하는 단어이므로 [혐녁]으로 소리가 난다.

11 두 자음이 같은 음운으로 동화되는 것을 완전 동화라고 한다. '닫는[단는]'은 음절의 끝소리 'ㄷ'이 뒤따르는 'ㄴ'과 만나 'ㄴ'

으로 동화되므로 완전 동화에 해당한다.

> **오답 피하기** ② [난말], ③ [임녁], ④ [뱅노], ⑤ [심니]는 불완전 동화이다.

12 '신라'가 [실라]로 발음되는 현상은 'ㄴ'이 'ㄹ'을 만나 'ㄹ'로 발음되는 자음 동화에 해당한다.

13 '침략[침냑]', '대통령[대통녕]'은 모두 앞 자음의 영향을 받아 뒤에 오는 자음이 변하는 순행 동화의 예이다.

> **오답 피하기** ① '국민[궁민]', '식물[싱물]'은 역행 동화, ② '입는[임는]'은 역행 동화, '국립[궁닙]'은 상호 동화, ④ '국력[궁녁]', '속리산[송니산]'은 상호 동화, ⑤ '난로[날로]', '전라도[절라도]'는 역행 동화이다.

14 '옷만'은 먼저 끝소리 규칙의 적용을 받아 [옫만]으로 소리가 나고 이후 자음 동화가 적용되어 [온만]으로 소리가 난다.

15 |보기|는 상호 동화에 대한 설명이다. '법률'은 끝소리와 첫소리가 서로 영향을 주고받아 [범뉼]로 소리가 나는 상호 동화에 해당한다.

> **오답 피하기** ① '국물[궁물]', ② '먹는[멍는]', ③ '잡는[잠는]'은 역행 동화, ⑤ '남루[남누]'는 순행 동화이다.

16 [낱낱이]＞[낟나티](음절의 끝소리 규칙)＞[난나티](자음 동화)＞[난나치](구개음화)

17 '작년', '생산량'은 자음 동화만 일어나는 단어이다.

> **오답 피하기** ① 빛나는([빋나는] → [빈나는]), ② 앞마당([압마당] → [암마당]), ③ 있는([읻는] → [인는]), ⑤ 부엌문([부억문] → [부엉문])은 모두 음절의 끝소리 규칙과 자음 동화가 일어난다.

18 '넉넉히'는 자음 동화와 음운의 축약이 일어나서 [넝너키]로 소리가 나는 단어이다.

19 |보기|는 음운의 축약에 관한 설명이다. '가려(가리－＋－어)'는 모음 축약에 해당하는 단어로, 음운의 변동이 표기에 반영되었다.

> **오답 피하기** ① '붙이고[부치고]'는 구개음화, ② '박하사탕[바카사탕]'과 ⑤ '집합[지팝]'은 음운의 축약이 일어난 단어이며, 표기에 반영되지 않았다. ④ '예뻐(예쁘－＋－어)'는 음운의 탈락이 일어나고 표기에 반영되었다.

20 ① [미다지], ② [삳싸치], ③ [구치고], ④ [소치]는 모두 구개음화가 일어난다. 하지만 ⑤ '맞히고[마치고]'는 음운의 축약에 해당한다.

21 '설거지'는 표기한 대로 발음이 되기 때문에 음운의 변동이 일어나지 않는 단어이다.

오답 피하기 ① [피부치], ③ [구치다], ④ [부치다], ⑤ [턱바지]는 모두 구개음화가 일어난다.

22 '되-+-었다'는 음운의 축약이 일어나면 '됐다'로 표기해야 한다.

23 혀끝소리인 'ㄷ, ㅌ'보다 센입천장소리인 'ㅈ, ㅊ'을 발음할 때 'ㅣ' 모음과 혀의 위치와 모양이 비슷한 형태가 된다. 이것은 발음을 쉽게 하기 위해 나타나는 현상이다.

24 '해돋이'는 [해도지]로, '같이'는 [가치]로, '굳이'는 [구지]로 발음되며, 모두 'ㄷ, ㅌ'이 모음 'ㅣ'와 만나 [ㅈ, ㅊ]으로 발음되는 구개음화 현상이다.

25 '맨입'은 'ㄴ' 음의 첨가가 일어나는 단어이다.

26 '담그-+-아'는 두 개의 모음이 만나 발음을 쉽고 편하게 하기 위해 하나의 음운이 탈락하는 모음 탈락에 해당한다.

27 '붙여'는 '붙이어'를 줄여 쓴 표기로 '붙+이'에서 구개음화가 일어나는 단어이다.

28 '닫히다'에서 'ㄷ'과 'ㅎ'이 축약이 되어 'ㅌ'으로 소리가 나고, 'ㅌ'으로 축약이 된 상태에서 모음 'ㅣ'와 만나서 구개음화가 일어난다.

29 '봐요'는 모음 'ㅗ'와 'ㅏ'가 만나서 'ㅘ'로 축약이 일어난다.

30 '끌려'의 경우 '끌리-+-어'가 만나 축약된 형태의 단어이고, '갔다'는 '가-+-았다'가 만나 'ㅏ'가 탈락된 형태의 단어이다.

오답 피하기 ① '맞춰요', ③ '키워요', ④ '노려보는', '그려요', ⑤ '완성됐다'는 각각 음운의 축약에 해당한다.

31 '젖히고'에서 'ㅈ'과 'ㅎ'이 만나서 'ㅊ'으로 축약이 일어나 [저치고]로 소리가 난다. '나날이', '소나무'는 'ㄹ' 탈락이 일어나고 '고파서'와 '껐다'는 '_' 탈락이 일어난 단어이다.

32 '신림'은 앞 음절의 'ㄴ'이 이어지는 'ㄹ'과 만나 'ㄹ'로 동화되어 [실림]으로 발음된다.

33 '오죽헌'은 'ㄱ'과 'ㅎ'이 'ㅋ'으로 줄어들어 [오주컨]으로 발음되므로 음운 축약이 일어난 단어이다.

오답 피하기 ① '독립[동닙]', ③ '광한루[광할루]', ④ '한라산[할라산]', ⑤ '무열왕릉[무열왕능]'은 자음 동화가 일어난 단어이다.

34 '고프-+-아'의 경우 '고파'로 표기한다. 어간 '고프-'에서 모음 '_'가 탈락한 형태이다.

35 '학교'는 표기하는 음운의 수는 5개이고, 발음되는 음운도 [학꾜]로 5개이기 때문에 표기와 발음의 음운 수에 차이가 없다.

36 '풀잎'이 [풀닢]으로 소리가 나면서 'ㄴ' 음 첨가가 일어나고, 다시 [풀립]으로 소리가 나면서 자음 동화(유음화)가 일어난다. 그리고 음절의 끝소리 규칙의 적용을 받아 [풀립]으로 소리가 난다.

37 '물약'은 [물략]으로, '콩엿'은 [콩녇]으로, '서울역'은 [서울력]으로 소리가 나는 과정에서 모두 'ㄴ' 음이 첨가되는 단어이다.

38 ㉢ '하얗기[하야키]'는 'ㅎ'과 'ㄱ'이 결합하여 'ㅋ'으로 축약되고, ㉣ '입학[이팍]'은 'ㅂ'과 'ㅎ'이 결합하여 'ㅍ'으로 축약된다.

오답 피하기 ㉠ '박나래[방나래]'는 자음 동화, ㉡ '지어(짓-+-어)'는 'ㅅ' 탈락이 일어난다. ㉤ '공부'는 표기와 발음이 일치하는 단어이다.

39 '두통약'은 [두통냑]으로, '한여름'은 [한녀름]으로 소리가 나면서 'ㄴ' 음이 첨가된 형태이다.

오답 피하기 ② '속리산'과 ③ '달나라'는 자음 동화이고, ⑤ '버드나무'는 자음 탈락이다.

40 '모여서'는 '모이-+-어서'가 축약된 형태이다.

오답 피하기 ① '모았다(모으-+-았다)'는 '_' 탈락, ③ '담갔다(담그-+-았다)'는 '_' 탈락, ④ '아드님(아들+-님)'은 'ㄹ' 탈락, ⑤ '가서(가-+-아서)'는 'ㅏ' 탈락이다.

41 '색연필'과 '솜이불'은 각각 'ㄴ' 음이 첨가되어 [생년필]과 [솜니불]로 소리가 난다.

42 '붙이다'의 경우 [부치다]로 소리가 나고, '맞히다'도 [마치다]로 소리가 나는 단어로 소리대로 표기할 경우 의미를 구분할 수 없는 단어이다.

11 문법 요소

01 높임법 02 ○ 03 × 04 께서 05 잡수신다 06 께
07 모시고 08 ㉢ 09 ㉠ 10 신문을 읽으십시오. 11 신문을 읽으시오. 12 신문을 읽게. 13 신문을 읽어라.
14 시제 15 현재 16 과거 17 ㉠ 18 ㉢ 19 ㉡
20 부정 21 ㉡ 22 ㉠ 23 ○ 24 × 25 말자
26 피동 표현 27 동생이 28 언니가 29 나무에 못이 박히다. 30 화영이가 반장으로 뽑혔다. 31 되다 32 사동 표현 33 햇빛이 34 민희가 35 토끼에게 풀을 먹인다. 36 자세를 낮추다. 37 시키다 38 인용 표현 39 ○ 40 × 41 직접 42 간접 43 직접 44 간접 45 -라고, -고 46 ○ 47 × 48 소녀는 나무에 꽃이 피었다고 말했다. 49 어린 왕자는 나에게 어떤 꽃을 가장 좋아하냐고 물었다. 50 선생님께서는 멀리 보려면 높이 뛰라고 말씀하셨다.

01 ⑤ 02 ⑤ 03 ③ 04 ④ 05 ③ 06 ③
07 ⑤ 08 ㉠: 주다, ㉡: 에게 09 ⑤ 10 ③ 11 ④
12 ③ 13 ④ 14 ⑤ 15 ④ 16 어제, -았-
17 내일, -겠- 18 ① 19 ② 20 ④ 21 ④
22 ② 23 희령이는 도서관에 가지 않았다. 24 ⑤ 25 ①
26 ③ 27 ④ 28 ③ 29 ③ 30 김 박사가 새로운 사실을 밝혔다. 31 아기가 의자에 앉았다. 32 ⑤ 33 ④
34 ③ 35 ④ 36 ⑤ 37 ① 38 ③ 39 ④

01 완곡 표현은 대화에서 상대방의 기분을 상하지 않게 돌려 말하는 방법으로 우리말의 문법 요소에 해당하지 않는다.

02 ⑤는 서술의 객체를 높인 '객체 높임법'이다.
> 오답 피하기 ①, ③, ④는 서술어에 선어말 어미 '-시-'를 넣어 서술의 주체, 즉 주어를 높인 '주체 높임법'이다. ②는 높임 표현의 어휘(계시다)를 사용하여 주어를 높인 '주체 높임법'이다.

03 서술어 '노래하시는군요'에서 '-시-'는 주체를 높이는 선어말 어미이다.
> 오답 피하기 ①, ②는 상대 높임법, ④, ⑤는 객체 높임법이다.

04 ④는 높임의 어휘를 사용했지만 객체인 할머니를 높인 '객체 높임법'이다.
> 오답 피하기 ①~③, ⑤는 높임 표현의 어휘를 사용하여 주체를 높인 '주체 높임법'이다.

05 동생은 높임의 대상이 아니기 때문에 '데리고'라고 해야 올바

른 표현이다.

06 서술어의 객체는 문장의 목적어나 부사어를 의미한다. ③에서는 부사어인 삼촌을 높이기 위해 조사 '에게' 대신에 '께'와 '주다'의 높임 표현인 '드리다'를 사용하였다.
> 오답 피하기 ①, ⑤는 청자를 높이는 상대 높임법이고 ②, ④는 행위의 주체를 높이는 주체 높임법이다.

07 간접 높임의 경우에는 '있으시다'를 사용해야 한다.
> 오답 피하기 ①은 '아버지께서 주무시니?', ②는 '호진아, 선생님이 오라고 하셔.', ③은 '어머니께서 형에게 용돈을 주셨어.', ④는 '할머니께서는 요즘도 진지를 잘 잡수신다.'가 정확한 표현이다.

08 '나는 그 책을 선생님께 드렸다.'에서는 '선생님'이 객체이다. 그래서 부사어에 조사 '에게' 대신에 '께'와 '주다'의 높임 표현인 '드리다'를 사용하였다.

09 ⑤는 높임의 단계가 가장 높은 '합쇼체'이다.
> 오답 피하기 ①은 '해체', ②는 '해요체', ③은 '해라체', ④는 '하오체'이다.

10 |보기|와 ③은 높임의 단계가 가장 높은 '합쇼체'이다.
> 오답 피하기 ①은 '하게체', ②는 '하오체', ④, ⑤는 비격식체로 '해요체'이다.

11 ④는 친근한 사이에서 사용되는 '해요체'이다.
> 오답 피하기 ①은 '하게체', ②는 '해체', ③은 '하오체', ⑤는 '합쇼체'이다.

12 현재 시제는 발화시와 사건시가 일치하는 시제이다.

13 ④는 '어제'라는 부사와, 과거를 나타내는 어미 '-더-'를 사용하였다.

14 '-겠-'은 '미래', '추측', '의지'를 나타낸다.

15 ④는 어미 '-었-'을 통해 과거의 어느 시점에 동작이 완료되었음을 알 수 있다.

16 부사어 '어제'와 과거를 나타내는 어미인 '-았-'이 쓰였다.

17 부사어 '내일'과 미래를 나타내는 어미인 '-겠-'이 쓰였다.

18 '진행상'과 '완료상'의 구분은 발화시를 기준으로 어떤 동작이 계속 이어지고 있느냐 아니면 막 끝났느냐에 있다. ㉠의 '말라 간다'와 ㉡의 '불고 있다'는 문맥상 현재에도 계속 이어지고 있는 동작을 뜻하므로, '진행상'에 해당된다. ㉢의 '먹어 버렸다'는 문맥상 밥을 먹는 행동을 이제 막 끝냈다는 뜻이므로 '완료상'에 해당된다.

19 ㉢의 '좋아하겠군'의 '-겠-'은 추측의 의미를 더하는 어미이다.
> 오답 피하기 ㉠의 '먹는다'의 '-는-'은 현재 시제를 나타내는 어미, ㉢의 '좋아하겠군'의 '-겠-'은 추측의 의미를 더하는 어미, ㉣의 '만났다'의 '-았-'은 과거 시제를 나타내는

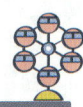

어미이다.

20 짧은 부정문은 '안/못 하다'로, 긴 부정문은 '−지 않다/못하다'로 실현된다.

21 의도 부정인 '안' 부정문이 사용된 올바른 표현이다.
오답 피하기 ①, ③은 '안' 부정문, ②는 '못' 부정문, ⑤는 '말다' 부정문이 적절하다.

22 '안' 부정문은 의도 부정이고, '못' 부정문은 능력 부정이다. ②는 주체가 하고 싶지만 그렇게 할 능력이 없어서, 어떤 일을 할 수 없는 경우를 표현한 것이다.

23 |보기|의 부정문은 '안' 부정문이며, '긴 부정문'이다.

24 명령문이나 청유문에서는 '말다' 부정 표현을 사용하며, '−지 말−', '−지 마라'의 형태로 실현된다. 예를 들면 '거짓말을 하지 말자.', '지각을 하지 마라.'의 형태이다.

25 접사 '−기−'를 사용한 피동 표현이다.
오답 피하기 ②, ⑤는 사동문, ③, ④는 주동문이다.

26 |보기|의 '안기다'와 ③의 '잡히다'는 모두 피동사이다.
오답 피하기 ①, ②, ④, ⑤는 모두 사동사이다.

27 ②의 '열리다'는 '열매가 맺히다'는 뜻을 가진 동사로 피동사가 아니다. 따라서 대응하는 능동문을 만들 수 없다.
오답 피하기 ① '못을 나무에 박다.', ③ '재민이 화영이 밀었다.', ④ '민수가 그 말소리를 들었다.', ⑤ '벌목꾼이 큰 나무를 베었다.'가 각각의 피동문에 대응하는 능동문이다.

28 '자르다'는 접사에 의한 사동 표현을 할 수 없다. 따라서 '잘렸다'는 '자르게 했다'로 바꿔야 한다.

29 ③은 피동 접사 '−히−'가 쓰인 피동문이다.

30 부사어를 주어로, 주어를 목적어로 바꾸면서 피동사를 능동사로 바꾸면 된다.

31 목적어를 주어로 바꾸면서, 사동사를 주동사로 바꾸면 된다.

32 직접 인용을 할 때는 해당 인용절에 큰따옴표를 사용하여 표시하고 인용격 조사 '라고'를 써서 표현한다.

33 간접 인용을 할 때는 간접 인용절 다음에 조사 '고'를 쓴다. 인용격 조사 '라고'를 쓰는 것은 직접 인용 표현 방법이다.

34 직접 인용 표현은 다른 사람의 말이나 글을 원래의 내용과 형식을 그대로 유지한 채 인용하는 방법이다. ③은 해당 인용절을 큰따옴표를 사용하여 표시하고, 인용격 조사 '라고'를 써서 표현한 직접 인용 표현이다.
오답 피하기 ①, ②, ④, ⑤는 간접 인용 표현이다.

35 ②의 해당 인용절은 철수의 말을 직접 인용한 것이므로 큰따옴표를 사용해 "난 오후에 야구장에 갈 거야."로 표시해야 한다.

36 권위 있는 전문가나 유명인의 말을 인용하면 내용이 풍부해지고 신뢰성을 높일 수 있다.

37 의성어를 인용할 때는 '라고'를 쓰지 않고 '하고'만을 쓴다.

38 다른 사람의 말이나 글을 원래의 내용과 형식을 그대로 유지한 채 인용할 때에는 인용격 조사 '라고'를 써서 표현한다.

39 다른 사람의 말이나 글을 그대로 인용할 때에는 인용격 조사 '라고'를 써서 표현한다.

실력 쑥쑥
p. 183~189

01 ③	02 ③	03 ②	04 ⑤	05 ②	06 상

06 상대 높임법 중 비격식체인 '해요체'와 주체 높임법이 사용되었다. **07** ③

08 ⑤	09 ⑤	10 ⑤	11 ④	12 하오체	13 ①
14 ⑤	15 ④	16 ⑤	17 ②	18 ③	19 과

거 시제, 완료상 **20** ④ **21** ③ **22** ④ **23** '

24 ⑤	25 ①	26 ②	27 우리, 산으로 가지 말자.		28 ④
29 ④	30 ⑤	31 ④	32 ③	33 ⑤	34 ㉠

피동, ㉡ 도둑이 경찰에게 잡혔다. **35** ① **36** ⑤ **37** ③

38 ③	39 ②	40 ①	41 재미있게 읽히는 책들이 많다.
42 ③	43 ④	44 ③	45 ⑤	46 ①	47 서

울에 도착한 시골 쥐는 자기는 그곳이 마음에 든다고 말했다. **48** '덜컹덜컹'은 의성어이므로, 행위를 나타내는 '하고'를 사용하여 세탁기 소리를 표현했다. **49** 직접 인용: "나는 딸기를 좋아해." 간접 인용: 민호는 바나나를 좋아한다고 말했다.

01 ③은 간접 높임의 경우로 '계시겠습니다'가 아닌 '있으시겠습니다'를 사용해야 한다.

02 ㉢의 '어머니'는 문장에서 부사어로 객체에 해당한다.

03 '밝으시다'는 높임의 대상인 할아버지의 신체 일부인 '귀'를 간접적으로 높인 표현이다.
오답 피하기 ①은 '아버지께서는 댁에 계시다.', ③은 '어머니 어깨에 나비가 앉았다.', ④는 '선생님의 연구 발표가 있으시겠습니다.', ⑤는 '아버지께서는 내일 낚시를 가실 예정이시다.'가 알맞은 표현이다.

04 '묻다' 대신에 '여쭈다'를 사용하여 객체인 '할아버지'를 높여야 한다.

05 여기서 '먹다'의 주체 즉 먹는 행동을 하는 사람은 '문희'이지만 말하는 행위인 '하다'의 주체는 '어머니'이다. 따라서 '먹으라고 하셔' 혹은 '먹으라셔'가 맞다.

06 '해요체'를 사용하여 듣는 이인 '어머니'를 높이고, 서술어 '하다'에 주체 높임의 선어말 어미 '−시−'를 포함하여 주체인 어머니를 높이고 있다.

07 문장에서 서술어의 행위가 미치는 대상을 서술어의 '객체'라고 하며, 우리말에서의 객체는 목적어나 부사어의 형태로 나타난다. 그리고 이러한 객체를 높이는 표현을 '객체 높임법'이

라고 한다. '압존법'은 문장의 주체가 말하는 이보다는 높지만 듣는 이보다는 낮아, 그 주체를 높이지 못하는 어법이다.

08 관용어는 두 개 이상의 단어가 결합하여 새로운 의미를 형성한 말로, 높임 표현을 사용하더라도 구성 요소를 다른 단어로 대체할 수가 없다.

09 서술어 '도착하다'의 주체는 '아버지'인데, '아버지'는 말하는 이인 '재민'보다 어른이지만, 듣는 이인 '할아버지'보다는 낮으므로 그 주체를 높이지 못하는 어법인 '압존법'이 사용되었다.

10 아주 높임의 등급인 '합쇼체'이다.

> 🐶오답 피하기 ①은 '하오체', ②는 '해라체', ③은 '하게체'로 격식체이며, ④는 '해요체'로 비격식체이다.

11 ④는 상대 높임법의 격식체 중, 예사 낮춤을 표현하는 '하게체'이다.

12 상대 높임법의 격식체 중 '하오체'에 대한 예문이다.

13 듣는 이를 높이는 것은 상대 높임법이다. ㉠은 접사 '-님'을 통해 듣는 이인 '아버지'를 높인 표현이다. ㉡은 '-ㅂ니다'를 통해 듣는 이인 할아버지를 높였다.

> 🐶오답 피하기 ㉢, ㉣은 객체 높임법, ㉤은 주체 높임법이다.

14 부사 '곧'과 어미 '-(으)ㄹ'을 통해 미래를 표현하고 있다.

15 ㉠은 '발화시', ㉡은 '사건시', ㉢은 '시제'이다. '사건시'보다 '발화시'가 앞서는 경우는 미래 시제이다. 미래 시제를 나타내는 어미로는 '-겠-', '-(으)ㄹ-', '-리-'가 있다.

16 '아까'는 과거를 나타내는 시간 부사이다. 따라서 미래를 나타내는 ④에서는 쓸 수 없다.

17 '현재'는 현재 시제를 나타내는 부사이고, '-겠-'은 미래 시제를 나타내는 어미이므로 이 표현은 적절하지 않다.

18 '예뻤던'에서 '-었-'과 '-던'이 과거의 의미를 나타내고 있다.

19 '-었-'을 사용한 과거 시제이고, '-버리다'를 통해 동작이 완료되었음을 나타내고 있다.

20 ④에서는 오직 '미래'의 의미만을 나타내고 있다.

21 ③의 선어말 어미 '-겠-'이 나타내는 의미는 '미래'이다.

22 ④는 미래 시제이고, ①~③, ⑤는 모두 현재 시제이다.

23 부정 부사 '안', '못'을 사용하는 부정 표현을 짧은 부정문, '-지 아니하다(않다)', '-지 못하다'를 사용하는 부정 표현을 긴 부정문이라고 한다.

> 🐶오답 피하기 ①, ③~⑤는 모두 긴 부정문이다.

24 '안' 부정은 단순 부정이나 행동 주체의 의지에 의한 부정을 나타낸다. 반면에 '못' 부정은 능력 부족이나 외부의 원인으로 인한 불가능을 나타낸다. 그러므로 ⑤만 바르게 쓰인 문장이다.

25 '못' 부정문이 형용사로 쓰일 때는 '기대에 미치지 못함을 아쉬워함.'을 나타내며 긴 부정문으로 사용된다.

26 부정문의 유형은 길이에 따라 짧은 부정문과 긴 부정문, 의미에 따라 의도 부정과 능력 부정으로 나눌 수 있다. '못'과 '안(아니)'은 짧은 부정문, '-지 못하다'와 '-지 않다(아니하다)'는 긴 부정문이다. '못'과 '못하다'는 능력 부정을, '안'과 '않다'는 의도 부정을 의미하므로 ㉠은 '그는 하루 종일 밥도 먹지 못했다'로 바꿀 수 있다.

27 위의 문장은 청유문이다. 명령이나 청유의 부정 표현은 '아니하다', '못하다' 대신에 '-지 말자', '-지 마라'를 사용하여 나타낸다.

28 '안' 부정은 ①처럼 단순 부정 또는 ④처럼 주체의 의도에 의한 부정을 나타낸다.

29 ④의 경우 ㉡을 '못' 부정문으로 바꾸었을 때 능력에 대한 부정이 되는 것일 뿐 부정의 정도가 더 강해지는 것은 아니다.

30 '명사+하다'로 된 동사의 부정 표현은 '명사(을/를)+안+하다'의 형태로 실현된다.

> 🐶오답 피하기 ①~④는 음절이 긴 형용사이므로 긴 부정문만 쓰인다. ①은 '출렁거리지 않는다.', ②는 '화려하지 않다.', ③은 '사랑스럽지 않다.', ④는 '아름답지 않다.'로 표현해야 한다.

31 ④를 능동 표현으로 바꾸면 '길가의 나뭇가지가 수건을 걸었다.'의 형태로 되는데, 이러한 표현은 어색하므로 피동 형식으로 표현하는 것이 자연스럽다.

32 ③의 능동문은 '여기서 아름다운 산을 본다.'이다.

> 🐶오답 피하기 ①, ②, ④, ⑤는 모두 대응하는 능동문이 없다.

33 '낮추다'는 사동사이다.

> 🐶오답 피하기 ①~④는 피동사로 타동사에 접사 '-이-, -히-, -리-, -기-'가 결합하여 이루어지고, 사동사는 동사나 일부 형용사에 접사 '-이-, -히-, -리-, -기-, -우-, -구-, -추-' 등이 붙어서 이루어진다.

34 '능동 표현'을 '피동 표현'으로 만들 때에는 '① 용언에 접사 '-이-, -히-, -리-, -기-'를 붙인다. ② 용언에 '-어지다'를 붙인다. ③ 명사에 피동의 뜻을 더하는 '-되다'를 붙인다.'의 세 가지 방법을 사용할 수 있다.

35 '비우다'는 '비+-우-(사동 접사)+-다'로 구성되었다. 따라서 '비우다'는 사동사이다.

36 '오다'와 '깨닫다'는 사동 접사를 붙일 수 없다.

> 🐶오답 피하기 ① 입히다-날리다, ② 먹이다-남기다, ③ 줄이다-늪히다, ④ 보이다-좁히다

37 '잊혀진'은 '잊다'의 피동 표현인 '잊히다'에 '-어지다'가 또 사용되어 피동이 연달아 적용된 이중 표현으로 바람직하지 않은 표현이다.

38 ④의 '먹이다'는 형태는 사동이지만 의미는 '가축을 기르다/치다'의 의미이므로 대응되는 주동문을 만들 수 없다.

39 ②에서 '익히다'는 '익숙해지도록 하다'의 의미를 나타낸다. 따라서 ②의 주동문은 성립하지 않는다.

40 ①은 '어머니가 동생의 입에 약을 직접 넣어 주셨다.'(직접 사동)와 '어머니가 동생에게 약을 먹도록 지시하였다.'(간접 사동)의 두 가지 의미로 해석된다.

41 '읽혀지는'은 피동 접미사 '-히-'와 '-어지다'를 결합한 이중 피동이다.

42 직접 인용을 할 때는 해당 인용절에 큰따옴표를 사용하여 표시하고, 인용절 뒤에 인용격 조사 '라고'를 쓴다.

43 직접 인용을 간접 인용으로 바꿀 때 의문문의 문장 종결 어미는 '-냐'로 바뀐다.

44 직접 인용을 간접 인용으로 바꿀 때 인칭 대명사가 달라지고 조사 '라고'가 '고'로 바뀐다.

45 원문의 일부만 뽑아서 원작자의 의도와 다르게 인용하거나, 출처를 밝히지 않고 원문을 사용하는 행위 등은 인용의 윤리에 어긋날뿐만 아니라 저작권 침해에 해당한다.

46 |보기|의 문장을 간접 인용으로 바꾸면 '현우가 여기는 비가 많이 오냐고 물었다.'가 된다. 직접 인용을 간접 인용으로 바꿀 때 의문문의 문장 종결 어미는 '-냐'로 바뀐다.

47 이 직접 인용문을 간접 인용문으로 바꾸려면 인칭 대명사 '나'를 '자기'로, 지시 대명사 '이곳'을 '그곳'으로 바꾸고 조사 '라고'를 '고'로 바꿔야 한다.

48 '덜컹덜컹', '뽀드득' 같은 의성어를 인용할 때는 '라고'를 쓰지 않고 '하고'만을 쓴다.

49 직접 인용은 은주의 말을 그대로 인용했으며, 간접 인용은 민호의 말을 간략하게 요약하여 전달했다

놀이로 즐기기 p. 228~229

◆ 누가 스파이 난쟁이일까?

정답 1, 6, 10

◆ 어떤 보물이 숨어 있을까?

정답 1 담화 2 상황 맥락 3 상형 4 합용 5 음운 6 잇몸소리

누가 스파이 난쟁이일까?

어느 날 백설공주와 일곱 난쟁이가 살고 있는 오두막에 한바탕 소동이 벌어졌다. 난쟁이가 갑자기 열 명으로 늘어나 버렸기 때문이다. 이 가운데 세 명의 난쟁이는 마녀가 보낸 스파이! 국어 문법 지식을 잘 알고 있는 난쟁이는 개념 있는 진짜 난쟁이지만, 국어 지식을 잘못 알고 있는 난쟁이는 스파이다. 백설공주는 스파이 난쟁이를 찾아낼 수 있을까?

1번 난쟁이 언어는 사회적 약속이므로 한 번 정해진 이후에는 바뀌지 않아. 이것을 '언어의 사회성'이라고 하지!

2번 난쟁이 인간은 상황에 따라 새로운 단어나 문장을 무한히 만들어 쓸 수 있어. 이것을 '언어의 창조성'이라고 해.

3번 난쟁이 단어들을 성질이 공통된 것끼리 모아 분류한 단어의 갈래를 '품사'라고 하지.

4번 난쟁이 사람이나 사물 등의 이름을 나타내는 단어를 '명사'라고 해.

5번 난쟁이 '수사'는 사물의 수량이나 순서를 나타내는 품사야.

6번 난쟁이 사람 또는 사물의 움직이나 작용을 나타내는 단어를 '형용사'라고 해.

7번 난쟁이 '관형사'는 체언을 자세하게 꾸며 주지.

8번 난쟁이 '고유어'는 오래전부터 선조들이 써 오던 우리 고유의 말이야.

9번 난쟁이 다른 나라 말에서 빌려 와서 우리말처럼 쓰는 말을 '외래어'라고 하지.

10번 난쟁이 '전문어'는 특정 집단 안에서 내부의 비밀을 유지하기 위해 사용하는 말이야.

(　　)번, (　　)번, (　　)번 난쟁이가 스파이야!

정답은 227쪽에

어떤 보물이 숨어 있을까?

알리바바는 보물이 숨겨진 동굴 앞에서 멈춰 선다. 동굴의 돌문에는 문제들이 적혀 있다. 문제의 답이 적힌 구슬을 차례대로 던져야만 동굴의 문이 열려 보물을 차지할 수 있다.

1. 의사소통 과정에서 머릿속 생각이 음성으로 실현된 것을 '발화' 라고 하고, 발화가 모여서 하나의 의미를 이룬 언어 단위 를 (   )(이)라고 한다.

2. 담화가 이루어지는 시간적 · 공간적 상황을 (   )(이)라고 하고, 담화의 내용에 영향을 미치는 세대, 지역, 성별, 문화 등에 관한 것을 사회 · 문화적 맥락이라고 한다.

3. 세종 대왕은 (   )의 원리에 따라 발음 기관의 모양을 본떠서 'ㄱ, ㄴ, ㅁ, ㅅ, ㅇ' 5개의 한글 자음 기본자를 만들었다.

4. 한글 모음을 만든 원리는 상형, 초출, 재출, (   )의 네 가지이다.

5. 말의 뜻을 구별해 주는 가장 작은 소리의 단위를 (   )(이)라고 한다.

6. 자음은 발음 위치에 따라 입술소리, (   ), 센입천장소리, 여린입천 장소리, 목청소리로, 발음 방법에 따라 안울림소리와 울림소리로, 소리의 세기 에 따라 예사소리, 된소리, 거센소리로 나눌 수 있다.

상황 맥락 · 담화 · 음운 · 상형 · 잇몸소리 · 합용

정답은 227쪽에

MEMO